# 労働者像の多様化と労働法・社会保障法

村中孝史・水島郁子 編
高畠淳子・稲森公嘉

有斐閣

# はしがき

　西村健一郎先生は，2015（平成 27）年 1 月 4 日に，めでたく古稀をお迎えになった。本書は，西村先生の古稀をお祝いし，先生のさらなるご健勝を祈念して，先生と日頃ご親交のある者や先生から直接ご指導をいただいた者が執筆した記念論文集である。

　西村健一郎先生は，京都大学と同志社大学で長年労働法と社会保障法の研究・教育に従事されてきた。初期のご著作に『労災補償と損害賠償』（一粒社，1988 年）があり，最近のご著作の 1 つに『労災補償とメンタルヘルス』（信山社，2014 年〔朝生万里子客員准教授とのご共著〕）があるように，先生の主要な研究領域は労災補償である。先生は労災補償をはじめとして，労働法と社会保障法が交錯する分野を主たる研究領域とされてきた。学会・研究会や講義の場でも先生は両者の関係をつねに意識しておられたように思う。
　社会環境の変化や働き方の変化に伴い労働者像が多様化する中で，労働法・社会保障法が交錯する分野，あるいは労働法の分野，社会保障法の分野において，未検討の問題が増加するとともにそれらの問題の検討が必要となっている。本書ではこれらの問題の分析・検討を通じて，理論・実務上の欠缺を埋めることを目標としている。このような目標・方針のもとに，本書の書名を『労働者像の多様化と労働法・社会保障法』とし，以下のとおり 5 部 20 章の構成とした。

　第 1 部「労働者・求職者の多様化と就労・生活支援」は，労働者の多様化に加え，求職者にも状況の変化があることを踏まえて，若者や女性，生活困窮者等に対する就労・生活支援のあり方を検討するものである。近年では，正規雇用就労―家計補助的就労―非就労（被扶養・社会保障受給）といった 3 層構造が崩れており，新たな課題が生じている。
　第 1 章「就職できない若者――雇用・教育・所得保障の観点からの検討」（高畠淳子）では，「若者」世代のボリュームゾーンである大卒者を主たる対象

として彼らが卒業して就職しようとする際に遭遇する問題を，雇用，教育，所得保障の観点から検討する。若者は，安定した雇用の機会も，教育を通じた職業的能力の獲得も，さらには家族による支援も，期待しがたい状況にある。労働法と社会保障法の両者をつなぐ生活保障法論の検討を深めることが必要と考えられる。

第2章「正社員になれない若者——職業教育・訓練をめぐる問題を手がかりに」（村中孝史）は，日本的雇用慣行に基づく従来型の職業教育・訓練は，正規雇用や長期雇用慣行からはじき出された若者に提供されていないことが，指摘される。若年非正規労働者に対する職業教育や就職支援に関する法政策の検討の後，非正規労働者に関する諸政策や法的課題が論じられる。なかでも，最低賃金制度のもつ意義と，非正規労働者（特に有期労働者）の雇用の安定が重要であるとされる。

第3章「主婦と就労」（稲森公嘉）は，女性の活躍推進が成長戦略として掲げられているとはいえ現実には厳しい雇用環境にある女性，特に主婦を対象として，就労の現状と就労阻害要因が分析・検討される。阻害要因には制度的な「壁」だけでなく現実的な「壁」が存在することがわかる。課題の克服と支援の充実が不可欠である。

第4章「生活保護受給者・生活困窮者等の自立支援」（菊池馨実）は，従来，法的対応の次元を異にしていた「不安定雇用従事者」，「失業者」，「生活困窮者」，「貧困者」を包括的に捉えて，法的対応を考えるべきであるとの基本的問題認識に立ち，生活保護やホームレス自立支援など関連施策の展開過程をたどり，あるべき方向性を論じるものである。雇用と福祉の連携強化のもとでの貧困者・生活困窮者支援策は，今後とも重要な雇用・社会保障政策の一端を占めると考えられる。

労働関係におけるワーク・ライフ・バランスは，内閣府による「仕事と生活の調和（ワーク・ライフ・バランス）憲章」策定や労働契約法における明文化を受け，それなりに定着・発展してきた。もっとも政策が先行しており，法的課題について十分な対応がなされているとはいえない。ワーク・ライフ・バランスの問題は，家族像の変容に伴い，その内容も変化している。初期のワーク・ライフ・バランスは女性労働者（母親）への育児支援が中心であったが，現在

の家族像は母親だけが育児をする主体ではない。ひとり親家庭も増えており，共働き家庭とは異なる支援が必要であるとも考えられる。最近は親等の介護をする労働者が増え，それらの者が抱える問題が明らかになりつつある。このような問題を，第2部「家族責任を有する労働者に対する支援」で検討する。

第5章「家族責任を有する労働者の問題」（篠原信貴）は，ワーク・ライフ・バランス施策の現状と課題を確認した上で，時間外・休日労働義務，配転など法解釈上問題となりうる論点を検討する。ワーク・ライフ・バランスが達成された社会では，労働者が家族責任を果たすことが可能になると考えられるが，そのためには「多様な生き方・働き方」が選択できることが必要である。

第6章「育児休業法制の意義と課題」（梶川敦子）は，育児休業法制に焦点を絞り，育児休業法制の目的・意義を確認するものである。育児休業法制の拡充は，男女雇用平等の実質化と少子化対策の要請にあったといえる。前者の目的での拡充が妥当であるとしても，それが最善の策であったかについては疑問がないわけではない。後者の目的が労働法の役割とはいえない別の政策目的であることを踏まえると，さらなる拡充の是非についてはより慎重な吟味が必要である。

第7章「高齢者介護と家族支援」（津田小百合）では，介護保険制度施行から15年を迎えようとする今日，要介護者を介護する家族への支援という視点が求められるようになっている。本章は，家族の就労支援，経済的支援，さらには肉体的・精神的負担軽減のための支援の現状と課題を検討するものであるが，介護者自身を要介護者とは別の一個人としてその者の果たす社会的役割を再確認することの重要性が述べられる。

さて，ひとり親家庭は特に子の年齢が低い場合に仕事と家庭を両立させることが困難になる。実際にはひとり親家庭の大半が就労しているものの，その就労収入は決して多くない。第8章「ひとり親家庭の所得保障」（衣笠葉子）は，ひとり親家庭のこのような現状を指摘し，ひとり親家庭に対する支援施策の展開を述べ，ひとり親家庭にとっては公的な支援としての金銭給付が必要であることを確認する。そして，金銭給付の中心となる児童扶養手当を中心に，ひとり親家庭に対する支援のあり方が検討される。

近年「全員参加型社会」の実現が政策課題の1つとなっている。第1部では

若者と女性について考察したが，第3部「労働能力の減退と支援」は，労働能力が減退もしくは標準的な労働者と比べ低位にあると考えられる，高齢者，障害者および傷病・被災労働者に対する法的支援や法的課題がテーマである。

第9章「高年齢の労働者に関する雇用政策・年金政策」（坂井岳夫）は，高年齢の労働者に対する雇用の確保と促進をめぐる法律問題について検討を行う。雇用と年金の接続が重要となるが，ここでは，法解釈上の課題と法政策上の課題が詳細に論じられる。

第10章「障害者雇用・就労の展望――障害者施設物品調達推進法を中心に」（小畑史子）は，障害者雇用促進法と障害者総合支援法の特徴を確認した上で，障害者雇用・就労には新たなアプローチが必要であるとする。その重要な一歩が障害者就労施設物品調達推進法であり，そのモデルとなった環境物品調達推進法と対比しつつ評価を行う。障害者就労の展望として，障害者が雇用されることのみでなく雇用・就労の実質に対して関心をもつべきことが示されている。

第11章「私傷病労働者に対する保障と課題」（水島郁子）は，私傷病を抱える労働者の労働法・社会保障法上の保障と課題を検討するものである。労働関係において私傷病労働者が今後増加していくことが予想されるが，従来の法制度や就業規則等が主として治癒型の傷病を想定しており，疾病の変化や医療技術等の進展に十分対応できていないことや，治療（機会）の保障についての法的検討が進んでいないことを指摘する。

第12章「労災被災者の生活再生への課題」（品田充儀）は，労災被災者等は私傷病を理由に就労できなくなった労働者と比較すると有利な状況にあるとはいえ，従前の生活を取り戻すことが容易でない場合が少なくないことを指摘する。労災被災者が職場に復帰し従前の生活水準を取り戻すことができない事情や，若年時被災者に対する補償が低位に留まることなどの問題が示され，労災被災者等に対する生活再生支援に向けての積極的な施策の必要性が述べられる。

第4部「多様な労働者と新たな法的課題」では，労働者一般に適用される労働法各法が適用されない者，あるいはそれらを適用することにより実際上不都合が生じる者にかかる法的課題を検討する。

第13章「海外勤務労働者と国際労働関係法の課題」（土田道夫）は，日本から海外に派遣されて勤務する労働者をめぐる労働法上の課題について考察する。

日本国内で就労する労働者には基本的に日本の労働法が適用されるが，海外勤務労働者には日本法が準拠法として適用されないケースが増加する可能性がある。準拠法の決定のほか，労働法の域外適用，国際裁判管轄など，海外勤務労働者をめぐる労働法上の課題について，具体的な事例を示しつつ詳細な検討を行う。

第14章「マルチジョブホルダーの現状と法的課題」（上田達子）は，マルチジョブホルダー（多重就労者）の問題を取り扱う。ほとんどの企業は労働者の兼業について正確に把握しておらず，労働時間の通算規定の適用も健康配慮の実施もほぼなされていないのが実情である。これらの法的問題を検討した上で，使用者による兼業や労働時間の実態把握を行うシステムの整備その他の法的整備が求められるとする。

第15章「テレワークと労働時間規制・労働者性」（岩永昌晃）は，仕事と生活時間等の配分が就労者の裁量に委ねられる在宅勤務型のテレワークが，多様で柔軟な働き方として，ワーク・ライフ・バランスの実現する手段となりうるが，このような働き方が労働法においてどのように認められるか，また労働法において認められることがどのような意味をもつかを，労働基準法上の労働時間規制と労働者性の判断に照らし，検討する。結論として，労働法における法的思考の概念主義から帰結主義への転換が示唆される。

第16章「個人請負型就業と労働者性」（吉田肇）は，近年増加している純然たる労働者と純然たる独立自営業者の中間的な形態で就業する者を対象とする。裁判例の検討を通じて実務的観点から，これら個人請負型就業で働く者の労働基準法上および労働組合法上の労働者性が，論じられる。

第5部「諸外国における近年の状況と法的課題」は，外国の大学や研究機関で研究に従事している（研究滞在を含む）執筆者が当該国の近年の労働法上のトピックを論じたものである。日本の状況と共通する課題や，日本に示唆を与えるトピックが選択されている。

第17章「韓国における労基法上の労働者概念と労組法上の労働者概念の相違」（鄭永薫）は，純然たる労働者といえない労務提供者に労働法上の保護を与えるべきかが，韓国においても問題となっていることを示す。従来の大法院の判断枠組みや学説を分析・整理した後に，2014年の大法院判決の判断枠組み

を検討し，その問題点を指摘する。

　第18章「台湾における労働者派遣の実態と法的課題」（張鑫隆）は，台湾における労働者派遣の問題を論じる。台湾でも労働者派遣が急増しているが，労働組合から強い反対があり，労働者派遣法の立法化が実現していない。同章では台湾における労働者派遣をめぐる法解釈上の課題と立法的課題が検討される。

　第19章「ドイツにおける非典型労働と低賃金労働」（皆川宏之）は，ドイツにおいても有期労働や派遣労働は増加の傾向にあるが，ドイツでの議論の中心は，労働関係の非典型性それ自体よりも，低賃金労働セクターの拡大にある。ドイツでは稼得可能な要扶助者に対する保障の仕組みが一定程度整っているが，現在の低賃金労働を放置することはそれらの者の将来の年金額を十分賄えず，将来の税負担に問題を先送りすることにもなるといえる。非典型労働と低賃金労働に関する議論が分析・検討される。

　第20章「カナダにおける解雇の際の合理的予告期間（Reasonable Notice）」（木南直之）は，合理的予告期間に相当する金銭を賠償すれば労働者を解雇することが可能であるカナダを例に，この合理的予告期間に関する法状況と違法解雇の際の適用状況を論じる。同章は，金銭解雇制度の導入の検討がなされている日本の議論に示唆を与えるものである。

　以上のように，本書は労働者像の多様化を背景として，労働法，社会保障法上生ずる諸問題を検討した。

　最後に，本書の企画から刊行に至るまで，有斐閣京都支店一村大輔氏には，たいへんご尽力，ご配慮をいただいた。執筆者一同を代表して，厚く御礼を申し上げたい。

　　2015年1月

執筆者を代表して

村中孝史・水島郁子<br>
高畠淳子・稲森公嘉

# 目　次

はしがき

### 第1部　労働者・求職者の多様化と就労・生活支援

## 第1章　就職できない若者 ――――――［高畠淳子］ 2
――雇用・教育・所得保障の観点からの検討

- 第1節　はじめに …………………………………………………………… 2
- 第2節　若者を取り巻く環境 ……………………………………………… 4
  - 1　若者の雇用状況(4)　2　若者の教育環境(5)　3　若者と家族の関係(7)
- 第3節　労働法と社会保障法をつなぐ理論 ……………………………… 8
  - 1　生活保障法論(9)　2　若者政策を検討するにあたっての視点(10)
- 第4節　若者向け政策の検討 ……………………………………………… 11
  - 1　ジョブ・カード制度(11)　2　求職者支援制度(15)　3　若者への教育(19)
- 第5節　おわりに …………………………………………………………… 22

## 第2章　正社員になれない若者 ――――――［村中孝史］ 24
――職業教育・訓練をめぐる問題を手がかりに

- 第1節　若年非正規労働者の増加 ………………………………………… 24
- 第2節　日本的雇用慣行と職業教育・訓練 ……………………………… 26
- 第3節　職業教育・訓練および就職支援に関する法政策 ……………… 28
- 第4節　非正規労働者に関する諸政策の展開 …………………………… 33
  - 1　非正規労働者の雇用の安定を図る政策(33)　2　非正規

　　　　　　労働者の賃金引上げを図る政策(35)

　第5節　非正規労働者政策に関する考慮事項…………………… 38
　　　　1　最低賃金制度のもつ意義(38)　2　雇用の安定について
　　　　(39)

　第6節　雇用と教育の関係について……………………………… 41

## 第3章　主婦と就労　　　　　　　　　　　［稲森 公嘉］ 43

　第1節　はじめに――「主婦」状況の多様性…………………… 43

　第2節　女性の就労の現状………………………………………… 45

　第3節　税制上の課題――いわゆる「103万円の壁」について…… 46
　　　　1　「103万円の壁」とは何か(46)　2　税制上は「103万円
　　　　の壁」は存在しない(46)　3　配偶者の会社の扶養手当等
　　　　の支給基準として(47)　4　どうしたらよいか(47)

　第4節　社会保険法上の課題①…………………………………… 49
　　　　――いわゆる「130万円の壁」について
　　　　1　「130万円の壁」とは何か(49)　2　被扶養者の認定基
　　　　準(49)　3　国民年金第3号被保険者の認定基準(50)
　　　　4　基準額の妥当性(51)　5　就労抑制効果の有無(51)

　第5節　社会保険法上の課題②…………………………………… 52
　　　　――被扶養者制度・第3号被保険者制度の存在そのもの
　　　　1　専業主婦優遇？(52)　2　被扶養者制度(53)　3　国
　　　　民年金の第3号被保険者制度(55)　4　健康保険・厚生年
　　　　金の適用拡大(56)

　第6節　育児・介護負担の解消，あるいはそれらとの両立……… 57

　第7節　子育て女性等の求職支援………………………………… 59
　　　　――マザーズハローワーク等の取組み

　第8節　お わ り に………………………………………………… 62

## 第4章　生活保護受給者・生活困窮者等の自立支援
[菊池 馨実] 63

第1節　はじめに……………………………………………… 63
第2節　生活保護と自立支援………………………………… 65
  1　生活保護の沿革(65)　2　生活保護と経済的自立(65)
  3　自立支援プログラムの導入(66)
第3節　ホームレス支援と自立……………………………… 68
第4節　生活困窮者支援と自立……………………………… 71
  1　改正前の政策動向(71)　2　生活困窮者自立支援法(73)
  3　生活保護法改正(76)
第5節　まとめにかえて……………………………………… 77

### 第2部　家族責任を有する労働者に対する支援

## 第5章　家族責任を有する労働者の問題──[篠原 信貴] 80

第1節　家族責任とワーク・ライフ・バランス…………… 80
第2節　ワーク・ライフ・バランスの現況………………… 82
第3節　ワーク・ライフ・バランスと労働契約…………… 84
第4節　時間外・休日労働義務……………………………… 85
第5節　配　　　転…………………………………………… 89
第6節　休業・休暇…………………………………………… 92
第7節　管理監督者…………………………………………… 93
第8節　多様な正社員………………………………………… 96
  1　多様な正社員制度(96)　2　解雇規制との関係(97)
  3　小括(100)
第9節　おわりに……………………………………………… 102

## 第6章 育児休業法制の意義と課題 ────［梶川 敦子］ 103

第1節 はじめに …………………………………………………………… 103

第2節 育児休業法制の内容の概観 ……………………………………… 106
　　　1 育児休業制度(107)　2 労働時間等の調整制度(109)

第3節 育児休業法制の目的・意義 ……………………………………… 112
　　　1 はじめに(112)　2 男女雇用平等の実質化(113)
　　　3 少子化対策──女性の雇用促進と出生率向上という2つの
　　　目的(115)　4 育児を行う労働者の福祉の増進等──法の
　　　目的規定等(116)　5 まとめ──育児休業給付金制度の意義
　　　も踏まえて(119)

第4節 若干の検討──まとめにかえて …………………………………… 120
　　　1 「目的」の妥当性──男女雇用平等の実質化と少子化対策
　　　(120)　2 「手法」の妥当性──育児休業法制の拡充は最善
　　　策か(121)　3 まとめ(126)

## 第7章 高齢者介護と家族支援 ────［津田 小百合］ 127

第1節 はじめに …………………………………………………………… 127

第2節 家族介護をする労働者に対する就労支援 ………………………… 128
　　　1 中高年齢層に特有の介護リスク(129)　2 現行介護休
　　　業制度の性格とその限界(130)　3 使用者による介護支援
　　　のあり方(131)　4 介護を担う労働者に対する配転命令と
　　　その有効性(133)　5 仕事と介護の両立のための努力と
　　　「多様な形態による正社員」制度の可能性(139)

第3節 家族介護労働者に対する経済的支援 …………………………… 141
　　　1 介護に伴う費用負担の補塡(141)　2 所得の減少・喪
　　　失に対する補償(143)　3 介護保険制度内での金銭給付導
　　　入をめぐって(144)

第4節 家族の肉体的・精神的負担軽減のための支援策 ……………… 145

第 5 節　お わ り に …………………………………………………………… 148

## 第8章　ひとり親家庭の所得保障 ─────［衣笠　葉子］ 150

第 1 節　は じ め に …………………………………………………………… 150

第 2 節　ひとり親家庭支援施策の展開 …………………………………… 150

　　　1　ひとり親家庭の現状(150)　2　ひとり親家庭の支援施策(152)

第 3 節　ひとり親家庭に対する所得保障 ………………………………… 156

　　　1　児童扶養手当・遺族基礎年金の概要(156)　2　問題の所在(160)

第 4 節　児童扶養手当と公的年金の併給調整の課題 …………………… 163

　　　1　併給調整問題の検討(163)　2　法改正による解決と残された課題(166)

第 5 節　おわりに──ひとり親家庭支援施策の今後 ……………………… 168

### 第3部　労働能力の減退と支援

## 第9章　高年齢の労働者に関する雇用政策・年金政策
────────────────────［坂井　岳夫］ 172

第 1 節　本章の目的 …………………………………………………………… 172

第 2 節　雇用と所得の保障に関わる法制度 ……………………………… 173

　　　1　60歳以上・年金支給開始年齢未満の労働者(173)
　　　2　年金支給開始年齢以上・65歳未満の労働者(174)
　　　3　65歳以上の労働者(175)　4　雇用と所得の保障をめぐる法的課題(176)

第 3 節　法解釈上の課題──継続雇用制度 ……………………………… 177

　　　1　継続雇用制度の法的意義(177)　2　継続雇用の拒否(177)　3　継続雇用後の賃金(186)

第4節　法政策上の課題──雇用と年金の接続 …………………………… 188

 1　年金支給開始年齢までの雇用確保(188)　2　賃金と年金の調整(191)

第5節　今後の課題 ……………………………………………………………… 194

## 第10章　障害者雇用・就労の展望 ────［小畑 史子］ 196
### ──障害者施設物品調達推進法を中心に

第1節　はじめに ………………………………………………………………… 196

第2節　現行法の特徴 …………………………………………………………… 196
 ──障害者雇用促進法と障害者総合支援法

 1　障害者雇用促進法(197)　2　障害者総合支援法(200)
 3　障害者雇用促進法をめぐる新たな動き──差別禁止と合理的配慮提供義務(203)

第3節　新たなアプローチの必要性 …………………………………………… 206

 1　現行法の課題(206)　2　障害者施設物品調達法立法以前の状況(206)　3　障害者施設物品調達推進法の評価(208)

第4節　障害者就労の展望 ……………………………………………………… 214

## 第11章　私傷病労働者に対する保障と課題

──────────────────［水島 郁子］ 217

第1節　問題の所在 ……………………………………………………………… 217

第2節　私傷病労働者に対する所得保障 ……………………………………… 219

 1　労務不能期間中の健康保険法上の保障(219)　2　労務不能期間中の個々の労働関係における保障の実態(220)　3　労働者が労務に服することができる場合(221)　4　労働者が労務に服している場合(222)　5　労働者のリハビリ勤務(223)　6　使用者が労務の受領を拒否した場合(225)　7　労働者の治療のための欠勤(228)　8　小括(228)

第3節　私傷病労働者の身分保障 …………………………………………… 229

　　　1　私傷病労働者に対する解雇制限規定の不存在(229)
　　　2　私傷病の場合の欠勤保障(230)　　3　欠勤保障の実態
　　(231)　　4　欠勤保障の成果としての雇用の継続とその実態
　　(233)　　5　休職命令(235)　　6　復職命令(237)　　7　復
　　職配慮義務と復職後の労働配置・勤務配慮(238)　　8　小括
　　(239)

第4節　今後の課題 ……………………………………………………………… 240

# 第12章　労災被災者の生活再生への課題─［品田充儀］　242

第1節　はじめに ………………………………………………………………… 242
第2節　労災被災者を取り巻く環境の変化 …………………………………… 243
第3節　労働災害の変化と被災者の生活環境の変化 ………………………… 245

　　　1　近年の労働災害の特徴(245)　　2　労災被害の変貌と被
　　災者の生活再生への道筋(247)

第4節　被災労働者の生活再生を阻む要因 …………………………………… 248
第5節　労災被災者の生活再生と労災保険制度の論点 ……………………… 249

　　　1　若年時被災における給付基礎日額をめぐる問題(250)
　　　2　割合的な補償を認めない保険制度(251)　　3　障害等級
　　の考え方と職場復帰の可能性(252)

第6節　労災被災者の生活再生への視点 ……………………………………… 253

　　　1　治癒認定の適正な執行(254)　　2　労災被災者に対する
　　リハビリテーションと再就労支援の拡大(255)　　3　精神障
　　害者に対する発病原因に囚われない支援制度の拡充(256)
　　　4　長期療養者の死亡と遺族の生活保障(257)

第7節　おわりに ………………………………………………………………… 258

## 第4部　多様な労働者と新たな法的課題

## 第13章　海外勤務労働者と国際労働関係法の課題
　　　　　　　　　　　　　　　　　　　　　　　　［土田　道夫］262

第1節　本章の目的……………………………………………………262
第2節　労働契約の準拠法……………………………………………263
　　　　1　法の適用に関する通則法(263)　2　国内就労労働者(265)　3　海外勤務労働者(266)
第3節　労働法の域外適用……………………………………………273
　　　　1　問題の所在(273)　2　労基法・労働保護法(274)　3　労組法(276)
第4節　国際裁判管轄の決定…………………………………………279
　　　　1　判例法理・改正民事訴訟法(279)　2　海外勤務労働者(281)
第5節　海外勤務の法的根拠…………………………………………284
　　　　1　概説(284)　2　ハイリスク地域における海外勤務の法的根拠(285)
第6節　結　　語………………………………………………………286

## 第14章　マルチジョブホルダーの現状と法的課題
　　　　　　　　　　　　　　　　　　　　　　　　［上田　達子］288

第1節　現状と法的課題………………………………………………288
　　　　1　マルチジョブホルダーの就業状況(288)　2　企業における多重就労の管理の実態(290)　3　マルチジョブホルダーの就労に関する法的課題(292)
第2節　兼業規制………………………………………………………293
　　　　1　兼業禁止・許可規定(兼業規制)の有効性(293)　2　兼業不許可を理由とする損害賠償請求事案(295)　3　兼業規制

の是非(296)

第3節　労働時間管理……………………………………………………… 298
　　　　1　労働時間の通算制(298)　　2　割増賃金支払義務(299)

第4節　労 災 保 険……………………………………………………… 300
　　　　1　通勤災害保護制度と事業場間の移動(300)　　2　通勤災
　　　　害および業務災害の場合の給付基礎日額(301)　　3　兼業の
　　　　事案で給付基礎日額の算定方法が問題となった裁判例(301)

第5節　お わ り に……………………………………………………… 303

# 第15章　テレワークと労働時間規制・労働者性
　　　　　　　　　　　　　　　　　　　　　　［岩 永 昌 晃］ 304

第1節　は じ め に……………………………………………………… 304

第2節　テレワークと労働時間規制……………………………………… 306
　　　　1　労基法の実労働時間規制(306)　　2　テレワークと事業
　　　　場外労働のみなし制(310)　　3　テレワークと休日・深夜労
　　　　働規制(318)

第3節　テレワークと労働者性…………………………………………… 321

第4節　お わ り に……………………………………………………… 324

# 第16章　個人請負型就業と労働者性 ───────［吉 田 肇］ 325

第1節　個人請負型就業の現状…………………………………………… 325
　　　　──働き方の多様化と雇用・非雇用の区別の不明確化
　　　　1　個人請負型就業の実態(325)　　2　個人請負型就業者の
　　　　保護(327)　　3　労働法上の労働者概念の捉え方(329)

第2節　労働基準法上の労働者…………………………………………… 329
　　　　1　個別労働関係法上の労働者概念(329)　　2　行政実務
　　　　(330)　　3　裁判例(331)　　4　検討(338)

第3節　労働組合法上の労働者…………………………………………… 342

　　　　　1　労組法上の労働者概念(342)　　2　判例(342)　　3　検討(344)

## 第5部　諸外国における近年の状況と法的課題

## 第17章　韓国における労基法上の労働者概念と労組法上の労働者概念の相違 ──［鄭　永　薫］ 346

　第1節　問題の所在 …………………………………………… 346
　第2節　労働基準法および労働組合法上の労働者の定義条項 …… 348
　　　　　1　定義条項の文言上の相違とその意義(348)　　2　労働者概念の定義条項に関する立法者の意図の不明確性(349)
　第3節　従来の大法院の労働者性の判断枠組み ………………… 350
　　　　　1　労働基準法上の労働者性の判断枠組み(350)　　2　労働組合法上の労働者性の判断枠組み(352)　　3　失業者の労働組合法上の労働者性の問題と大法院の判決(354)
　第4節　労働基準法および労働組合法上の労働者性に関する学説 … 357
　第5節　2014年の大法院判決の判断枠組みの検討 ……………… 358
　第6節　お わ り に …………………………………………… 361

## 第18章　台湾における労働者派遣の実態と法的課題 ──［張　鑫　隆］ 363

　第1節　は じ め に …………………………………………… 363
　第2節　労働者派遣の展開とその実態 ………………………… 364
　　　　　1　失業者の受け皿としての労働者派遣政策の展開(364)　　2　労働市場弾力化政策の一環として(366)　　3　公務員定員合理化計画としての「業務委託」(367)　　4　派遣労働者の現状(368)
　第3節　労働者派遣をめぐる法解釈の課題とその限界 …………… 369

xvii

　　　　　　　1　中間搾取に該当するか(369)　　2　労基法の適用を回避する脱法行為に該当するか(370)　　3　長期雇用を原則とする労働基準法の規制を受けるか(373)　　4　派遣先に労災責任があるか(375)

第4節　労働者派遣をめぐる立法的課題……………………………… 376
　　　　　　　1　禁止するか，容認または不問にするか(376)　　2　抑制政策(378)　　3　雇用の安定——直接雇用への転換(379)　　4　労働条件の確保(379)　　5　派遣会社の登録と管理(381)

第5節　おわりに……………………………………………………… 381

# 第19章　ドイツにおける非典型労働と低賃金労働
　　　　　　　　　　　　　　　　　　　　　　　［皆川宏之］ 383

第1節　はじめに……………………………………………………… 383

第2節　非典型労働と低賃金労働…………………………………… 384
　　　　　　　1　定義と概況(384)　　2　低賃金労働の問題(386)

第3節　最低賃金と最低所得………………………………………… 389
　　　　　　　1　最低所得の保障とその問題(389)　　2　最低賃金の推奨(391)

第4節　非典型労働の現状と傾向…………………………………… 392

第5節　非典型労働・低賃金労働をめぐる法政策………………… 395
　　　　　　　1　派遣労働の規制(395)　　2　最低賃金の規制(397)

第6節　結　　語……………………………………………………… 398

# 第20章　カナダにおける解雇の際の合理的予告期間
　　　　　　（Reasonable Notice）──────［木南直之］ 399

第1節　はじめに……………………………………………………… 399

第2節　合理的予告期間（Reasonable Notice）…………………… 401
　　　　　　　1　序説(401)　　2　労働基準法上の解雇予告期間(401)

　　　　　3　コモンロー上の合理的予告期間 (Reasonable Notice) (402)
　　　　　4　Wallace 加算 (404)
　第 3 節　違法解雇の際の救済 …………………………………………… 406
　　　　　1　原則 (406)　2　塡補的損害賠償 (408)　3　懲罰的損害賠償 (409)
　第 4 節　結びに代えて …………………………………………………… 410
　　　　　1　小括 (410)　2　わが国の制度への示唆 (411)


事項索引　415

本書のコピー, スキャン, デジタル化等の無断複製は著作権法上での例外を除き禁じられています。本書を代行業者等の第三者に依頼してスキャンやデジタル化することは, たとえ個人や家庭内での利用でも著作権法違反です。

## 執筆者紹介 （執筆順）

| | |
|---|---|
| 高畠　淳子（たかはた　じゅんこ） | 京都産業大学法学部教授 |
| 村中　孝史（むらなか　たかし） | 京都大学大学院法学研究科教授 |
| 稲森　公嘉（いなもり　きみよし） | 京都大学大学院法学研究科教授 |
| 菊池　馨実（きくち　よしみ） | 早稲田大学法学学術院教授 |
| 篠原　信貴（しのはら　のぶたか） | 関西外国語大学外国語学部准教授 |
| 梶川　敦子（かじかわ　あつこ） | 神戸学院大学法学部准教授 |
| 津田　小百合（つだ　さゆり） | 北九州市立大学法学部准教授 |
| 衣笠　葉子（きぬがさ　ようこ） | 近畿大学法学部教授 |
| 坂井　岳夫（さかい　たけお） | 同志社大学法学部准教授 |
| 小畑　史子（おばた　ふみこ） | 京都大学大学院人間・環境学研究科教授 |
| 水島　郁子（みずしま　いくこ） | 大阪大学大学院高等司法研究科教授 |
| 品田　充儀（しなだ　みつぎ） | 厚生労働省労働保険審査会委員 |
| 土田　道夫（つちだ　みちお） | 同志社大学法学部・法学研究科教授 |
| 上田　達子（うえだ　たつこ） | 同志社大学法学部教授 |
| 岩永　昌晃（いわなが　まさあき） | 京都産業大学法学部准教授 |
| 吉田　肇（よしだ　はじめ） | 弁護士 |
| 鄭　永薫（ちょん　やんふん） | 韓国憲法裁判所責任研究官 |
| 張　鑫隆（ちょう　しんりゅう） | 国立東華大学財経法律研究所（台湾）助理教授 |
| 皆川　宏之（みながわ　ひろゆき） | 千葉大学法政経学部准教授 |
| 木南　直之（きなみ　なおゆき） | 新潟大学法学部准教授 |

# 第 1 部

# 労働者・求職者の多様化と就労・生活支援

# 第1章　就職できない若者
―― 雇用・教育・所得保障の観点からの検討

　　第1節　はじめに
　　第2節　若者を取り巻く環境
　　第3節　労働者と社会保障法をつなぐ理論
　　第4節　若者向け対策の検討
　　第5節　おわりに

高　畠　淳　子

## 第1節　はじめに

　「就職できない若者」ときいて思い浮かぶのは，近年であればやはり2008（平成20）年のリーマンショック後に新卒採用者数が減少したことであろう。それにより，新卒時に正規雇用を得られなかった者の中には，やむを得ず非正規雇用に従事したり，翌年度の景気好転を期待して大学卒業を先延ばしにする「就職留年」をしたりする者が現れた。また，リーマンショックをきっかけに非正規雇用の職すら失った若者も多く，その一部は稼働能力がありながらも生活保護受給者となったことから，社会的に大きな波紋を呼んだ。このことは，貧困化する若者は，もはや家族には頼れない状況にあることを示すものともいえよう。就職できない若者が増加する中で，これまで職業教育としての意義をほとんど期待されていなかった学校教育に対しては，産業界から「社会人基礎力」の養成などの職業的能力の形成が期待されるようになった。雇用，経済的状況，教育のいずれにおいても，若者は困難を抱えていることが浮き彫りになったといえよう。

　本章に与えられた課題は，「就職できない若者」についての問題を労働法と

社会保障法の観点から論じることである。ひとことに「若者」といっても，彼らが抱える課題は非常に多様である。おおむね，15歳から35歳未満という年齢層の者が「若者」と認識されるが，周知のとおり，「若者」について広く用いられる定義は存在しない。そこには，高等教育機関に進学する者，その高等教育機関を経て就労する者，進学せずに就労する者，教育機関を中退して就労する者，子育て中の者，家族らの介護を担う者，さらには教育機関にも属せず就労もしない，いわゆるNEET（ニート）と呼ばれる状態の者や引きこもり，さらにはSNEP（Solitary No-Employed Persons）と称される孤立無業の状態にある者[1]などが存在する。

　このように，様々な「若者」が抱える問題を総合的に検討する必要性は高いといえるが，ここでは，主に高等教育機関を卒業した者が社会に出る際に遭遇する問題を労働法と社会保障法の観点から扱うこととしたい。なぜなら，高等教育機関への進学率は2011（平成23）年度で79.5%に達し，新卒者の労働市場の中で4年制大学卒業者は34%を占めており[2]，「若者」とされる世代のボリュームゾーンだと考えられるからである。

　そこで以下では，まず若者を取り巻く環境を「雇用」「教育」「家族」の3つの観点から確認し，第3節で労働法と社会保障法の両者を結合させる「生活保障法論」を紹介し，それをもとに若者政策を検討する際の視点を示す。その視点に基づき，第4節でジョブ・カード制度，求職者支援制度，キャリア教育の3つを取り上げ，それぞれの課題を検討することとする。

---

[1] SNEP（孤立無業）とは，20〜59歳で，未婚かつ無業，さらに同居家族以外との交流がない者のことを指し，2011（平成23）年時点で162万人に上るとされる。玄田有史『孤立無業（SNEP）』（日本経済新聞出版社，2013年）25頁。

[2] 川嶋太津夫「変わる労働市場，変わるべき大学教育」日本労働研究雑誌629号（2012年）21頁は，4年制大学が労働市場への新卒者供給の中心となっていることを指摘する。

## 第2節　若者を取り巻く環境

### 1　若者の雇用状況

　日本の新卒一括採用のもとで，企業は定期的に新卒者を採用してきた。そのため，若者は中高年者に比べると正社員としての職を得やすく，雇用を得ることで雇用先企業から生活給をベースとした賃金が保障され，その後の生活を安定させることが可能であった。加えて，正社員であればOJTを中心とした企業内訓練の対象となり，その企業で必要とされる技能を身につけることができ，スキルの向上に応じて賃金額も上昇することが多かった。

　ところが，1990年代初頭のバブル崩壊をきっかけに，新卒採用者が減少を始め，非正規雇用者となる若者が増大したことで，若者の雇用問題が議論の俎上に上り始めた。当初，若者自身の就労感ややる気に問題の所在を求める意見も多く示されたが，現在では労働市場の構造上の課題であるとの認識が一般的であろう。つまり，新卒一括採用はある程度の採用者数がある場合には若者にとって雇用の機会が拡大するというメリットをもたらすが，その新卒採用者数が絞られると，一転して若者が正規雇用を得る機会は容易に縮小する。しかも，新卒一括採用の恩恵を受けられるのは新卒時と卒業後数年に限られ，非正規雇用から正規雇用への移行も容易ではないことから，非正規雇用に就いた若者は，賃金額，雇用の安定度，教育訓練の機会などにおいて不利な立場に置かれることになる[3]。

　こうした状況を受けて，若年失業者問題の経験のあるヨーロッパ諸国をモデルに，いくつかの雇用政策が実施された。まず2003（平成15）年の「若者自立・挑戦プラン」に基づき，原則3ヵ月の試行雇用を行うことで，労働者の適性や業務遂行能力を確かめた上で事業主に本採用の可否を決定させるトライアル雇用の実施，OJTとOff-JTを組み合わせた教育訓練を行い，職業能力評価

---

　[3]　日本型雇用システムの変容とそこでの若者の位置づけについては，濱口桂一郎『若者と労働』（中央公論新社，2013年）141頁以下を参照。

制度としての機能を有するジョブ・カード制度の導入，若者を対象に職業紹介を行うジョブカフェやわかものハローワークの設置などがなされた。加えて，リーマンショック後の 2011（平成 23）年 5 月には，雇用保険の附帯事業としてではあるが，雇用保険の被保険者資格のない者や基本手当の受給期間を満了した者に職業教育訓練の機会の提供とその間の所得保障を行う求職者支援制度も創設されている。

このように若者の雇用問題を社会的課題と認識し，雇用政策の分野においていくつかの対応がとられてきたが，若者自身に何の変化も求めなくてよいということにはならない。若者は，発達段階にある成長する存在であり，若者自身が問題解決の主体となれるよう環境整備をすべきである[4]。若者が成長し，主体性を獲得するには「教育」が重要な役割を果たすと考えられるため，次に若者の教育について触れることとしたい。

## 2　若者の教育環境

高等教育機関を卒業しても雇用を得られない若者が増加している状況に，教育機関の側はどのように対応しようとしているのだろうか。ここでは，教育の内容と職業との関係を中心にみておきたい。

高等教育機関のうち，高等専門学校と専修学校は，その目的に「職業に必要な能力を育成すること」が掲げられており（学教 115・124 条），技術職や特定の職業を念頭に置いた授業が行われることが多い。これに対して大学は，「学術の中心として，広く知識を授けるとともに，深く専門の学芸を教授研究し，知的，道徳的及び応用的能力を展開させること」を目的としており（学教 83 条），医療・福祉・教育といった専門性が確立し，免許取得が必要となる分野を除いて，大学で行われる教育と職業との関係は希薄だったといえる[5]。特にこの傾向は文系学部において顕著で，大卒者へのアンケート調査の結果をみても「仕事に在学中に獲得した知識や技能をどのくらい使っているか」との問いに対し

---

4)　木下秀雄「若者をめぐる議論の現状と課題」脇田滋＝井上英夫＝木下秀雄編『若者の雇用・社会保障』（日本評論社，2008 年）81 頁。
5)　教育と職業との関係については，本田由紀『教育の職業的意義』（筑摩書房，2009 年）を参照。

て,「使っていない」「無関係」とする回答が欧州に比べると多くなっている[6]。

特に大学教育において職業的意義が希薄となった背景には,日本型雇用慣行の存在がある。すなわち,長期雇用システムのもとでは,入社後に企業内教育とジョブローテーションを通じて当該企業に必要な職業能力を幅広く養成する方法を採用する企業が多かったことから,企業は新卒採用の対象となる若者に特定の職務に必要な能力は求めず,大学教育に対しても職業教育としての意義は期待してこなかったのである。結果,若者は職業に従事するために必要な教育を十分に得られないまま,教育機関から退出することになるのだが,正社員として雇用されれば企業内教育の機会を通じて職業能力を身につけることが可能であった。そのため,若者の側も大学教育に対して職業的意義の向上を求めることは少なかったといえよう。

しかし,バブル崩壊以後,企業は教育訓練コストを削減する傾向にあり,「正社員であれば十分な教育訓練が受け入れられる」とはいいがたい状況となっている[7]。特に非正規雇用者に対しては教育訓練を行わない企業も多く,企業内訓練の対象とならない者が以前にもまして増加しつつある。他方で,企業内訓練が充実していたことから,公的職業教育訓練は離職者らを対象に限られた範囲で行われているだけで,企業内訓練の機会が乏しい若者が十分な職業教育を受けられるほどには整備されてこなかった。

こうした変化を受けて,教育機関において「キャリア教育」を充実させることが目指されるようになった。キャリア教育という言葉は,1999（平成11）年12月の中央教育審議会答申「初等中等教育と高等教育との接続の改善について」で初めて登場し,2003（平成15）年6月に策定された「若者自立・挑戦プラン」においてもキャリア教育の推進と充実が挙げられている。ここで挙げられる「キャリア教育」とは,職場体験やインターンシップを通じて職業観・勤労観を涵養し,「学士力」「社会人基礎力」などの基礎的・汎用的な能力を育成することを目的とする教育である。

---

[6] 堀有喜衣「学校から職業への移行」濱口桂一郎編『福祉と労働・雇用』（ミネルヴァ書房,2013年）61頁。

[7] 大木栄一「企業の教育訓練投資行動の特質と規定要因」日本労働研究雑誌514号（2003年）。

キャリア教育の重要性が指摘されたことで，若者が社会に出る前に，社会的自立を果たす一手段として教育の中で職業的な知識や技能を習得する機会が与えられるようになった点は評価しうる。しかしながら，現在多くの教育機関で行われている職業観を涵養するためのキャリア教育に対しては，若者に将来の進路選択をする際の具体的な手法を提供しえず，職業的意義の高い教育とは異なるとの指摘がある[8]。また，いわゆるブラック企業に代表されるように現在の労働環境が決して良好といえない中で，現行のキャリア教育は若者に労働社会に適合することを要求するもので，労働環境の改善を図る抵抗のための方途は与えられていないとの批判もある[9]。

## 3 若者と家族の関係

雇用を得られなかった若者の生活を支えるのは，多くの場合その家族であろう。しかし近年，家族の側に就職できなかった若者を養うだけの経済的余裕がなく，家族関係も良好とはいえない状況が増えている。リーマンショック後に「ネットカフェ難民」と呼ばれる人々がクローズアップされたが，この中にはかなりの数の若者が含まれていた。そうした極めて不安定な状況にある若者は，家族との葛藤や虐待から逃れるための家出，家族全体が不安定なため，安定した雇用を得る余裕もないままに早期に家を出ざるを得なくなった，あるいは職を求めて地域を移動したといったことをきっかけに，家族からも排除されているという[10]。パラサイト・シングルや引きこもりは，家族にその者を養うだけの経済的余裕があるからこそ成り立つが，今や家族は経済的にも，人的つながりとしても弱体化しており，結果として貧困に陥る若者が増えている。

こうした状況に対して，1で触れた若者向け雇用対策に加え，無業期間の長い若者の自立を支援する地域若者サポートステーション事業の開始，2009（平成21）年に成立した子ども・若者育成支援推進法に基づき，ニートや引きこも

---

[8] 児美川孝一郎『権利としてのキャリア教育』（明石書店，2007年）136頁。本田・前掲注5）137頁以下。寺田盛紀「わが国におけるキャリア教育の課題」日本労働研究雑誌573号（2008年）55頁。

[9] 本田・前掲注5）179頁以下。

[10] 岩田正美「家族と福祉から排除される若者」宮本みち子＝小杉礼子編『二極化する若者と自立支援』（明石書店，2011年）61頁以下。

り等困難を抱える子どもや若者を支援するための地域支援ネットワークの構築やアウトリーチ（訪問）による支援などが行われている[11]。また，リーマンショック後に，雇用だけでなく住居も失う若者の存在がクローズアップされたことから，2009（平成21）年10月から住宅手当緊急特別措置事業（2013（平成25）年度より住宅支援給付事業）が開始された。これは，住居を失った，あるいは失うおそれのある離職者に対し，収入や預貯金が一定額以下で求職中であることを条件に，家賃相当額を原則6ヵ月支給するものであったが，時限立法であったために2013（平成25）年度末で終了している。

このように，いくつかの対策がとられているとはいえ，その多くが就労支援や就労を目指すための支援となっていることを指摘できる。確かに，雇用，それも正規雇用を得ることができれば，その若者の生活は安定しうるし，働くことで人的つながりを得たり，やりがいや成長を感じたりすることも考えられるので，若者向け就労支援を通じて若者を社会的に包摂していくことは重要である。しかし，雇用状況そのものが改善しなければ，いくら就労支援をしたところで若者は安定した雇用を得ることができない[12]。実際に，家族からの支援を期待できない若者が増えている現状を踏まえると，若者に対しては就労支援だけでなく，所得保障や教育の機会の確保なども加えた総合的な支援が必要だと考えられる。

## 第3節　労働法と社会保障法をつなぐ理論

ここまで，若者を取り巻く環境を雇用，教育，家族の視点からみてきたが，若者は安定的な雇用に就くことが難しくなりつつあるにもかかわらず，雇用を得るのに役立つ教育の機会も乏しく，家族からの支援も期待しがたいという状況にあることが示された。こうした若者の現状を考慮すると，問題解決を図るには，雇用問題を扱う労働法分野からの考察だけではなく，国民の生活保障を目的とする社会保障法の観点をも含めた検討が必要に思われる。

---

11) 久保田崇「ニート・ひきこもり等の現状と子ども・若者育成支援推進法の制定」ジュリスト1388号（2009年）3頁。

12) 岩田正美『社会的排除』（有斐閣，2008年）172頁。

近年，雇用と社会保障，さらには教育の連携を「生活保障」として，その新たな連携の方途を検討することで，持続的な人々の暮らしを実現させようとする議論が注目されている[13]。さらに，この生活保障の観点に着目して，労働法と社会保障法の両者を統合する理論形成も進められており，その代表的なものとして，島田陽一教授による「生活保障法」論がある。そこで以下では，この生活保障法論を参考にしながら，就職できない若者の課題を検討することとしたい。

## 1 生活保障法論

「生活保障法」とは，近年，非正規雇用に就くものの，生活が成り立たないワーキングプアが出現したことなどにより，労働法と社会保障法の交錯領域が拡大していることを踏まえ，両者に共通の理論的基盤を与えるために提唱される法概念である。この生活保障法の理念は，従来労働法の領域で主張されたキャリア権構想を軸に，それを社会保障法分野にも拡大させるものである[14]。

ここでいうキャリア権とは，諏訪康雄教授が提唱する概念で，幸福追求の権利（憲13条）と生存権（憲25条），さらに教育権（憲26条），職業選択の自由（憲22条），労働権（憲27条）に着目し，「個人を主体に，その発意でキャリアの準備と形成をし（学習権），キャリア形成と展開のために仕事を選び（職業選択の自由），キャリアの機会確保に向けて各種の措置を求める権利（労働権）」である[15]。このキャリア権は，日本型雇用慣行が徐々に変容する中で，特定の企業内部での雇用保障を図るのではなく，雇用の流動化を前提に，労働市場を通じたキャリア形成を労働者に権利として保障し，それによって労働者の生活の安定を図ることを目的としている。島田教授は，このキャリア権構想を社会保障法領域にも拡大することで，低賃金労働者や失業者など，雇用が不安定であるため，あるいは雇用が得られないために生活不安を抱える者の問題解決の

---

13) 宮本太郎『生活保障――排除しない社会へ』（岩波書店，2009年）。
14) 島田陽一「これからの生活保障と労働法学の課題――生活保障法の提唱」根本到＝奥田香子＝緒方桂子＝米津孝司編『労働法と現代法の理論　西谷敏先生古稀記念論集 上』（日本評論社，2013年）72頁。
15) 諏訪康雄「キャリア権の構想をめぐる一試論」日本労働研究雑誌468号（1999年）63頁。

視点を提供する。

　社会保障法の領域で憲法13条を基軸にした理論展開をする菊池馨実教授も，日本型雇用慣行が揺らぎ，非正規雇用が増大している中で，憲法25条，13条のみならず，憲法26条1項（教育を受ける権利），憲法27条1項（勤労の権利），さらに憲法22条1項（職業選択の自由）を規範的根拠に，労働者や失業者等への就労支援を強化することの必要性を指摘する[16]。

## 2　若者政策を検討するにあたっての視点

　以上の生活保障法論の議論を前提として就職できない若者への政策課題を検討する場合，次の視点に立って考察することが求められよう。

　第1に，内部労働市場のみならず，外部労働市場をも通じたキャリア形成を支援する方途を用意しなければならないことが挙げられる。この場合，新規学卒の時点である企業での雇用を得るための支援だけでなく，その後の労働人生全般を通じて自らの経済的自立を果たせるよう支援することが求められる。

　第2に，内部・外部労働市場を通じてキャリア形成をするために必要となる，教育訓練の機会を提供することがある。特に，職には就いているものの教育訓練の機会に恵まれない者や，雇用を得るための準備段階にある者に教育訓練を提供しうるよう体制を整備しなければならない。

　仮に若者に教育訓練の機会が与えられたとしても，その間の生計維持が可能でなければ，教育訓練に従事せずに，当面の生計維持のために非正規雇用など比較的容易に得られる職に就くことになるであろう。また，訓練を終了したとしても，すぐに再就職できるとは限らない。そこで，第3に教育訓練期間中と求職活動中の所得保障を用意する必要性がある。

　第4に，これらの支援体制は，若者個人の主体性を尊重する形で整備されなければならない。当事者の主体性は，憲法13条や職業選択の自由の観点から，どの年代の者にも尊重されるべきであるが，これから自立へと向かう若者世代にとっては，より重要視する必要があろう。

　これらの観点から，続いて若者を対象に展開されているいくつかの政策を取

---

*16)*　菊池馨実『社会保障法制の将来構想』（有斐閣，2010年）26頁。

り上げ，その問題点を検討したい．

## 第4節　若者向け政策の検討

　以下では，若者を対象とする数ある支援策のうち，生活保障法論にかかわるものとして，ジョブ・カード制度，求職者支援制度，キャリア教育の3つを取り上げる．

　すなわち，ジョブ・カード制度はOJTとOff-JTを組み合わせ，かつ職業能力評価基準を内包したシステムであることから，内部労働市場と外部労働市場の両者を通じたキャリア形成が目指されており，就職できない若者が就労機会を得るためのきっかけとなりうる．また，ジョブ・カード制度は求職者支援制度でも活用されており，失業者の再就職支援に役立ちうる仕組みである．そして，求職者支援制度は，失業中の若者に対して職業教育訓練の機会とその間の所得保障給付の両者を提供するものである．キャリア教育は，従来の高等教育とは異なり，職業能力の形成を目的とするものであるから，適切な内容で充実させることができれば，高等教育機関においても若者に職業能力を付与することができ，若者の就労を通じた自立を後押しすることができる．

　以下順に，それぞれの概要と問題点を検討する．

### 1　ジョブ・カード制度

#### (1)　登場の経緯

　2008（平成20）年4月に実施されたジョブ・カード制度とは，「職業能力開発システム」の通称であり，訓練・評価・キャリアコンサルティングが一体となった仕組みである[17]．ジョブ・カード自体は，個人の職業経歴や職業能力を記載し，求職活動において活用する書類のことであるが，ジョブ・カード制度は，正規雇用を希望しながらそれがかなわない若年者らに対して，企業内外で行われる実践的な教育訓練の機会を提供し，その訓練結果を外部労働市場に

---

　[17]　堀有喜衣「公共職業訓練とジョブ・カード政策」大原社会問題研究所雑誌644号（2012年）9頁．

おいて通用する職業能力評価制度に基づいて評価する制度をも内包する[18]。これには，有期実習型訓練と実践型人材養成システムがあり，前者は正規雇用を目指す非正規雇用者が，後者は新規学卒者を中心とした15歳以上45歳未満の者が対象となる。いずれも企業内でのOJTを実施し，それとともに職務に必要な知識を体系的に学ぶために教育訓練機関や実習併用職業訓練施設などでのOff-JTを行う。

　若者に職業能力を付与することを目的とする施策には，ほかに日本版デュアルシステムや従来の公共職業訓練で行われる学卒者訓練，離職者訓練があるが，これらと異なり，ジョブ・カード制度のもとではOJTを実施する企業と訓練生との間で労働契約が成立する点が大きな特徴となっている[19]。また，ジョブ・カードの1つである評価シートは，厚生労働省の委託に基づいて中央職業能力開発協会が作成する職業能力評価基準に依拠しており，この職業能力評価基準は，仕事内容を「職種」,「職務」,「能力ユニット」「能力細目」と細分化させることで，企業規模や職務分担などにかかわらず，必要な能力の組み合わせが示されるよう構成されている。この評価シートをジョブ・カード制度で用いることにより，企業横断的に訓練生の職業経歴や職務能力を表すことができる。このように，ジョブ・カード制度は，企業横断的な職業能力評価基準に依拠したOJTとOff-JTの機会を提供し，能力評価も企業横断的に行うことで，質の高い外部労働市場を形成し，企業と労働者の職業能力におけるミスマッチを解消することを目指している[20]。

　このジョブ・カード制度を用いることで，これまで教育訓練が手薄だった中小企業を中心に，体系的なOJTを行うことができ，新規採用者に必要な職業能力を付与することが可能となった。また，ジョブ・カード制度に基づいて提供されるOJTとOff-JTの経験が，広がりをもった基礎教育となり，将来多能工化するための足掛かりとなりうるとの指摘もある[21]。ジョブ・カード制

---

　18)　小杉礼子＝原ひろみ編『非正規雇用のキャリア形成』（勁草書房，2011年）6頁。
　19)　堀・前掲注17) 10頁。
　20)　小杉＝原・前掲注18) 6頁。
　21)　桜井純理「中小企業の教育訓練と雇用管理に対するジョブ・カード制度の影響」大原社会問題研究所雑誌644号（2012年）26頁。

度を通じて訓練生が身につけることができる職業能力は，その対象となった職務にしか通用しないものではなく，その職務を核としつつもより汎用性のある職業上の基礎的能力だと考えられる。

このように，ジョブ・カード制度は訓練生のキャリア形成にとって有益であり，さらに広く企業に普及させ，より多くの者を対象とすることが望まれる。

(2) 実践型人材養成システムでの契約

とはいえ，このジョブ・カード制度には，いくつかの課題が残されている。その1つに，実践型人材養成システム参加者の契約上の位置づけの問題がある。以下では，ジョブ・カードを活用した職業能力形成プログラムのうち，若年者を主な対象としている実践型人材養成システムについて，ジョブ・カード制度の利点を活かしながらより普及させるとの観点から検討する。

上述のように，ジョブ・カード制度に基づく場合，OJTの実施企業と実践型人材養成システム参加者は雇用契約を締結する。企業内でのOJTは労働と評価され，賃金が支払われるが，実践型人材養成システムのOff-JTに要する授業料等の経費は実践型人材養成システム参加者が負担し，またその時間は賃金支払の対象とならない。こうすることによって，日本版デュアルシステムのようなOff-JTの費用を企業が負担する方法と異なり，実践型人材養成システムは「企業と訓練生それぞれにコスト面での効果をバランス良くもたら」し，「実践的職業能力の涵養に必要な負担を企業と個人が分かち合い，双方にとって新しいメリットを生み出す形態」として導入された[22]。企業に広く普及させるためには，企業の負担を軽減することが必要だと考えられたのである[23]。

このように，ジョブ・カード制度ではOJTは労務の提供として行われるが，Off-JTは実践型人材養成システム参加者個人による職業教育への従事だと両者を峻別しており，教育訓練を受ける者は，教育訓練機関における訓練生と企業における労働者としての両者の性格を併せもつことになる。

---

22) 2005（平成17）年11月「日本版デュアルシステムの今後の在り方についての研究会」報告書（www.mhlw.go.jp/houdou/2005/11/h1129-3.html）。なお，キャリア形成促進助成金により，事業主が負担した賃金やOff-JTの受講料等の経費の2分の1が助成される。

23) 濱口桂一郎「デュアルシステムと人材養成の法政策」季刊労働法213号（2006年）148頁。

### (3) 労働契約における教育訓練

　企業で行われるOJTは、通常の業務を通じて労働者に職業能力を付与するものであり、労働者にとっては労働であるし、OJTに要する時間は労働時間と評価され、その費用や賃金は使用者によって負担される。他方で、企業外で行われるOff-JTのうち、職務との関連性が強く、職務に必要な教育訓練については、使用者は指揮命令権に基づく教育訓練命令権により、労働者に受講を命じることができる。この場合、Off-JTに従事する時間は賃金の支払われるべき労働契約上の労働時間と解される。職務との関連性がないOff-JTや海外留学のように、通常は労働契約上予定されていない教育訓練については、使用者が労働者に受講を命じるには、就業規則等の具体的な根拠が必要である[24]。

　以上の理解を前提とすると、職務と関連のある教育訓練・研修であれば、そのOff-JTへの参加も労働の一環として行われるものであり、Off-JTを行っている時間は労働時間として評価され、賃金の支払対象となる。

### (4) ジョブ・カード制度の問題点

　上述のように、実践型人材養成システム参加者は訓練生と労働者として両者の性格を有することになるが、この位置づけに対しては、企業外で行われる教育訓練の部分も使用者の教育訓練権限に基づくOff-JTに該当し、企業外教育訓練を受けている時間も労働時間に当たるとしてその間の賃金支払義務も発生すると解釈すべきとの指摘がある[25]。確かに、ジョブ・カード制度のもとで行われるOff-JTは、業務遂行として行われるOJTと密接に関連した内容のカリキュラムが選択されるため、職務と無関係とはいえない。従来の理解に則すと、ジョブ・カード制度でのOff-JTも業務だと解す余地もありそうである。

　しかしながら、労働者が就業時間外に自らの負担のもとで教育訓練を受けること自体は、本来労働者の自由であるし、使用者の了解のもと、就業時間を限定して専門学校等で学ぶこともありうる。そうすると、実践型人材養成システム参加者が契約を締結する際に、OJTとOff-JTの内容、それぞれの時間数、賃金支払の対象と収入額などについて十分な説明を受けていれば、OJT部分

---

　[24] 両角道代「職業能力開発と労働法」『講座21世紀の労働法 第2巻 労働市場の機構とルール』(有斐閣、2000年) 162頁。
　[25] 濱口・前掲注[23] 148頁。

については実習先企業との間で労働契約が成立し，Off-JT 部分は訓練機関との間で訓練契約が成立すると考えられる。ただし，両契約は密接に関連しており，実践型人材養成システム参加者が Off-JT の内容や時間数を選択することはできない。契約としては別個であるが，両契約は一体的に成立するのである。そうすると，実践型人材養成システム下の契約を労働契約と訓練契約に峻別するのではなく，両者を一体として 1 つの契約類型として構成する必要性があるように思われる[26]。

また，実践型人材養成システム参加者の経済的負担が大きいという問題点もある。これに対して「日本版デュアルシステムの今後の在り方についての研究会」報告書は，雇用・能力開発機構（現在の管轄は厚生労働省）による技能者育成資金や独立行政法人日本学生支援機構による奨学金を活用することを提案する。しかしそのほとんどは貸与で返済義務を伴うため，若者にとって負担は小さくない。Off-JT にかかる費用負担があるために，若者が実践型人材養成システムに参加することをためらうことにもなりかねない。それに，実践型人材養成システムにおける OJT の時間割合は全体の 2 割以上 8 割以下とされるため，OJT の時間割合が少なくなればなるほど実践型人材養成システム参加者の手取り収入は減少し，生計維持は困難となる。訓練に従事する間を賃金として企業に負担させないのであれば，公費を活用して実践型人材養成システム参加者に対して所得保障を図る必要があるのではないだろうか。

## 2　求職者支援制度

### (1)　求職者支援制度の概要

求職者支援制度は，雇用保険の基本手当が受給できない者に対して，再就職のための職業教育訓練の機会とその間の所得保障を提供する。

非正規雇用者の増加や失業の長期化を背景に，雇用保険の適用対象は徐々に拡大され，雇用継続の見込みが 31 日以上である場合は雇用保険の一般被保険者とされたが，週の所定労働時間が 20 時間未満の者は適用対象外となる（雇保 6 条 2 号）。また，雇用保険の適用対象であっても，離職前 2 年間に被保険者

---

[26]　濱口・前掲注[23] 149 頁。

期間が通算して12ヵ月以上（特定受給資格者は離職1年前に6ヵ月）という受給資格期間が基本手当の受給要件として設定されているため，これを満たさない場合は基本手当を受給できない（雇保13条）。基本手当の所定給付日数を超過，あるいは訓練延長給付や個別延長給付の受給後もなお，再就職が果たせないこともある。

　本章が対象とする若者は，非正規雇用のような不安定雇用に従事するために失業しても基本手当の対象とならない，あるいは基本手当が支給されても所定給付日数は年齢によって段階的に設定されているため，短期間のうちに再就職先を見つける必要に迫られる者が多くいると考えられる。また，いわゆる学卒未就労者は，雇用保険の対象とされてこなかった。求職者支援制度は，こうした雇用保険の対象外となる失業者らへの職業教育訓練の提供と所得保障を行う制度として，2011（平成23）年5月に創設されたのである。

　この求職者支援制度の対象となるのは，労働の意思と能力を有しており，職業安定所所長が職業訓練の必要があると認めた特定求職者で，本人や世帯の収入や資産が一定を下回るとの要件が課せられており，訓練日のすべてに出席することが前提とされる。職業訓練に従事している間は，月額10万円の職業訓練受講手当と交通費に相当する通所手当から成る職業訓練受講給付金が支給される。支給期間は原則1年とされており，訓練の必要性があると判断された場合には，2年まで延長される可能性がある。

(2) 求職者支援制度の課題

　このように，求職者支援制度は雇用保険の対象にならない者に対して，就労支援と所得保障を組み合わせた仕組みを提供しており，雇用保険と生活保護の間に位置づけられる第2のセーフティネットとしての役割が期待されている。しかしながら，いくつかの課題も残されている。ここでは，第3節2の4つの観点から求職者支援制度の課題について検討したい。

　まず，教育訓練の実施を含めた就労支援策が，対象者のキャリア形成を支援する内容になっているかという点である。求職者支援制度の対象者には，職業指導，職業紹介，認定職業訓練や公共職業訓練などの措置について記載する就職支援計画が個別に策定される（求職者支援11条）。計画策定の際は，キャリアコンサルティングが実施され，求人情報の提供や履歴書作成・面接指導，ジョ

ブ・カードの作成支援などが行われる（求転者支援則2条15号）。このように，求職者支援制度のもとでは，職業教育の実施だけにとどまらず，広範な就労支援が行われており，対象者の再就職を容易にするものとして評価することができる[27]。生活保障法論の観点からは，就職支援計画の策定は，今後の労働生活におけるキャリア形成の支援という長期的な展望に基づいて行われるべきだと指摘できる。求職者支援制度で実施される就労支援の内容が，目先の雇用の確保を目的としたものであれば，結局は安定した雇用の獲得や確たるキャリアの形成には役立たないといえよう。求職者支援訓練の実施中に，ジョブ・カード制度を活用したキャリアコンサルティングを実施し，訓練終了時に評価シートを策定することとされている点が注目される。ジョブ・カード制度が十分に機能すれば，特定求職者にとって有益なキャリア形成支援策になるだろう。

　就職支援計画の策定については，その策定方法にも課題がある。現行法のもとでは，公共職業安定所長が就職支援計画を策定し，同計画に基づく措置の実施を特定求職者に指示する（求職者支援11・12条）。特定求職者が公共職業安定所長の指示に従わない場合には，職業訓練受講給付金は支給されない（求職者支援則14条1項）。こうした策定プロセスで，特定求職者の主体性はどこまで尊重されるであろうか。確かに，求職者が主観的願望から特定の職業に固執する場合，雇用保険法上は労働の意思がないと判断される（個別延長給付の受給資格要件を定める施行令3条1項の解釈について，大阪高判昭和57年8月9日）。それと同様に，求職者支援法においても労働の意思を喪失していると判断されよう（求職者支援2条）。だからといって，特定求職者の意向を汲まずに公共職業安定所長が一方的に就職支援計画を策定することは，特定求職者の適職選択権（憲27条）との関係で問題があるし，個人の主体性を重視する生活保障法論の観点からも特定求職者の意思を尊重することが重要だといえる。就職支援計画は，キャリアコンサルティングを実施した上で策定されるため，キャリアコンサルタントには特定求職者の主体性を尊重したコンサルティングの実施が求められる。（独）労働政策研究・研修機構による「求職者支援制度に関する調査

---

27)　丸谷浩介「職業訓練の実施等による特定求職者の就職の支援に関する法律」ジュリスト1430号（2011年）48頁。

研究」においても，キャリアコンサルタントの専門性の向上が就職支援にとって重要だと指摘されており[28]，キャリアコンサルタントの専門性の1つとして，特定求職者の主体性の尊重を重視する必要がある。諸外国では，求職者支援制度と同様の役割を担う失業扶助制度の中で，受給者と支援の実施機関の間で支援計画を内容とする協定を締結することで，受給者の義務内容の明確化と納得性が引き出されており[29]，求職者支援制度においてもこうした手法の導入が考えられる。

また，求職者支援訓練は，各都道府県の労働局に設けられる地域訓練協議会において，地域の雇用労働情勢を反映して策定される職業訓練実施計画に基づいて行われる。労使の関係者がかかわって地域の実情に即した職業訓練実施計画が策定される点は評価しうるが，実際に同計画に基づいて認定される認定職業訓練の内容について，訓練実施機関に対する調査では6～7割の実施機関が「受講生からの評価は高い」と回答するものの[30]，訓練生に対する個別ヒアリングでは訓練としての内実が伴っていないとの指摘もなされている[31]。求職者支援訓練の内容も，対象者のキャリア形成という観点から見直す必要があろう。

さらに，職業訓練受講給付金は，その名のとおり訓練期間中のみ支給され，訓練の前後に求職活動を行っていても，それらの期間は支給対象とならない[32]。訓練受講給付金の財源の2分の1に労使の保険料が充てられることから，給付金の性格から生活保障としての要素が薄れ，職業訓練の受講を容易にするための給付という要素が強められており[33]，このことが限定的な給付となったことの背景にあるように思われる。確かに，意図的に再就職を先延ばしにし

---

28) （独）労働政策研究・研修機構「労働政策研究報告書 No.163 求職者支援制度に関する調査研究」（2014年5月30日）。www.jil.go.jp/institute/reports/index.html
29) 例えば，ドイツの失業手当Ⅱでは，受給権者は雇用エージェンシーの指定する個別相談者と話し合い，職業訓練や受給権者の再就職に向けた行為などを内容とする統合協定を雇用エージェンシーと受給権者の間で取り交わす（SGBⅡ2,15条1項）。
30) （独）労働政策研究・研修機構・前掲注28)。
31) 今野晴貴「就労支援のジレンマを考察する」季刊労働法232号（2011年）87頁。
32) 木下秀雄「求職者支援法の検討」労働法律旬報1748号（2011年）10頁。
33) 丸谷・前掲注27) 48頁。

て，所得保障給付をより長く受給しようとするモラルハザードが生じる危険性はあるが，そうしたモラルハザードに対しては適切な職業相談を実施することで対処することも考えられる。生活保障法論の観点からは，今一度生活保障としての性格を強め，求職活動中をも含め，一定期間内の所得保障を実現すべきであろう。

## 3　若者への教育

### (1)　キャリア教育の内容

若者はいまだ発達段階にあり，学習することで個人の主体性を発揮しうる存在であることから，若者向け政策のあり方を検討するには，教育内容にも触れておく必要がある。

第2節2で触れたように，高等教育機関においても「キャリア教育」が充実する方向にあるが，それは職業観・勤労観の育成を目的としており，若者が社会に出ていくために必要となる具体的能力を付与するものとはなっていないとの批判がなされている。そこで，従来行われているキャリア教育の内容を，職業に就くための専門的技術や能力を育成するという，キャリア権を実質化しうる教育に構築しなおすことが必要となる。

「権利としてのキャリア教育」の確立を提唱する児美川孝一郎教授は，学校教育課程の全体を通してキャリア教育の視点を貫き，加えて「生き方・働き方」に焦点を当てた教育活動を実施し，働くことそのものや職業，労働者の権利についての学修，生き方の探求，シティズンシップ教育，専門知識の獲得を内容としたカリキュラムの試案を示す[34]。

ほかにも，本田由紀教授は，「柔軟な専門性」という概念を用いながら，教育の職業的意義の向上を図ろうとする[35]。1つの専門領域を軸としつつ，そこから隣接領域に学習領域を拡大させる中で一般性・共通性・普遍性の高い知識の獲得を可能とするカリキュラムを編成するのである。

ここで注目すべきは，学校教育に職業的意義をもたせるといっても，職業に

---

*34)*　児美川・前掲注 *8)* 156頁。
*35)*　本田・前掲注 *5)* 193頁以下。

関連する専門知識や技術を習得させることだけを目指すわけではなく，特定の職業に特化した狭い知識の付与が念頭に置かれているわけでもないことである。この方向性は，今後「ジョブ型正社員」のような職務限定型の雇用が増える傾向が示されているものの，いまだ職務別の企業横断的な労働市場が十分に形成されているとはいえず，企業が若者に求める能力も職務に直結する能力ではないという現状においては，妥当だといえる。

これらの見解が，労働法教育やシティズンシップ教育の重要性を指摘している点にも注目したい。労働法教育は，従来のキャリア教育が目指してきた労働市場の現状に若者を「適応」させるだけでなく，環境を自らの力で変えていく「抵抗」の手段として必要だとされる[36]。政治的教養の育成を目的とするシティズンシップ教育も，若者が政治的発言力をもち，環境の改善に立ち向かうためにキャリア教育の中で展開されるべきとされる[37]。こうした教育の必要性は，若者を支援の受け手としてではなく，自らの人生を主体的に生きる存在として捉えており，個人の主体性を尊重する生活保障法の視点からも肯定できる。

(2) 高等教育の効果

では，従来行われてきた高等教育には，就労することに対して効果はなかったのであろうか。卒業生の未就職率を大学ごとに2時点で比較し，各大学のキャリア形成支援のあり方の影響を検討した小杉礼子氏らによる調査[38]を参照し，高等教育の効果を確認しておきたい。この調査では，「生涯にわたって学び続ける力」が高等教育機関のどのような学習を通じて獲得されたかが問われており，卒業制作・卒業論文・卒業研究への取組みと産業界や地域社会と関係した授業にプラスの有意な効果がみとめられ，進路の目標や計画を考えるという進路設計型の授業はマイナス方向に有意な効果が示された。この結果に対し，

---

[36] 本田・前掲注5) 179, 202頁。

[37] 児美川は，労働法教育とシティズンシップ教育を対等に捉え，両者をキャリア教育の中に有機的に組み込むことを主張する（児美川・前掲注8) 150頁）。他方で本田は，シティズンシップ教育論の中には，教育の職業的意義よりもシティズンシップ教育によってもたらされる教育の政治的意義を優先させるべきとして，学校教育の中での職業的意義を相対化させる傾向があると指摘する（本田・前掲注5) 170頁）。

[38] 小杉礼子＝堀有喜衣編『高校・大学の未就職者への支援』（勁草書房，2013年）140頁以下。

「生涯にわたって学び続ける力」は今後の予測困難な社会において答えのない課題に取り組む能力を想定しているとした上で，「キャリア教育」が盛んになってから多くの大学ではじめられた進路設計型の授業ではこうした能力養成はあまり考慮されておらず，むしろ，卒業論文等の作成という伝統的な教育方法のほうが効果は高いと指摘されている[39]。

　近年は，教育手法自体も変化を見せつつある。その代表的なものにアクティブ・ラーニングと呼ばれる，学生が主体的に学ぶ機会を提供する教育手法がある。具体的には，PBL（課題解決型学習・問題解決型学習）やサービス・ラーニングなどとして行われているが，伝統的に行われている卒業論文等の作成も学生の主体性が求められる教育手法の1つといえる[40]。こうした学生の能動的な学修を促す教育を高等教育機関においてより拡大することで，多くの職業に応用しうる能力の育成が可能となろう[41]。

　以上のように，高等教育機関の伝統的な教育手法にはその後の職業人生に有益な効果があり，また教育手法自体もより能動的な学修を促すものへと変化している。日本では，大学生の就職活動が学業の妨げになるとして，開始時期や方法について課題が指摘されて久しいが，現在の高等教育に今一度職業的意義を見出し，再評価することが必要であろう。

　(3)　社会に出た若者への教育

　仮に上記のような能力形成が高等教育機関で行われたとして，それだけで若者に職業上の能力が十分に身につくわけではない。

　大卒者に対する大学教育と職業との関連性を問うた調査によると，高等教育で培われた能力に加えて，職場での教育訓練が行われることで，職業的な能力の向上が図られることが示されている[42]。また，仕事への満足度は，非正規雇用であっても職場での教育訓練が実施されている場合が最も高く，それに訓練が行われる正規雇用，訓練のある非正規雇用が続き，正規雇用であっても職

---

[39]　小杉＝堀・前掲注 *38*) 152頁。
[40]　小杉＝堀・前掲注 *38*) 152頁。
[41]　川嶋・前掲注 *2*) 29頁。
[42]　小方直幸「若者のキャリアと大学」小杉礼子編『若者の働きかた』（ミネルヴァ書房，2009年）152頁。

場での教育訓練がない場合は最も満足度が低い結果となっている[43]。

　これらの結果から，高等教育機関での能力形成に加え，卒業後にも職場において教育の機会が十分に与えられることが重要で，この両者がそろうことによって，より効果的に職業能力の向上が図られることがわかる。非正規雇用者や失業者に教育訓練の機会を提供するために公的職業教育を整備することは必要であるが，改めて職場での教育訓練の重要性に着目する必要があると考えられる。

## 第5節　おわりに

　以上，就職できない若者の課題について，雇用，教育，所得保障の3つの観点から検討してきた。それにより，若者が安定した雇用を得る機会が減少しているにもかかわらず，教育を通じて職業的能力を身につけることも難しく，加えてそうした若者を家族が経済的・精神的に支えることも期待しがたくなっていることがわかった。そこで，労働法と社会保障法の両者をつなぐ生活保障法論を参考に，若者向け政策のうち，ジョブ・カード制度，求職者支援制度，キャリア教育の内容を検証した。

　本章で検討の対象としたのは大卒者を中心とした若者であったが，もちろん，高等教育機関の卒業者よりも，高等学校卒業者や中途退学者のほうがより厳しい状況に置かれている[44]。その中には，貧困問題や家族との関係，自身の精神状態など複合的な課題を抱える困難層がいることが指摘されている[45]。この課題解決策の1つとして生活困窮者自立支援法が挙げられるが，同法をはじめとしたより困難な状況にある若者の問題は，ここでは触れることができなかった。

　また，スウェーデンで導入されている学習手当や教育訓練休暇のように，雇用保険や求職者支援制度の枠組みを超えてより一般的に所得保障付きの教育機

---

[43] 小方・前掲注42）153頁。
[44] 小杉礼子「自立に向けての職業キャリアと教育の課題」宮本みち子＝小杉礼子編『二極化する若者と自立支援』（明石書店，2011年）21頁。
[45] 岩田・前掲注10）56頁以下。

会を提供する方法もありうる[46]。経済的自立が難しい若者にとっては，魅力ある仕組みといえようが，国民の教育費負担の大きい日本で同様の取組みを実現するのは困難であろう。しかしながら，教育を受ける間だけでなく，雇用の場での教育訓練の機会が減少し，その費用負担が労働者本人のものとされつつある現状においては，スウェーデンのような方法は，教育費負担のあり方を検討する際にも，また，雇用，社会保障，教育の新たな連携を模索する生活保障法論をより深化させるためにも，重要な視点を提供するように思われる。

　これらを検討することについては，今後の課題としたい。

---

[46] スウェーデンの学習手当の詳細と高等職業教育については，両角道代「スウェーデンにおける若年者雇用と職業能力開発」日本労働研究雑誌619号（2012年）54頁以下を参照。

# 第2章　正社員になれない若者
── 職業教育・訓練をめぐる問題を手がかりに

　　第1節　若年非正規労働者の増加
　　第2節　日本的雇用慣行と職業教育・訓練
　　第3節　職業教育・訓練および就職支援に関する法政策
　　第4節　非正規労働者に関する諸政策の展開
　　第5節　非正規労働者政策に関する考慮事項
　　第6節　雇用と教育の関係について

村　中　孝　史

## 第1節　若年非正規労働者の増加

　全労働者に占める非正規労働者の割合は3分の1を超え，さらに増加しつつある。非正規労働者の存在はけっして新しい現象ではないが，従前，これらは一時的な労働需要の増大や補完的な業務への対応であり，その数も限定されていた。しかし，近時の特徴は，非正規労働者が多様化するとともに，一時的あるいは補完的な役割や景気の調整弁としての役割を担うだけでなく，恒常的な職務を担当する例も増えていることである。ただ，恒常的な職務といっても，その内容は高度なものでなく，職務遂行のための技能習得にそれほど時間のかからない仕事がほとんどである。業種によっては，まさにそのような職務が事業の中心である場合もあり，そのような場合，従業員の大半が非正規労働者，ということも少なくない。換言すれば，技能習得や資格取得にそれほど時間のかからない単純労働がますます非正規労働者によって担われるようになりつつある。

　こうした労働は，機械化が進展したとはいえ，一定の割合で存在するし，サ

ービス産業の成長は，かえってこうした労働の増加をもたらしている。効率的な経営を目指す企業からすれば，労働市場において容易に獲得できない労働力は，従来どおりの長期雇用を基本とした雇用形態で確保し，労働市場で容易に調達できる労働力は，調整の便宜を考え，有期契約とすることが合理的選択となる。後者の場合，賃金等の労働条件は専ら労働市場において決まることとなる。

　このような変化は，労働者から見ると積極的側面もないわけではないが，全体としては消極的な影響をもっている。従来のような長期雇用慣行のもとにある正規労働者にとっても，非正規労働者の増加は，正規雇用の数の減少につながるため，正規雇用をめぐる競争が激化し，全体として処遇の劣悪化を招くこととなる。成果主義的な処遇が強まり，無限定の過酷な労働へと追い立てられる可能性を生じる。他方，長期雇用慣行からはじき出された労働者やその家族の状況はより厳しい。

　非正規労働者の多くは有期契約に基づいて就労していることから雇用が不安定であり，また，賃金が時間給で，その額も低いことに加え，家族手当や住宅手当といった福利厚生的な手当やボーナスなどもないことが通例である。そのため，家計補助的な役割であればともかく，家計の主たる維持者が非正規労働者であると，その家庭の生活は極めて不安定で，且つ，貧しいものとなる。

　こうした雇用のあり方の変化は，新規学卒者に対し，大きな不安を与えている。周知のとおり，わが国では，労働者の採用は新規学卒者を対象とするのが一般的である。仮に，学校卒業と同時に就職できなければ，その後，正規労働者として採用される可能性が顕著に小さくなる。実際，学校を卒業しても，正規労働者になれず，いつまでもフリーターとして働く若年労働者の数は増加している[1]。また，正規労働者として就職しても，すぐに離職してしまう労働者の数も多く[2]，こういう労働者もいったん非正規労働者となると，その後に正

---

*1)* 　2014（平成26）年度学校基本調査によれば，大卒のうち「一時的な仕事に就いた者及び進学も就職もしていない者」の率は14.7％であり，高卒については5.7％である。

*2)* 　卒後3年以内の離職率は，2009（平成21）年3月の高卒にあっては35.7％，大卒にあっては28.8％となっている（平成25年版厚生労働白書131頁）。

規労働者に戻ることが難しくなる。こうした事態に対し，政府は卒後3年までを新規学卒者と扱うよう，企業に求めているが[3]，新規学卒者を対象とした一括採用という慣行は今なお根強く，正規労働者の厳選の傾向が強まったことと相俟って，就職活動をする若者に対してかかるプレッシャーは強まるばかりである。

このような事態の変化に対し，政府の側でも様々な政策を実施してきたところであるが，以下では，そのうち職業教育・訓練をめぐる政策を手がかりとして，正規労働者になれない若者をめぐる問題に関し，若干の検討を試みたい。

## 第2節　日本的雇用慣行と職業教育・訓練

周知のとおり，わが国の雇用は，終身雇用，年功的処遇，企業内組合の3つにより特徴づけられてきた（日本的雇用慣行）。もっとも，これらがかなりの程度変容していることも否定できない。終身雇用の終焉がいわれてから久しいし，実際，バブル経済崩壊後には，多くの高齢労働者が「リストラ」されている。また，年功的処遇に関しても，成果主義賃金制度の導入が進められ，その不具合の見直しがあったとしても，全体としては，成果や担当職務が賃金額に強く反映する賃金制度へと変化してきたことは否定できない。さらに，近年の非正規労働者の増加は，日本的雇用慣行の妥当範囲が相当程度に縮小したことを意味しており，同慣行のもとにある労働者が果たして多数派なのかも怪しいところである。しかしながら，それでも，大企業を中心に，正規労働者に関しては基本的に妥当するものであるし，労働者側の意識としてもそれを望む声は強い[4]。

ところで，こうした日本的雇用慣行においては，職業教育・訓練も他国とはかなり異なる様相を呈している[5]。周知のとおり，わが国の職業教育・訓練の

---

3)　雇用対策法に基づく「青少年雇用機会確保指針」(2010年)において明記された。
4)　平成25年版厚生労働白書137頁。
5)　日本的雇用慣行における職業訓練のあり方については，仁田道夫＝久本憲夫編『日本的雇用システム』(ナカニシヤ出版，2008年)107頁以下〔第3章「能力開発」(久本憲夫)〕，濱口桂一郎『新しい労働社会』(岩波書店，2009年)139頁以下，同「日本型雇用システムと職業訓練」都市問題2010年12月号42頁以下等参照。

中心は，企業内で行われるOJTである。大企業を中心に，わが国の企業は，新卒者の採用を原則とした労働力確保を行い，その労働者に対し自社内で手厚い職業教育・訓練を行ってきた。採用時の職業教育・訓練に始まり，労働者は長期雇用の中でスキルアップを図りつつ，より高度な職務を担当してゆくことが期待されている。また，長期雇用を前提とする以上，技術革新や産業構造の変化等により労働者には絶えず新たな知見や技術を習得することが求められるし，場合によっては大きな職種転換を余儀なくされることもある。企業は，労働者の能力開発のために大きな投資を行い，長期雇用慣行のもとで必要な労働力を確保してきたといえる。

このように手厚い職業教育・訓練が企業によって行われるため，採用にあたっては，将来にわたり新たな知識や技能を習得していけるだけの基本的な能力が備わっていることが求められ，職務に必要な知識や技能を習得していることは重視されない。このことは，極端にいえば，学校教育に職業教育的な要素を期待しない，ということを意味しており[6]，実際，わが国における高等学校の多数は普通科である[7]。また，大学教育，とりわけ文系の教育に関しては，教員養成系など一部を除き，ほとんど職業教育的な要素はないといってよい。職業教育的要素のありそうな法学部についても，法曹としての国家試験の合格が法学部卒業を意味するドイツ等に対し，わが国の法学部はいわゆる「ジェネラリスト教育」を行うもので，法学部を卒業しても法曹資格を取得するわけでなく，実際，民間企業の従業員や公務員になる者が圧倒的多数派である。

このような教育課程における職業教育の軽視もわが国の大きな特徴であるが，手厚い職業教育のほとんどが就職後に使用者によって行われているという実態は，正規労働者に関してのみ妥当するものであり，非正規労働者については妥

---

[6] 濱口・前掲注[5] 141頁は，「学校で具体的に何を学んだか，何を身に付けたかは就職時に問題にされず，偏差値という一元的序列で若者が評価される社会」と評している。良い就職先を得るために，中卒ではなく高卒，高卒ではなく大卒が志向された結果，進学率は高まり，その際，一元的な学力テストで選抜が行われたため，極端な学校の序列化が進行した。その中で，職業教育を重視した専門高校や公共職業訓練校は下位に扱われることになった。

[7] 生徒数でみると，2010（平成22）年度における普通科の割合は72％である（文部科学省「学校基本調査」）。

当しない。冒頭に述べたように，企業が非正規労働者に期待する職務は，とくだんの知識や技能が必要となるような職務ではなく，採用後に簡単な説明や指導が行われるにとどまる場合がほとんどである。

　しかし，このことは，いったん非正規労働者として就労した者にとっては，厳しい現実を意味する[8]。企業の非正規労働者に対する期待が以上のようなものである限り，非正規労働者に対して企業が正規労働者と同様の職業教育・訓練の機会を提供することはほとんどない[9]。また，仮に非正規労働者が企業外において自らの努力により一定の職業能力を獲得しようとしても，そもそも企業内教育・訓練と同様の機会を提供してくれる場があるわけではない。各企業が正規労働者に対して行う職業教育・訓練は，他企業でも通用する汎用性をもつ種類のものもあるが，当該企業に特化したものであることも多く，そもそも企業外での職業教育訓練には限界があるともいえる。その結果，当該企業において十分な職業教育訓練を受けた正規労働者でも，転職して中途採用されると，転職先企業で同じ経験年数をもつ労働者よりも低く格付けされることが一般的である。ましてや，ほとんど職業教育・訓練を受けていない非正規労働者が正規労働者として採用されても，それは一からの出発とならざるを得ない。

## 第3節　職業教育・訓練および就職支援に関する法政策

　前述したとおり，わが国の職業教育・訓練は主として企業内において行われており，これは日本的雇用慣行の重要な構成要素である[10]。もっとも，こうした慣行が成立するのは，60年代後半以降であり，それ以前においては，公

---

　　8)　非正規労働者の能力開発の現状については『労働政策研究報告書 No.117 非正規社員のキャリア形成——能力開発と正社員転換の実態』（独立行政法人労働政策研究・研修機構，2010年），『労働政策研究報告書 No.152 働き方と職業能力・キャリア形成——「第2回働くことと学ぶことについての調査」結果より』（2013年，独立行政法人労働政策研究・研修機構）等参照。
　　9)　2013（平成25）年の厚生労働省「能力開発基本調査」によれば，計画的な OJT を正社員に実施した事業所は59.4％であるが，正社員以外については28.6％である。また，Off-JT に関しては，正社員が69.9％，それ以外が34.1％となっている。半数の事業所は正社員以外にも教育訓練を行っているが，その内容は相違する。

的な職業訓練を充実する政策もとられていた[11]。すなわち，第 2 次世界大戦直後は，失業対策として戦前からの職業訓練施設が使用され，また，戦後復興に向けた労働力確保の要請に基づき，公共職業訓練の充実が図られた。法律に関していえば，1958（昭和 33）年に職業訓練法が制定されているが，事業内職業訓練と並び，公共職業訓練に関する章が設けられ，都道府県および労働福祉事業団[12]による施設の設置と事業実施が規定された。これらは，高度経済成長を支える労働力の養成という重要な機能を期待されたものであるが，他方，教育の分野においても，60 年代前半までは，職業教育の重視という政策が推し進められており[13]，例えば，高校の学科が著しく多様化するという現象も見られた。もちろん，企業内部でも充実した職業訓練が行われていたが，それだけでは技能労働力の不足に追いつけない時代であった。

　しかしながら，60 年代後半には，大企業を中心として，新卒者の採用と企業内訓練により労働力を確保するという日本的雇用慣行がほぼ確立し，企業外での職業訓練に対する関心は薄れていくこととなる。技術革新や産業構造の変化を考えると，労働者のもっている技能や知識が陳腐化し，新たな技能や知識を習得した上で職務を行う必要があるし，また，場合によっては全く異なる職種に転換する必要も生じる。日本的雇用慣行のもとでは，そのような新たな技能・知識の習得も，また，職種転換も企業内で行われ，これを労働者側から見ると，命じられる職務の変更に応じ，そのために必要となる教育訓練を受ける義務があるものの，雇用は保障される，ということになった。

　他方，多様な技能を備えた労働力を，新卒採用した労働者の教育訓練により

---

10) 職業教育訓練全体において，企業，労働者自身，公的機関がそれぞれ占める割合を正確に知ることはできないが，2008（平成 20）年の厚生労働省「今後の雇用・能力開発機構のあり方検討会報告書（参考資料）」8 頁によれば，教育訓練費総額が 1 兆 7500 億円であり，そのうち企業の負担が 8800 億円（50.3％），労働者自身の負担が 6950 億円（39.7％），公的機関の負担が 1741 億円（9.9％）と推計されている。大雑把にいって，企業が半分を負担し，公共職業訓練は 1 割程度の役割を果たすにすぎない。
11) 公共職業訓練の展開に関しては，永田萬享「公共職業訓練の展開と現段階の特徴」福岡教育大学紀要 60 号 4 分冊（2011 年）239 頁以下参照。
12) 現在は，独立行政法人高齢・障害・求職者雇用支援機構の施設となっている。
13) 本田由紀『教育の職業的意義』（筑摩書房，2009 年）71 頁以下参照。

確保する，という企業の人材確保戦略は，中途採用という，もう1つの入口を塞ぐものでもあった。この結果，労働者の転職は著しく困難なものとなる。たとえ労働者が自ら新たに技能・知識を身につけても，諸外国のようにそれによってより良い条件の職場に転職できるわけでなく，従前と同等の職場を探すことすら極めて困難な状況となった[14]。このような環境下では，外部労働市場を前提としたような企業外での職業訓練が利用されることはない。公共職業訓練も，日本的雇用慣行に乗り切れない中小零細企業や何らかの理由で会社を辞めざるを得なかった労働者が再就職のために利用するという，「例外的」ケースの受け皿ということになる。

しかしながら，日本的雇用慣行が揺らぎ出すと，職業訓練をめぐる状況にも再び変化が現れることとなる。日経連が1995（平成7）年に出した『新時代の「日本的経営」』は，その変化を象徴するものであるが，そこでは，従業員タイプの複線化が説かれ，企業内訓練に関してもその対象を選別することが述べられている。すなわち，今後は，すべての従業員が一律に扱われるのではなく，長期蓄積能力活用型グループ，高度専門能力活用型グループ，雇用柔軟型グループへと多様化することが想定されており，職業教育・訓練に関しても，長期蓄積能力活用型グループに関しては，「OJTを中心とし，Off・JT，自己啓発を包括して積極的に行なう」とされているが，高度専門能力活用型グループでは「わが国全体の人材の質的レベルを高めるとの観点に立って，Off・JTを中心に能力開発を図るとともに自己啓発の支援を行」い，また，雇用柔軟グループに関しては「必要に応じた能力開発を行なう」ものであり，後二者に関しては，従来のような手厚い企業内教育訓練は想定されていない[15]。

その後のわが国の雇用実態は，実際にも，おおよそ以上のような方向で進んできたと評価でき，従来の日本的雇用慣行が妥当する[16]長期蓄積能力活用型グループの割合が相当程度に縮減した[17]。それ以外のグループの労働者に関

---

14) 労働者にとって，会社を辞めるということは，大きな不利益を意味したのであり，そのことに労働者の会社に対する忠誠を強化した側面があることは否定できない。

15) 新・日本的経営システム等研究プロジェクト『新時代の「日本的経営」——挑戦すべき方向とその具体策』（日本経営者団体連盟，1995年）33頁。

16) 正社員についても，職能資格給の年功的運用という要素が薄れ，年俸制をはじめとする成果主義的な賃金制度や職務給への移行が進んでいる。

しては，基本的に長期雇用は想定されておらず，外部労働市場における転職が想定されている。そのような労働者に関して，企業に能力開発を期待することはそもそも無理があり，実際，転職が予想されるタイプの労働者に対する企業の能力開発投資は小さなものにすぎない。

このような雇用状況の変化に対し，政府の側でも，様々な対策を講じてきた。例えば，1998（平成10）年には労働者の自己啓発に対して直接財政的援助を行う制度（教育訓練給付制度）[18]が設けられ，従前の企業内訓練に対する助成一辺倒の政策からの転換が図られた。また，2003（平成15）年の「若者自立・挑戦プラン」[19]に基づき，2004（平成16）年からは日本版デュアルシステムが導入され，文科省がいくつかの専門高校でモデル事業を展開するとともに，厚生労働省も専修学校等への教育委託や職業能力開発大学校等におけるコース開設により同システムの導入を図った。デュアルシステムは，教育訓練機関での座学と企業での実地訓練を併行して行うことにより，職業生活へのよりスムーズな移行を可能にしようとするものである。

2008（平成20）年からはジョブ・カード制度が開始されている（同制度の詳細については第1章第4節参照）。ジョブ・カード制度とは，正社員経験が乏しい者を対象に，「きめ細かなキャリア・コンサルティングや企業実習と座学を組み合わせた実践的な職業訓練を提供し，企業からの評価結果や職務経歴等をジョブ・カードに取りまとめて就職活動等に活用することにより，正社員としての就職へと導く制度」である[20]。冒頭に述べたように，非正規労働者を継続している限り，能力開発の機会がなく，いつまでも正社員にはなれない，という状況から抜け出せないため，その状況を克服する手段として考案されたものである。そして，ジョブ・カード制度で想定される職業訓練としては，企業に

---

17) 総務省の労働力調査によれば，2003（平成15）年の正社員率は69.6%であるが，2013（平成25）年には63.3%となっており，なお減少傾向にある。

18) 労働者または離職者が，厚生労働大臣指定の教育訓練講座を受講し修了した場合，本人が支払った経費の一部を支給するという，雇用保険の給付制度である（上限10万円）。

19) 文部科学大臣，厚生労働大臣，経済産業大臣，経済財政政策担当大臣による合意。

20) 2020年までの目標として300万人の取得が目標とされているが，取得者の数が想定を下回っており，現在，制度の見直しが検討されている。

雇用された上で受けるタイプのもの（雇用型訓練）[21]と，訓練機関で実施されるもの（委託型訓練）の2種類が用意されている[22]。

また，公共職業訓練を利用するには，従前，雇用保険に加入していることが条件となっていたが，雇用保険に加入していない就職困難者に対して就職支援をする必要が高まったことから，2009（平成21）年には緊急人材育成就職支援基金が作られ，この基金を財源として雇用保険未加入の求職者も公共職業訓練を利用できることとなった。これは時限措置であったが，2011（平成23）年には特定求職者就職支援法が制定され（同法の詳細については第*1*章第4節参照），これに基づき，雇用保険未加入の者を対象とした「求職者支援訓練」が恒久的に実施されることとなった[23]。したがって，ジョブ・カード制度にリンクされる委託型訓練も，雇用保険の加入を条件とせず利用することが可能であり，さらに一定の要件[24]を満たせば，受講者は，月額10万円と交通費（最長1年間）の職業訓練受講給付金を受けることもできる。

さらに，2012（平成24）年からは，県庁所在地のハローワークを中心に，「わかもの支援コーナー」が，また，それ以外のハローワークには「わかもの支援窓口」が設置され，非正規から正規雇用への就職支援の強化が図られている。加えて，東京，愛知，大阪には「わかものハローワーク」が開設され[25]，正規雇用をめざす若者の職業相談を専門的に扱うようになった。

以上のように，正規雇用への移行を促進する様々な措置が講じられており，それらには一定の成果も見られるようであるが，例えばジョブ・カード制度については，目標数に到達せずに制度の見直しが検討されるなどしているほか，そもそも，非正規労働者の数や割合が減少しているわけでもない。企業側は，

---

21) これには，有期実習型訓練，実践型人材養成システム，若者チャレンジ訓練といったメニューが用意されており，各人の状況に応じて選択することとなる。
22) 委託訓練活用型と短期課程活用型の2つがある。
23) 求職者支援訓練受講者数は，2012年度で98,541人，2013年度で74,964人と報告されている。http://www.mhlw.go.jp/bunya/koyou/kyushokusha_shien/dl/jisseki.pdf
24) 本人収入が月額8万円以下，世帯収入が月額25万円以下，世帯の金融資産が300万円以下等の条件である。
25) 2014（平成26）年7月時点で，全国25ヵ所に設置されている。

前述した『新時代の「日本的経営」』で示されたように，従業員の多様化を図るという方針をとっており，この方針が効率的なものである限り，外部労働市場依存型の非正規労働者が一定割合で存在しつづけることは否定できず，その総数も減少することはないであろう。したがって，非正規労働者から正規労働者への移行を促進したところで，それだけで非正規労働者の数を減少させることはできない。その意味で，非正規労働者から正規労働者への移行を促進する政策は，非正規労働者問題に対する抜本的対策になるわけではない。しかしながら，正規雇用の縮減により，学校卒業時にそこに参入できなかったフリーター等にとっては，最低限の職業教育を受ける機会を提供するものであり，一定の知識・技能を習得すれば，仮に彼らが希望する大企業に正規労働者として就職できないとしても，労働力不足である中小零細企業であれば正規労働者として就職する可能性が出てくる。本格的な教育・訓練を自前で行えない中小零細企業にとってみれば，それにより必要な労働力を確保できるわけであり，需要と供給のミスマッチの解消に一定程度貢献するものと評価できる。もっとも，このようなミスマッチの解消には，本来，学校教育が対応すべき点もあり，この点で，職業教育にほとんど関心を払ってこなかったわが国の教育には大きな問題がある。

## 第4節　非正規労働者に関する諸政策の展開

　非正規労働者から正規労働者への移行を促進するとしても，非正規労働者の存在やその数を大幅に減少させる効果は見込めないとすると，非正規雇用自体の労働条件の改善が必要となる。実際にも，近時の法政策を見ると，かかる方向での立法が見受けられる。それらは，非正規労働者が抱える2つの問題，すなわち，雇用の不安定と低賃金に対応するものである。以下，この2つについて簡単に検討しておく。

### 1　非正規労働者の雇用の安定を図る政策

　非正規労働者の多くは有期契約に基づいて就労しているため，生活が極めて不安定なものとなる。確かに裁判所は，一定の条件を満たす有期契約労働者に

ついて解雇権濫用法理を類推適用（雇止め法理）してきたため，その限りでは有期契約の非正規労働者の雇用も安定していたといえる。しかしながら，すべての有期契約労働者に雇止め法理が適用されるわけではないし，何より，判例は一般に知られておらず，労働現場では十分に通用していない，という問題があった。

立法動向を見ると，1985（昭和60）年に労働基準法が改正され，有期労働契約の上限が1年から3年に引き上げられたことが注目される。労働基準法の上限規制は，労働者の拘束が長期に及ぶことを排除することを目的としてきたが，そのために契約期間に上限を設けることは，雇用が保障される期間を限定してしまうことにもなるため，拘束の排除と雇用の保障のどちらを重視するかが問題となる。1985（昭和60）年の法改正は，拘束の排除よりも雇用の保障を重視するものであったといえる。

また，2012（平成24）年の労働契約法の改正では，雇止め法理が成文法化されるとともに（同法19条），有期労働契約を更新した結果，合計期間が5年を超えることになる労働者に，無期契約への転換を請求する権利が付与された（同法18条）。これにより，労働者本人の意思に反し，5年を超えて有期契約が反復・継続される，ということはなくなることとなる。この法改正が企業に与えたインパクトは大きく，近時の労働力不足とも重なり，有期の非正規労働者の労働契約を率先して無期に転換する企業も現れつつある。元々，一時的な労働力需要のために有期契約を利用していたわけではなく，恒常的な職務について有期労働契約を利用していた企業にとってみれば，たとえ5年という比較的長い期間の後とはいえ，無期転換が待っているのであれば，企業の社会的評判を考慮し，最初から，あるいは，より早期に無期契約を締結する方が得策との判断が背景にあるのであろう。

以上のように，有期契約労働者の雇用の安定を図る施策が一定程度実施されてはいるものの，改正労働契約法の恩恵を受けるには5年という要件や雇用継続に対する合理的期待という要件を満たす必要があるし，何より派遣労働者として就労している場合には，ほとんどその恩恵は受けないものと考えられる。もちろん，派遣労働者の場合でも，労働契約法の各規定は適用されるが，派遣労働者の場合，派遣会社と派遣先との間で締結される労働者派遣契約が終了す

ると，事実上，就労場所はなく，雇用の終了に至るのが通例だからである。また，製造業などで広く見られる事業場内下請けに関しても，同様の問題があり，たとえ下請け企業の労働者が正規労働者として雇用されていたとしても[26]，下請契約が終了すれば就労の場を失う危険が大きい。各種統計においては，無期労働契約の労働者として，あるいは，正規労働者として扱われていたとしても，実質上，彼らの雇用は非正規労働者と同様に不安定である。

## 2 非正規労働者の賃金引上げを図る政策

非正規労働者の賃金は，労働市場の影響を強く受ける。企業は，その必要に基づき，随時，非正規労働者を募集するが，とくだんの知識や技能を必要としない労働力であるから，労働市場は産業横断的である一方，転勤等を想定しないため，地域的に限定されている。その際，労働力の供給は過剰であることが多く[27]，そのため，国が定める最低賃金が果たす役割は大きい。

最低賃金制度に関しては，2008（平成20）年から改正最低賃金法が施行され，公労使三者構成の審議会において決定する地域別の最低賃金を中心とする制度が再整備された。また，そこで決定される具体的な金額も継続的に引き上げられ，2014（平成26）年度の最低賃金額について，労働政策審議会最低賃金分科会は，全国平均で16円の引き上げを決定し，780円となる見通しである。2009（平成21）年の平均額が713円であるから，5年間で67円，年平均1.88％上昇したことになる。この間の民間平均給与が減少していることを考えると[28]，政府によって意図的に増額が図られていると評価できるが，なおOECD諸国の中では低水準である[29]。780円という金額は，週5日8時間労働

---

[26]　もちろん，有期契約で雇用されている場合の方が多いと考えられる。
[27]　バブル崩壊，リーマンショック等，特にこの間のわが国における雇用情勢は厳しいものであり，このことが非正規労働者の増加や正社員を含む労働者全体の待遇の悪化につながっていることは明らかである。
[28]　1997年以降，基本的に減少傾向にある。特にリーマンショックの翌年の落ち込みは激しいが，昨年から上昇傾向にある。
[29]　最低賃金に関しては，東京をはじめとする大都市圏と，地方との格差が拡大していることも問題点として指摘されている。2013（平成25）年度について言えば，東京の869円に対し，沖縄，宮崎，高知等では664円となっており，これは東京の76％である。

した場合の給与総額が，約163万円となる数字である。ここから税金や社会保険料が控除され，さらに，衣食住の必要を満たすための支出をしなければならないことを考えると，かなり厳しい数字であることは明らかである。

　近時の引き上げにもかかわらず，わが国の最低賃金額がこのように低い水準にあるのは，わが国の労働組合が高い関心を払ってこなかったという事情，また，多層的な下請け構造による賃金格差や大都市と地方との経済格差を理由とする低賃金労働の幅広い存在といった事情が背景となっている。さらに，専業主婦がパートタイム労働者として活用されはじめたことも一定の影響をもっていたように思われる。すなわち，夫婦の一方が正規労働者等として比較的に高い収入を得ている場合，パート労働をする他方の給与所得が一定額以下であれば，前者は税制上，扶養控除を受けることができ，また，後者は社会保険法上，第3号被保険者として年金・医療保険料の支払を免除される。さらに，会社によっては一定額以下の所得しかない配偶者がいる場合には扶養手当を支払う場合もある。

　税制上の優遇措置を受けうる給与所得の上限は103万円であり，社会保険のそれは130万円であるが，正規労働者の配偶者がパートタイム労働をする場合，その多くがこれらの上限内での就労を希望する。このいわゆる103万円や130万円の壁は，これらパートタイム労働者の賃金単価の上昇に抑制的な働きをする可能性がある。いずれにせよこれらの上限を超えられないのであれば，すでに上限いっぱいの給与所得を得ているパートタイム労働者にとって，単価上昇のメリットはほとんどないからである。実際，週5日6時間の労働をした場合，賃金単価が659円以上になると，年間給与総額は103万円を超えてしまい，832円以上になると，同じく130万円を超えてしまう。103万円や130万円の壁がある以上，高収入の配偶者をもつパートタイム労働者が賃上げにそれほど熱心にならないことは十分に理解できるし，他方，パートタイム労働者を利用する企業にとっては，103万円や130万円の壁は賃金抑制のための重要な応援団と言える。

　しかしながら，非正規労働者が増加し，必ずしも主婦パートの問題でなくなっている現在，その引き上げは焦眉の課題である。仮に，有期労働契約が法政策により縮減されることになり，多くの非正規労働者が「限定正社員」[30]に格

上げされたとしても，その賃金をはじめとする待遇が改善されなければ，労働者全体に対する労働条件引下げ圧力はそれほど弱まらないのではないかと思われる。

　非正規労働者の低賃金に対するもう1つの方策として，パートタイム労働法等による均等待遇や均衡処遇のルールを挙げることができる。わが国においては，一般的に同一労働同一賃金原則が承認されているわけではないが，2007（平成19）年に改正されたパートタイム労働法（2008（平成20）年施行）は，通常の労働者と同視すべきパートタイム労働者[31]については，パートタイム労働者であることを理由として，賃金の決定，教育訓練の実施，福利厚生施設の利用その他の待遇について，差別的取扱いをしてはならない，と定めている（同法8条）。また，2012（平成24）年に改正された労働契約法も有期契約労働者の労働条件が，無期契約労働者の労働条件と相違する場合，その相違は，業務の内容および責任の程度，それらの変更の範囲その他の事情を考慮して，不合理と認められるものであってはならない，と定め（同法20条），2014（平成26）年の改正（2015（平成27）年4月施行）によりパートタイム労働法にも同様の規定が導入された（改正法8条）。さらに労働契約法3条2項は，労働契約は，就業の実態に応じて，均衡を衡量しつつ締結，変更されるべきことを定めており，このような均衡処遇の原則は，パートタイム労働法9条においても定められ，事業主は，パートタイム労働者の「職務の内容，職務の成果，意欲，能力又は経験等を勘案し，その賃金」を決定する努力義務を負う。

　このように，パートタイム労働者や有期契約労働者に関する均等待遇や均衡処遇の原則などが見られるようになり，これらも非正規労働者の低賃金の改善に一定の効果を発揮すると予想される。もっとも，これらのルールが適用される要件はかなり厳格であるし，また，パートタイム労働者や有期契約労働者といったカテゴリーに入らない非正規労働者も存在する。何より，職務や責任お

---

30）　久本憲夫『正社員ルネサンス――多様な雇用から多様な正社員へ』（中公新書，2003年）。

31）　正社員と同視すべきパートタイム労働者の要件は厳格であるが，2014（平成26）年の改正（2015（平成27）年4月施行）により，無期契約であることの要件が削除され，多少緩和されている。

よびその変更の範囲が異なれば，異なる処遇が許される以上，非正規労働者と正規労働者の職務や責任が異なることの多い実態を前提にすれば，「差別の是正」がなされるケースはそれほど多くないと予想される。したがって，むしろ問題の本質は「均衡処遇」の方にあるが，これに関しては，たとえ不合理な処遇を禁止するとしてもその判断基準を示すことは難しく，法的なルールとしての実効性には疑問が残る。

## 第5節　非正規労働者政策に関する考慮事項

　以上のように，国としても，非正規労働者の雇用の安定や労働条件の向上を図るために様々な対応をとってきたところである。前述したように，非正規労働者から正規労働者への移行を促進する政策を進めても，非正規労働者問題それ自体の解決に至らない以上，正規労働者になれない若者にとって，これらの政策は極めて重要な意味をもっている。ここで，これらの政策に関して網羅的な検討を行うことはできないが，以下，重要と思われる観点を2つ指摘しておきたい。

### 1　最低賃金制度のもつ意義

　市場経済のもとにおいては，労働者の賃金も労働力の需給関係により決定され，需要が落ち込むと賃金額は極端に下がってしまう。したがって，国は最低賃金を定めて，その下支えをしており，このことは，憲法27条に依拠している。問題は，その水準のあり方である。これに関しては，基本的に労働者の生存権確保の見地から，「健康で文化的な最低限度の生活」をすることができるだけの賃金額が保障されるべきとの考えがある。実際，現在の最低賃金額は，生活保護給付の水準を凌駕することが1つの目標とされており，この考え方に近い運用ではないかと思われる。しかしながら，最低賃金法は，「労働者の生活の安定，労働力の質的向上及び事業の公正な競争の確保に資するとともに，国民経済の健全な発展に寄与することを目的」としており，単に最低限度の生活を確保できる賃金額を定めていればよい，という考え方には立脚していないと解される。そして，その際に考慮しておく必要があるのは，最低賃金の適用

が問題となりそうな，非正規労働者や中小零細企業の労働者に関しては，ほとんど集団的な労使関係が成立していない，という実態である。

　集団主義的労働法の枠組みにおいては，国は労働条件に関し最低限の介入を行い，これを上回る労働条件は集団的労使関係の中で実現されてゆくことが構想されていた。しかしながら，わが国においては，大企業の正規労働者に関しては企業内労働組合が組織され，集団的労使関係が機能している場合が多いが，それ以外の労働者に関してはほとんど機能していないという実態がある[32]。そのため，後者に関しては，唯一国が定める最低労働基準というセーフティーネットが機能するだけであり，極端にいえば，後は個々の使用者と労働者との自由取引に委ねられることとなる。その意味において，国の定める基準は極めて重要であり，さらにその基準のあり方に関していえば，これら労働者の労働市場に関しては，労働組合が機能しないという現実を踏まえて，「国民経済の健全な発展に寄与する」ような金額を決定する必要がある。その意味において，生活保護水準との優劣を論じなければならない現状は極めて問題であり，引き続き，ほかのOECD諸国並となるよう引き上げを図る必要がある[33]。

## 2　雇用の安定について

　前述のとおり，近時の労働立法は有期契約労働者の雇用の安定化を意図している。しかしながら，有期契約そのものの利用が制限されるに至ったわけではない。また，雇止め法理が成文法化されたが，同法理は，解雇権濫用法理の類推適用にあたり，雇用の継続に対して労働者が合理的期待をもつに至ることを要件としている。そのような「合理的期待」がない場合には，解雇権濫用法理は類推適用されないのであり，有期労働契約が一般的に保護されるものではな

---

[32]　2013年の民間企業の推定組織率は全体で16.6.%であり，従業員数1000人以上の企業の推定組織率は44.9%，100人～999人の企業では13.1%，100人未満では1.0%となっている（厚生労働省平成25年度労働組合基礎調査）。

[33]　アメリカの全国最低賃金は7.25ドルであるが，ヨーロッパは高く，イギリスの最低賃金は21歳以上で6.50ポンド，フランスは9.53ユーロである。ドイツでは2015（平成27）年から最低賃金制度が導入されることになっており，その額は8.5ユーロである。各国の最低賃金制度に関しては，日本労働研究雑誌2009年12月号掲載の各論稿が紹介・分析している。

い。しかしながら,雇用の安定を求める非正規労働者は,自ら有期契約を望んでいるわけではない[34]。他方,企業の側も,多くの場合,期間の満了で契約を終了させる意図でないことが多い。企業が有期契約を選択するのは,自らの労働力の必要に応じた労働者数の調整を容易にし,また,賃金を中心とする労働条件の変更を容易にするためである。

　確かに契約自由の原則を前提にする限り,労働者が承知の上で有期契約を締結した以上,契約期間を超えて雇用が継続することを労働者が求める理由はない。そのため,使用者が雇用継続に対する期待を労働者に抱かせた場合にのみ,解雇権濫用法理に準じた利益調整ルールを適用するという判例は,確かに利益調整のあり方として考えうるところである。しかし,労働者側の保護法益として,雇用継続に対する期待に着目するだけで良いのか,疑問がないわけではない。労働者の生活利益を考えたとき,たとえ有期契約であっても,労働者は期間満了後もどこかで雇用されて賃金を得る必要がある。当該使用者にとってみれば,誠実に約束を果たしているだけであり,それ以上の負担を強いられる理由はないのであるが,社会全体のシステムという観点から考えた場合,労働者の雇用は社会全体で確保する必要があり,いったん雇用した使用者にも,この観点で応分の負担を負わせることは理由のないことではない。

　もちろん,社会全体として有期契約労働者の雇用および失業時の生活保障を確保する方法としては,有期契約労働者の失業時の生活保障を公的に保障するという方法もあり,その方向での施策が講じられつつある。しかしながら,その内容はいまだ十分なものではなく,これを抜本的に改善できない以上,労働力を利用する使用者が応分の負担をしなければ,有期契約労働者の雇用は極めて不安定なままである。そのことは,有期契約労働者の交渉力の低下をもたらし,結果,労働条件の劣悪化を招き,さらには正規労働者の労働条件悪化へと波及する。このように考えると,解雇権濫用法理の類推適用にあたっての保護

---

*34*)　もちろん,有期契約労働者の中には有期であることを望む者もいる。厚生労働省『平成23年有期労働契約に関する実態調査(個人調査)』(http://www.mhlw.go.jp/toukei/list/dl/156-3a-1.pdf) によれば,有期契約労働者となることを選んだ理由(複数回答3つまで)として,15.5%の者が「契約期間が自分の希望にあっていた」ことを挙げている。他方,30.2%の者が「正社員としての働き口がなかった」ことを挙げている。

法益としては，雇用継続に対する合理的期待だけでなく，労働者側のより一般的な雇用確保利益も考慮する必要がある。具体的には，労働契約法 19 条が定める要件を緩和し，使用者側に有期とする「客観的理由」がある場合のみ適用を排除するルールへと改正すべきではなかろうか。

## 第 6 節　雇用と教育の関係について

　正社員になれない若者が増加した原因は，主として雇用の変化にあるが，学校教育にも問題がないわけではない。雇用と学校教育は，管轄の官庁も違うし，携わる人間も異なるが，両者は本来，密接に連携している必要がある。学校教育が独自の理念と理想[35]をもつとしても，その過程を経た後にほとんどの人間は雇用関係に入って生活をする。雇用関係に入る前，学校教育においてその準備ができていなければ，スムーズな移行はできないし，また，社会にとっても必要な労働力を得られない。このようにいえば，学校は企業が必要とする人材を養成する機関ではない，との批判を受けるのであろうが，学校以外に，雇用関係に入る準備を提供する適切な機関はないし，せっかく教養を身につけ人格を涵養しても，それを生かして自己実現する場へと移行する力を習得させないのであれば，その教育に何の意味があるのであろうか。学校教育は，雇用の実態を踏まえて，必要な準備を提供し，卒業生が就労を通じて自己実現しうることについてもっと積極的に関与すべきであろう。

　従来，こうした機能は，企業内の教育訓練が担っていたため，学校教育はそれに目を向ける必要はなかった。しかし，企業の教育訓練を受けない人間が増加した現在，学校教育が少なくともその者についての職業教育を担う必要があることは否定しがたい。グローバル化した経済のもとで，日本的雇用慣行は変容を迫られており，もはや一国の雇用政策でそれを維持することは困難である。

　もちろん，教育の分野で何の対応もとられていないわけではない。キャリア

---

[35]　本田・前掲注 [13] 170 頁は，「戦後日本の教育学は，政治システムや経済システムに対抗して教育システムの自律性を確保することに力を注ぐあまりに，『無限の発達可能性』『人権としての学習権』といった教育学独特の理念を掲げてきた結果，外部社会や他の学問領域とのつながりを失って自閉してきた」と指摘する。

教育や職業教育の取組みが本格化しており，問題は認識されている[36]。しかしながら，対応の具体的内容は，職業体験などが中心で，勤労観や職業観の醸成，また，職業やキャリア形成に必要な「基本的能力」の涵養が目標とされており，その内容はいかにも抽象的である[37]。確かに，今後，生涯にわたり1つの仕事を続けることができる可能性は次第に小さくなり，必要に応じて仕事を変えてゆく必要性が大きくなっており，法律論としてもこれを支えるキャリア権の構想[38]が提起されている。キャリア権の構想は，日本の雇用慣行の変化に対応した，労働者の雇用確保にかかる権利のあり方に関する方向性を示す重要な問題提起であるが，それが前提とするのは，キャリア形成に自ら主体的に取り組む労働者であり，したがって，そのための基本的能力の涵養は学校教育にとって重要な課題である。しかしながら，それと並んで，職業生活に入る直前に，具体的な職業を念頭においた職業教育が行われないと，学校から雇用へのスムーズな移行ができない者の割合が確実に増えており，学校でのキャリア教育，職業教育には，この点に関する配慮も求められるであろう。

---

*36)* すでに 1990 年代後半から議論がなされており，2011（平成23）年1月31日には中教審が「今後の学校におけるキャリア教育・職業教育の在り方について」と題する答申を出している。

*37)* 本田・前掲注 *13)* 155頁は，「望ましい『勤労観・職業観』や『汎用的・基礎的能力』の方向性は掲げながらも，それを実現する手段を具体的に提供することなく，結局は『自分で考えて自分で決めよ』と，進路に関する責任を若者自身に投げ出すことに終わっているのが現在の『キャリア教育』なのではないか」と指摘する。

*38)* 諏訪康雄教授の提唱による。最近の論稿として，諏訪康雄「キャリア権を問い直す」季刊労働法238号（2012年）59頁以下がある。

# 第3章　主婦と就労

第1節　はじめに——「主婦」状況の多様性
第2節　女性の就労の現状
第3節　税制上の課題——いわゆる「103万円の壁」について
第4節　社会保険法上の課題①
　　　　——いわゆる「130万円の壁」について
第5節　社会保険法上の課題②
　　　　——被扶養者制度・第3号被保険者制度の存在そのもの
第6節　育児・介護負担の解消，あるいはそれらとの両立
第7節　子育て女性等の求職支援
　　　　——マザーズハローワーク等の取組み
第8節　おわりに

稲　森　公　嘉

## 第1節　はじめに——「主婦」状況の多様性

　第2次安倍内閣は，成長戦略である日本再興戦略において「女性の活躍推進」を掲げ，女性の活用を謳った。2014（平成26）年7月に内閣府が出した『平成26年度年次経済財政報告（経済財政白書）』では，今後，労働力人口が減少する中で，高齢者と女性の労働力参加を高める必要性が述べられ，後者については今後，子育て対策の進展等によって就業希望者100万人の増加が可能としている[1]。
　しかしながら，現実には女性の雇用環境はなお厳しく，様々な就労阻害要因が存在している上に，就労している場合でも，意に反して家計補助的就労にと

---

1)　内閣府『平成26年度版 経済財政白書』170頁。

どまる場合も少なくないのが現実である。

　本章では、このような経済的・社会的・政治的環境の中で、主婦[2]の就労を阻害していると考えられる諸要因のいくつかについて、個別に検討を加え、対応策の考察を試みる[3]。

　なお、主婦の就労に関しては、主婦というあり方自体を否定的に捉える言説もしばしば見られ、また、女性を就労へ誘導しようとする政策動向も見られるところであるが、筆者は、主婦も1つの生き方であること、したがって、殊更に主婦というあり方を否定し、就労を義務化ないし就労へ誘導すべきと考えているわけではないことを、あらかじめ表明しておきたい。そもそも、主婦といってもそれぞれの置かれている状況は多様であり、主婦の概念についても共通の理解があるわけではない。主婦といえば、通常は、一般に「専業主婦」と呼ばれる、就労者の無業の配偶者が想定されるが、その周辺には、いわゆる家計補助的就労を行っている「兼業主婦」もしくは「パート主婦」と呼ばれる人々が存在している。これらの者のうち、家計補助的就労が本意ではない場合には、生計維持的就労ができない理由を考えてみなければならないのであって、そのような調整をせざるを得ない要因の検討が必要になろう。

　また、「専業主婦」についても、養育すべき子どもや介護すべき老親等のある場合とない場合があり、前者では、就労希望者には、育児・看護・介護等が就労阻害要因となっている（→第6章、第7章）。

　したがって、主婦をひと括りにして論じるのは適切とはいえない。主婦自身の就労希望の有無、主婦の置かれている家庭環境等を踏まえ、それぞれの就労阻害要因の克服について考察する必要があるだろう。

---

[2]　本章では、煩雑さを避けるため、男性配偶者が主に家事労働を担う「主夫」の場合も含めて、「主婦」という語を用いている。

[3]　女性と労働の問題をめぐる先行研究は枚挙に暇がない。ここでは、衣笠葉子「女性と社会保険」日本社会保障法学会編『新・講座社会保障法第1巻　これからの医療と年金』（法律文化社、2012年）49頁以下を挙げておく。

## 第2節　女性の就労の現状

　就労阻害要因の検討に先立ち，女性の就労状況についての現状を確認しておきたい。

　ある調査研究によると，日本では，結婚・出産により女性が無職や非正規になる傾向が高く，いったん離職した有配偶女性は，就業していても年収130万円未満が7割を占めるという[4]。

　厚生労働省が行った「平成23年度パートタイム労働者総合実態調査」によると，女性の就労者のうち，正社員は45.6％，パートで働いている者は45.9％であり，男性の数値（正社員79.7％，パート13.8％）と比較すると，パート労働者の割合がなお多い。

　次に，パート労働者の属性について，配偶者の有無と年齢に着目してみると，女性では，年齢階級別では40～54歳（男性では60歳以上）が多く，配偶者のいる者の割合も73.1％と高い（男性は54.5％）。男性の場合は定年後のパートでの再雇用，女性の場合は子育てが一段落してからのパートでの再就職，というケースが多いことを推測させる。

　有配偶者のパート労働でしばしば問題となるのが就業調整の有無であるが，配偶者のいるパート労働者のうち，就業調整していると回答した者の割合は18％（女性に限定すると21％）である。その理由として，「自分の所得税の非課税限度額を超えると税金を支払わなければならなくなるから」が57％（同63％），「一定額を超えると配偶者の税制上の配偶者控除がなくなり配偶者特別控除が少なくなるから」が33％（同38％），「一定額を超えると配偶者の会社の配偶者手当がもらえなくなるから」が18％（同21％），「一定額を超えると配偶者の健康保険，厚生年金等の被扶養者からはずれ，自分で加入しなければならなくなるから」が43％（同49％）となっている。

　それでは，就労阻害要因とされるもののうち，就業調整に関わる2つの

---

[4]　永瀬伸子「女性の就業，出産の日米比較と社会保障制度への示唆」年金と経済31巻4号（2013年）5～6頁。

「壁」から検討してみることにしよう。

## 第3節　税制上の課題——いわゆる「103万円の壁」について

### 1　「103万円の壁」とは何か

　現行の所得税制では，居住者の配偶者でその居住者と生計を一にするもののうち，合計所得金額が38万円以下である者（控除対象配偶者。所税2条1項33号）について，38万円の配偶者控除が受けられることになっている。

　合計所得金額の計算について，給与所得者の場合には，給与所得金額は収入金額から給与所得控除を差し引いた額であり，給与所得控除は，収入金額が180万円以下の場合には「当該収入金額の100分の40に相当する金額（当該金額が65万円に満たない場合には，65万円）」（所税28条3項1号）とされている。そのため，控除対象配偶者が給与所得者の場合には，収入金額が103万円以下であれば配偶者控除の適用を受けられる。

　なお，控除対象配偶者自身も，収入金額が103万円以下の場合には，自身の給与所得控除と基礎控除（38万円）により所得金額は0円となる。

　しかし，収入金額が103万円を超えると，配偶者の配偶者控除がなくなるので，世帯収入で見た場合に夫婦全体の手取額が減ってしまうことになる。これがいわゆる「103万円の壁」として問題となってきた。

### 2　税制上は「103万円の壁」は存在しない

　このような「壁」の存在は，現行法が配偶者控除に免税点方式（所得が一定額を超えると控除額が直ちに0になる方式）を採用していることに起因するもので，このような弊害を除去するため，学説等からは消失控除方式（所得が一定額を超えたとき，増えた分だけ控除額を減らしていく方法）の導入が主張されてきた。結局，この問題は，1987年の所得税法改正で，配偶者控除は維持しつつ，配偶者特別控除が創設されたことにより，税制上は解決されることになった。すなわち，控除対象配偶者の収入額が103万円を超えると配偶者の配偶者控除はなくなるが，代わりに配偶者特別控除が全額適用される。配偶者特別控除は，控

除対象配偶者の収入額が増えるに従って段階的に減額され，収入額が141万円を超えると0になる。

なお，配偶者特別控除には当初，収入額103万円未満の場合の割増部分があったが，専業主婦優遇との批判を受けて，2004年から同部分は廃止された。

したがって，税制上，配偶者控除のために控除対象配偶者の収入額を103万円以下に調整する必要はもはや存在しない[5]。

## 3 配偶者の会社の扶養手当等の支給基準として

このように配偶者特別控除の導入により，税制上はもはや「103万円の壁」は存在しないのだが，実際には今なお103万円で就労調整をしている人々がいる。それは，配偶者の勤務先の会社が配偶者手当や扶養手当といった名目で諸手当を支給する場合に，給与規定上，配偶者手当の支給基準を配偶者控除の適用基準に合わせていることがあるためである。この場合，控除対象配偶者の収入額が支給基準を超過する場合には，配偶者手当等が0になるので，やはり夫婦の合計手取額が減ってしまう。このような事態を防ぐには，給与規定を改めるか，配偶者控除のあり方自体を見直すしかない。

## 4 どうしたらよいか

配偶者控除には，その存在自体が専業主婦を優遇するもので女性の社会進出を阻害しているとの批判があり，現政権も女性の就労促進を成長戦略の柱の1つに掲げる中で，配偶者控除の見直しに積極的な姿勢を示している[6]。

しかし，そもそも配偶者控除は人的控除の1つであるところ，人的控除とは，所得が同じであっても，その人の人的事情を考慮すると担税力が異なることから設定されているもので，世帯の事情に着目した所得控除を行うことにより税負担を緩和し，これらの事情のない世帯との間で税負担の公平を図るものである[7]。

配偶者控除とは「所得のない配偶者の最低生活費を他方配偶者に帰属する所得から控除する制度であり，所得のある者に対する基礎控除に相当するもの」

---

5) 三木義一編『よくわかる税法入門（第8版）』（有斐閣，2014年）151頁。

である[8]。あるいは，家族の中に収入がない（または低い）者がいる場合に扶養費用がかかることに着目して納税者の担税力を減殺する扶養控除と同じ性格のものである。それゆえ，配偶者控除の廃止は，扶養されるべき者の有無により担税力の相違を考慮しない，ということを意味する。

　また，就労抑制効果についても，廃止賛成論が主に就労者からの「公平性」の観点からの意見であるのに対して，主婦からは「壁」の存在よりも育児負担の緩和や育児と両立できる職場の不足といった事実上の障壁がいわれており，配偶者控除を廃止すれば直ちに女性の就労が進むというわけではないように思われる。実際，就労環境の整備が伴わなければ，就労は増えず，逆に税負担が増すだけの結果に終わり，所得格差が一層広がることにもなりかねない[9]。

　したがって，配偶者控除の廃止には，配偶者控除の存在意義を考慮すると疑問があるし，女性の就労促進という政策的な効果もあまり期待できないように思われる。

　学説には，配偶者控除を廃止するのではなく，配偶者控除の所得要件を撤廃し，所得の有無にかかわらず，夫婦は自己の所得から基礎控除を控除するか配偶者の所得から配偶者控除を控除するかを自由に選択できるようにすべきであるとの主張もみられる[10]。

---

6) 安倍首相は 2014（平成 26）年 3 月の経済財政諮問会議と産業競争力会議の合同会議で，「女性の就労拡大を抑制する効果をもたらしている現在の税・社会保障制度の見直し及び働き方に中立的な制度」について検討するよう指示した。政府税制調査会は，同年 6 月の論点整理（女性の働き方の選択に対して中立的な税制の検討にあたっての論点整理）において，①女性の様々なライフステージにおいて中立的かつ公平な税制を目指すべき，②制度的な対応が行われたものの「心理的な壁」が残っており，結果として配偶者の就労を抑制する効果をもたらしうる現行の配偶者控除の仕組みは見直すべき，という意見と，③家族の助け合いや家庭における子育てを積極的に評価すべきとの観点から一定の斟酌を残すことも必要，という意見を併記し，「女性の働き方の選択に対して中立的な社会制度を構築していくためには，税制にとどまらず社会保険制度や企業の賃金制度等における課題に対しても合わせて検討が進められることが必要」であると指摘している。
7) 増田雅暢「配偶者控除見直しに異議あり」週刊社会保障 2777 号（2014 年）32 頁。
8) 三木編・前掲注 5) 155 頁。
9) その意味で，配偶者控除廃止論は観念論的な批判にすぎない可能性がある。
10) 三木編・前掲注 5) 156 頁。

## 第4節　社会保険法上の課題①
―― いわゆる「130万円の壁」について

### 1　「130万円の壁」とは何か

　家計補助的就労者の就労については，「130万円の壁」と呼ばれるものもある。これは，社会保険（被用者保険）の適用に関わるものであって，具体的には，健康保険等の被扶養者の認定基準と国民年金の第3号被保険者の認定基準が関係する。「103万円の壁」が配偶者特別控除の創設により税制上はなくなったのに対して，こちらは社会保険法上，厳然として存在している。

### 2　被扶養者の認定基準

　健康保険等における被扶養者の認定は，かつては各保険者が独自に行っていたが，全国的な統一の要請が生じたため，1977（昭和52）年に厚生省から通達が出されたという経緯がある。その通達によれば，収入がある者についての被扶養者の認定基準は以下のとおりである（「収入がある者についての被扶養者の認定について」（昭和52・4・6保発第9号，庁保発第9号））。

(1)　被扶養者としての届出に係る者（認定対象者）が被保険者と同一世帯に属している場合
- 認定対象者の年間収入が130万円未満（認定対象者が60歳以上の者または概ね障害厚生年金の受給要件に該当する程度の障害者である場合は180万円未満。以下同じ）であって，かつ，被保険者の年間収入の2分の1未満である場合は原則として被扶養者に該当するものとする。
- 認定対象者の年間収入が130万円未満であって，かつ，被保険者の年間収入を上回らない場合には，当該世帯の生計を総合的に勘案して，当該被保険者がその世帯の生計維持の中心的役割を果たしていると認められるときは，被扶養者に該当するものとして差し支えない。

(2) 認定対象者が被保険者と同一世帯に属していない場合
- 認定対象者の年間収入が130万円未満であって，かつ，被保険者からの援助に依る収入額より少ない場合には，原則として被扶養者に該当するものとする。

1977（昭和52）年にこの通達が出された当初は，認定基準額は70万円であった。これは所得税に関する当時の本人の給与所得控除額（50万円）と配偶者の配偶者控除対象限度額（20万円）の合計額であり，これ以降，1986（昭和61）年までは，所得税控除対象配偶者収入限度額に連動して認定基準額は変更されていった。しかし，1987（昭和62）年5月以降は，所得税との連動をやめ，被扶養者の適用を維持するという考え方から，所得水準の伸びに応じた改定が行われていく。現在の130万円という額になったのは1993（平成5）年4月であり，①実収入伸率，②可処分所得伸率，③決まって支給する給与伸率に基づいて定められたと説明されている[11]。

この基準を満たせない場合には，健康保険等の適用対象とならなければ，国民健康保険に被保険者として加入することになる。その場合，自身の権利として保険給付を受けることになるが，傷病手当金等の所得保障給付はなく，国民健康保険料（税）も（事業主負担がないので）全額自己負担しなければならない。

## 3　国民年金第3号被保険者の認定基準

国民年金第3号被保険者の要件は，①配偶者要件（第2号被保険者の配偶者），②生計維持要件（主として第2号被保険者の収入により生計を維持），③年齢要件（20歳以上60歳未満）からなるが，ここで問題となるのは②生計維持要件である。これは法令上，健保法等における被扶養者の認定の取扱いを勘案して，日本年金機構が定める（国年7条2項，国年令4条）とされており，行政実務では，被扶養者認定基準と同様，原則として，本人の年間収入が130万円未満（障害者等は180万円未満）であり，かつ，配偶者の年間収入の2分の1未満の場合に第

---

[11] 短時間労働者への社会保険適用等に関する特別部会（2011（平成23）年9月21日）における厚生労働省提出資料。

3号被保険者となるとされている[12]。

この基準を満たせない場合には，厚生年金の適用対象とならなければ，国民年金の第1号被保険者となり，国民年金保険料を全額自己負担しなければならない。実際の検討の順序としては，①厚生年金等の被保険者（国民年金の第2号被保険者）となるか，②国民年金の第3号被保険者の要件を満たすか，の順で検討され，これらに該当しなければ，③国民年金の第1号被保険者となる。

### 4　基準額の妥当性

「壁」が生じるのは，ある一定額で線引きをするからである。税制上は103万円という配偶者控除の基準を維持しつつも配偶者特別控除を創設することで「壁」を消すことができたが，「130万円の壁」は社会保険法上の法的地位（被扶養者，第3号被保険者）に関わることなので，税制と同様の対応をとることはできない。被扶養者や第3号被保険者といった人的カテゴリーを維持し，生計維持要件を残すのであれば，どこかで線引きをしなければならない。

生計維持関係といっても，その判断基準は制度によって異なりうる。被扶養者および第3号被保険者の「130万円」という基準額は，趣旨目的の相違を考慮しても，遺族年金の受給要件の「850万円」と比べるとかなり低目の設定に感じられる。また，被扶養者と第3号被保険者とで基準を同一にする必要があるかといえば，そのような制度的必然性もないように思われる。第3号被保険者は配偶者のみであるのに対して，被扶養者には子どもや老親等も含まれる。

基準額は，1993（平成5）年に130万円に引き上げられて以降，20年以上変わっていない。この間，低成長の時期が続いてきたとはいえ，低い水準にとどまれば，就労調整を意識する場合も増えてくるだろう。

### 5　就労抑制効果の有無

「130万円の壁」の就労抑制効果については，これを肯定するものもあれば，否定するものもある。

---

12)　平成5年3月15日庁保発5号による改正後の昭和61年3月31日庁保発13号。堀勝洋『年金保険法（第3版）』（法律文化社，2013年）137頁参照。

堀勝洋教授は，厚生労働省の平成 18 年パート労働者総合実態調査報告に基づき，パート労働者の年収階級別分布のピークが 130 万円前後にはなく，女性パート労働者全体に占める 120 万円～130 万円で働く者と 130 万円～140 万円で働く者との割合の差が 2.4％ であることから，第 3 号被保険者制度の就労抑制効果は余り出ていないと結論づけている[13]。

　他方で，前出のとおり，平成 23 年パートタイム労働者総合調査によれば，就業調整をしていると回答した女性のパートタイム就労者の 43.1％ が健康保険等の被扶養者から外れることを理由に挙げており，実際に「130 万円の壁」を意識している者がいることも事実である[14]。

　そこで，民間企業の中には，「壁」を超えるために収入が減った分を会社負担で補助する制度を設けているところもあるという[15]。民間企業の独自の試みとして注目されるが，一般的に普及しているとまではいえず，なお少数にとどまっているようである。

　問題が基準額の高低ではなく，「壁」が存在していることそれ自体であるとすれば，そのような制度の存在そのものが問われることにならざるを得ない。

## 第 5 節　社会保険法上の課題②
　　　　――被扶養者制度・第 3 号被保険者制度の存在そのもの

### 1　専業主婦優遇？

　家計補助的就労における就労調整の問題ではなく，健康保険等の被扶養者制度および国民年金の第 3 号被保険者制度それ自体が，専業主婦という生き方を優遇するものであり，就労そのものを阻害する要因となっているという批判がある。ここで問題となるのは，そのような制度自体の存在意義であり，代替策

---

[13]　堀勝洋『社会保障・社会福祉の原理・法・政策』（ミネルヴァ書房，2009 年）420 ～421 頁。

[14]　増田雅暢教授は，女性の社会進出に影響を与えるものを挙げるとしたら，配偶者控除よりも 130 万円の壁や配偶者手当の存在であるとする。増田・前掲注 7）33 頁。

[15]　朝日新聞 2014 年 6 月 24 日付 33 頁（大阪，東京本社版）記事。

の可能性である。

## 2 被扶養者制度

　被用者医療保険では，被用者＝被保険者によって生計を維持される家族を被扶養者として被用者医療保険による保護の対象に含める例がみられる[16]。

　わが国では，被扶養者という概念は，1922（大正 11）年の健康保険法制定当初は存在していなかった。1939（昭和 14）年改正で被保険者の世帯員の傷病の場合に任意給付として補給金を支給できる旨の規定が置かれ，1942（昭和 17）年改正で名称が被扶養者に改められるとともに，被扶養者の傷病・分娩が法定給付化された。被扶養者の具体的範囲は施行令で定めることとされ，これ以降，少しずつ拡大されていく。1948（昭和 23）年改正で被扶養者の範囲は法律で定めることとなり，1957（昭和 32）年改正で 4 つの類型に整理された[17]。

　被扶養者になると，療養の給付の代わりに，家族療養費等の給付の支給対象となる。受給権者は被扶養者自身ではなく被保険者本人であるが，実質的に療養の給付等に相当する保健医療サービスが保障されるという意味では，被保険者の場合と遜色ない。一部負担金の割合は，当初，被保険者 10 割給付，被扶養者 5 割給付であったが，1973（昭和 48）年に被扶養者 7 割給付となる一方，1984（昭和 59）年に被保険者 1 割定率負担が導入され，2002（平成 14）年改正により，2003（平成 15）年以降は原則 7 割給付で統一されている。給付の相違が生じるのは，被扶養者の場合には傷病手当金等の休業時の所得保障給付が存在しないことである。被扶養者が被用者の場合，その点が不利である。その代わり，被保険者であれば保険料負担が生じるが，被扶養者であれば保険料負担はない。被保険者も被扶養者分の割増保険料を賦課徴収されることはない。

　そこで，被扶養者となる（被扶養者であり続ける）ために就労を抑制する，というのであれば，被扶養者にも保険料負担を求めるか[18]，被保険者に被扶養

---

*16)* 日本のほか，フランスなど。ドイツでは家族被保険者という位置づけであるが，保険料負担はない。加藤智章＝西田和弘編『世界の医療保障』（法律文化社，2013 年）30 頁参照。

*17)* 被扶養者の範囲の変遷については，稲森公嘉「公的医療保険における保険原理と社会原理の均衡点」菊池馨実編『社会保険の法原理』（法律文化社，2012 年）154～155 頁参照。

者分の保険料負担を求めることが考えられる。その場合，多子世帯の負担が増すことになるが，人頭負担は国民健康保険でも応益負担の被保険者均等割として行われていることではある。

　あるいは，専業主婦批判の文脈でいえば，配偶者が被扶養者となりうることが問題なので，被扶養者の範囲を限定し，年齢的な制限を設けることも考えられる。例えば，労働可能年齢にない家族（20歳までの子どもおよび学生）は被扶養者とするが，労働可能年齢にある家族については，被扶養者の範囲から外して社会保険料を負担する国民健康保険の被保険者とし，その上で，労働可能年齢にあっても育児や介護で働けないなどの場合には，社会連帯によって，保険料軽減・免除などの対象とする，という提案がある[19]。

　被扶養者の範囲の如何は，国民皆保険体制確立以前は，公的医療保険による保護の及ぶ者の範囲の如何に直結していたが，皆保険体制確立以後は，ある者をどの公的医療保険が担当するかという管轄の問題となった[20]。したがって，被扶養者の範囲を狭めることによって被扶養者ではなくなった者は，健康保険等の被保険者とならない限り，国民健康保険に移ることになる。その場合，同一家族の中に異なる医療保険に加入する者が混在するケースが増えるものと考えられ，事務の煩雑化を招くおそれがあるように思われる。また，労働可能年齢にある未就労者自身に保険料負担能力がない場合は，結局，世帯の生計維持者たる健康保険等の被保険者が擬制世帯主として保険料を負担することになり，被保険者が割増保険料を支払うのと実質的に異ならない。就労できない事情にある者については社会連帯によって保険料を減免するというが，例えば，育児中という場合，子どもの年齢で区切るのか，また，何歳まで対象とするのか，介護中の場合，要介護の程度で区切るのか，など，実際の基準作りは簡単ではないと推測される。また，この点を突き詰めていくと，将来的な医療保険の一元化まで視野に入れた議論が生じる可能性があるように思われる。

---

　18)　この場合，通常は被扶養者自身には保険料負担能力はないと考えられるので，被保険者が実質的に負担することになろう。
　19)　神尾真知子「社会保険とジェンダー」社会保障法29号（2014年）61頁。
　20)　稲森・前掲注17) 155頁。

## 3 国民年金の第3号被保険者制度

1985（昭和60）年の国民年金法改正で皆年金体系が再編されるのに合わせて第3号被保険者制度が創設されたのは，主婦の年金権を確立するためであった。それまで専業主婦は国民年金に任意加入できるという地位にあり，実際，同じく任意加入が可能とされていた学生と比較すると，相対的には高い任意加入率であったが[21]，任意加入していなければ，中高年で離婚した場合に自身の収入源がないという状況に陥ることになっていた。そこで，基礎年金改革に合わせて，主婦の所得保障を目的として創設されたのが第3号被保険者制度であった[22]。

この改革については，従来の厚生年金のいわゆる定額部分と加給年金額部分が，国民年金の適用という形を通して個人単位化し，被用者本人とその妻二人分の基礎年金に移行するものと理解することができる[23]。また，世帯単位で見ると，夫婦の所得の合計が同じであれば，保険料も年金給付も同額であり，夫婦の一方が専業主婦の2号・3号世帯と夫婦共働きの2号・2号世帯との比較では不公平は存在しない。

しかし，基礎年金改革当時と比べて夫婦像が著しく変化した中で，単身世帯との比較や1号世帯との比較から，第3号被保険者制度への納得が得られにくい状況になっているのも確かである。

第3号被保険者制度への賛否が割れる中[24]，2004（平成16）年の年金改革に先立って厚生労働省に設置された「女性のライフスタイルの変化等に対応した年金の在り方に関する検討会」などでの議論を経て，第3号被保険者制度の課題や見直しの方向性については，すでに議論は出尽くした感がある。

上記検討会が2001（平成13）年にまとめた報告書では，第3号被保険者に保

---

21) 衣笠・前掲注 3) 55頁によれば，基礎年金導入前には約7割に達していた。
22) 吉原健二『わが国の公的年金制度――その生い立ちと歩み』（中央法規，2004年）118頁。
23) 矢野聡『日本公的年金政策史』（ミネルヴァ書房，2012年）329頁。
24) 賛否の理由について整理したものに，竹中康之「公的年金と女性」日本社会保障法学会編『講座社会保障法 第2巻 所得保障法』（法律文化社，2001年）142頁以下，石崎浩『公的年金制度の再構築』（信山社，2012年）145頁などがある。

険料負担を求める際の考え方として6つの案が示され，これらの案を踏まえ，2004（平成16）年改正の際に厚生労働省が作成した「年金改革の骨格に関する方向性と論点」(2002（平成14）年）では，①夫婦間の年金権分割案（標準報酬を夫婦間で分割する），②負担調整案（第3号被保険者に負担を求める），③給付調整案（第3号被保険者の給付を減額する），④第3号被保険者縮小案の4つに整理された[25]。

その後，この問題は，さしあたり短時間労働者にも厚生年金・健康保険の適用を拡大することで，第3号被保険者の数自体を減らすことが目指されることになった。

第3号被保険者制度についても，労働可能年齢にある者は被保険者として位置づけ，保険料を負担することを原則とし，労働できない事情がある者（障害者，育児や介護で働くことができない者など）については，社会連帯により，保険料の減免または保険料相当額の支給を行うべきとする提案がある[26]。その場合，「労働できない事情」についての判断が極めて重要になる。障害による就業困難や育児・介護期間への配慮は必要であろう。しかし，就労できない場合は，この2つに限られない。障害にはあたらない程度の心身状況で就労できない場合もあるし，就労先が見つからない場合もあろう。これらにも配慮するならば，実務上その認定作業が必要になる。また，前述のとおり，育児・介護期間の線引きも論点となろう。子どものありようは多様であり，家族のありようも多様である。

## 4 健康保険・厚生年金の適用拡大

上記のとおり，さしあたり健康保険および厚生年金の適用拡大を図ることで，被扶養者および第3号被保険者の範囲を縮小する方向性が示された。

税・社会保障一体改革の枠組みの中で行われた2012（平成14）年の年金法改正では，健康保険および厚生年金の適用範囲について，従来内簡で定められていた「4分の3基準」(1週間の所定労働時間が同一の事業所に使用される通常の労働

---

[25] 衣笠・前掲注 *3*) 57頁。
[26] 神尾・前掲注 *19*) 60～61頁。

者の1週間の所定労働時間の4分の3以上である者又はその1月間の所定労働日数が同一の事業所に使用される通常の労働者の1月間の所定労働日数の4分の3以上である者を適用対象とすること）が法律上明示されるとともに，パートタイム労働者への限定的な適用拡大が行われた。2016（平成28）年10月から，①週所定労働時間が20時間以上であること，②報酬が月額8.8万円以上（年収106万円以上），③雇用期間が1年以上あること，④学生ではないこと，⑤従業員501人以上の事業所に勤務していること，という5つの要件をすべて満たす場合に限定して，健康保険・厚生年金が適用される[27]（健保3条1項9号（改正後），厚年12条1項5号（改正後），平成24年8月22日法律62号（年金機能強化法）附則17条）。この改正の対象者は約25万人と見込まれている。

　なお，短時間労働者に対する健康保険および厚生年金の適用範囲については，年金機能強化法の附則2条2項で，政府は2019（平成31）年9月30日までに検討を加え，その結果に基づき，必要な措置を講ずることとされている。

　適用拡大の意味は，健康保険と厚生年金とで若干異なる。健康保険の場合には，適用拡大により新たに被保険者となることで，自身の権利として保険給付を受けられるようになり，特に傷病手当金等の代替所得保障の給付を受けられるようになるが，被保険者としての新たな保険料負担が発生する。

　これに対し，厚生年金の場合には，適用拡大により新たに被保険者となることで保険料負担が発生するが，世帯全体で見た場合には，基礎年金に加え厚生年金が増えるので，給付が増える。

　両者の範囲が同一である必然性はないが，給与所得者に対する被用者保険の適用拡大を図るという方向性は間違っていないだろう。

## 第6節　育児・介護負担の解消，あるいはそれらとの両立

　以上の税制上および社会保険法上の「壁」は，主婦の就労それ自体を制約するというよりは，就労の程度を制約する要因（すなわち，就労調整の要因）という側面が強く，むしろ主婦の就労を阻害する要因としては，制度的な「壁」以

---

[27]　この改正は適用除外という形で定められており，わかりにくい構造となっている。

上に，就業中の育児・介護等を誰がするのか，これらの家事負担と両立可能な就職先が存在するのか，専業主婦生活から就労生活へ復帰する際の段取りといった現実的な「壁」の存在が大きいように思われる（→第6章，第7章）。「育児，介護を理由に休職中の労働者，およびいったん退職して再就職を希望する労働者に対しては，法令上，事業主による就労スキルの維持確保措置，あるいは再就職の際の配慮措置等が規定されている。しかし，仮にこれらの措置が適切に講じられたとしても，労働者自身に就労可能な環境が整わない限り，中断からの職場復帰は困難となる」[28]のである。

子育て中の専業主婦にとって，再就職をする上でネックになるのが，求職活動中および再就職後の就労中に子どもの面倒を誰が見るのか，ということである。両親の実親等，家族内にほかに子どもの面倒を見てくれる者がいないとき，未就学児の場合には，保育所等の利用が問題となる。

子ども子育て支援新制度では，児童福祉法24条が改正され，保育所の入所対象者が「保育に欠ける」児童から「保育を必要とする」児童へと改められた。

従来の「保育に欠ける」場合については，政令で定める基準に従い条例で定めることとされており，児童福祉法施行令27条では，①就労，②妊娠・出産，③保護者の疾病・障害，④同居親族の介護，⑤災害復旧，⑥その他，の6つが挙げられていた。このうち「就労」とは「昼間労働することを常態としていること」（1号）であるとされていた。

ここで問題となったのが，昼間のフルタイム以外の形態で就労している場合（パートタイム・夜間労働等）や（休業・休職ではなく）いったん離職した者が再就職を求める場合の保育所利用可能性である。これについては，従来，通達で，保護者が求職中の場合については，一般に，「その他」に該当するものと考えられること，その際は，保育の実施期間に留意するとともに，入所後の保護者の求職活動等の状況把握に努めるべきこととされていたが[29]，実際には，優先順位の点で劣後することがあり，入所定員を超えている市町村での保育所利

---

[28] 倉田賀世「出産・育児・介護による労働生活の中断」社会保障法27号（2012年）144頁。

[29] 「保護者求職中の取扱い等保育所の入所要件等について」（平成12年2月9日児保第2号）。

用が制約されることもあった。

　新制度における「保育を必要とする」場合は，①就労，②妊娠・出産，③保護者の疾病・障害，④同居又は長期入院等している親族の介護・看護，⑤災害復旧，⑥求職活動，⑦就学，⑧虐待やDVのおそれがあること，⑨育児休業取得時にすでに保育を利用している子どもがいて継続利用が必要であること，⑩その他，であり（子育て支援則参照），就労とはフルタイムに限らず，パートタイム，夜間労働など基本的にすべての就労に対応することとされた。これにより，求職活動中も保育の必要な事由の1つとして法令上明示されるに至った。

　それでも優先順位が低い場合には，待機児童が多ければ入所待ちとなる。そのときには，ベビーシッターを利用することも考えられるが，民間のベビーシッターにはシッターの能力等において格差があるとされ，サービスの質の確保の点で大きな課題がある。

　したがって，財政的な課題はあるが，質量ともに十分な保育施設の確保・充実がなお不可欠であるといえるだろう。

## 第7節　子育て女性等の求職支援
―― マザーズハローワーク等の取組み

　子育て中の求職活動には，①求職活動を行うこと自体の制約と，②子育てと両立できる就職先を見つけることの困難さがある。すなわち，子育て中の場合には，保育すべき乳幼児等を連れて求職活動を行うこと自体に難しさがあるのに加えて，希望する就労形態に合致した求人を見つけることの難しさが加わる。子育て中の場合，祖父母など家族内に子どもの面倒を見てくれる人がいればよいが，近年では，晩産化の一方，高齢者雇用も増える中で，祖父母もいまだ就業中というケースも少なくない。また，前述のとおり，求職活動中であることも保育所等の利用が可能な事由に含まれるものの，地域によっては（待機児童が多い場合）優先順位で劣ることもある。さらに，実際には，育児負担を抱える女性等の場合，就職後の保育先の確保ができていないこと等を理由に採用にあたって不利になる場合もあるという。

　子育て中の求職活動を支援する取組みの1つとして全国各地のハローワーク

で行われているのが，子育て女性等[30]を主な対象者としたマザーズハローワークやマザーズコーナーの設置である。

マザーズハローワークは，2006（平成18）年4月に12都市（札幌・仙台・千葉・東京・横浜・名古屋・京都・大阪・神戸・広島・福岡・北九州）で開設され，その後7都市（大宮・相模原・新潟・静岡・堺・岡山・熊本）でも開設された。一般のハローワークとは別庁舎で，子育て女性等に特化した就職支援サービスが行われている。

マザーズコーナーは，一般のハローワークの中に設けられた，子育て中の者向けの相談スペースである。マザーズハローワーク（および後述のマザーズサロン）が設置されていない地域のうち，多数の利用者が見込まれる地域の支援拠点として，2008（平成20）年度に60か所のハローワークに設置され，次いで2009（平成21）年度に40か所，2010（平成22）年度に15か所などと，順次，設置数が増えている。

2014年8月現在，マザーズハローワークは19か所，マザーズコーナーは161か所あり，合計180か所が存在している。

なお，当初，2007（平成19）年から，マザーズハローワークが設置されていない36都道府県の中核都市に，マザーズハローワークよりも小規模のマザーズサロンが設置されていたが，2012（平成24）年度からマザーズコーナーに改称され，現在はマザーズハローワークとマザーズコーナーの2種類に整理されている。

マザーズハローワーク等での支援サービスの特徴は，①総合的かつ一貫した就職支援の実施，②地方公共団体等との連携による保育サービス関連情報の提供，③子ども連れで来所しやすい環境の整備にある。具体的には，①については，担当者制・予約制によるきめ細かな職業相談・職業紹介，再就職に資する各種セミナー（パソコン技能講習等）の実施，仕事と子育てが両立しやすい求人情報の収集・提供，求職者の希望やニーズに適合する求人の開拓，②については，保育所，地域の子育て支援サービスに関する情報の提供，地方公共団体の保育行政との連携による保育サービスの現状等に係る説明会の開催等，③につ

---

[30] 子育て中の女性のほか，子育て中の男性，子育てをする予定のある女性を含む。

いては，セミナー受講時および紹介面接時における子どもの一時預かり，職業相談中の子どもの安全面への配慮を施したキッズコーナーの設置や授乳スペースの確保，職業相談窓口へのベビーチェアの配慮，といった事柄が挙げられる。

マザーズハローワーク等の有効性について，平成22年度厚生労働省事業評価では，アウトカム指標（担当者制による就職支援を受けた重点支援対象者の就職率）において，2006（平成18）年度から2009（平成21）年度の実績は順調に推移しており，マザーズハローワーク等の事業における子育て女性等の再就職支援は着実に効果を発揮していると評価できる，とされている。

厚生労働省職業安定局作成の「公共職業安定所（ハローワーク）の主な取組と実績」によると，事業が開始された2006（平成18）年度以降の新規求職者とそのうちの担当者制支援対象者の数および就職件数とそのうちの担当者制支援対象者に係る件数は，次のとおりである。

|  | 新規求職者数 [万人] | うち，担当者制支援対象者 [万人] | 就職件数 [万件] | うち，担当者制支援対象者 [万件] | 拠点数 |
| --- | --- | --- | --- | --- | --- |
| 2006年度 | 5.5 | 0.5 | 1.4 | 0.3 | 12 |
| 2007年度 | 8.7 | 1.5 | 2.3 | 1.1 | 48 |
| 2008年度 | 13.1 | 2.5 | 3.5 | 2.0 | 108 |
| 2009年度 | 18.1 | 3.9 | 5.4 | 3.2 | 148 |
| 2010年度 | 19.8 | 4.8 | 6.4 | 4.1 | 163 |
| 2011年度 | 20.8 | 5.4 | 6.9 | 4.8 | 168 |
| 2012年度 | 21.0 | 5.7 | 6.9 | 5.0 | 173 |
| 2013年度 | 21.1 | 6.3 | 7.2 | 5.5 | 177 |

出典：厚生労働省職業安定局作成資料から筆者作成。

このように担当者制支援を受けた利用者の就職実績は着実に伸びており，マザーズハローワークの就職支援サービスは，地道に成果を上げているようである。しかし，子育て女性等の場合，子どもを連れてハローワークまで出向くこと自体が大変なケースもある。その意味で，支援拠点のさらなる拡充が求められよう。

## 第8節 おわりに

　本章では論じられなかったが，就労スキルの維持確保という点では，看護師や保育士などの専門職についての再就職支援の試みも注目される。冒頭に述べたとおり，主婦といってもそのバックグラウンドは多様であるが，専門的技能を伴う職業については，離職に伴うスキルの低下とフォローアップが再就職に向けた障壁の1つとなる。例えば，看護師の場合には，都道府県や社会福祉協議会などが関与して，潜在看護師の復職支援研修や就業相談が行われている。保育士についても，以前から潜在保育士の再就職支援の取組みが展開されている。これらの取組みの評価と，ほかの専門職種（例えば，医師など）についても同様の試みの必要性が積極的に検討されるべきであろう。

　最後に，主婦の就労支援にあたって特に意識しておくべきことは，育児・介護労働に対する社会的評価を十分に行う必要性である。特に子育ては将来の社会を支える担い手を育てるという，地道ながら非常に重要な意義がある活動であるが，育児・介護を含めた家事労働に対する社会的評価はなお低い。子どものありようも様々で，より多くの関わりを必要とする子どももいれば，そうではない子どももいる。子育てにあたっては共働きも専業主婦もそれぞれに意義をもったあり方であり，就労者と専業主婦を比べて単純にどちらが優れているというものではないことは繰り返しておきたい。

　そのような認識の上で，就労を希望する主婦の現実的な就労阻害要因を1つずつ取り除いていくように努めることが肝要であろう。

# 第4章　生活保護受給者・生活困窮者等の自立支援

第1節　はじめに
第2節　生活保護と自立支援
第3節　ホームレス支援と自立
第4節　生活困窮者支援と自立
第5節　まとめにかえて

菊 池 馨 実

## 第1節　はじめに

　「派遣切り」「年越し派遣村」といった言葉で象徴される2008（平成20）年秋のリーマン・ショックは，わが国の経済社会に大きなダメージを与えた。その後，経済は次第に回復基調に向かい，2011（平成23）年の東日本大震災による一時的な落ち込みを経て，2012（平成24）年末の自公政権下，「アベノミクス」と称される一連の経済政策が講じられるとともに，わが国の雇用・経済はある程度もち直したようにもみられる。
　しかし，2000年代以降顕著となった不安定雇用従事者の増大，生活困窮者（貧困者）の滞留・長期化といった傾向は，今後とも容易には解消されないものと考えられる。労働市場の二極化に象徴されるわが国の雇用社会の構造的な変化は，景気動向いかんにかかわらず不可逆的に進行し，格差の固定化に伴う「貧困の再生産」ともいうべき事態が容易には解消しえないものと予想されるからである。
　筆者はかつて，ワーキング・プアに代表される「低賃金」労働者の増大と固定化といった現代的事象が，これらの者に対し，労働政策と並んで社会保障政

策上の対応も考えざるを得ない状況を生み出した旨，論じるとともに，「利用しやすく自立しやすい」生活保護制度と，生活困窮者自立支援・求職者支援といったいわゆる第2のセーフティネットにまたがる自立支援策の策定という方向性が，従来，法的対応の次元を異にしていた「不安定雇用従事者」「失業者」「生活困窮者」「貧困者」などの相対化を意味するものであること，つまり「低賃金」「失業」「貧困」を次元の異なるものとして把握するのではなく，多層的なひとつながりの状態として捉え，包括的に法的対応のあり方を考えるべき状況に立ち至った点について指摘を行った[1]。

　本章は，こうした基本的問題認識に立ちながら，生活保護受給者・ホームレス・生活困窮者などの社会保障政策上の本格的対応が必要となる（換言すれば労働政策による対応のみでは対応が難しい）人々に焦点を絞って，これまでの関連施策の展開過程をたどることを通じて，今後のあるべき方向性を論ずるにあたっての予備的な考察を行うことを目的とするものである。考察の対象となる立法としては，生活保護法を中心としながら，ホームレス自立支援法（ホームレスの自立の支援等に関する特別措置法）および生活困窮者自立支援法をも検討の素材としたい。このうち生活保護法は，法目的として，「生活に困窮するすべての国民に対」する「最低生活の保障」と並んで，「自立を助長すること」を挙げている（生活保護1条）。またホームレス自立支援法および生活困窮者自立支援法には，文字どおり，法律の名称中に「自立支援」との文言が用いられている。このことから，貧困者・生活困窮者施策の展開にあたっては，自立の助長ないし支援が重要な意義を有することが窺われる。そこで本章でも，「自立支援」の観点に焦点をあてながら論じていくことにしたい。

　以下では，第2節において，生活保護法における自立の捉え方や自立支援の考え方が取り入れられるに至った経緯につき同法の歴史的展開をたどる。第3節では，1990年代以降顕在化したホームレス問題に対処するために制定されたホームレス自立支援法に焦点をあてる。そして第4節では，2000年代後半の生活困窮者支援に向けた政策動向をたどり，生活困窮者自立支援法や生活保

---

1) 菊池馨実「貧困と生活保障——社会保障法の観点から」（日本労働法学会誌122号（2013年）112頁。

護法改正に至る現行法の到達点と課題を明らかにする。

## 第2節　生活保護と自立支援

### 1　生活保護の沿革

　日本政府は，第二次世界大戦後，救済を必要とする生活困窮者が急増したため，1945（昭和20）年12月，応急処置として生活困窮者緊急生活援護要綱を策定し，さらにGHQ（連合国軍最高司令官総指令部）に「救済福祉ニ関スル件」を提出した。その回答としての指令（SCAPIN）第775号などの指導を受け，1946（昭和21）年生活保護法が成立した。同法は，国家責任による要保護者の保護を明文で謳い，保護費の8割を国庫が負担するものであった。ただし保護受給権は認められず，「能力があるにもかかわらず，勤労の意思のない者」「素行不良な者」を除外する欠格条項を設ける等の問題を有していた。1949（昭和24）年社会保障制度審議会勧告「生活保護制度の改善強化に関する件」を受けて，同法は1950（昭和25）年に全面改正された。この改正法は，旧法になかった「自立の助長」を法目的として掲げるとともに（生活保護1条），補足性の原理の一環として「能力の活用」を明記し（同4条1項），戦後日本の公的扶助制度の骨格を形づくるものであった。

### 2　生活保護と経済的自立

　その後，生活保護を取り巻く環境は大きく変化し，受給者数は経済動向や雇用情勢と密接な関連をもちながら，大幅な増減を示したものの，21世紀に至るまで大規模な生活保護法の改正がなされることはなかった。1950（昭和25）年改正により法目的として採用された「自立の助長」にいう「自立」とは，一義的には稼働能力がある限りにおいて経済的自立を意味するものとして捉えられてきた[2]。学説においては，例えば労働市場における有償労働を十全には期待できない重度障害者であっても，生活保護を活用することによって生活上の独立を獲得するという意味で，言わば「人格的」な自立をも法目的に含んでいるとの解釈が有力である[3]。ただし，従来の一般的捉え方であった経済的自立

の視点からみた場合，生活保護は（経済的）貧困に対処するための法制度といい理解に結びつきやすかったといえる。

これに対し，「心身の障害・不安」「社会的排除や摩擦」「社会的孤立や孤独」といった問題の重複・複合化を指摘した政府報告書として，2000（平成12）年「社会的な援護を要する人々に対する社会福祉の在り方に関する検討会」報告書（厚生省社会・援護局）が出されるに至った。ここでは，新しい社会福祉の構築にあたっての提言（社会的なつながりを創出することに係る提言，福祉サービス提供主体に係る提言，行政実施主体の取組みに係る提言，人材養成に関する提言など）を行った中で，生活保護制度につき，「経済社会の変化，貧困の様相の変化（高齢単身者の増加等）を踏まえ，保護要件，適用方法，自立支援機能，保護施設機能，社会保険制度との関係などの諸論点について，最低生活の保障を基本に」検証を行う必要があるものとされた。最低生活の保障に焦点をあてているものの，経済的側面から貧困を捉えることの不十分性に対する認識が，報告書の前提になっているものとみられる。

## 3　自立支援プログラムの導入

生活保護制度の見直しの方向性を打ち出した政府報告書として，2004（平成16）年社会保障審議会福祉部会「生活保護制度の在り方に関する専門委員会」報告書が重要である[4]。そこでは，「利用しやすく自立しやすい制度へ」とい

---

  *2)*　立法担当者の解説書によれば，「自立の助長」とは，「公私の扶助を受けず自分の力で社会生活に適応した生活を営むことのできるように助け育てていくことである」とする。小山進次郎『改定増補 生活保護法の解釈と運用』（中央社会福祉協議会，1951年）94頁。改正生活保護法をめぐる自立助長の社会福祉としての機能と惰民防止としての機能の相克につき，池谷秀登「生活保護法における自立助長の現代的意義(1)(2)」早稲田大学大学院法研論集131号（2009年）1頁以下，132号（2009年）1頁以下。

  *3)*　名古屋高金沢支判平成12年9月11日判夕1056号175頁（高訴訟）。古賀昭典編『新版現代公的扶助法論』（法律文化社，1997年）118頁（片岡直）参照。

  *4)*　同専門委員会は，2003（平成15）年12月に「生活保護制度の在り方についての中間取りまとめ」を行った。生活扶助基準の考え方について検討を行い，老齢加算につき「特別な需要があるとは認められないため，加算そのものについては廃止の方向で見直すべき」との見解を示しており，これが2004（平成16）年度からの老齢加算の段階的廃止へと結びついた。

う方向のもと，生活保護制度のあり方を，最低生活保障だけでなく，「生活困窮者の自立・就労を支援する観点から見直すこと，つまり，被保護世帯が安定した生活を再建し，地域社会への参加や労働市場への『再挑戦』を可能とするための『バネ』としての働きを持たせることが特に重要であるという視点」から検討している。ここでは労働市場への参加のみが自立と捉えられているわけではない。すなわち「『自立支援』とは，社会福祉法の基本理念にある『利用者が心身共に健やかに育成され，又はその有する能力に応じ自立した日常生活を営むことができるように支援するもの』を意味し，就労による経済的自立のための支援（就労自立支援）のみならず，それぞれの被保護者の能力やその抱える問題等に応じ，身体や精神の健康を回復・維持し，自分で自分の健康・生活管理を行うなど日常生活において自立した生活を送るための支援（日常生活自立支援）や，社会的なつながりを回復・維持するなど社会生活における自立の支援（社会生活自立支援）をも含むもの」とされた。ここでは，生活保護制度における自立支援を福祉サービスの基本的理念（社福3条）と結びつけ，就労自立および生活自立の視点をもち込んだ点が注目される。すなわちここに至って，生活保護を経済的側面からのみ捉えるのではなく，先述の2000年「社会的な援護を要する人々に対する社会福祉の在り方に関する検討会」報告書にも垣間見られたように，「社会的排除」状態からの「包摂」の必要性という視点を正面から取り込んだものと評価することができる[5]。

こうした観点から，被保護者を対象とする国庫補助事業[6]である自立支援プログラムが開始された。就労による経済的自立を目指した支援プログラムのみならず，日常生活自立，社会生活自立を目指すプログラムなど，自治体ごとに多様なプログラムが設けられた[7]。就労自立との関係では，2005（平成17）

---

[5] あわせて，報告書は，母子加算の見直しにつき，「現行の一律・機械的な給付を見直し，ひとり親世帯の親の就労に伴う追加的な消費需要に配慮するとともに，世帯の自立に向けた給付に転換する」との提案を行い，2005（平成17）年度から2009（平成21）年度にかけて母子加算の段階的廃止が行われた。ただし母子加算については，完全廃止された老齢加算と異なり，民主党を中心とする政権交代に伴い，2009（平成21）年に復活した。

[6] 平成19年7月24日発社援0724001号「セーフティネット支援対策等事業費補助金の国庫補助について」。

年度から福祉事務所とハローワークの連携による生活保護受給者等就労支援事業が設けられた。同事業は，2011（平成23）年度から「福祉から就労」支援事業へと名称を変えた。さらに2013（平成25）年度には生活保護受給者等就労自立促進事業として発展的に解消し，後述する生活困窮者自立支援法の施行（2015〔平成27〕年4月）を見据えて，自治体にハローワークの常設窓口の設置をするなどワンストップ型の支援体制を全国的に整備し，生活困窮者への早期支援の徹底，求職活動状況の共有化など就労支援を抜本的に強化し，生活困窮者の就労自立の促進を目指すことになった。

　こうした自立支援プログラムは，単なる金銭の支給にとどまらない，ソーシャルワークあるいはケースワークの制度化という側面を有している。ただし，その法的根拠について学説の理解は，保護の停廃止を背景とした指導・指示の根拠規定である生活保護法27条に求めるものと[8]，相談・援助の根拠規定で，1999（平成11）年改正により自治事務として明文化された同法27条の2に求めるもの[9]に分かれている。

## 第3節　ホームレス支援と自立

　生活保護制度が貧困者に対するセーフティネットとしての機能を十分に発揮できていない実態を明らかにしたのが，1990年代のバブル経済崩壊後に顕在化したホームレス問題であった[10]。当初，東京都，横浜市，名古屋市，大阪

---

[7]　布川日佐史編『利用しやすく自立しやすい生活保護自立支援プログラムの活用①策定と援助』（山吹書店，2006年）では，日常生活自立，社会生活自立を重視した支援（板橋区赤塚福祉事務所），NPOを活用した基本的生活習慣確立のための支援（新宿区福祉事務所），5年先，10年先を見据え，高い水準の就労自立をめざした支援（京都府山城北福祉），生活保護受給母子世帯を対象にした自立支援（北海道釧路市福祉部）が取り上げられている。

[8]　石橋敏郎「生活保護法と自立――就労自立支援プログラムを中心として」社会保障法22号（2007年）52頁，菊池馨実「社会保障の規範的基礎付けと憲法」季刊社会保障研究41巻4号（2006年）311頁。

[9]　丸谷浩介「長期失業者に対する雇用政策と社会保障法」日本社会保障法学会編『新・講座社会保障法 第3巻』（法律文化社，2012年）265～266頁。

[10]　菊池馨実『社会保障法制の将来構想』（有斐閣，2010年）203頁以下。

市といった大都市部の自治体が独自に相談・援助策を講じたものの、抜本的な対策とはいえず、国レベルで対応すべきとの要請が高まり、2002（平成14）年に至り、ホームレスの自立の支援等に関する特別措置法（ホームレス自立支援法）が成立した[11]。

　自立との関連では、国が関与するに至る端緒となった1999（平成11）年5月のホームレス問題連絡会議「ホームレス問題に対する当面の対応策」によれば、ホームレス問題の検討にあたっての基本的視点として、「野宿生活を前提とした支援は、あくまで緊急的、過渡的、限定的なものにとどめる必要がある」とした上で、ホームレスを、①就労意欲はあるが仕事がなく失業状態にある者、②医療、福祉等の援護が必要な者、③社会生活を拒否する者に類型化し、それぞれにつき①就労による自立、②福祉等の援護による自立、③社会的適応の促進という自立支援対策の必要性を説くとともに、今後の具体的施策として、(1) 総合的な相談・自立支援体制の確立、(2) 雇用の安定、(3) 保健医療の充実、(4) 要援護者の住まい等の確保、(5) 安心・安全な地域環境の整備を掲げた。第2節2および第2節3で挙げた報告書に先立つ1999（平成11）年の段階ですでに、自立を就労自立に限定せず、福祉等の援護を受けての自立や社会的適応の促進という文脈で広く捉えている点が注目される。ただし、立法化されたホームレス自立支援法では、ホームレスの自立の支援等に関する施策の目標として、自立の意思があるホームレスに対する安定した雇用の場の確保、就業の機会の確保、安定した居住の場所の確保、保健および医療の確保、生活に関する相談および指導によるこれらの者の自立（同法3条1項1号）がまず掲げられており、「自立の意思があるホームレス」に対する施策を基本に据えているようにみられる[12]。

　ホームレス自立支援法は、法目的として、「ホームレスの自立の支援、ホームレスとなることを防止するための生活上の支援等に関し、国等の果たすべき責務を明らかにするとともに、ホームレスの人権に配慮し、かつ、地域社会の

---

11) 同法は、10年の時限立法として成立したものの、2012（平成24）年改正によりさらに5年間延長された。

12) ただし、立法過程において、自立の意思がない場合でも支援の対象になることが確認されている。菊池・前掲注 *10)* 207頁。

理解と協力を得つつ，必要な施策を講ずることにより，ホームレスに関する問題の解決に資することを目的とする」（同1条）と規定する。ここでは，ホームレスの「自立の支援」が直接の目的というわけではなく，ホームレスの問題解決に焦点が当てられている点に留意されなければならない。

ホームレス自立支援法においては，上述のようにホームレスの自立の支援等に関する施策の目標を明示するとともに，国および地方公共団体の責務として，当該目標に関する総合的な，あるいは地方の実情に応じた施策の策定および実施を位置づけている（同5条・6条）。生活保護法では，保護の補足性の一環として，「他の法律に定める扶助」が優先されることから（生活保護4条2項），ホームレス自立支援法に基づく給付がこれに該当するか否かが問題となりうる。この点については，具体的な給付などの施策が法律上設けられているわけではなく，実施要領に基づいて行われていることからすれば[13]，当然に「他の法律に定める扶助」に当たると解することはできないと考えられ，この点は政府のとる立場でもある[14]。裁判例においても，「自立支援システムやTOKYOチャレンジネットにより提供される便益は，他の法律に定められている扶助ということができないし，生活保護法による保護として行われる扶助とその内容の全部又は一部を等しくするということもできないから，自立支援システムやTOKYOチャレンジネットは同項の『他法他施策』には当たらない」としたものがある[15]。

2012（平成24）年1月に実施した全国調査によれば，路上等におけるホームレスの数は9,576人であり，2003（平成15）年1月の全国調査の時点での25,296人から15,720人減少しており，大幅な減少がみられる[16]。ただし，ホ

---

[13]　「セーフティネット支援対策等事業の実施について」（平成17年3月31日社援発第0331021号）。ここには，ホームレス等貧困・困窮者の「絆」再生事業のほか，生活保護受給者等に対する自立支援プログラム策定実施推進事業なども含まれている。

[14]　菊池・前掲注[10] 219頁 注28）。通達も，「ホームレスに対する生活保護の適用に当たっては，居住地がないことや稼働能力があることのみをもって保護の要件に欠けるものでない」ことを確認している。「ホームレスに対する生活保護の適用について」（平成15年7月31日社援保発第0731001号）。

[15]　東京高判平成24年7月18日賃社1570号42頁。

[16]　「ホームレスの自立の支援等に関する基本方針」（平成25年7月31日厚生労働省・国土交通省告示第1号）。

ームレスの定義は「都市公園，河川，道路，駅舎その他の施設を故なく起居の場所とし，日常生活を営んでいる者」（ホームレス自立支援2条）とされており，いわゆるネットカフェ難民などの不安定な居住環境にある者が含まれていない点に留意する必要がある。このことは，ホームレス固有の施策の必要性が失われることはないとしても，制度の隙間に落ちることのないように貧困者・生活困窮者対策全体として捉える必要性がより一層増していることを示すもののように思われる。

## 第4節　生活困窮者支援と自立

### 1　改正前の政策動向

　自立を経済的自立よりも広く捉え，社会的包摂の視点に着目する政策動向は，2004（平成16）年「生活保護制度の在り方に関する専門委員会」報告書以降も引き続きみられる。

　まず，政権交代後に設置された2010（平成22）年厚生労働省「ナショナルミニマム研究会」中間報告では，憲法25条1項の規定に基づくナショナルミニマム保障を考えるにあたって，「ナショナルミニマムの基準には，最低生活費に代表される量的側面だけでなく，一定の社会的な生活習慣や人間関係，社会活動への参加等を保障するという質的側面も反映されていることが必要である」と述べるとともに，「所得や消費による金銭的な貧困指標の問題点を補う概念として『相対的剥奪』や『社会的排除』等の指標が重要である」とし，社会的排除概念に言及している。生活保護法の自立助長目的との関連では，「いったん生活保護を受給する状態になっても，就労を阻害する要因が除去されれば，就労促進などを通じて最低限度の生活を超えて自立できるよう，生活保護にはトランポリンとしての役割も期待されている」と述べ，就労自立に焦点を当てる一方，「従来，ともすれば『就労自立』という成果を出そうと焦りすぎた結果，目につかない疾患を見落とす，不安定就労に無理やり押し込めるなどといった『指導』がなされ，本人の抑うつ状態を悪化させ，かえって自立から遠ざけるなどの事例が散見され，本末転倒と言わざるを得ない」とし，就労自

立を過度に追求することの弊害についても論じられている。その上で、経済面のみならず日常生活や社会生活の面での非保護世帯の自立を容易にするための早期の対応の重要性、貧困の連鎖を防止するため、被保護世帯の子どもに対する学習等への支援の必要性が指摘されている。

次いで、2013（平成25）年、社会保障審議会のもとに設置された「生活困窮者の生活支援の在り方に関する特別部会」が報告書をまとめた[17]。ここに至って、生活保護制度を軸に据え、生活困窮者支援を広く視野に収めた生活支援体系が目指されることになったといいう。

同報告書ではまず、生活困窮をめぐる現状と課題について、生活困窮が広がる中で、家族などのつながりをなくすことによる社会的孤立の拡大が、自立への意欲を損ない、支援を難しくし、地域社会の基盤を脆弱にする旨、他方、稼働年齢世代にある人々が自立を図る見通しをもてず生活保護の受給を続けざるを得ないとすれば、働き続ける困窮者との間で不均衡が生じる可能性もあり、制度不信を広げ国民の間の連帯を阻害しかねない旨、指摘する。その上で、自立の助長という理念を、新たな方法も取り入れながら再生していくことが求められるとし、生活保護自立支援プログラム策定などを通した生活保護制度改革を継承し、生活保護が最後のセーフティネットとして受給者の生活を支える機能を着実に果たしつつ、稼働年齢世代の受給者の自立を支援できる制度としていくべきとする。またあわせて、増大する生活困窮者に対し、生活保護受給に至る前の段階から安定した就労を支援することが緊要の課題であることを指摘する。

このような生活保護制度の改革と生活困窮者支援制度の導入からなる生活支援体系の基本的視点としては、「自立と尊厳」「つながりの再構築」「子ども・若者の未来」「信頼による支え合い」の4点が挙げられている。ここで実現されるべき自立とは、すべての生活困窮者の社会的経済的な自立とされ、そこでは、生活困窮者をやみくもに就労に追い立てることではなく、社会的自立から経済的自立へと、個々人の段階に応じて最適なサービスが提供されるような継

---

[17] 見直しの方向性は、1年の時限立法であった社会保障制度改革推進法（平成24年法律第64号）附則2条2号において、生活困窮者対策および生活保護制度の見直しに総合的に取り組むこと等として示されていた。

続的な支援，包括的・個別的な支援が求められるとする。

　同報告者において自立は，社会的自立との捉え方もみられるものの，最終的には就労による経済的自立として捉えられているようにみられる。ただしこのことは，主として稼働年齢世代が念頭におかれ，生活保護制度に至る以前の生活困窮者（直ちには一般就労することが難しい者）も対象とされていることによるところが大きく，その意味では，2004（平成16）年「生活保護制度の在り方に関する専門委員会」報告書の「自立」の捉え方の延長線上に位置づけることがなおも可能であるように思われる。実際，具体的な対策との関連では，生活困窮者が就労等（ここには中間的就労〔就労体験やトレーニングが必要な，一般就労に向けた支援付き訓練の場。対象者によっては社会参加の場〕といわれるものを含む）を通じて積極的に社会に参加し，個々人の状態や段階に応じた自立ができるよう，生活困窮者本人の意欲を喚起しつつ，必要な支援を行うことに焦点が当てられている。また上述のように，生活困窮者の自立を図ることで，地域社会や連帯の基盤（社会保障制度の基盤といってもよいであろう）を再構築することにもつながるとの従来みられなかった視点が示されている点が注目される[18]。

　このほか生活保護制度の見直しとの関連では，保護開始直後から脱却後まで，稼働可能な者について，切れ目のない就労・自立支援とインセンティブの強化（就労収入積立制度など）を図るための見直しが提案された。

## 2　生活困窮者自立支援法

　第4節1で叙述した特別部会報告書を受けて，2013（平成25）年生活困窮者自立支援法が成立し，同時に生活保護法改正がなされた。

　このうち生活困窮者自立支援法は，「生活困窮者に対する自立の支援に関する措置を講ずることにより，生活困窮者の自立の促進を図ること」を目的とする（同1条）。ここにいう「生活困窮者」とは，「現に経済的に困窮し，最低限度の生活を維持することができなくなるおそれのある者」である（同2条1項）。

　具体的な「自立の支援に関する措置」としては，福祉事務所設置自治体の必

---

*18)*　報告書を踏まえ，生活困窮者が困窮状態から早期に脱却することを支援するため，2013（平成25）年度より「生活困窮者自立促進支援モデル事業」が開始された。

須事業として[19]，自立相談支援事業の実施および住居確保給付金の支給が挙げられている。このうち前者は，①就労の支援その他の自立に関する問題につき，生活困窮者からの相談に応じ，必要な情報の提供および助言を行う事業，②生活困窮者に対し，認定生活困窮者就労訓練事業（後述）の利用についてのあっせんを行う事業，③生活困窮者に対し，当該生活困窮者に対する支援の種類および内容その他の厚生労働省令で定める事項を記載した計画の作成その他の生活困窮者の自立の促進を図るための支援が一体的かつ計画的に行われるための援助として同省令で定めるものを行う事業をいう（同条2項）。後者は，生活困窮者のうち離職またはこれに準ずるものとして厚生労働省令で定める事由により経済的に困窮し，居住する住宅の所有権もしくは使用および収益を目的とする権利を失い，または現に賃借して住宅の家賃を支払うことが困難となったものであって，就職を容易にするため住居を確保する必要があると認められるものに対し（同2条3項），支給されるものである（同5条）。この給付金は，収入・資産要件つきの住宅手当としての性格を有する従来の補助事業（住宅支援給付制度）を法定化したものである。

次に，福祉事務所設置自治体の任意事業として，①就労準備支援事業，②一時生活支援事業，③家計相談支援事業，④学習支援事業，⑤その他生活困窮者の自立の促進を図るために必要な事業がある。このうち①は，雇用による就業が著しく困難な生活困窮者に対し，6ヵ月から1年程度の有期で，就労に必要な知識および能力の向上のために必要な訓練を行う事業である（同2条4項）。生活習慣形成のための指導・訓練（生活自立段階），就労の前段階として必要な社会的能力の習得（社会自立段階），事業所での就労体験の場の提供や，一般雇用への就職活動に向けた技法や知識の取得等の支援（就労自立段階）の3段階を想定している[20]。②は，一定の住居をもたない生活困窮者に対し，一定の期間内に限り，宿泊場所の供与，食事の提供等を行う事業（同条5項）で，シェルターの役割を果たすことが期待される。③は，生活困窮者の家計に関する

---

*19*)　事業の事務の全部または一部は，社会福祉協議会や社会福祉法人，NPO等への委託も可能である（本法におけるほかの事業も同様）。中央法規出版編集部編『改正生活保護法・生活困窮者自立支援法のポイント』（中央法規，2014年）35頁。

*20*)　中央法規出版編集部編・前掲注*19*) 41頁。

問題につき，生活困窮者からの相談に応じ，必要な情報の提供および助言を行い，併せて支出の節約に関する指導その他家計に関する継続的な指導および生活に必要な資金の貸付けのあっせんを行う事業（同条6項）で，具体的な支援を担う家計支援相談員の養成が予定されている。④は，生活困窮者である子どもに対し学習の援助を行う事業（同6条1項4号）で，「貧困の連鎖」の防止の取組みが要請される。

　必須事業である生活困窮者自立相談支援事業のもとでは，雇用による就業を継続して行うことが困難な生活困窮者に対し，就労の機会を提供するとともに，就労に必要な知識および能力の向上のために必要な訓練その他の厚生労働省令で定める便宜を供与する事業（生活困窮者就労訓練事業）は，都道府県知事の認定を受けた者が担うものとされている（同10条1項。附則3条参照）。具体的には，社会福祉法人，NPO法人，営利企業等の自主事業として実施し，軽易な作業等の機会（清掃，リサイクル，農作業等）の提供と併せ，個々人の就労支援プログラムに基づき，就労支援担当者による一般就労に向けた支援を実施するものとされる[21]。

　生活困窮者自立支援法は，従来の雇用施策のもとで就労準備のための支援を受けても一般雇用に結びつかない者を対象として，就労自立のみならず生活自立および社会自立をも射程においた個別的支援を行うための法的基盤を整備したという意味で，重要な意義を有する立法と評価できる。ただし，就労訓練事業の実施が民間団体に委ねられていること，生活自立および社会自立を支える諸事業が任意実施であり，国の財政支出も4分の3負担である必須事業と異なり，予算の範囲内での補助に留まることなど，同法は生活困窮者支援に向けた法的枠組みを設定したにすぎず，本格的な実施の成否は今後の地方自治体の取組み方いかんに大きく関わっているといわざるを得ない。

　生活困窮者自立支援制度は，2011（平成23）年に施行された「職業訓練の実施等による特定求職者の就職の支援に関する法律」（求職者支援法）とともに，いわゆる第2のセーフティネット策の一環として整備されたとの側面がある。求職者支援制度は，雇用保険を受給できない求職者に対し，職業訓練の実施，

---

*21*)　中央法規出版編集部編・前掲注 *19*) 45頁。

当該職業訓練を受けることを容易にするための給付金の支給その他の就職に関する支援措置を講ずることにより，就職を促進し，もってその職業および生活の安定に資することを目的とし，国（実際にはハローワーク）が実施主体となる。相対的には求職者支援制度の方が個別的支援の必要度が少ない対象者を想定しているようにみられるものの，生活困窮者の個々の状況に応じて，国と福祉事務所設置自治体との連携のもと，両制度が適切な役割分担を行っていくことが求められる。

## 3 生活保護法改正

生活困窮者自立支援法制定と同時に，2013（平成 25）年生活保護法改正も行われた[22]。改正内容は，①不正・不適正受給対策の強化にかかわる福祉事務所の調査権限の拡大，罰則の引上げおよび不正受給に係る返還金の上乗せ，扶養義務者に対する報告の求め等，②医療扶助の適正化，③就労自立促進のための就労自立給付金および被保護者就労支援事業の創設，④受給者の責務の明確化などの諸事項に及び，1950（昭和 25）年全面改正以来の大きな改正であると評価できる。

これらの改正事項のうち，自立支援と密接にかかわるものとして，第 1 に，就労自立給付金および被保護者就労支援事業の創設が挙げられる。このうち前者は，都道府県知事，市長および福祉事務所長が，被保護者の自立の助長を図るため，安定した職業に就いたこと等により保護を要しなくなったと認めたものに対して支給するものである（生活保護 55 条の 4）。この給付は，生活保護を脱却するためのインセンティブを強化するとともに，脱却直後の不安定な生活を支え，再度保護に至ることを防止するとの観点から，保護受給中の就労収入のうち，収入認定された金額の最大 30% を仮想的に積み立て，保護廃止に至った際に支給される（上限額は単身世帯 10 万円，多人数世帯 15 万円）。また後者につき，保護の実施機関は，就労の支援に関する問題につき，被保護者からの相

---

[22] これとは別に，2013（平成 25）年 1 月「社会保障審議会生活保護基準部会報告書」に基づき，同年 8 月より保護基準の改定が行われた。このうち生活扶助基準額の見直しについては，現行の基準生活費の 10% を超えて減額とならないようにしながら，3 年にわたり段階的に見直しを実施することとなった。

談に応じ、必要な情報および助言を行う被保護者就労支援事業を実施するものとされた（同55条の6）。同事業の事務の一部又は全部は、厚生労働省令で定める者に委託することができるものとされ（同条2項）、ここでもNPOなどの果たす役割が期待される。

第2に、被保護者の義務として、健康の保持・増進、収入・支出その他生計の状況の把握が付加された（同60条）。これに基づき、受給者の健康管理や家計管理を支援するための取組みの実施が図られることとなった[23]。程度を超えて怠る者に対しては、生活保護法27条の指導・指示に従わないものとして法62条3項の規定により保護の変更、停止又は廃止をすることができるとされるものの[24]、法60条自体は法的効力のない訓示規定であると解され、むしろ生活保護受給者に対する生活自立・社会自立のための支援措置を根拠づける規定と理解することが妥当であろう。

2004（平成16）年専門委員会報告書を契機として開始された生活保護自立支援プログラムは法定事業ではなかったのに対し、以上の給付金や事業を法定化することにより、生活保護制度においても就労支援が本格的に制度化されたことは、重要な意義を有すると考えられる。

## 第5節 まとめにかえて

以上述べてきたように、生活保護受給者の「自立」とは、沿革的にみれば経済的自立と捉えられ、稼働能力がある限り就労自立が図られるべきものと考えられてきた。これに対し、1990年代末から2000年代にかけて、ホームレスや生活困窮者などへの政策的対応が課題となり、直ちに就労自立へと向かうことに対する困難を抱えた対象者への生活自立・社会自立に向けた個別的対応が不可欠であることが認識され、順次制度化されていったということができる。そうした「自立」観の変化は、生活保護制度の変革とともに、それに至る以前のいわゆる第2のセーフティネット対策（求職者支援制度・生活困窮者自立支援制度）

---

23) 中央法規出版編集部編・前掲注 *19*) 20頁。
24) 小山・前掲注 *2*) 640頁。

の導入をもたらした。こうした支援は，稼働年齢に属する「その他の世帯」（高齢者，母子，傷病・障害者以外の世帯）にあって就労に困難を抱える対象者に対し，丁寧な個別的福祉的支援を通じての自立を希求するという意味において，積極的な評価をなしうる面がある。

　雇用（ハローワーク）と福祉（福祉事務所）の連携強化といった方向性は，今後の雇用政策の将来像を描く中でも意識されている[25]。また社会保障制度改革の将来像を描くにあたって，格差・貧困問題の深刻化が，社会の分裂を招くとともに社会的な連帯意識を弱め，社会保障制度全体を危機に陥れる危険性があることも意識されている[26]。貧困者・生活困窮者支援策は，今後とも重要な雇用・社会保障政策の一端を占め続けるであろう。

　ただし，生活保護法上の被保護者就労支援事業や生活困窮者自立支援法上の各事業が 2015（平成 27）年 4 月からの実施であることに端的に示されるように，各自治体において実効的な自立支援策が講じられるかどうかについては，今後の推移を慎重に見極めていく必要がある。ともすれば，就労自立の側面が強調され，丁寧な個別的福祉的支援を通じての生活自立・社会自立を見据えた段階的支援がおざなりにされるようなことがあってはならない[27]。

---

[25]　雇用政策研究会報告書「仕事を通じた一人ひとりの成長と社会全体の成長の好循環を目指して」（2014〔平成 26〕年 2 月）12 頁。

[26]　社会保障制度改革国民会議報告書「確かな社会保障を将来世代に伝えるための道筋」（2013〔平成 25〕年 8 月）10 頁。

[27]　2014（平成 26）年 6 月に経済財政諮問会議から示された「経済財政運営と改革の基本方針 2014」によれば，「生活困窮者に対しては，『生活困窮者自立支援法』に基づく生活保護に至る前の段階の自立支援策の強化に取り組む。生活保護を受給する高齢者世帯が増加しているため，高齢者に至る前の 40 歳代・50 歳代の被保護者等の就労へのインセンティブを強化するとともに，被保護者等を取り巻く社会環境を整える」とされた。「就労インセンティブの強化」による就労自立を急ぐあまり，「被保護者等を取り巻く社会環境を整える」ことが疎かになってはならない。

# 第 2 部

# 家族責任を有する労働者に対する支援

# 第5章　家族責任を有する労働者の問題

第1節　家族責任とワーク・ライフ・バランス
第2節　ワーク・ライフ・バランスの現況
第3節　ワーク・ライフ・バランスと労働契約
第4節　時間外・休日労働義務
第5節　配　　転
第6節　休業・休暇
第7節　管理監督者
第8節　多様な正社員
第9節　おわりに

篠　原　信　貴

## 第1節　家族責任とワーク・ライフ・バランス

　労働者が家庭生活における責任を果たすためには，仕事以外に余力を向けることが可能な状況を整える必要がある。そこで重要となるのがワーク・ライフ・バランス（仕事と生活の調和）の実現である。
　1981（昭和56）年にILO第67回総会において「家族的責任を有する男女労働者の機会及び待遇の均等に関する条約」(156号）及び勧告（165号）が採択され，わが国は1995（平成7）年に同条約を批准した[1]。同条約では，家族的責任は女性が負うものとしていた従来の視点を改め，家族的責任についての男女の平等を図ることは国の責務であると定められた。このような動きと呼応して，

---

[1]　坂本福子「家族的責任条約を批准したわが国の責務」自由と正義48巻6号（1997年）72頁以下。

わが国でもワーク・ライフ・バランスが重要な政策課題として取り上げられるに至った。当初ワーク・ライフ・バランスは、子育て支援を念頭に、男女平等施策の一環として仕事と家庭の両立を支援するために唱えられていた[2]。しかし、現在ではその意義は子育て支援にとどまらない。内閣府が2007（平成19）年12月に策定した「仕事と生活の調和（ワーク・ライフ・バランス）憲章」によれば、仕事と生活の調和が実現した社会の姿は、「国民一人ひとりがやりがいや充実感を感じながら働き、仕事上の責任を果たすとともに、家庭や地域生活などにおいても、子育て期、中高年期といった人生の各段階に応じて多様な生き方が選択・実現できる社会」であり、具体的には、「就労による経済的自立が可能な社会」、「健康で豊かな生活のための時間が確保できる社会」、「多様な働き方・生き方が選択できる社会」を目指すべきとされている。ワーク・ライフ・バランス施策の目標が、より広範になっていることが確認できる。

こうした目標に向けて、国や自治体も様々な取組みを行っており、法政策や法解釈においても、ワーク・ライフ・バランスの理念が大きな影響を与えている。ワーク・ライフ・バランス「憲章」で求められているのは「多様な生き方が選択・実現できる社会」である。実質的に「ワーク」偏重の生き方が押し付けられている現実があるなら、これに対して、労働者が自らバランスをとることができるように、法によるサポートが求められる[3]。

そこで、以下では、ワーク・ライフ・バランス施策の現状と課題を確認した上で、その実現のために重要ないくつかの課題を検討対象とする。ワーク・ライフ・バランスは法政策として捉えれば労働法のほぼすべての分野に影響を与えうるので、特にワーク・ライフ・バランスが法解釈学上問題となりうる論点と、そこから波及して問題が生じうる論点に絞って取り上げる。

---

[2] 髙畠淳子「ワーク・ライフ・バランス施策の意義と実効性の確保」季刊労働法220号（2008年）15頁以下。橋本陽子「短時間正社員・短時間勤務制度――ワーク・ライフ・バランスと労働法」ジュリスト1383号（2009年）76頁以下。

[3] 大内伸哉「労働法学における『ライフ』とは――仕事と生活の調和（ワーク・ライフ・バランス）憲章を読んで」季刊労働法220号（2008年）4頁以下（13〜14頁）。

## 第2節　ワーク・ライフ・バランスの現況

　ワーク・ライフ・バランス実現のための課題を確認しよう。ワーク・ライフ・バランス憲章とともに策定された行動指針において，14項目の指標について数値目標が設定され，内閣府により2020年の目標数値に向けた進捗状況が示された[4]。このうち，週労働時間60時間以上の雇用者の割合（9.1%），年次有給休暇の取得率（47.1%），短時間勤務を選択できる事業所の割合（14%）等は順調に推移，あるいは想定値を達成していないものの目標設定時よりは進捗しているものと評価されている[5]。

　特に労働時間に関しては，「平成25年度労働時間等総合実態調査結果」で時間外労働の限度に関する基準（平成10年12月18日労告示第154号，最終改正：平成21年5月29日厚労告355号）で求められる基準を超えて働いている労働者を有する事業場の割合は，同基準で定める1週15時間を超える者を含むのは10%（30時間を超える者は0.9%），1月45時間超えを含むのは10.9%（100時間を超える者が0.9%），1年で360時間を超える者を含むのが12.7%（1000時間を超える者が0.7%）と，相当な長時間労働を行う労働者が存在することが伺える[6]。他方で，非正規労働者の割合が35.2%に達し，また短時間労働者も増加しており，労働時間の長さが二極化しているなどと指摘されている[7]。

　時間外労働に関しては，上記「時間外労働の限度に関する基準」があるが，

---

4）　内閣府・仕事と生活の調和連携推進・評価部会＝仕事と生活の調和関係省庁連携推進会議「仕事と生活の調和（ワーク・ライフ・バランス）レポート2013」。

5）　進捗していない（目標設定時の数値より目標までの差が拡大している）ものとして挙げられているのが，15歳以上の就業率，時間あたり労働生産性の伸び率，自己啓発を行っている労働者の割合（非正社員），第一子出産前後の女性の継続就業率である。

6）　厚生労働省労働基準局「平成25年度労働時間等総合実態調査結果」の中で，1週〜1年の時間外労働の実績（一般労働者）における最長の者についてのデータを使用した。なお総務省「平成24年就業構造基本調査」では，正規職員・従業員の6.7%は週間就業時間が65時間以上である。

7）　石井まこと「労働組合とワークライフバランス」大分大学経済論集63巻5＝6号（2012年）21頁。

これは行政指導の根拠となるものにすぎず、この基準を超える時間外労働を禁止するようなものではない。2008（平成20）年の労基法改正（2010（平成22）年4月施行）により時間外労働に対する割増賃金の割増率が月60時間を超える時間外労働については5割（月60時間内であれば2割5分）に引き上げられた。これにより、長時間労働を抑制することが期待されているが、割増率の引き上げは使用者の負担を増加させているだけで、直接長時間労働を制約しているわけではない。

また、労働時間法制は、一定の要件に該当するとその適用が除外される。そのため、一定の労働者に関しては、長時間労働を行っても割増賃金の支給義務が使用者に発生しない。特に労基法41条2号の管理監督者については紛争が絶えない。いわゆる名ばかり管理職（正確には名ばかり管理監督者というべきであろうが）の問題である。実態としては課長クラス以上の者が管理監督者としての扱いを受けているといわれており、法的には管理監督者の要件を備えない者が相当数存在しているのではないかと危惧される[8]。こうした労働者に対しては、割増賃金の支払義務による長時間労働の抑制は効果をもちえない。実際、管理職の平均的な在社時間は「10時間以上12時間未満」が51.6％であり、12時間以上働く管理職も27.3％いるとする調査結果がある[9]。

ワーク・ライフ・バランス促進のために、企業が様々な努力を行っている例もある。短時間勤務制度や勤務時間選択制度を導入した例などでは、子どもをもつ女性従業員の定着率が向上する、労働者の時間管理能力が向上する、男性の育児休業取得者も増加するなどの効果が期待できると指摘されている[10]。企業側にとって十分なメリットがあり、自主的にワーク・ライフ・バランスの促進に向けて行動をすることが望ましいが、企業がそのメリットを十分に活かせない場合、あるいはそもそもそのメリットが十分にないと判断している場合には、企業の自主性に任せたワーク・ライフ・バランスの実現は困難になる。

---

[8] 日本労務研究会「管理監督者の実態に関する調査研究報告書」19頁。
[9] 東京大学社会科学研究所・ワーク・ライフ・バランス推進・研究プロジェクト「管理職の働き方とワーク・ライフ・バランスに関する調査報告書」。
[10] 男女共同参画会議・仕事と生活の調和（ワーク・ライフ・バランス）に関する専門調査会「企業が仕事と生活の調和に取り組むメリット」11頁。

そこで，立法論を含め，ワーク・ライフ・バランス促進のためのサポートないしサンクションの必要性が問われなければならない。こうした就業形態の多様化は，正社員と非正規社員の格差問題を念頭に，「多様な正社員」という形でも議論されている。多様な正社員を制度として導入することも，ワーク・ライフ・バランス実現の1つの手段となりうる[11]。正社員と非正規社員の二極化の弊害が緩和され，多様な働き方が可能になること自体は望ましいことであるが，かような労働者に対する雇用保障がいかなるものになるのかという点では議論がある。

## 第3節　ワーク・ライフ・バランスと労働契約

　ワーク・ライフ・バランスの理念は，2007（平成19）年に成立した労働契約法3条3項において，「労働契約は，労働者及び使用者が仕事と生活の調和にも配慮しつつ締結し，又は変更すべきものとする」と労働契約の基本理念として定められている。同条は具体的な権利義務を定めたものではないが，立法が最低基準としての労働保護法と集団による自律的規整を促す労働組合法を中心として形成されてきたがゆえに，労働契約の規整については相当部分を判例法理に委ねざるを得なかった労働法において，労働契約法が整備され，そこでワーク・ライフ・バランスの理念が明文化されたことの意義は大きい[12]。しかし，本規定が労働契約の解釈にどのような影響を与えるのかについては検討が必要である[13]。なお，この理念は育児介護休業法においても，同法の目的（1条）において，職業生活と家庭生活の両立に言及されているほか，就業場所の変更を伴う配置の変更（26条）において，子の養育および家族の介護の状況に

---

[11]　厚生労働省「『多様な形態による正社員』に関する研究会報告書」。
[12]　ワーク・ライフ・バランス施策の規範的根拠について，高畠淳子「ワーク・ライフ・バランス」土田道夫＝山川隆一編『労働法の争点』（有斐閣，2014年）14頁，同・前掲注2）22頁。
[13]　労働法とワーク・ライフ・バランスの関係については，浅倉むつ子「労働法におけるワーク・ライフ・バランスの位置づけ」日本労働研究雑誌599号（2010年）41頁以下，荒木尚志＝菅野和夫＝山川隆一『詳説労働契約法（第2版）』（弘文堂，2014年）86頁。

配慮しなければならないと定められており，後述するように配置転換の場面で同条の影響が見て取れる。

以下では，労働者の家族責任の観点から，労働時間，就業場所の問題を中心に，これに付随する法的問題について取り上げることにする。

## 第4節　時間外・休日労働義務

使用者が法定時間外・休日労働を命じるためには，まず労基法36条に定める労使協定（以下「36協定」）を締結する必要がある。同条は労働時間・休日の原則（労基32条・35条）を前提に，労使協定の締結を要件として，例外的に時間外・休日労働に対する罰則規定の適用を排除する（免罰的効果）。時間外・休日労働の機動的・日常的実施の必要性に対応するものである[14]。しかし，36協定それ自体が契約上の時間外労働義務を発生させるわけではないから，これとは別に時間外・休日労働を命じるための契約上の根拠が必要である。最高裁は，36協定において時間外労働の上限設定がなされ，就業規則により残業を命じる一定の事由が記載されていた事案について，就業規則の合理性を認め，時間外労働命令を適法とした[15]。これに対し，労働協約，就業規則もしくは労働契約の中の一般的な義務づけ条項によって使用者の時間外・休日労働命令権は発生せず，時間外・休日労働を命じるためには労働者の個別的な合意が必要であるとする個別的同意説を支持する見解も学説においては有力で，最高裁の立場は必ずしも支持されていない。

労働の提供は労働契約の基本的要素であるが，労働時間・休日に関する法規制は，言わば労働者がなしうる労働の総量の限度を定めるものであり，36協定はあくまで例外としてこの制限を撤廃させるものにすぎない。そうすると，労働者の意思を尊重し，またその私生活との調和を図ることが労基法により求められているから[16]，あるいは所定労働時間の決定により職業生活時間と私生活時間とが区分され，私生活時間をいかに処分するかは労働者の自己決定に

---

[14]　土田道夫『労働契約法』（有斐閣，2008年）291頁。
[15]　日立製作所事件・最1判平成3年11月28日民集45巻8号1270頁。
[16]　中窪裕也＝野田進『労働法の世界（第10版）』（有斐閣，2013年）244頁。

委ねられるべきであるから[17]、時間外・休日労働を命じるためには、労働者のそのつどの合意か、あるいは事前に（合理的に近接した時期に）具体的な日時や内容等について同意した場合に限り義務づけが可能であると説く個別同意説の主張は、労働契約の解釈としても、労働者の私生活の尊重という点においても傾聴に値するものがある[18]。

しかし、合意により時間外労働義務の発生根拠としての、当該合意をそのつどのものに限ると解すべき法的根拠に乏しく、一定範囲で事前合意も可能であると考えざるを得ない。その場合には事前合意の認定について、現実の交渉をどの程度要するか、黙示の合意を認めるか否かという問題や、時期的にどの程度までの事前合意を認めるかという点について、検討すべき課題が生じることになる。事前合意の成立につき、それが労働者の自由意思に基づいてなされたものであることを認めるに足りる合理的な理由が客観的に存在することを求めることが考えられるが[19]、現実に個別的な交渉を行う労働者はまれであり、多くは十分な交渉がないまま使用者の提示した条件で就労するであろうこと、

---

[17] 西谷敏『労働法（第2版）』（日本評論社、2013年）307頁。

[18] 個別的同意説の中には、時間外・休日労働に関する合意をそのつどのものに限り認める立場と、一定範囲で事前に合意することを認める立場がある。そこで、事前合意を認める立場は個別的同意説とは区別されて事前合意説と呼ばれることもある。しかし、事前合意を認める立場にあっても、日時と業務内容の特定の程度については論者によって差異があり、事前合意の成立要件を厳格化すれば個別的同意説と事前合意説の差異は相対化される。そのため、本章では事前合意の成立要件の問題には踏み込まず、時間外労働に個別労働者の同意を必要とするものをすべて個別的同意説と呼ぶことにする。明治乳業事件・東京地判昭和44年5月31日労民集20巻3号477頁。中窪＝野田・前掲注[16] 244頁。大内伸哉「労働法が『ワーク・ライフ・バランス』のためにできること」日本労働研究雑誌51巻358号（2009年）30頁以下（33頁）、西谷・前掲注[17] 307頁。

[19] 退職金債権の放棄につき、労働者の自由意思に基づいてなされたものであることを認めるに足りる合理的な理由が客観的に存在することを求めたシンガー・ソーイング・メシーン事件（最2判昭和48年1月19日民集27巻1号27頁）における裁判所の立場は、合意相殺（日新製鋼事件・最2判平成2年11月26日民集44巻8号1085頁）、賃金債権の放棄（北海道国際航空事件・最1判平成15年12月18日労判866号14頁）、賃金減額（アーク証券事件・東京地判平成12年1月31日労判785号45頁、更生会社三井埠頭事件・東京高判平成12年12月27日労判809号82頁）などに波及している。こうした判断手法を、労働者にとって不利な合意の有効性判断一般に広げることが考えられる。

時間外・休日労働に関しては法定の割増賃金の支給が義務づけられるため、労働者に対し一定の利益が認められ、労働者があらかじめ時間外・休日労働を行う義務を負担することに常に合理的な理由がないとはいえないこと、労働者の個別事情は千差万別であって、合意内容の妥当性に踏み込んだ審査を行うことには困難を伴うことを考えると、時間外・休日労働義務の有無を個別的な合意の成否にかからしめることには躊躇を覚える。時間的にどの程度までさかのぼって事前合意を行うことを認めるのかについても、同様の問題が生じよう。

このように考えると、就業規則の内容が合理的である限り労働契約の内容が就業規則で定める労働条件による（労契7条）と定められている以上、就業規則により時間外労働命令権が発生しうることを認め[20]、この問題を、就業規則で時間外労働命令の根拠規定を置いたとき、制度としてどのような内容の定めであれば合理性を有するのか、また具体的な時間外労働命令が、どのような場合に権利濫用として評価されうるのか（労契3条5項）、という点に集約させる方が妥当であるように思われる。

もちろん、個別に労働者が時間外・休日労働について交渉し、一定の条件を付すということは考えられるが、その場合には就業規則の定めに対して個別交渉により定められた合意が（就業規則より有利である限り）優先し、また就業規則の不利益変更からも守られる可能性があるから（労契7条・10条）、就業規則による義務づけを認めても問題は生じない。

その意味において、最高裁の判断枠組みは支持されるべきであり、当該就業規則の合理性判断、個別具体的な時間外・休日労働の権利濫用判断の判断要素として、ワーク・ライフ・バランスの理念を織り込む方向を模索すべきである。

そこで、時間外労働を命ずることが可能な条件を就業規則に具体的に列挙することを求めるという方向性が考えられる。従来の判例は、一定の業務上の必要性があればある程度概括的な義務づけ条項の合理性を認めてきたが[21]、その厳格化（就業規則の合理的限定解釈）を指向するのである。あるいは、時間外労働命令を労働者が拒否する場合、当該拒否を理由として懲戒処分を受けるこ

---

20) 菅野和夫『労働法（第10版）』（弘文堂、2012年）355頁。
21) 日立製作所事件・前掲注 *15*）。

とが考えられるが,従来の判断枠組みにおいても,この懲戒処分の有効性判断の中では,時間外労働を命じた理由(残業命令の必要性)と,労働者の時間外労働命令を拒否する理由(労働者の受ける不利益)とが比較衡量されることになりうるのであるから,さらに進んで時間外労働命令の有効性判断そのものに,上記比較衡量を取り入れることが考えられる[22]。ワーク・ライフ・バランスの観点からは,使用者が長時間の時間外労働を命じることは避けられるべきであるから,比較衡量判断を行うのであれば,時間外労働が長時間になればなるほど,それに応じた業務上の必要性を求めるべきであると考えることになるだろう。ただし,これらの解釈では予測可能性に乏しい面があることは否定できない。就業規則の限定解釈がどの範囲で行われるか,比較衡量において労使双方の理由がどの程度のものと評価されるのかは,ともに裁判所の判断を待たなくては判明しないからである。

　学説には,就業規則に限度基準以下の時間数が規定された場合に限り,当該就業規則の定めを合理的なものとして時間外労働義務が発生すると解し,さらに就業規則における時間数が限度基準以下であっても,実際の時間外労働が同時間数を超過するものであれば,労働者の不利益と相俟って権利濫用を成立させると説く見解がある[23]。ワーク・ライフ・バランスの理念に適合的なだけでなく,合理性の判断基準として時間外労働の限度に関する基準を用いているために,時間外労働が有効であるか否かについての予測可能性が極めて高い。裁判例においても,定額の職務手当が何時間分の時間外賃金であるかが争われた事案で,「労基法36条の上限として周知されている月45時間(昭和57年労働省告示第69号・平成4年労働省告示第72号により示されたもの)」分の対価であると解し,95時間分であるとの使用者側主張を退けたものがある[24]。時間外労働の上限に関する基準を契約解釈に取り込んだもので,上述した見解の方向性と一致する。時間外労働の上限に関する基準はあくまで行政指導の強化を図

---

[22] 下井隆史『労働基準法(第4版)』(有斐閣,2007年)331〜334頁。
[23] 土田・前掲注 *14*) 294頁。
[24] ザ・ウインザー・ホテルズインターナショナル事件・札幌高判平成24年10月19日労判1064号37頁。同事件で裁判所は,労基法36条の趣旨として,時間外労働の例外性・臨時性,仕事と生活の調和,業務の柔軟な運営の要素の3点を指摘している。

るもので，私法上の効果が認められるものではないが，これを契約解釈に取り込むことがかなえば，明瞭な基準を定立できる。

　こうした解釈が困難であれば，立法的解決を図る事を検討する必要がある。立法論としては，まず時間外労働の上限に関する基準に正面から私法上の効果を付与することが考えられる。また，これと表裏の関係になるが，EU 労働時間指令における休息時間の考え方を導入することも考えられる[25]。同指令における休息時間とは，勤務と勤務の間に 11 時間の連続した休息を付与することを義務づけるものであり，これにより事実上 1 日の労働時間は 13 時間が上限となる。さらに，ドイツの閉店法（Ladenschlußgesetz）のように営業活動の時間を制限する道も考えられよう[26]。ただし，これらの手法は，労働者が真に長時間働くことを望んでいる場合に，その道を閉ざすことになりかねない点には留意すべきであろう。ワーク・ライフ・バランスの理念は，労働者に「ライフ」重視の生活を強要するのではなく，そのバランスを自主的な選択および決定に委ねるところにあると捉えるべきで，どのような場合であっても，一律に短時間労働が労働者にとっての望ましい答えになるとは限らない。

## 第 5 節　配　　転

　配転命令権は，労働協約・就業規則上の根拠規定が認められ，配転を制限する個別契約上の特約がなければ使用者に発生するが，これを行使するに際して，業務上の必要性がないか，業務上の必要性があっても不当な動機・目的に基づく場合，あるいは労働者の受ける不利益が通常甘受すべき程度を著しく超える場合には，権利濫用になるとの最高裁判決[27]があり，実務上おおむねこの枠組みに沿って判断されている。もっとも，就業規則に配転条項を設定すること自体が合理性を欠くとはいえないし，裁判所は勤務地限定の黙示合意を認定す

---

[25]　梶川敦子「日本の労働時間規制の課題——長時間労働の原因をめぐる法学的分析」日本労働研究雑誌 575 号（2008 年）17 頁以下（23 頁），原昌登「ワーク・ライフ・バランスと労働時間」ジュリスト 1383 号（2009 年）90 頁以下（96 頁）。
[26]　藤内和公「ドイツ小売業の営業時間規制」季刊労働法 186 号（1998 年）80 頁以下。
[27]　東亜ペイント事件・最 2 判昭和 61 年 7 月 14 日労判 477 号 6 頁。

ることに消極的であるので，配転命令権の発生が否定されるケースは限定的である[28]。また，濫用判断においても，業務上の必要性がかなり広範に捉えられていること，労働者の受ける不利益は「通常甘受すべき程度を著しく超える場合」と相当程度抑制的に捉えられていることから，配転命令が権利濫用と判断される例も限られる。従来，労働者の受ける不利益について争われた事案では，裁判所は単身赴任[29]や通勤の長時間化，幼児の保育上の支障[30]については労働者が通常甘受すべき不利益に止まると判断してきた。わが国の企業が正社員に対して一般にローテーション人事を行っていること，解雇を規制する以上，配転をある程度広範に認めないと使用者にとって酷であること，整理解雇の際に解雇回避努力義務の履行として配転を要求するために，広範な配転命令権を使用者が保持しているとの前提を維持すること等が，裁判所が配転命令に寛容な判断を行う背景にあると推察される[31]。しかし，労働者の家庭生活を軽視しているとの感は否めない。

ただし，近年は裁判所が転居を伴う配転命令にあたって労働者の不利益，特に家庭生活上の不利益に対する配慮を求めるものが散見されるようになった。例えば，信義則上，使用者は単身赴任を余儀なくする転勤を命じるにあたっては，労働者の不利益を軽減する措置をとる必要があるとするものや[32]，育児介護休業法26条に言及し，労働者が育児・介護を理由として転勤に応じることが困難であることを申し出た場合には，転勤の代替案や不利益緩和措置等を検討しなければならず，そのような配慮の有無は濫用性判断において考慮要素となるとするものがある[33]。育児介護休業法26条は配慮義務にすぎず，転居

---

[28] 土田・前掲注*14*）372～376頁。

[29] 帝国臓器製薬事件・東京高判平成8年5月29日労判694号29頁，最高裁（帝国臓器製薬事件・最2判平成11年9月17日労判768号16頁）も原審の判断を支持している。

[30] ケンウッド事件・最3判平成12年1月28日労判774号7頁。

[31] 荒木尚志『労働法（第2版）』（有斐閣，2013年）395頁。

[32] 帝国臓器製薬事件・前掲注*29*）。同事件では，「家族生活を優先すべきであるとする考え方が社会的に成熟しているとはいえない」等として結論として配転有効と判断されたものの，単身赴任による「経済的・社会的・精神的不利益を軽減，回避するために社会通念上求められる措置をとるよう配慮すべき義務」についても言及されている。

を伴う配転を直ちに違法にする効果はないが，同条に求められる配慮を欠いているという評価が，権利濫用判断に影響を与えるということである。労契法3条3項によりこうした方向性はより推し進められることになると考えられる（介護については第7章を参照）。

　学説では，労契法3条3項を契約解釈において貫徹すべき原則であると捉え，包括的な配転命令権を定める労働契約部分は無効になるか，限定解釈されるとする見解[34]，使用者の配転命令権には家庭生活配慮義務が伴うとして，労働者が家庭の事情で配転に応じることが困難である旨述べたときは，使用者にその事情を十分に聴取し，誠実に協議することと，これに基づく配転の不利益を軽減する措置，あるいは配転自体を回避するように努力することが求められるとする見解[35]，就業場所を合理的に期待しうる範囲に限定しない就業規則の配転条項は，信義則上求められる透明性原則（事前に定式化された契約条件は可能な限り明瞭で透明でなければならないことを約款利用者に要求する原則）に反し，また広域配転は，労働者の家族形成とその福利を阻害し，子の養育を妨げ，仕事と生活の調和を図ろうとする時代の精神にもそぐわないとし，例えば，共働き夫婦の一方を配置転換する人事処遇は権利濫用に当たると説く見解[36]がある。転居を伴う配転命令は，労働者が家族責任を果たすための障害になりうるものであるから，配転命令における権利濫用判断に労契法3条3項の理念を投影させることは適切な方向性であろう。ただ，配転命令権の有効範囲を限定することは，解雇法理との関係で問題を惹起する可能性がある。例えば，配転範囲自体を契約上限定することがかなえば，ワーク・ライフ・バランスにも役立つが，整理解雇時における解雇回避努力義務の判断において，使用者に履行可

---

*33)* NTT東日本（北海道・配転）事件・札幌高判平成21年3月26日労判982号44頁，ネスレジャパンホールディング（配転本訴）事件・大阪高判平成18年4月14日労判915号60頁。

*34)* 緒方桂子「労働契約の基本原則」西谷敏＝根本到編『労働契約と法』（旬報社，2011年）29頁以下。

*35)* 両角道代「『仕事と家庭の分離』と『仕事と生活の調和』——労働法における2つの規範と配転法理」『労働法学の展望（菅野和夫先生古稀記念)』（有斐閣，2013年）441頁以下。

*36)* 高橋賢司「ワーク・ライフ・バランスと配置転換」ジュリスト1383号（2009年）97頁以下（102～103頁）。

能な努力義務の範囲が縮減する可能性がある。これについては「多様な正社員」として後述する。

## 第6節　休業・休暇

自由利用の原則のある年休（労基39条）のほかに，労働者の生活上のニーズに合致した時間利用を可能にするべく，これまで法律によって，一定の目的による休業や休暇の権利が認められてきた[37]。産休（労基65条），育児時間（労基67条），生理休暇（労基68条），育児休業（育介5条），介護休業（育介11条），勤務時間の短縮措置（育介23条）などである。これらの休暇を取得したことを理由とする不利益措置は違法である（年休につき労基附則136条，育介10条・16条，雇均9条）。裁判上問題になってきたのは，賞与等の算定の基礎となる出勤率の算定において，これらの休暇が欠勤扱いとされ，これにより休業・休暇を取得することに対する事実上の抑止効果が生じている場合である。裁判所はこれらの取扱いについて，趣旨，目的，労働者の不利益など諸般の事情を総合考慮して，労働者の権利行使を抑制し，労基法等の趣旨を実質的に失わせているものについては公序違反として無効になるとの判断基準を示した。精勤手当の支給と生理休暇の取得[38]，皆勤手当の支給と勤務予定表作成後の年休取得[39]については公序違反が否定され，昇給要件に稼働率を80％としている場合の産休・年休・生理休暇等の取得[40]，出勤率90％を要件とする賞与の支給と産休・勤務時間短縮措置[41]については公序違反とされた。学説からは，一定額の賃金支払が義務づけられている年休については出勤日と同様に扱うことが要請されているから，年休取得と関連する賃金に関する不利益取扱いはすべて労基法39条違反になるとの見解が示されている[42]。

---

37) 大内・前掲注 *18*）30頁以下（34〜35頁）。
38) エヌ・ビー・シー事件・最3判昭和60年7月16日民集39巻5号1023頁。
39) 沼津交通事件・最2判平成5年6月25日民集47巻6号4585頁。
40) 日本シェーリング事件・最1判平成元年12月14日民集43巻12号1895頁。
41) 東朋学園事件・最1判平成15年12月4日労判862号14頁。
42) 菅野・前掲注 *20*）399頁。両角道代「産前産後休業と出勤率算定――東朋学園事件」村中孝史＝荒木尚志編『労働判例百選（第8版）』（2009年）102頁。

このように，労契法3条3項の成立以前より法で規定されてきた休暇等についても，裁判所はその取得に対し事実上の抑止力が発生する場合には，公序概念を用いて制約を行ってきている。近年では，育児休業取得後に復職したところ，担当職務を変更され，降格および年俸減額措置を受けたことにつき，これらの措置を違法として損害賠償請求を認容するものもある[43]。こうした判断の根拠として，労契法3条3項も用いられよう[44]。もっとも，裁判所が論じているように，少なくとも年休等と異なって，賃金の支給が要求されていない休業・休暇については，出勤率等の計算において欠勤として取り扱うことが直ちに不合理とはいいがたいから，休業・休暇取得の事実上の抑止力がどの程度のものといえるかは，具体的事案に即して判断するしかない。

## 第7節　管理監督者

労基法41条2号の管理監督者は，労働時間，休憩，休日に関する規定の適用を除外される。ここでは，事業主に代わって労務管理を行う地位にあり，労働者の労働時間を決定し，労働時間に従った労働者の作業を監督する者が想定されている[45]。こうした者は自らの労働時間を自らの裁量で規律でき，相応の報酬を受けていると考えられるため，労働時間規制になじまないと考えられたからである。そのため，管理監督者の要件は，①職務内容，指揮監督・人事権限，責任に照らして，企業経営の重要事項に関与し，経営者と一体的立場にあること，②勤務態様・出退社に関して自由裁量があり，画一的労働時間規制になじまないこと，③役職手当など，その地位にふさわしい処遇を受けていることである。当初想定されていなかったと思われるスタッフ職についても，行政解釈は管理監督者として認めている[46]。

上述したように，管理監督者とされる労働者の多くが現実には長時間労働を

---

[43] コナミデジタルエンタテインメント事件・東京高判平成23年12月27日労判1042号15頁。

[44] 土田道夫「職務等級制度適用労働者の育児休業等取得後の降格，年俸減額及び不利益査定の適法性」季刊労働法237号（2012年）167頁。

[45] 菅野・前掲注20) 339頁。

[46] 昭和63年3月14日基発150号。

行っている。それらの者が真に経営者と一体的立場にあり，十分な報酬を得て，とりわけ出退社に関して自由裁量があって，自ら判断して長時間労働を行っているのであれば，当該労働者の家族責任の問題は自己決定の問題である。

しかし，管理監督者は，同じく労働時間規制の適用除外である監視・断続的労働従事者（労基41条3号）とは異なり，行政官庁の許可が不要なため，本来管理監督者にあたらない労働者が人事管理上管理監督者として取り扱われてしまう危険性がある。そうすると，実際には出退社に自由裁量がないような労働者でも，管理監督者として取り扱われて割増賃金が支給されず，長時間労働の実態を使用者が認識しない，あるいは認識しても使用者にとって負担増になるわけでもないからそれを容認・放置するという事態が想定される。裁判例でも，管理監督者該当性が争われる事案は頻発しており，管理監督者性が否定される事案も多い[47]。

使用者がかように管理監督者の範囲を広範に捉えているのは，管理職であれば管理監督者に該当するとの誤解のほかに，管理職として一定の部下をもち，仕事の進め方について一定の裁量をもっている労働者に対しては，例えば，欠勤すれば賃金減額を行うという意味で労働時間に応じた賃金を支払いつつ，ある程度はその成果に応じた賃金を支払いたいという意図を有しているからかもしれない。いい換えると，程度の問題はあるにせよ，労働時間と賃金支払を分離したいとの実務上の要請が考えられる。しかし，法は法定労働時間の枠内では，労働時間に応じた賃金の支払を求めるものではなく，枠そのものについても一定の要件のもとで変形労働時間制やフレックスタイム制（労基32条の2～5），裁量労働制（労基38条の3～4，事業場外労働のみなし制につき労基38条の2）などを認めているのであるから，そうした要請があるとしてもこれらの制度の導入を行えば足りる。また，現実に行った時間外労働の有無にかかわらず，一定額を常に割増賃金として支給する，割増賃金の定額支給という方法もある[48]。これは時間外労働を行った労働者と所定労働時間で仕事を終えた労働者に同様の取扱いを行うことを可能にするもので，賃金と労働時間との牽連性を一定程

---

[47] 日本マクドナルド事件・東京地判平成20年1月28日労判953号10頁，播州信用金庫事件・神戸地姫路支判平成20年2月8日労判958号12頁等。

度排除したいと考える使用者にとって有益な選択肢であろう。このような現場のニーズに対しては，もはや法は十分な手当をしていると評価できるのではなかろうか。もちろん，裁量労働制における労使委員会の要件など，裁量労働制が使いにくいとの批判は考えられるところであるが，管理監督者ではないのに，そのように取り扱われ，労働時間規制から排除されているような者が生じることがやむを得ないといえるような法状況は存在しない。こうした労働者を本来の労働時間規制の中に引き戻す努力が求められる。

そこで，管理監督者の要件については，さらなる明確化を目指すべきである。まず，管理監督者は，部下の労働時間管理を行う立場にあり，それにより当該労働者に対する労働時間管理を行いえないからこそ，労働時間規制の適用除外に当たるという原点を強調すべきであろう。そのため，経営者との一体性の要件については，部下を抱えたある部門の統括的立場にあることを求めるべきで，スタッフ職の管理監督者性は否定すべきである。また，出退社の自由裁量や報酬などについても，事案の積み重ねを待つだけでなく，ガイドラインによる明確化により，現場の自助努力にも期待したい[49]。

ただ，現実に使用者が本来該当しない労働者を管理監督者として取り扱っているという問題についての解決策は，結局は使用者に管理監督者についてのルールを周知徹底することを地道に続けるしかない。仮に，現在産業競争力会議等で議論されている「新たな労働時間制度」が出来上がったとしても，本来管理監督者ではないのに管理監督者として取り扱われる労働者の存在は，大きな課題として残ることになる。

また，管理監督者の地位にある者の仕事と育児の両立にも特有の問題はある。

管理監督者の立場にある労働者もまた，労基法所定の産前産後休業や，育児介護休業法上の育児休業の取得は可能である（育児介護休業法については第5章

---

*48)* 割増賃金相当額が法所定の計算方法に基づく割増賃金に満たない場合には，差額分の支払義務は発生する。また定額支給部分が割増賃金の支給である旨を明確化すること（手当等と呼称している場合には特に問題になる），通常の賃金と割増賃金を一体的に支払っている場合には，どの部分が通常の賃金で，どの部分が割増賃金であるかが明確に区分されなくてはならない（小里機材事件・最1判63年7月14日労判523号6頁）。

*49)* 昭和52年2月28日基発105号，平成20年9月9日基発0909001号。

を参照)。他方，労働時間等の規定は適用除外であるため，育児介護休業法による所定労働時間の短縮措置，所定外労働の免除の対象外となる。管理監督者は，そもそも労働時間管理になじまない労働者であるが，多くの管理監督者が現実に長時間労働を行っているところを鑑みると，現実に仕事と育児の両立ができているのか，危惧せざるを得ない。同制度とは別に何らかの短縮措置を設けることが望ましいのは確かであるが，労働時間管理になじまない働き方をしているはずの管理監督者と労働時間の短縮措置は本来適合的でない。業務内容によっては別の（管理監督者以外の）職務に異動する必要が生じることもあろう。しかし，かような措置により当初行っていた業務を別の労働者が代替要員として担当することになれば，後に管理監督者として職務復帰しようとする際に，代替要員として配置された労働者との間で職務が競合するという問題は生じる。

　近時，産休・育休から復職後にもとの「管理職」（管理監督者であったか否かの認定はない）の地位に戻れなかった労働者が，その地位の手当の支払等を求めた事案において，最高裁（最1判平成26年10月23日裁時1614号1頁）は，均等法9条3項の規定による不利益取扱いに該当するか否かを判断するに際して，業務上の必要性の内容や程度，負担の軽減の内容や程度等を明らかにする必要があるとして，当該措置を適法とした原審を破棄して差戻した。この事案で裁判所は労働者の同意の認定と不利益取扱い該当性を否定する特段の事情の判断基準を示しており，注目される。

## 第8節　多様な正社員

### 1　多様な正社員制度

　「仕事と生活の調和（ワーク・ライフ・バランス）憲章」では，就労による経済的な自立，多様な働き方，生き方の選択等が可能な社会を目指すとされており，正社員と非正社員に二極化した状況の改善もその目的といえる[50]。その手段

---

[50] ワーク・ライフ・バランスと非正社員の処遇の改善に関する課題について，大内・前掲注 *18*) 36頁以下参照。

の1つが，多様な正社員制度の導入である。ここでは，労働時間や勤務地を契約上一定範囲に限定した働き方と，雇用保障の関係を中心に検討する（なお，多様な正社員と介護については第 7 章も参照）。

　正社員という用語は法律用語ではなく特に定義があるわけではないが，いわゆる正社員のイメージとしては，①期間の定めがなく，②フルタイムで，③直接雇用であり，④勤続年数に応じた待遇を受け，⑤勤務地・職種の限定がなく，⑥時間外労働を行う労働者が想定されており[51]，多様な正社員として，これらの要素の一部が欠ける者，例えば，職種・勤務地あるいは，労働時間について限定して働く労働者が念頭におかれている。特に勤務地について限定を受け，その他の要素については勤務地に限定がない労働者と同様の処遇を受ける労働者を「勤務地限定社員」，労働時間について制限があり，その他の要素についてはフルタイムの正社員と同様の処遇を受ける労働者を「短時間正社員」と呼ぶ[52]。育児介護休業法上の短時間勤務制度の利用者も短時間正社員たりうるが，ここではより広く契約上，フルタイムの正社員に比して短い労働時間で勤務するが，フルタイムの正社員と同様の役割，責任を担い，同様の能力評価や賃金決定方式の適用を受ける労働者を想定する[53]。

## 2　解雇規制との関係

　解雇規制との関係について検討しよう。期間の定めのない労働契約を締結している場合，使用者は解雇権を保持するが（民 627 条），解雇は，客観的に合理的な理由を欠き，社会通念上相当であると認められない場合には，その権利を濫用したものとして無効になる（労契 16 条）。使用者が経営不振の打開や経営合理化を進めるために，人員削減を目的として行う解雇を整理解雇という。労

---

　　[51]　厚生労働省「望ましい働き方ビジョン」4 頁。
　　[52]　短時間正社員については，2002 年の厚生労働省パートタイム労働研究会最終報告書によれば，「フルタイム正社員より一週間の所定労働時間は短いが，フルタイム正社員と同様の役割・責任を担い，同様の能力評価や賃金決定方式の適用を受ける労働者」と定義されている。
　　[53]　橋本・前掲注 2) 76 頁以下，土田道夫「『仕事と生活の調和』をめぐる法的課題」手塚和彰＝中窪裕也編『変貌する労働と社会システム（手塚和彰先生退官記念）』（信山社，2008 年）200 頁以下。

働者側に帰責事由がない点で，普通解雇とは区別され，より高度な法規制に服することになる。裁判所は，整理解雇の有効性を4つの基準で判断しており，整理解雇の4要件（ないし4要素）と呼ばれる。

　4要件は，人員削減の必要性，解雇回避努力義務の履行，被解雇者選定の合理性，説明・協議義務で構成され，正社員を念頭において構築されてきた[54]。多様な正社員で問題になりうるのは，解雇回避努力義務の履行と被解雇者選定の合理性であろう。正社員以外の者に対する整理解雇における従来の裁判例をみると，解雇回避努力義務の履行につき，当該労働者の職場における職名等形式面ではなく，勤務の実態を重視して判断していることがわかる[55]。例えば，パートタイマーから昇格することによって「準社員」となったが，特に労働時間，職種，勤務地等の限定がなかった労働者が整理解雇された事案において，裁判所は正規社員と同様に判断するのが相当であるとして，解雇無効と結論づけている[56]。

　労働時間が短い労働者のケースでは，勤務時間が正社員より1時間30分短いタイピストに対する整理解雇において，以前から一般補助事務要員としての業務を行っていたことなどから，雇用継続の期待，信頼は正社員と異ならないとして，ほかの一般事務職への配転やフルタイムへの転換を検討すべきであり，これを怠った会社の対応は解雇回避努力を果たしたものとはいえないと評価し，やはり解雇無効と判断している[57]。

　勤務地限定合意がなされた労働者に対する整理解雇では，使用者に配転命令権はなくとも，配置転換の申出をしたことを解雇回避努力の履行と評価したものがある。勤務場所が支店に限定されていた労働者に対する当該支店の閉鎖を理由とする解雇につき，再就職支援，退職金の割増などの措置により，解雇回避努力義務は尽くされたと評価している[58]。

　職種限定合意については，書籍編纂部の編集者に対する部門閉鎖による整理

---

54) 東洋酸素事件・東京高判昭和54年10月29日労判330号71頁，千代田化工建設事件・東京高判平成5年3月31日労判629号19頁。
55) 篠原信貴「『多様な正社員』に対する雇用保障」日労研636号（2013年）26頁以下。
56) みくに工業事件・長野地諏訪支判平成23年9月29日労判1038号5頁。
57) ワキタ（本訴）事件・大阪地判平成12年12月1日労判808号77頁。

解雇[59]、学部廃止による教授らの解雇[60] では、それぞれ職種の限定があり、当該職種が消失したので、ほかの職種への配転の余地を検討する必要はないと判示したものがある。職種限定の合意があったと考えられる労働者に対する当該部門を閉鎖するに際して解雇した事案でも、経営戦略的な整理解雇である点を捉えて、他部門への配転可能性の検討を求めたものもあるが[61]、おおむね、職種や勤務地限定合意があり、当該職種や勤務地が失われたことによる解雇においては、裁判所は解雇回避努力義務の履行を緩和する傾向にあるといえる。

職種限定合意については、別途能力不足による解雇の可能性もありうる。職種限定合意がなければ、現に労働者が就労している職務で職務能力に不足があっても、使用者は配転によりほかの職務に就かせることができるから、純粋に能力不足による解雇は認められにくい[62]。裁判例でこれが認められている事案は、多くの場合解雇事由として勤務態度の不良等の要素が併せて主張されている[63]。能力不足を理由として解雇を有効と判断した事案の多くは中途採用者であり、そこでは特に職種限定合意を正面から認定していないものも散見されるが[64]、高度の職務遂行能力を期待されて雇用契約を締結し当該能力が不足しているというところから解雇を有効と判断しているので[65]、やはり職種につきある程度限定した合意があったといえるだろう。

---

58) シンガポール・デベロップメント銀行（本訴）事件・大阪地判平成 12 年 6 月 23 日労判 786 号 16 頁。
59) 角川文化振興財団事件・東京地決平成 11 年 11 月 29 日労判 780 号 67 頁。
60) 学校法人村上学園事件・大阪地判平成 24 年 11 月 9 日労働判例ジャーナル 12 号 8 頁。
61) 東洋水産川崎工場事件・横浜地川崎支決平成 14 年 12 月 27 日労判 847 号 58 頁。
62) 森下仁丹事件・大阪地判平成 14 年 3 月 22 日労判 832 号 76 頁。なお、数度にわたる配転の後にさらなる配転をせずに解雇した会社の判断を肯定したものもある（三井リース事業事件・東京地決平成 6 年 11 月 10 日労経速 1550 号 23 頁）。
63) 東京海上火災保険事件・東京地判平成 12 年 7 月 28 日労判 797 号 65 頁。
64) 職種限定合意を、使用者が職種の変更を行いうるかという面と、当該職種につけなくなったときに解雇できるかという面とがあり、両者を区別すべきと述べるものとして、東京エムケイ事件・東京地判平成 20 年 9 月 30 日労判 975 号 12 頁。
65) フォード自動車（日本）事件・東京地判昭和 57 年 2 月 25 日労判 382 号 25 頁、ヒロセ電機事件・東京地判平成 14 年 10 月 22 日労判 838 号 15 頁。

## 3 小　　括

　こうした裁判例の傾向をみれば，多様な正社員に対する雇用保障は，正社員に対するものより後退することが予想される。すでに，従来の裁判例がその方向で整理解雇法理をアレンジしているからである。
　職種限定合意がある場合には，当該職種における職務能力が不足しているときに解雇が有効になりうるし，職種・勤務地限定合意がなされた場合には，当該職種・勤務地が失われたことによる整理解雇において，当該限定された範囲を超えて配転を検討しなくても，解雇回避努力義務の履行が認められうるという意味で，解雇有効と判断されやすい。ただ，それでも何らかの解雇回避努力義務が全く不要になるものではなく，可能な措置の検討は必要である。例えば，配転が可能な状況があればこれを申し出るとか，再就職支援や退職金の割増等の措置の検討が必要である。さらに，裁判所は実態を重視して判断しているので，単に契約上制限がある，あるいはそのような制度があるというだけでは解雇回避努力義務の履行が緩和されることにはならず，現実に職種を限定した働き方をしている，勤務地を超えた配転を行っていないことが必要になるといえる[66]。
　これに対して短時間正社員については，解雇回避努力義務の緩和は生じない。しかし，整理解雇の際に正社員に先立って，短時間正社員から被解雇者を選択することを違法とはいえない。被解雇者選択の合理性は，曖昧な基準や恣意的な基準であれば否定されるが，例えば，会社再建のために労働時間に制限のない労働者の方が望ましいと使用者が考える（あるいは労働者集団と合意する）ことは，不合理とはいえないからである[67]。
　もっとも，育児・介護の必要から労働時間に制限を加えるのであれば，同時に勤務地についても限定することが考えられるし，また締結された契約がそのように解釈されることも多いと思われる。そうすると，正社員とどこか1点のみ差異があるというよりも，いくつかの要素が異なっている働き方が想定され，

---

　66)　職種・勤務地限定合意があっても，頻繁に契約内容を変更しているといった場合には，解雇回避努力義務の緩和はなされないものと思われる。
　67)　菅野・前掲注20) 569頁。

その場合は上述した解雇の判断基準の緩和の問題は重層的に生じうる。

　以上の裁判所の判断は妥当なものとして支持できる。解雇権濫用法理は，労働者がもつ雇用継続の期待を保護するものであるが，解雇を回避するための努力は，使用者に期待される範囲に限定すべきである[68]。労使で職種・勤務地を限定するとき，使用者が行える努力の範囲も同時に限定されるので，その結果解雇回避努力義務の履行水準が低下することはありうるのである。

　このように，正社員に比して劣後した雇用保障しか享受できないとすると，こうした多様な正社員の導入は，ワーク・ライフ・バランスに資するものといえるだろうか。仮に，正社員から多様な正社員へ，また多様な正社員から正社員へと，ライフステージの状況に応じて移行できるような人事制度があっても，多様な正社員に対する解雇規制が緩和されるとすれば，多様な正社員へ移行している時に整理解雇の対象となってしまうという危険性から，多様な正社員への移行が抑制されるだろうか。

　この点，確認しておくべきことは，多様な正社員に対する雇用保障の程度は，有期労働契約を締結する労働者の雇止めに対する制約（労契19条）よりは高度であろうと考えられるから[69]，有期労働契約を反復更新するという働き方を選択するよりは，安定した雇用継続が期待されることである。また，勤務地限定社員については，あくまで整理解雇においての解雇回避努力義務の履行水準が低下するのみであって，その他の要素や，あるいは低下したとしてもやはりそれなりの解雇回避努力義務の履行は求められる。あくまで法的に整理解雇が可能なとき，配転を検討しなくても，整理解雇が有効と判断されうるにすぎない。労使合意で解雇規制を潜脱できるわけではない。

　解雇規制は権利濫用法理であり，総合考慮であるからその判断基準はわかりにくい。しかし，使用者，労働者が多様な正社員を選択したとき，その選択肢に伴う法的な効果はどこにあるか，そのメリット・デメリットを明確化することは重要である。多様な正社員については雇用保障の低下という問題は付随して生じるから，この点は労使双方ともに留意しておく必要がある。とはいえ，

---

*68)* 　土田・前掲注*14)* 582頁。
*69)* 　篠原・前掲注*55)* 35頁。

そのデメリットはさほど大きなものでもない。勤務地や勤務時間に一定の制限を課すことで、労働者の「ライフ」に一定の安定や余裕が生まれることになるから、こうした働き方を選ぶ人も少なくないだろう。労働者のニーズに沿った制度設計を期待したい。

## 第9節 おわりに

　家族責任を労働者が果たすために、ワーク・ライフ・バランスは重要である。しかしそこで重要なのは、労働者が自らの働き方を自由に選択し決定することである。それぞれの家庭でそれぞれの労働者が自らの家族責任を果たすために、どのような家族観をもって家庭生活を営んでいくのか、それは個々様々である。ワーク・ライフ・バランスが達成された社会は、憲章が求めるように「多様な生き方・働き方」が選択できるものでなくてはならない。そのためにも、画一的でない多種多様な働き方の選択肢が用意される社会こそ、真にワーク・ライフ・バランスが達成された社会であり、そのような中で労働者は家族責任を十分に果たすことが可能になる。法がなすべきなのは、労働者の選択を実質的に保障することである。

# 第 6 章　育児休業法制の意義と課題

第1節　はじめに
第2節　育児休業法制の内容の概観
第3節　育児休業法制の目的・意義
第4節　若干の検討——まとめにかえて

梶 川　敦 子

## 第1節　はじめに

　「育児休業はなくしたらいい」。こんな衝撃的なコラムを目にしたことがある[1]。現在，共働き夫婦が過半数を超え，少子化問題も深刻さを極め，仕事と育児の両立支援の重要性がさらに増しているのに，である。もっとも，これには続きがあり，「その代り，「働く人たちの全員の権利」として，10年に1度，1年間，誰もが休める制度を国が作る。理由は，育児でも，留学でも，ボランティアでも，海外旅行でも，介護でもいい」との代替案が出されている[2]。これも極論には違いないであろうが，そこにはマタハラ問題をも念頭に置きつつ，これまでの仕事と育児の両立支援の手法が，子を養育する労働者にのみ認められる育児休業等の権利の拡充にやや偏りすぎていた（ゆえにほかの労働者にしわ寄せや不公平感をもたらし，本人にとっても望ましくない状況が生まれている）可能性があり，そうした手法の妥当性についての疑問が垣間見える。結論自体の妥当性はともかく，根底にある疑問そのものは検討の余地もあるであろう[3]。
　ところで現在，自民党政権が進める成長戦略の1つである「女性の活躍推

---

[1]　河合薫「曽野さん発言と「甘えてない！」騒動で考えた"育休問題"の深層——その末にたどり着いた私の極論の中身」日経ビジネスオンライン（2013年10月8日）参照。

進」の中でも仕事と育児の両立支援は重要課題となっている。すでに育児休業関連については，育児休業中に支給される育児休業給付金の引上げを内容とする法改正が実現し，その充実化が図られている（2014（平成26）年4月施行）。もっとも，当初の議論と比べると，従来のような育児を行う労働者の育休・時短の拡充ではなく育児による制約を軽減する方向への転換を示唆する意見[4]も出され，実際，政府は，これまで以上に保育・学童施策の充実化のほか家事支援サービスを利活用できる環境整備等の方針も打ち出しており[5]，育児休業法制（本章では，育児休業制度のほか労働時間等の調整制度も含めた意味で用いる）の今後の方向性は，やや未知数である。

とはいえ，これまでの学説などにおける議論は，どちらからといえば，すべての労働者一般の労働時間・休暇法制等の改善の重要性を認識（指摘）しつつも，育児休業法制の不十分さとさらなる拡充を指摘するものが多かったようであり，それがこれまでの法改正に結実した部分も少なくないとはいえ，論者によってはなお不十分との評価を残すものともなっており[6]，また今後，政府がさらなる拡充の法改正を行う可能性もあろう。

---

2） ちなみにスウェーデンでは，従来，使途を全く制限しない長期有給休暇制度が存在したようであるが，親休暇制度も別途存在し，その意義も労働者間の公平化を図るためのものではなかったようである（両角道代「修正されたベーシック・インカム」？──スウェーデンにおける「フリーイヤー」の試み」海外社会保障研究157号（2006年）29頁）。むしろ類似の制度としてはアメリカの家族・医療休暇法があげられ，同法は，出産，育児，介護，自身の病気を理由とする休暇の権利を保障するが，事由ごとの取得可能日数は設定されておらず，労働者は総付与日数と取得可能事由の範囲内で自由に休暇を取得する方式となっている（問題点を含め，詳細は中窪裕也「アメリカにおける「仕事と家庭」の法状況──1993年家族・医療休暇法を中心に」山口浩一郎＝菅野和夫＝中嶋士元也＝渡邊岳編『経営と労働法務の理論と実務（安西愈先生古稀記念論文集）』（中央経済社，2009年）395頁等）。

3） 結論の方向性や文脈の異なる部分があるものの，類似の問題意識を有していると思われるものとして，例えば，赤川学「少子化対策という言葉を使うのはやめよう」日本労働研究雑誌553号（2006年）78頁等，大内伸哉「育児休業の充実は女性にとって朗報か」『雇用改革の真実』（日本経済新聞出版社，2014年）192頁等。

4） 2014（平成26）年3月19日経済財政諮問会議・産業競争力会議合同会議（第1回）長谷川閑史産業競争力会議雇用人材分科会主査提出資料「成長戦略としての女性の活躍推進について」。

5） 2014（平成26）年6月24日「日本再興戦略」改訂2014──未来への挑戦（閣議決定）。

表1　育児休業法の主な改正経緯

| 成立・改正年 | 育児休業制度 | 労働時間等の調整制度 |
|---|---|---|
| 1991 年 | 子が1歳になるまで | 勤務時間短縮等措置（子が1歳になるまで） |
| 1997 年 | | 深夜業免除制度の導入 |
| 2001 年 | | 時間外労働の一部免除制度の導入<br>勤務時間短縮等措置の対象となる子の年齢引上げ（子が3歳になるまで） |
| 2004 年 | 特別の事情がある場合は子が1歳6ヵ月になるまで延長可 | 看護休暇の義務化 |
| 2009 年 | 配偶者が専業主婦等である者の育休取得制限の撤廃，パパ・ママ育休プラスの導入，父親等の再度取得特例の創設 | 勤務時間短縮等措置（①勤務時間短縮，②所定外労働免除，③フレックスタイム，④始業・終業時刻の繰上げ・繰下げ，⑤託児施設の設置運営，⑥⑤に準ずる便宜の供与のうち，いずれか1つ以上の措置を使用者が選択）<br>→①②が単独義務化（③〜⑥は努力義務化）<br>看護休暇日数拡大 |
| | 履行確保措置拡充（都道府県労働局長による紛争解決援助，調停制度の創設，勧告違反企業名公表制度の創設等） | |

　いずれにせよ，1991（平成3）年に制定された育児休業法（その後，同法は育児介護休業法に再編されたが，本章では，以下，育児休業法とする）および1994（平成6）年の雇用保険法改正により創設された育児休業給付金制度は，その後の数次の改正により，少なくも制度創設当初に比べれば，その内容は格段に充実

---

*6)* 内藤忍「2004年育児介護休業法改正の内容と問題点」日本労働法学会誌105号（2005年）119頁，川田知子「働き方の多様化と育児休業法の進展——育児介護のための「休業法」から「雇用継続法」への転換」季刊労働法213号（2006年）13頁，神尾真知子「育児・介護休業法改正の意義と立法的課題——2009年法改正が残したもの」季刊労働法227号（2009年）10頁，丸山亜子「2009年育児・介護休業法改正の概要とその検討」労働法律旬報1720号（2010年）6頁，菅野淑子「育児・介護休業法の改正——父親が取得しやすい育児休業制度へ」日本労働法学会誌115号（2010年）179頁等参照。なお2009年法改正に影響を及ぼした厚生労働省「今後の仕事と家庭の両立支援に関する研究会報告書」（2008年）（以下，2008年報告書とする）は，例えば，労働時間等の調整制度につき，その対象となる子の年齢を小学校3年生終了時まで延長すべきであるとしていたが，実現していない。

表2　育児休業給付金制度の概要および改正経緯

| 改正年 | 給付金 |
| --- | --- |
| 1994年 | 休業中20％＋復帰後5％（計25％） |
| 2000年 | 休業中30％＋復帰後10％（計40％） |
| 2007年 | 休業中30％＋復帰後20％（計50％） |
| 2009年 | 休業中50％ |
| 2014年 | 休業中＝最初の6ヵ月67％・6ヵ月以降50％ |

化した（改正経緯は表1・2参照）。のみならず，それに伴い，制度の目的や意義までもが変容した可能性もあり，それ自体の妥当性，それ自体に妥当性が認められるとしても，その手法（改正内容）が果たして望ましいものであったのかなど，冒頭で紹介した疑問も考慮すれば，いま一度，改めて確認しておくことは必ずしも無意味でないであろう[7]。

　以下，本章では，育児休業法制の現状およびその拡充の目的や意義を確認し，最後にこうした目的等の妥当性につき若干の検討を加えることとする。なお本章では，働く時間に焦点を置き，場所に関する問題（配転等）は検討の対象外とする。またいわゆる正規労働者を念頭に議論を進める。

## 第2節　育児休業法制の内容の概観

　育児休業法は，一定期間育児への専念を可能とする育児休業制度に加え，復職後，あるいはそもそも育児休業を取得しない場合でも，仕事と育児の両立ができるよう多様な労働時間等の調整制度を設けている（表3参照）。以下，両制度につき，若干の補足を行う。

---

[7]　育児休業制度の法制化に関わった元官僚も，同制度の変遷をたどり，大変貌をとげた同制度の目的や効果などにつき改めて冷静に検証すべき旨述べている（大村賢三『こうして法律は生まれた〔回想〕育児休業法――法律の誕生と成長の軌跡（前編）』（早稲田出版，2011年），同『こうして法律は成長した〔回想〕育児休業法（後編）――法律の誕生と成長の軌跡』（早稲田出版，2011年））。

表3 育児休業法の概要

| 育児休業 | | 原則　子が1歳になるまで<br>例外①パパ・ママ育休プラス：夫婦ともに取得する場合には子が1歳2ヵ月になるまで<br>②特別の事情がある場合：子が1歳6ヵ月になるまで | |
|---|---|---|---|
| 労働時間等の調整制度 | 看護休暇 | 子が小学校に入学するまで | 子一人＝年5日，子二人以上＝年10日 |
| | 時間外労働の一部免除 | | 月24時間・年150時間を超える時間外労働の免除 |
| | 深夜業免除 | | 午後10時から午前5時までの勤務の免除 |
| | 所定外労働免除 | 子が3歳になるまで | 所定労働時間を超える労働の免除 |
| | 勤務時間短縮措置 | | 所定労働時間を短縮する措置 |
| 不利益取扱の禁止 | 上記各制度の利用の申出および利用を理由とする解雇その他不利益取扱の禁止 | | |

## 1　育児休業制度

### (1)　育児休業法

　育児休業は，子が1歳（保育所に入所できないなど特別の事情がある場合は1歳6ヵ月）になるまで，その申出により取得でき，使用者はその申出を拒否できない（育介5条・6条）。すなわち，労働者の申出のみで当該期間内の労働義務が消滅し，使用者にはいわゆる年休制度（労基39条）における時季変更権に相当する拒否（抗弁）権も認められていない[8]。

　このような育児休業については，2009（平成21）年法改正により大規模変更がなされている。

---

8)　以上につき，高橋柵太郎（労働省婦人局長）編著『詳説 育児休業等に関する法律』（労務行政研究所，1991年）196頁以下，松原亘子（労働省前婦人局長）『詳説 育児・介護休業法』（労務行政研究所，1996年）251頁以下，厚生労働省雇用均等＝児童家庭局（以下，雇用均等＝児童家庭局とする）編『詳説 育児・介護休業法（改訂新版）』（労務行政，2002年）290頁以下。

第1が，労使協定により育児休業の対象から除外できる労働者の範囲（育介6条1項）の縮小である。改正前は，かかる除外対象者の中に配偶者等が常態として育児に専念できる状態にある労働者が含まれていた（改正前育介則6条）。しかし改正によって削除され，配偶者が専業主婦や育児休業中の労働者に育児休業を認めない取扱いができなくなった。

　第2が，パパ・ママ育休プラスの導入であり（育介9条の2），夫婦がともに育児休業を取得する場合は，子が1歳2ヵ月になるまで取得できるようになった（ただし特別事情時の延長とは異なり，夫婦それぞれの取得期間の上限は1年（母親の場合は労基法65条による産後休業期間（8週間）を含む）とされている）。共働き夫婦で，妻が産後休業終了後，子が1歳になるまで育児休業を取得し復職するケースで，妻の復職後の大変な時期（2ヵ月間）に夫が育児休業を取得して妻のサポートができることとなったが，それ以外にも子が1歳2ヵ月になるまで，妻が前半，夫が後半に取得するなど様々なパターンでの利用が可能である。

　第3が，父親等に対する取得回数の特例の創設である（育介5条2項）。育児休業は一人の子につき原則1回であり，分割取得は特別の事情がある場合に限定されている。しかし法改正により，出産後8週間以内に父親等が育児休業を取得した場合には，上記特別の事情がなくても再度の取得が認められるようになった。これにより母親が出産後の大変な時期に父親が育児に協力しやすくなる。なお，上記特別の事情についても，当該子の負傷・疾病・障害により2週間以上の世話が必要になった場合や保育所入所の申込みに対して当面その実施が行われない場合が追加されている（育介則4条）。

(2)　育児休業給付金

　育児休業中は，使用者に賃金支払義務が課されていない。しかし雇用保険から育児休業給付金が支給される（雇保61条の4）。給付額については，前述のとおり，2014（平成26）年法改正により，休業前賃金の50％から67％に引き上げられている。ただし引上げの対象期間は最初の6ヵ月のみで後半6ヵ月以降は50％のままである。しかし，例えば，妻が前半，夫が後半といった形で夫婦が交代で育児休業を取得すれば，全期間を通じて高い率（67％）の適用を受けられる場合もある。なお，従来は休業中と復職後に分割支給する方式（後者は復職後6ヵ月以上勤務することが受給要件となる）がとられていたが，2009（平成

21) 年法改正により休業中全額支給方式となっている（表2参照）。

## 2 労働時間等の調整制度

労働時間等の調整制度については，その権利の性格に着目して補足を行う。

### (1) 使用者に拒否権が認められていないもの

看護休暇（育介16条の2・16条の3）がそうであり，権利の性格は育児休業と同様と解されている（規定の仕方も同じである）。なお取得事由には子に健康診断や予防接種を受けさせる場合も含まれる（育介則29条の3）。

### (2) 使用者に拒否権が認められているもの

所定外労働，時間外労働の一部，深夜業の各種免除制度がそうであり，使用者は労働者が請求したときはかかる労働をさせてはならないが，「事業の正常な運営を妨げる場合は，この限りでない」（育介16条の8，17条，19条）。すなわち，労働者の請求のみによって当該労働義務は消滅するが，使用者にはこれを妨げる拒否（抗弁）権が認められており，これが有効に行使されれば，上記消滅効果は発生しない。使用者の拒否権行使の有効性の判断基準は，年休の時季変更権行使のそれとほぼ同様である[9]。なお，かかる免除の請求は，連続したまとまった期間についてなすことを要する[10]。

### (3) 使用者の措置義務――勤務時間短縮措置

以上のような1(1)育児休業，2(1),(2)の各種制度を定める各規定は，当該規定により労働者に直接請求権が発生するという意味[11]で，私法上の効力規定と解される。しかし，勤務時間短縮（以下，時短勤務とする）措置については，第1に，これを定める育休法23条（事業主は，「労働者の申出に基づき」かかる「措置……を講じなければならない」）は，労働者に直接私法上の請求権を認めるものではなく，当該措置が労働契約内容になってはじめて労働者に発生すると解されている[12]。この解釈を前提とすると，使用者が何らの措置も講じ

---

[9] 以上につき，平成21年12月28日職発第1228第4号・雇児発第1228号第2号（以下，平成21年通達とする）参照。

[10] 育休法16条の8第2項・同17条2項，同19条2項および平成21年通達参照。

[11] 平成21年通達も，これらについては，使用者による就業規則の整備等は「労働者の権利行使に当たって必須のものであるとはいえない」としている。

ない場合，労働者は時短勤務請求権を有しない。ただし行政上の履行確保措置（育介52条の4〜52条の6, 56条, 56条の2）が予定され[13]，また場合によっては使用者に不法行為（民709条）に基づく損害賠償責任が生じることもあるように思われる[14]。

第2に，時短勤務措置が就業規則等により導入され労働契約内容となった場合には，労働者にはかかる労働契約上の規定を根拠に時短勤務請求権が認められると解される[15]。問題は「業務の性質又は業務の実施体制に照らして，［時短勤務措置］を講ずることが困難と認められる業務に従事する労働者」の請求を使用者が拒否できるかである。この点につき，育休法23条は，労使協定によりかかる労働者を適用除外できるとしており（同条1項3号），労使協定の締結とともに就業規則等に適用除外規定を整備しておけば，使用者はかかる就業規則等の適用除外規定を根拠に請求を拒否できると解される（なお，かかる労働者については表1の勤務時間短縮等措置の③〜⑥のうちいずれかを講じなければならないとされている（同条2項・育介則34条2項））。問題はそのような整備がなされていない場合である。この点については（きちんと場合分けした上での）解釈論の蓄積は乏しく（おそらく裁判例もない），試論になるが，まず労使協定の締結

---

12) 平成21年通達参照。ただし2009（平成21）年法改正により，かかる措置義務は単独義務化されたため，選択的措置であった際に措置義務規定の私法上の効力を否定する論拠であった「実施方法は選択的で……，義務の内容が特定しない」（高橋・前掲注8) 273頁，松原・前掲注8) 428頁，雇用均等＝児童家庭局編・前掲注8) 562頁）との説明が妥当するかは検討の余地もある。とはいえ措置の具体的内容はなお使用者の判断に委ねられ確定しない部分があること（所定労働時間を6時間（原則）とする措置を含むものでなければならないとされている（育介則34条1項）ものの，それが労働者にとって選択可能な状態になっていれば，所定労働日数を短縮する措置等と組み合わせることも可能とされている（平成21年通達）），同じ選択的措置であった所定外労働免除は請求権構成がとられたのに対し時短勤務は措置義務構成が維持されたことからすると，やはり同条を私法上の効力規定と解することは困難であろう。なお同様の結論をとる学説として，橋本陽子「短時間正社員・短時間勤務制度——ワーク・ライフ・バランスと労働法」ジュリスト1383号（2009年）79頁以下参照。

13) 高橋・前掲注8) 273頁，松原・前掲注8) 429頁は，行政指導，勧告等の対象となりうるとする。

14) 2008年報告書は，措置義務規定につき，「私法上の法的効果としては，義務規定違反の行為について，損害賠償請求権の発生の根拠となる」としている。

15) 橋本・前掲注12) 80頁。

がない場合にも，そもそも同条が私法上の効力規定でなく，使用者の公法上の義務を定めるにすぎないとすれば，就業規則等の適用除外規定の効力には影響はなく，就業規則等に適用除外規定が整備されていれば，それを根拠にやはり請求を拒否できるのではないか（ただし公法上の義務違反ゆえ，行政上の履行確保措置の対象となりうる[16]）と思われる。次に，就業規則等に適用除外規定が整備されていない場合，使用者には①請求を拒否する余地は全くないのか，②時短勤務に適した別業務に配転することで対応することは可能か，逆に③そのような時短勤務に適した別業務が存在する場合には同業務への配転を行うことが要請される（ゆえに請求を拒否できない）のか，といったことが問題となりうる。②については，当該配転が何らかの不利益を伴う場合には，法が禁止する制度の申出等を理由とする不利益取扱いに該当するかが問題となりうる（育介23条の2。育休復帰後のケースであれば法10条の問題にもなりうる）ように思われる[17]。ただ，例えば，キャリア面での，あるいは職務給がとられているゆえ（労働時間の減少ではなく，職務内容の変更自体により）賃金面での不利益を伴う場合でも，当該配転が時短勤務を可能にするためのものであることを考慮すると，必ずしも法の禁止する不利益取扱いに該当しない（ゆえに有効）と解する余地は十分あるようにも思われる[18]。また③については，こうした配転義務に肯定的な立場と否定的な立場があるようである[19]が，そのような配慮が望ましいとしても，配転義務まで肯定できるか否かについては慎重な検討を要するようにも思われる（ゆえに①についても拒否できる余地もあるということになろうか）[20]。

---

[16] 高橋・前掲注*8)* 273頁，松原・前掲注*8)* 429頁は，「この法律の趣旨に反している措置を講じている事業主は，行政上は」指導等の対象となりうるとする。

[17] その判断基準については，指針（平成21年厚生労働省告示第509号。以下，平成21年指針とする）参照。

[18] 大内・前掲注*3)* 205頁も参照。杉原知佳「育児休業から復帰する際の職場配置について——育児時短勤務制度を中心に」経営法曹研究会報65号（2010年）17頁は，通常の人事異動でもありうるルートの範囲内の配転であれば，有効となる場合が多いとする。

[19] 前者に近いと思われるものとして橋本・前掲注*12)* 81頁，後者に近いと思われるものとして杉原・前掲注*18)* 18頁。

## 第3節　育児休業法制の目的・意義

### 1　はじめに

　上記のとおり，育児休業法制は（権利の内容の濃淡はあれ），確かに拡充している。他方，2000年代半ば頃から，家庭責任を担っているか否かにかかわらず，すべての労働者の仕事と生活の調和を図るという視点——「ファミリー・フレンドリー」から「ワーク・ライフ・バランス（以下，WLBとすることがある）」へ——が登場し，2007（平成19）年には政府により「ワーク・ライフ・バランス憲章」が策定され，また同年に制定された労働契約法には「労働契約は，労働者及び使用者が仕事と生活の調和にも配慮しつつ締結し，又は変更すべきものとする」との規定も整備されている（3条3項）。こうしたWLBの観点——対象はすべての労働者で，家族生活も多様な私生活の中に吸収されうる——からは，例えば，よりひろく労働者一般にかかわる労働時間・休暇法制等の改善をもって，育児を行う労働者の仕事と育児の両立支援を図る，とまではいわなくても，少なくともかかる改善にも注力すべしということになろう[21]。実際，その重要性も指摘されてきたが，現実にはこうした改善はさほど進んでいない（2008（平成20）年の労基法改正では，長時間労働問題の解消のために時間外労働および年休につき見直しがなされたが，不十分なものにとどまった[22]）。人々の価値観，また実際にもその生き方が多様化する中で，冒頭で紹介した疑問（第1節）が出てくることも理解できなくはないであろう。

---

[20]　そのほかの論点として，使用者には当然にフルタイムに戻る権利を労働者に保障することまで要請されるのかといった点も指摘されている（橋本・前掲注12）81頁は，否定的な立場のようである）。この点，労働者の意に反する時短勤務の継続は，制度の利用を理由とする不利益取扱いへの該当性（育介23条の2）が問題となる可能性もあり，平成21年指針では，かかる取扱いは法が禁止する不利益取扱いに該当するものとされている。

[21]　なお，厚生労働省「仕事と生活の調和に関する検討会議報告書」（2004年）では，育児を行う者のみに着目する視点は皆無でないにせよ，基本的には一般の労働時間法制の改善等に焦点があてられている。

では，そもそも育児休業法制の創設・充実化には，どのような目的・意義があったのであろうか。

## 2　男女雇用平等の実質化

**(1)　第1段階：性別役割分担を前提とした女性のみの制度**

そもそも育児休業に関する規定は，1985（昭和 60）年に制定された男女雇用機会均等法に設けられていた[23]。すなわち，同法は，制定当初より，女性に対する雇用差別禁止にかかる規定のみならず，女性労働者の職業生活と家庭生活の調和の確保措置として，育児休業付与の努力義務規定（85 年均等 1 条・28 条参照）等を置いており，その趣旨は「実質的に雇用の分野における男女の均等取扱いを実現するには，……［女子が家庭責任をより重く負っているという］現実を踏まえて……［かかる］措置等をとることがより効果的である」との説明がされている[24]。要するに，育児休業は，男女雇用平等の実質化を図るために必要な措置として位置づけられていたといえるであろう[25]。

**(2)　第2段階：性別役割分担を前提としない男女共通の制度へ**

その後，育児休業は，育児休業法により，男女労働者共通の法的権利として再編され，均等法から分離した。しかし同法は「均等法の考え方を一歩進めたもの」で，また育児介護休業法への再編後も，「この考え方は……引き継がれてい」るとの行政当局の解説[26]からは，同法上の仕事と育児の両立支援制度

---

22)　ただし代替休暇制度（労基 37 条 3 項）が導入された点は WLB に資するものとして注目される（梶川敦子「日本の労働時間規制の課題——長時間労働の原因をめぐる法学的分析」日本労働研究雑誌 575 号（2008 年）17 頁，同「アメリカにおけるワーク・ライフ・バランス——代償休暇制度の検討を中心に」森戸英幸＝日本労使関係研究会編『多様な雇用形態をめぐる法的諸問題』（労働問題リサーチセンター，2008 年）17 頁等参照）。

23)　より正確には，均等法の前身たる 1972（昭和 47）年に制定された勤労婦人福祉法に同様の規定が存在していた。

24)　赤松良子（労働省婦人局長）『詳説　男女雇用機会均等法及び改正労働基準法』（日本労働協会，1985 年）252 頁。

25)　伊岐典子「ワーク・ライフ・バランスを考える」『ワーク・ライフ・バランスの焦点——女性の労働参加と男性の働き方』（労働政策研究・研修機構，2012 年）12 頁も同旨。

26)　以上につき，高橋・前掲注 8) 200 頁，松原・前掲注 8) 254 頁。

は，なお男女雇用平等の実質化措置として位置づけられていたといえる。のみならず，同法は，実態はともあれ，家庭責任は「男女が負うことが当然であるとの理念を具現化」する[27]，すなわち，育児休業を男女平等の理念とは矛盾する性別役割分担を前提としない男女共通の制度に再編したという意味では，男女雇用平等の理念の徹底化という意義も見出すことができるであろう[28]。また 1997（平成 9）年均等法改正により撤廃された労基法上の女性保護規定（深夜業および一定時間を超える時間外労働の禁止規定）の育児休業法による男女共通の制度への再編（内容的にも本人の請求に基づく免除制度に変更）[29]も，かかる女性保護規定は性別役割分担を前提として女性が家庭責任を遂行することへの配慮の視点，すなわち，仕事と家庭の両立支援制度としての意義もあった[30]ことからすると，上記のことがそのまま妥当するといえよう。

(3) 第 3 段階：性別役割分担の修正に向けた積極的介入——男性の育休取得促進

さらに育児休業法は 2009（平成 21）年改正により新たな展開をみせる。改正の主眼は，前述の改正内容（第 2 節 1）からも明らかなように，男性の育休取得促進にある。パパ・ママ育休プラスは，「家庭責任を男女配偶者双方が担うことを優遇する制度で……家庭責任の分担のあり方に直接に働きかける点で，さらに重要な方向転換を示している」との指摘のとおり[31]，育児休業を単に

---

[27] 藤井龍子（労働省婦人局婦人福祉課長）「育児休業法制定の背景とその概要」季刊労働法 163 号（1992 年）36 頁。

[28] 男性も制度の対象とされたのは，1981（昭和 56）年に ILO156 号「家族的責任を有する男女労働者の機会及び待遇の均等に関する条約」および同名の 165 号勧告が採択され，女性のみを対象としていた 123 号「家庭責任を持つ夫人の雇用に関する勧告」が廃止されたという国際的な流れの影響のほか，父子家庭の存在（父親の現実的な取得ニーズ）が考慮された結果のようである（藤井・前掲注 [27] 36 頁）。なお，育児休業法の制定およびその後の一連の改正を雇用平等施策の一環として理解するものとして，笠木映里「家族形成と法」日本労働研究雑誌 638 号（2013 年）58 頁，奥山明良「法政策としての職業生活と家庭生活の両立支援問題——両立支援法制の変遷と今後の政策課題」成城法学 73 号（2005 年）154 頁等。

[29] 改正経緯等の詳細は，労働省女性局編『詳説 男女雇用機会均等法』（労務行政研究所，2000 年）75 頁以下，伊岐典子『労働政策レポート vol. 9 女性労働政策の展開——「正義」「活用」「福祉」の視点から』（労働政策研究・研修機構，2011 年）146 頁以下等参照。

[30] 赤松・前掲注 [24] 351 頁以下，労働省女性局編・前掲注 [29] 53 頁以下等参照。

[31] 笠木・前掲注 [28] 64 頁。

性別役割分担を前提としない男女共通の制度に設計する——これだけでも性別役割分担が修正される可能性はあるが，現実には制度利用者はほとんど女性であり，実態に大きな変化をもたらさなかった——だけではなく，性別役割分担（実態）の修正に向けたより積極的役割を担わせるに至っている。2014（平成26）年法改正後の育児休業給付金も，父母双方による育休取得を優遇し，性別役割分担の修正（男性の育休取得促進）に向けた積極的な役割を担いうる点で，上記のことが妥当するといえよう。

ただし，かかる法改正が，そもそも男女雇用平等の実質化に重点が置かれていたかについては，むしろ次に述べる少子化対策の要請がより強かったように思われる。

### 3 少子化対策——女性の雇用促進と出生率向上という2つの目的

そもそも育児休業法の制定を後押したのは，合計特殊出生率の低下（いわゆる1.57ショック）であったとの指摘がある[32]。

ここで少子化対策というとき，厳密には，①少子化を前提として女性労働力の活用＝女性の雇用を促進する方向と，②少子化そのものの抑制＝出生率の低下を抑制・回復させる方向に分類することができ，両者は本質的には全く異なる政策ともいいうる。もっとも，①は労働意欲があるのに働き続ける（働く）ことをためらう，②は出産希望があるのに出産をためらう，こうした人々の労働意欲や出産希望を阻害する要因を除去して，その希望を叶え，女性の雇用促進（①），出生率の向上（②）につなげる，といった説明が一般になされ，そして両者の阻害要因は共通部分——「女性にとっての仕事と育児の両立の困難性」——があり，結果，どちらのあるいは両方の意味での少子化対策であっても，かかる阻害要因を除去しうる育児休業法制に期待がかけられてきた[33]。

---

[32] 同法の制定経緯および上記指摘については，大村・前掲注7)（前編）13頁以下，横山文野『戦後日本の女性政策』（勁草書房，2002年）283頁以下，菅野淑子「日本の育児休業法・育児介護休業法制定過程にみる理念の変容——ワーク・ライフ・バランスの時代に」小宮文人＝島田陽一＝加藤智章＝菊池馨実編『社会法の再構築』（旬報社，2011年）139頁以下等。

[33] 以上につき，1997（平成9）年人口問題審議会「少子化に関する基本的な考え方について」，2008年報告書等参照。

実際,育児休業法制は,少子化の進行とともに拡充されてきたといえる。

この点,行政当局は,育児休業法制定当初および1996(平成8)年の解説書では②は法律目的ではない旨述べており[34],同法が当初より少子化対策としての意義を有していたとしても,②は念頭に置いていなかった可能性もある(ただし1995(平成7)年の育児休業給付金制度創設にかかる後記(脚注45)の解説書との関係では断言できない)。とはいえ,2002(平成14)年の解説書では②の「効果も一定程度期待されているという面があるのも事実」と[35],また2009(平成21)年法改正時点では,改正趣旨として,少子化進行により①②が喫緊の課題となっていること,また男性の育休取得促進の必要性として男性の育児参加の多い家庭の第2子以降の出産意欲が高いことが指摘されていること[36]を考慮すると,育児休業法制の拡充は②の意味での少子化対策としての色彩も(が)より強く出てきているといえよう。

### 4 育児を行う労働者の福祉の増進等——法の目的規定等

最後に,育児休業法の目的規定(1条)等に着目したい。

制定当初から現在まで,子の養育を行う労働者の雇用の継続を促進し,もってその者の「福祉の増進を図」ることを主要目的とする記述部分に変更はない。またその具体的意味については,行政当局の解説書によれば,「労働者が自ら親としてその手で子を養育し,あるいは他人の援助を得るにしても子の養育について親として主体的にその責任を満足できる程度に関与をしたいという気持ちの尊重と継続的な雇用の両立」にあり,「従来子の養育を優先させた又は優先せざるを得なかった結果,雇用を中断していた労働者について,無理のない形で雇用を継続させることができることとなり,そのことが労働者の福祉の増進につながる」[37]「雇用を継続しつつ子の養育にも力を注いでいきたいという

---

[34] 高橋・前掲注8)190〜191頁,松原・前掲注8)250〜251頁。
[35] 雇用均等＝児童家庭局編・前掲注8)290頁。
[36] 雇用均等＝児童家庭局職業家庭両立課 山口正行「改正育児・介護休業法の施行に向けて」労働政策研究・研修機構「ビジネス・レーバー・トレンド研究会報告(2010年2月5日)」等。
[37] 高橋・前掲注8)189頁。また松原・前掲注8)264頁,雇用均等＝児童家庭局編・前掲注8)305頁も同旨。

労働者の気持ちを尊重していくことにより労働者の幸せをより大きくしていこうということを目的にして」いるとの説明がなされている[38]。

　第1に，育児休業は労基法で定められているような「労働者の基本的な権利としての性格が希薄で」「働く人の権利を守るためにどうしても必要とされているものとは違う」との指摘がある[39]が，この指摘と上記目的規定に関する説明（「……労働者の幸せをより大きくしてい」くことを目的にしている）は整合的であるともいいうる。

　第2に，育児休業法には，「子の養育……を行うための休業をする労働者は，その休業後における就業を円滑に行うことができるよう必要な努力をするようにしなければならない」との基本理念規定（3条2項）が置かれており，これは「本人の雇用の継続……のために事業主その他の関係者も本人の休業に配慮するものであること等にかんがみ，当該趣旨を没却させないよう，休業後の職場復帰に備えて心づもりをしておくべきであることを明らかにしたもの」とされている[40]。趣旨の理解はともかく[41]，労働法上，労働者にかかる一定の努力義務を課す規定は珍しく（同様の規定として労契法3条3項），育児休業が労基法で保障される「労働者が人たるに値する生活を営むための必要を充たすべき」最低労働条件（労基1条参照）とはいえず，使用者に本来的に要請されること以上の「配慮」を求めるものであるからこそ，かかる努力義務が労働者にも課された，ともいえなくもない。とすれば，やはり第1で紹介した指摘は妥当性を有するように思われる。

　また行政当局の解説書には，親の手で育てられることによる子の幸福は，親自身の幸福にもつながることになるが，これは間接的なものにとどまる旨の記述がある（なお，これは親の手で育てられないと子は幸福ではないという意味に理解すべきではないと思われる）。あくまで同法が「子の福祉」を「直接の保護法益」

---

*38)* 高橋・前掲注*8)* 203〜204頁。
*39)* 大内・前掲注*3)* 201頁。
*40)* 平成21年通達等。なおかかる規定は育児介護休業法に再編された1995（平成7）年法改正時に設けられた。
*41)* 諏訪康雄「職業能力開発をめぐる法的課題──「職業生活」をどう位置づけるか？」日本労働研究雑誌618号（2012年）8頁は，労働者のキャリア形成支援実現の観点から労働者の自覚を促す規定としての意味づけを与えている。

としていないとの文脈の中でなされたものにすぎない[42]ものの，この記述からは次のようなことも確認できるように思われる。

　すなわち，育児は，①社会を支える再生産・ケア活動としての側面や②親の義務・社会的責任の側面が強調されることが少なくない（そしてかかる点が，男女雇用平等実現の要請以外に，育児と仕事の両立が，ボランティアや自己啓発活動等の活動と仕事の両立よりも，政策的あるいは解釈論上も優先して保護されるべしとする有力な論拠とされてきた[43]）が，他方で，育児者に「幸福」（仕事以外の生活面での充実化）をもたらす側面もあるということである（この点に着目すれば，育児とそれ以外の生活上の活動との違いは微妙となる[44]）。ここでいう幸福は，育児（逆に仕事）に関わる時間も影響するように思われるところ，望ましい仕事と育児の時間のバランスは人それぞれである（育児に一定期間専念することにより幸せを感じる者もいれば，そうでない者もいるであろう）。また待機児童等の問題はあるにせよ，保育所制度など社会保障制度の存在も考慮すると，そもそも育児休業の取得は必ずしも子を養育するすべての労働者にとって必要不可欠なものとはいいきれず，実際，制度の利用も選択的なものである。とすれば，育児休業法制の充実化は，子を養育する労働者（のみ）の自らの望むWLBの選択肢（自らの幸福のあり方の決定権）を拡大する側面を有しているともいえ，2009（平成21）年

---

*42)*　高橋・前掲注*8)*189～190頁，松原・前掲注*8)*264～265頁，雇用均等＝児童家庭局編・前掲注*8)*305頁。ただし2008年報告書には「子どもの健やかな育ちという観点からは，父母と子どもがしっかりと向き合う時間がとれることが望ましい」などの記述がある。「健やかな育ち」に対する考え方は一様ではないゆえ，上記記述は異論もありえようが，いずれにせよ，ここでは「子どもの福祉」の視点も投入されている点が注目される。

*43)*　①につき浅倉むつ子「労働法におけるワーク・ライフ・バランスの位置づけ」日本労働研究雑誌599号（2010年）47～48頁，髙畠淳子「ワーク・ライフ・バランス」土田道夫＝山川隆一編『労働法の争点』（2014年）14～15頁等，②につき，両角道代「「仕事と家庭の分離」と「仕事と家庭の調和」――労働法における2つの規範と配転法理」荒木尚志＝岩村正彦＝山川隆一編『労働法学の展望（菅野和夫先生古稀記念論集）』（有斐閣，2013年）446～447頁（なお同論文は子どもの福祉の視点も投入している）。

*44)*　笠木・前掲注*28)*62頁は，学習活動等については労働者のエンプロイヤビリティを増大させうるものであることを考慮すると，労働法上，育児とそれ以外の活動につき優劣をつけるべき基本的理由は依然として必ずしも明確ではない旨述べている。

の，常態として育児に専念できる配偶者等がいる労働者を労使協定により育児休業の対象から除外できないとする法改正は，上記の側面をより強めることになったように思われる。

## 5 まとめ——育児休業給付金制度の意義も踏まえて

以上のとおり，育児休業法の制定およびその拡充は，男女雇用平等の実質化および少子化対策，とりわけ後者の要請によるところが大きく，またそこでは①女性の雇用促進の観点のみならず，②出生率の向上の観点も前面に出てくるようになっている。

また育児休業給付金制度についても，制度創設当時の行政当局の解説書には次のような趣旨説明がある。すなわち，「中長期的な労働力の供給制約が見込まれる中……少子化が急速に進行するとともに女性の職場進出の進展がみられ」，このような状況において，「社会経済の活力を維持していくためには，仕事と育児の両立を支え，労働者が安心して子供を生み育て，能力を有効に発揮して働き続けることができるようにするとともに，次代を担う世代の健全な育成を図っていくことが重要な課題とな」っており，「育児休業を取得しやすくし，その後の円滑な職場復帰を援助，促進するため」制度を創設した[45]。これはまさに少子化対策の要請といえるのであり，そこでは①のみならず②も念頭に置かれていた可能性もある。いずれにせよ，2014（平成26）年法改正時には，その目的であった男性の育休取得促進の必要性につき，それが①に資するのみならず，2009（平成21）年育休法改正時と同様，夫の育児参加の多寡と出生率との関係にも言及されていることからすると[46]，②が（も）念頭に置かれていることは明らかであろう。

---

[45] 労働省職業安定局雇用保険課（山口浩一郎監修）『改正 雇用保険制度の理論』（財形福祉協会，1995年）196〜198頁。

[46] 労働政策審議会職業安定分科会雇用保険部会報告書（2013（平成25）年12月26日）参照。

## 第4節　若干の検討——まとめにかえて

以上を踏まえ，育児休業法制の拡充の妥当性につき若干の検討をしてまとめにかえたい。

### 1　「目的」の妥当性——男女雇用平等の実質化と少子化対策

上記のとおり，育児休業法制の拡充は，男女雇用平等の実質化と少子化対策の要請であったといえる。また両者の関係は，相互に排他的ではなく，例えば，性別役割分担の修正は，どちらの目的にも貢献する可能性もあり，どちらを目的としても，結局，育児休業法制の拡充という結果につながる可能性もある。

もっとも，法制度である限り，そもそもの制度目的には法的正当性が認められなければならない。では，上記の2つの目的は，使用者と労働者という私人間の労働契約関係に介入する労働法たる育児休業法の目的として，その正当性が認められるであろうか。

第1に，男女雇用平等の実質化については，憲法14条もあり，均等法の存在も考慮すると，均等法を補完するためのこうした法的介入が憲法22条との関係でどこまで許されるのかという点は別途問題になりうるものの，その目的自体は一応，正当性が認められるように思われる[47]。

第2に，少子化対策のうち，①女性の雇用促進については，労働者の能力と適性を活かした雇用機会の獲得等へのサポートは憲法27条1項の要請でもあり，家庭責任を担うことが多いゆえに労働市場で不利になりがちな女性へのサポートということであれば，やはり憲法22条との関係でその法的介入の範囲は問題になりうるにせよ，一応，正当性が認められるように思われる。これに対し②出生率の向上については，それが将来の労働力の確保につながるという点では労働法の役割（労働政策）の範疇といえなくもない。しかし，これまで

---

47)　育児休業法を男女雇用平等法制の中で位置づけている学説として，安枝英訷＝西村健一郎『労働法（第11版）』（有斐閣，2012年）42頁以下。また前掲注43）の各論文のほか，神尾・前掲注6）24頁，橋本・前掲注12）78頁等も同様の立場と思われる。

の労働法体系上，出生率の向上それ自体を直接の目的とする労働契約関係への法的介入が是認されるかについては，検討の余地があるようにも思われる[48]。

## 2　「手法」の妥当性——育児休業法制の拡充は最善策か

　以上のとおり，育児休業法制の拡充は，男女雇用平等の実質化と女性の雇用促進を目的とする限りで妥当性を有するように思われる。また，前者は基本的には人権保障の要請であるとはいえ，後者の雇用政策の要請を実現する機能を果たしているとの指摘[49]も考慮すると，両者は密接な関連性を有するといえる。さらに，こうした育児休業法制の拡充により仕事と育児の両立の困難性は一定程度除去されることも確かであろう。もっとも，こうした目的のために，また仕事と育児の両立支援の手法としても，そもそも育児休業法制の拡充が最善の策であった（ある）といえるのであろうか。

　第1に，育児休業法の目的は，子を養育する労働者の雇用の「継続」の促進にある（育介1条）。これにより，育児を担うことの多い女性の勤続年数が増加すれば，勤続年数が短いこと，またそのために十分な教育訓練なども受けられないことなどによる男女間の賃金格差等を解消していける可能性がある。また意欲と能力ある女性が雇用継続の見込みがないことより，本来の希望に沿わないあるいはその能力を十分活用できない職種等を選択するといった事態を回避できる可能性もあろう[50]。そしてこうした育児休業法制の拡充により仕事と育児の両立が一定程度容易化することは上記のとおりである。

　他方で，第2に，育児休業法制の充実化は，労働市場への新規参入，すなわち採用の場面では，女性に不利に働く可能性もある。育児休業法制が，制度的

---

[48]　荒木誠之『生活保障法理の展開』（法律文化社，1999年）233頁では，介護休業は労働力保全や創出の機能がほとんどないゆえ，育児休業の場合以上に積極的な法理念と理由づけが必要である旨述べられているが，逆にいえば，労働力創出は労働契約関係への法的介入の根拠となりうることが示唆される。他方で，笠木・前掲注[28]62頁は，家族の再生産機能を維持・強化するための法的介入は少なくとも社会法の役割ではないと分析する。

[49]　山川隆一＝川口章「雇用平等」荒木尚志＝大内伸哉＝大竹文雄＝神林龍編『雇用社会と法と経済』（有斐閣，2008年）215頁〔山川隆一〕等。

[50]　以上につき，大内伸哉＝川口大司『法と経済で読み解く雇用の世界（新版）』（有斐閣，2014年）197頁，大内・前掲注[3]193頁以下等参照。

には男女双方が対象になっていても，その利用率に著しい男女間格差がある場合（実際，制度の利用者はほとんど女性である），結局，女性は企業にとって高コストとなり，企業が女性の採用に消極的となる可能性もあるからである[51]。この点は，均等法で性別による採用差別が禁止されており（均等5条），それにより一定程度はカバーできる可能性もある。しかし，採用以外の場面でも，結局，制度の利用がキャリアロスなどの不利益をもたらす可能性があることも考慮すると[52]，育児休業法制の拡充は，必ずしも，上記の目的あるいは女性労働者本人にとっても有利に働くことばかりではないともいうる。

もっともこうしたマイナス面は，性別役割分担の積極的な修正により解決できる可能性もあり，前述のとおり，すでにそのための，すなわち男性の育休取得を促進するための法的措置が講じられている。とはいえ，かかる法的措置については次のような疑問もなくはない。

第1に，パパ・ママ育休プラスは，個人単位でみれば取得できる休業日数は平等であるといえるが，見方によっては「共働き夫婦」の優遇であり，「ひとり親」が相対的に不利になる可能性もある点で，その妥当性が気になるところである[53][54]。

第2に，2014（平成26）年法改正後の育児休業給付金についても第1の疑問が妥当するが，給付金を雇用保険から支給していることとの関係においても，次のような点が気になるところである。

まず，育児休業給付金を雇用保険から支給することにつき，行政当局の解説書は，「育児休業のために働くことができず，賃金……を喪失する状態をそのまま放置することは，子を養育する労働者が職業生活を円滑に継続するために必要とする育児休業の取得を困難とし，その後の円滑な職場復帰にも支障を生じ……さらに深刻な保険事故である「失業」に結びつきかねない」ゆえ，「これを『失業』に準じた職業生活上の事故としてとらえ，雇用の継続を援助，促

---

[51] 大内・前掲注3) 215頁。
[52] 大内・前掲注3) 215頁，川口章『日本のジェンダーを考える』（有斐閣，2013年）110頁以下等参照。
[53] パパ・ママ育休プラスの提案をした2008年報告書でも，ひとり親家庭への配慮が必要でないかとの意見があったことへの言及がある。

進するための給付を行うことにより雇用の安定を図ることは，雇用保険制度の趣旨に合致する」としている[55]。さらに前述した行政当局による給付金の趣旨説明，すなわち女性の雇用促進という趣旨（第3節5）も併せて考慮すると，次のような理解になろうか。すなわち，育児休業の権利を保障するだけでは，労働者は，短期的なメリット──休業取得は収入ゼロとなるのに対し，退職すれば基本手当を受給できる可能性がある[56]──に着目して，結局，退職を選択する可能性もある。しかし育児休業中に給付金を支給すれば，育児休業の取得および復職による雇用継続という方向に誘導することができ，退職および失業の回避という点で雇用保険の趣旨に合致する[57]。

ただしかかる説明は，育児に直面した労働者のうち，①雇用継続意欲はあるが（育休中の所得保障が不十分であるゆえ）育児休業の取得とそれによる雇用継続が困難な（あるいはそう感じている）者には妥当するが，そもそも育児休業取得のニーズのない②雇用継続意欲が乏しい者あるいは③もともと働き続けることによって雇用を継続することを希望している者にはただちに妥当しないように

---

[54] なお父親等の取得回数特例については，男性だけに取得回数の特例を認めるゆえに性別による差別的取扱いに当たるとする指摘（神尾・前掲注6）21頁）に対し，男性には産後休業が認められていないゆえ，こうした取得回数の特例を認めていなかった従来の状態こそが違法でそれを解消したにすぎないとするもの（丸山・前掲注6）7～8頁）がある。しかし，この特例は養子などの場合で産後休業を取得できない女性も利用できる（雇用均等＝児童家庭局職業家庭両立課 中井麻祐子「改正育児・介護休業法施行通達・規定例の解説」労働法学研究会報2483号（2010年）10頁）ため，男性だけの特例でないことには注意が必要である。また，産後休業は母体保護のための強制休業であることからすると，従来の状態を違法と評価することは困難ではないかと思われる。ちなみに男女共同参画社会基本法は，国に「男女間の格差を改善するため必要な範囲において，男女のいずれか一方に対し，当該機会を積極的に提供する」（2条2号）ことを含め男女共同参画社会形成促進策（法制上の措置も含む）を講ずる義務を課しており（8・11条），仮に上記特例にかかる法改正を正当化する必要があるとしても，国による一種のポジティブ・アクションと理解するほうが穏当なように思われる。

[55] 労働省職業安定局雇用保険課・前掲注45）198頁等参照。

[56] 水島郁子「育児・介護休業給付」日本社会保障学会編『講座 社会保障法第2巻 所得保障法』（法律文化社，2001年）260頁からも示唆を得た。

[57] なお給付金制度創設時の国会（衆議院本会議1994（平成6）年5月31日）での鳩山邦夫労働大臣の説明では，給付金の効果として，逆に失業給付が節約され，保険料収入が増加する旨も述べられている（大村・前掲注7）（後編）123～124頁）。

も思われる。確かに②の者については，こうした給付金の支給により，育休取得の意欲を喚起し，結果，雇用継続に誘導できる可能性もある。ただ，そもそも雇用継続意欲が乏しい者だけに，休業しても復職しないといった制度の濫用も懸念され（なお結果的に①の者もそうなる可能性はある），こうした制度の濫用の防止機能を果たすことが期待されていた分割支給方式58)の廃止（第2節1）により，これらの者に対する給付金の雇用継続促進効果はさらに微妙になった可能性もある59)。他方，③の者については，もともと雇用継続それ自体は前提となっている者であるゆえ，給付金の支給は，働き続けることにより雇用を継続するのではなく，育児休業を取得して雇用を継続する方向にシフトさせる効果，すなわち，育児休業の取得それ自体を促進させる効果をもつにすぎないともいえる。そして2014（平成26）年法改正による最初の6ヵ月のみの給付率の引上げは，まさにかかる③の者（多くは男性）の育休取得促進そのものに主眼が置かれ，雇用の継続を促進するという制度本来の趣旨は後退してしまっているようにもみえる。もちろん③の者（多くは男性）の育休取得促進は女性の

---

58) 労働省職業安定局雇用保険課・前掲注45) 201頁，労務行政研究所編『コンメンタール雇用保険法（新版）』（労務行政，2004年）765頁等。

59) なお②の者はそもそも労働意思を喪失したとの見方もでき，理論的には退職しても失業者に該当せず，基本手当を受給できない可能性がある。とすれば，分割支給は，復職すれば「より得をする」という意味では，復職への一定のインセンティブ機能はあるものの，復職しなくても「損はしない」という点で，制度の濫用防止として機能していたかは微妙であったともいいうる。ただし，実際上は，労働意思の認定の困難性ゆえ，基本手当を受給できてしまう可能性はある。いずれにせよ，確かに制度創設時は，復職しない場合，給付金総額＜退職により受給しうる基本手当総額であったように思われ（労務行政研究所編・前掲注58) 756頁によれば，創設当初の給付金の給付率（25％）は，給付金の受給総額が，出産期の女性労働者の基本手当の平均給付総額と同程度となるように設定されたと説明されている），分割支給が制度の濫用防止機能を果たしていた可能性はある。しかし給付率が引き上げられた2000（平成12）年あるいは2007（平成19）年の法改正により，休業中支給分総額＞基本手当総額となっていた可能性もあり，分割支給が復職への一定のインセンティブ機能を有していたとしても，制度の濫用防止として機能していたかはやはり微妙であったようにも思われる。なお，上記の点と関係性があるかは不明であるが，2007（平成19）年法改正による復職後給付分の増額が女性の出産後の正規就業確率を押し上げる効果はなかったとする実証研究（朝井友紀子「2007年の育児休業職場復帰給付金増額が出産後の就業確率に及ぼす効果に関する実証研究――疑似実験の政策評価手法を用いた試論」日本労働研究雑誌644号（2014年）76頁）が注目される。

雇用促進に寄与する可能性もあるが，こうした給付金の目的や機能の微妙な変化を踏まえると，育児休業給付金を雇用保険から支給することの妥当性は，これまで以上に問題となるように思われる[60]。

以上のように男性の育休取得促進のための現行法上の措置は問題なしとしない。のみならず，そもそもかかる法的措置を講じても，性別役割分担の修正は必ずしも容易でないようであり（それゆえ育児休業法制は実質上女性のためのものになる）[61]，育児休業法制の拡充がもたらしうるマイナス面を除去できない可能性もある。くわえて，前述のとおり，育児休業は最低労働条件としての性格が希薄であり，その拡充は子を養育する労働者のみのWLBの選択肢（自らの

---

[60] これまでにも，雇用保険から育児休業給付金を支給することにつき，被保険者間で給付の不公平等をもたらすゆえ，制度を廃止し，全国民を対象とする普遍的な制度として再構築すべきといった主張（藤原稔弘「雇用保険法制の再検討——基本原理に基づく制度の再検討」日本労働法学会誌103号（2004年）65頁以下）がみられた。また育児休業期間中の生活・所得保障の必要性の観点から給付金の充実化を主張していた論者（水島郁子「改正育児・介護休業法の意義と課題」ジュリスト1282号（2005年）144頁，衣笠葉子「育児休業の取得促進と所得保障に関する課題」ジュリスト1383号（2009年）40頁以下），あるいはこうした所得保障給付としての性格を付与する方向に肯定的とみられる論者（神尾真知子「雇用保険法の育児休業給付の再検討」荒木誠之＝桑原洋子編『社会保障法・福祉と労働法の新展開（佐藤進先生追悼論文集）』（信山社，2010年）529頁，笠木・前掲注28）59頁，倉田賀世「出産・育児・介護による労働生活の中断」社会保障法27号（2012年）139頁以下）も，その場合，雇用保険制度で行うことの妥当性は問題となりうるとの指摘をしている。なお，労働政策審議会職業安定分科会雇用保険部会の審議でも雇用保険から給付金を支給することの妥当性自体がしばしば問題にされている（渡邊絹子「育児休業給付の意義と課題」週刊社会保障2771号（2014年）44頁以下参照）。ただし雇用保険制度の目的規定の変更等で対処可能とする見解（菊池馨実『社会保障法制の将来構想』（有斐閣，2010年）176頁）のほか，失業防止という目的に適うものであるゆえ雇用保険制度で行うことが妥当とする見解（山下昇「雇用保険給付の目的とその役割」日本労働法学会誌111号（2008年）54頁等）もある。また論者の立場はともかく，給付金の目的を雇用継続の円滑化に求めるならば，完全な離職防止のために，育児を理由とする時短勤務等による賃金低下分にも給付をすることが求められるのではないかとの指摘もある（渡邊・前掲48頁）。

[61] すでにかかる法制度上の措置を講じていた北欧諸国でも，「男女分業の減少には至っていない」との指摘がなされている（マルガリータ・エステベス-アベ「男女雇用均等の制度的要件の国際比較——日本の男女間格差はなぜ根強いのか」日本労働研究雑誌615号（2011年）57頁）。

幸福のあり方の決定権)の拡大という側面をもちうる可能性があり(第3節4),まさにそれゆえに冒頭で紹介した疑問(第1節)も必ずしも的外れともいえないこと[62],さらに育児休業法は,労働法の役割か否かが微妙な出生率向上という別の政策目的に利用され,制度が独り歩きしてしまう危険性があること[63]も併せて考慮すれば,男女雇用平等の実質化ないし女性の雇用促進といった目的のために,また仕事と育児の両立支援の手法としても,果たして育児休業法制の拡充のみが最善の策といえるのか,さらなる拡充の是非については,より慎重に吟味していく必要があるように思われる。

## 3 まとめ

本章では,上記のような問題提起にとどまり,今後の望ましい方向性についての具体的提案を行うには至らなかった。とはいえ,上記の検討を踏まえると,仕事と育児の両立支援を行うにあたっては,育児休業法制の拡充以外にも,例えば,より一般的な労働時間・休暇法制の改善,あるいは社会保障制度の充実等によって代替できる余地はないかなど,別の制度等による対応可能性の模索も含め,より総合的な検討をしていくことが必要であるように思われる。この点については,今後の検討課題としたい。

---

[62] 大内・前掲注3) 213頁も参照。
[63] 笠木・前掲注28) 62頁は,雇用平等の議論には少子化対策という全く別の政策的関心がむすびつけられることを危惧し,こうした危険性を回避しつつ,雇用平等にも重要な貢献をなしうるWLB理念の重要性を(ほかの理由も挙げつつ)再確認・強調している。

# 第7章　高齢者介護と家族支援

第1節　はじめに
第2節　家族介護をする労働者に対する就労支援
第3節　家族介護労働者に対する経済的支援
第4節　家族の肉体的・精神的負担軽減のための支援策
第5節　おわりに

津　田　小百合

## 第1節　はじめに

　今回与えられたテーマは「『家族介護をする労働者』と労働法・社会保障法」である[1]。しかし，「家族」，その形態，家族間の感情（情愛）も様々のものがあり，「介護」にしてもその必要度・頻度や期間，態様（在宅か施設か等）もそれぞれ異なるであろう。さらに，「労働者」もその雇用形態や年齢・職種（業務内容）等により多様である。これら複合的な要素を同列に並べて論じることは極めて困難に思える。しかし，筆者にこのテーマが与えられたのは，出産・育児に対する社会的評価やこれを担う労働者への政策的配慮が進んできている一方で，同様に私的領域と考えられてきた介護については，介護を必要とする者あるいは介護を受ける者の権利保障の術として，介護保険制度が導入されたものの，家族の一員として介護を担っている労働者に対する支援という点でいまだ十分に議論が尽くされておらず，またさしたる配慮がなされていないのではないか，という家族介護を担う労働者支援が不足しているという現実認識と，

---

[1]　「家族介護をする労働者」には，その対象が高齢者の場合もあれば，障害者・児である場合もある。本章では，紙面の都合上，「要介護高齢者を介護する労働者」に限定して論じることとする。

その方向性を検討すべきであるとの問題意識に基づくものと思われる。

わが国では，2000（平成12）年より介護保険制度が創設され，それは高齢者自身に対するアセスメントによって要介護認定を行い，サービス計画に基づいて具体的なサービスが提供される仕組みとなった。これにより，従来「家庭内に隠れていた」介護が「社会化した」と評されることがある。確かに，日常生活の中で，在宅サービスにせよ施設にせよ，高齢者の介護に関わるものを複数目にすることも珍しくなくなってきた。まもなく施行15年を迎える今日，同制度は，国民の認知度も高くなり，いまだ様々な課題を抱えながらも制度として定着してきたように思われる。しかし，在宅で介護をする場合，その生活は家族による介護にかなり依存しながら継続されるにもかかわらず，介護保険のサービス量は，家族がもつ介護力を全く反映されずに決定される。在宅介護の多くは，家族との同居生活なしでは成立しにくいのが現状であり，家族介護を担う者は，介護問題に起因する自らの生活問題を抱えることになりやすい。すなわち，介護の社会化に伴い，それまで隠れていた「家族」の抱える問題が少しずつ浮き彫りにされ，要介護者を介護する家族への支援という視点が求められるようになってきているのである。そして，この問題は，①家族の就業支援，②家族の経済的支援，③家族の肉体的・精神的ケア，という点を中心に論じられることが多い。しかし，ここで確認しておかなければならないのは，それに際して，いかなる理念に基づきいかなる手段を用いて誰がどの程度その責任を負うべきかについての議論を避けては通れないという点である。本章では，要介護者を抱える家族自身もまた，個人として尊重され，幸福を追求する権利を有する主体であるとの認識のもと，介護者支援に関する施策の現状と今後の課題について検討する。

## 第2節　家族介護をする労働者に対する就労支援

本節ではまず，要介護者を抱える労働者に対する就労支援策について概観する。

## 1　中高年齢層に特有の介護リスク

　厚生労働省が発表している 2012（平成 24）年度「介護保険事業状況報告書」によれば，介護保険制度における要介護認定者の数は 408 万人，要支援認定者は 153 万人である。要介護認定者のうち 349 万人が 75 歳以上であり約 85.5％を占めている。さらに，現在 65 歳以上 75 歳未満のいわゆる団塊の世代が，2025 年頃に 75 歳を迎えることとなり，今後より一層多くの高齢者が介護の必要な状態になる蓋然性がある。このような中，労働者が仕事と介護との両立を図るためには，むろん労働者一般に対する普遍的な支援策が必要であるが，その際，とりわけ，要介護高齢者の多くを占める後期高齢者を介護することとなる年齢層の特殊性にも配慮する必要があろう。

　老親の介護リスクは，労働者がおおむね 45 歳頃からの約 10 年間の間に現実化する可能性が高いと考えられるが，不可逆性が強いという介護の特性から，いったん介護が必要になれば介護期間の長期化・重度化が見込まれ，約 5～10 年間ほど続く可能性を秘めている。このことは，40 代後半から 50 代後半という，まさに職務上その地位も高く果たすべき役割も大きくなっている世代が，老親の介護リスクにもっとも直面しているということを意味する。そして，介護は老親だけにとどまらない点にも留意しておかなければならない。すなわち，中高年齢層の労働者は，自身の配偶者の介護も担わなければならないこともありうるのであり，介護は，働き盛り介護から老老介護へとその対象・形態を変えながらさらに長期にわたり続いていく可能性があるということである。しかし，彼らの多くは，その職責上，代替性が低く，年休等の一時的な休暇の取得さえ困難な場合もありうる。このことは労働者自身の介護のための休暇等の取得意欲を低下させ，また使用者側にとっても業務に支障を生じさせる可能性があることから，休暇取得等に対する消極要因となりうるものである。

　では，現行の介護休業制度は，こういった中高年齢層のもつ休暇取得の困難性にどこまで対応できているだろうか。以下では，まず現行の「育児休業，介護休業等育児又は家族介護を行う労働者の福祉に関する法律」（以下，「育介法」と略す）を中心とした介護休業制度について，その内容を概観する。

## 2　現行介護休業制度の性格とその限界

　育介法では，要介護状態にある配偶者，父母，子，配偶者の父母ならびに労働者が同居しかつ扶養している祖父母，兄弟姉妹および孫（以下，「対象家族」と略す）を介護する労働者が，介護休業を取得することができる，とされている（2条2・4号）。休業取得可能期間は，対象家族一人につき，要介護状態に至るごとに1回，通算93日までである（15条）。また，要介護状態の対象家族一人につき年間5日（二人以上の場合10日まで）までの介護休暇を取得することができる（16条の5）。

　しかし，いずれも最大日数の設定がなされていることからも明らかなように，現行介護休暇・休業制度は，家族介護を行う労働者の支援策というより，中長期的な介護方針の決定とその手配のために必要な時間を労働者に付与するという意味合いが強いものである。したがって，現行の介護休暇・休業制度は，職責上，仕事を長期にわたって休むことが困難な中高年齢層の労働者が，休暇・休業を細切れに利用し，仕事の継続にできる限り支障が出ないよう，要介護家族の介護準備を整えるには適した制度設計であるといえようが，他方，「実際の介護のために」費やす時間を確保するという意味では，非常に使い勝手が悪く，ほとんど役に立たないものであるといえよう。つまり，労働者が休暇・休業の細切れ利用により，要介護家族の介護準備を一定程度済ませることができ，またその介護体制で特に支障がない場合（例えば，比較的軽度の状態かつほかの親族による介護等で対応可能な場合や施設入所を手配できた場合などが考えられる）には，現行の介護休暇・休業制度で何とか対応することが可能だが，それで収まりきれなくなった場合，例えば，要介護状態の悪化や認知症の進行等から常時見守りが必要になった場合などには，使用者側の特段の配慮がなければ，現行制度では対応することができず，結果的には，多くの労働者が介護を理由に退職を余儀なくされる可能性が高いと思われる。このことは，今後就労可能人口が減少していく中で，使用者側にとっても，有能な中高年齢層の人材が介護を理由に多く流出してしまう潜在的なリスクを負っているともいえ，多くの企業等にとって今後最も重要な人事管理上の問題に発展する可能性があるといえよう。

## 3 使用者による介護支援のあり方

では，使用者側としては，家族介護を担う労働者が，仕事を継続しつつ介護を行うに際して，何をどこまで配慮することができるだろうか。介護を担う中高年齢層の労働者にとって必要とされる重要な要素の1つは，「時間のフレキシブル性」である。現行の介護休暇・休業制度を前提とするならば，要介護家族を抱える労働者がまず行うであろう当面の介護方針の決定およびその準備には，前述の法定介護休暇・休業を充てるのが望ましい。しかしながら，実際多くの労働者は，介護のための休暇取得に，上記法定の休暇・休業を利用していないのが現状ではないだろうか[2]。というのも，単に休暇を取りたい場合には，通常年次有給休暇を取得することが多いと考えられるが，年次有給休暇の利用目的は労働者の自由に委ねられているため，取得理由を問われることはない。しかし，介護休暇を取りたい場合，家族の要介護認定の結果等を届け出るなど，休暇取得目的が介護であることを使用者に示さなければならないからである。むろん，使用者側は，これら証明書類の提出について，事後的な提出も容認するなどの一定の配慮をすべきだと考えられるが，たとえ事後的であろうと，介護の手配等のためにすでに様々な手続に追われている中で証明書類を用意し提出するという行為そのものに対する負担感は拭いきれないように思われる。また，労働者の中には，介護が必要な家族がいることを知られたくない者や，使用者が重要な仕事を任せてくれなくなるのではないかなどといった漠然とした不安から，介護が理由の休暇取得であることを当面伏せておきたいと考える者もいるだろう。介護休暇・休業制度があっても，それが実際に労働者にとって使いやすいものであるか否かによって，労働者の利用意欲や利用頻度に影響を

---

[2] 厚生労働省『平成25年度 仕事と介護の両立支援事業 介護離職を予防するための職場環境モデル――仕事と介護を両立できる働き方の方策』9頁によれば，就労しながら介護をしている者も介護を理由に離職した者も，両立支援のための制度を「何も利用していない」人の割合が高いことがわかる。一方，何らかの制度を利用している場合，「年次有給休暇なども含む有給休暇」の利用者が最も多く，次いで「半日単位・時間単位等の休暇制度」「遅刻，早退，中抜けなどの柔軟な対応」の利用が多く，法定の制度であるにも関わらず「介護休暇」や「介護休業」の利用者の割合は低くなっている。

与えることもあることに鑑みれば，使用者は，介護休暇・休業取得に伴う労働者の不安を払拭するとともに，取得の際の運用を改善することで介護休暇・休業制度を使うことに対する労働者の抵抗感を和らげる方策を検討すべきである。さらに，これらの措置と合わせて，独自の法定外介護休暇・休業制度を設けたり，年次有給休暇等の時間取得や半日取得といった休暇・休業付与の仕方に工夫を凝らすことも，介護を担う労働者にとっては重要な意味をもつ。

次に重要になってくるのは，フレキシブルな勤務形態を用意することであろう。仮に労働者が上記法定の介護休暇・休業制度を利用して当面の介護計画に沿った手配を整えることができたとしても，それで家族の介護から解放されるわけではない。在宅介護を選択した場合，とりわけ要介護者と同居している場合には，時間外労働の回避や短時間勤務制度の導入などフレキシブルな勤務形態を利用することで，仕事と介護を両立できるケースも少なくない。ところが，育介法は，時間外労働の制限について，1回につき，1ヵ月以上1年以内の期間について，その開始の日および終了の日を明らかにして制限開始予定日の1ヵ月前までに申し出なければならないとし（18条1項），また，介護のための勤務時間の短縮等の措置について，取得できる日数を介護休業と合算して93日までとしている（23条3項）。いずれも，実際の介護を担う労働者にとっては，不十分で使いにくいものであるといわざるを得ない。さらに，中高年齢層の労働者の中には，労働基準法41条2号に定める「管理監督者」に該当する場合も考えられるが，その場合，彼らは労働時間管理を受けない者であるため，時間外労働の制限や所定労働時間の短縮措置に関する規定は適用外となる。しかし，同条同号の管理監督者であっても，上記法定の措置とは別に，これらに準じた制度を導入することは可能であり，彼らの仕事と介護の両立を図る観点から，使用者が積極的にこうした制度を導入することはむしろ望ましいことであろう。

ところで，勤務時間の短縮措置をめぐっては，次のような問題も生じうる。多くの場合，労働者が当該短縮措置を使用者に申し出る以前に，すでに介護休暇または介護休業日数を一定程度消化していることも考えられ，93日という短い期間設定により所定労働時間の短縮措置を受けることができる期間が非常に限定されてしまう可能性もある。育介法では，介護を必要とする期間，回数，

対象となる家族の範囲等について法で定められた最低基準を上回るものとすることが，事業主の努力義務とされており（24条2項），労働者の継続雇用に資するような積極的な取組みが求められよう。

また，一般的に要介護者の数の増加，要介護度の上昇，要介護者との同居生活といった要素のうち2つ以上の要素が重なると，仕事との両立が困難になるケースが多く，そのような場合には，一時的に介護に専念するための一定期間連続した休業が必要となってくるものと考えられる。しかし，前述のように，介護リスクにもっとも直面する中高年齢層の労働者は，その職責上長期にわたって休業することは困難なことも多い。さらに，法定の介護休業期間も93日間分と短いため，休業期間を満了してもなお，介護に費やす時間が必要なケースも発生しうる。そのようなケースにおいて，労働者がやむを得ず離職せざるを得ないのだとするならば，それは使用者側にとっても有用な人材の喪失を意味することになるのであり，何らかの形でこれに対応する必要があるだろう。例えば，介護を理由とした離職者の再雇用制度など，復職を容易にする制度が導入されれば，労使双方にとって有益な対応になりうるものと思われる。

## 4　介護を担う労働者に対する配転命令とその有効性

ところで，介護のみならず家族責任を担う労働者にとって，その生活を劇的に変化させてしまうのが，転勤を伴う配置転換であろう。近年特に育児や介護などの事情により，配置転換命令に従わず（従えず）解雇等の懲戒処分がなされるケースが続出している。従来のいわゆる正社員雇用の場合，勤務地や仕事内容等については明確に決まっておらず，使用者側の経営方針や人事管理によってその都度変更が行われることが前提とされていた。すなわち，正社員とは，担当する職務（職種）が変わる可能性，所定労働時間を超えて働く（残業を行う）可能性，勤務地が変わる（転勤する）可能性を有する雇用形態であるとされてきたのである。したがって，正規雇用の労働者は，使用者の指揮命令権の行使としての配置転換命令には原則として従うべきであると考えられてきた。しかし，女性の社会進出の進行とともに夫婦共働き家族が増加し，生涯を通して自らの生活と職業生活とをバランスよく両立できる社会を目指すという政策目標のもと[3]，とりわけ家族責任を負う労働者の転勤を伴う配置転換等につい

ては，当該労働者の置かれている状況等に一定の配慮を求める傾向が強まっている。以下では，介護を担う労働者に対する配置転換命令の違法性が問われた近年の事例から，使用者の配転命令の有効性判断に「家族の介護」が及ぼす影響について検討する。

(1) 介護労働者に対する配置転換命令をめぐる裁判例

ここでは，家族介護を担う労働者に対する配置転換命令の有効性が争われた事例として，ネスレジャパンホールディング（配転本訴）事件（①神戸地姫路支判平成17年5月9日労判895号5頁，②大阪高判平成18年4月14日労判915号60頁），NTT東日本（北海道・配転）事件（③札幌地判平成18年9月29日労判928号37頁，④札幌高判平成21年3月26日労判982号44頁），NTT西日本（大阪・名古屋配転）事件（⑤大阪地判平成19年3月28日労判946号130頁，⑥大阪高判平成21年1月15日労判977号5頁），東日本電信電話事件（⑦東京地判平成19年7月25日労経速2014号15頁，⑧東京高判平成20年8月28日労経速2014号10頁）を取り上げる[4]。

まず，配置転換に際して要請される使用者の配慮に関する規定として，育介法26条が挙げられる。同条は，就業場所の変更を伴う配転を行うにつき，就業しながら育児・介護を行うことが困難になる労働者に対し，その育児・介護の状況に配慮しなければならない，と定めている。同条の配慮義務の法的性格に関して，裁判所は，事業主に対し配転にあたり労働者の養育または家族介護の状況を配慮することを義務づけたもので，それを超えて配置転換命令の効力を律するものではない，という見解でほぼ一致している。そのため，裁判所は，

---

3) ワーク・ライフ・バランスに対するわが国の取組みやワーク・ライフ・バランス政策が労働法や社会保障法領域において与える影響等については，ジュリスト1383号（2009年）の特集「ワーク・ライフ・バランスの実現に向けて」掲載の各論稿参照。

4) 家族責任を負う労働者に対する配転命令の有効性が争われた事例は，これらの事件以前からすでに複数存在している。例えば，目黒から八王子への配転事案において，通勤時間の長時間化と子供の保育園への預け入れが困難になる等の原告女性労働者の請求を棄却したケンウッド事件（最3判平成12年1月28日判時1705号162頁）や重い精神病や身体障害をもつ子のいる労働者に対する配転命令を権利濫用と判断した北海道コカ・コーラボトリング事件（札幌地決平成9年7月23日労判723号62頁）などがある。本章では，育児や介護などの家庭責任を有する労働者に対する使用者の配慮義務が規定された平成13年改正育児・介護休業法以降の事件に限定して取り上げる。

使用者の配転命令権について形成されてきた判例法理における一般的判断枠組みを採用しながら判断を下したものが多い。すなわち，業務上の必要性が存在しない場合，業務上の必要性が存在していてもほかの不当な動機目的を有している場合もしくは労働者に通常甘受すべき程度を著しく超える不利益を負わせるなどの特段の事情がある場合については，当該配転命令は権利の濫用となる，というものである[5]。家族介護を担う労働者に対する配転命令との関連では，労働者が配転によって受ける不利益が通常甘受すべき程度を超えるか否かが問題になるが，これについては，その配転の必要性の程度，配転を避ける可能性の程度，労働者が受ける不利益の程度，使用者がなした配慮およびその程度等の諸事情を総合的に検討して判断することとされる（上記①判決）。そこで，ここでは家族介護を担う労働者にとって，「通常甘受すべき程度を著しく超える不利益を負わせる」ような配転命令とはどのような場合なのか，どのような事情が配置転換命令の有効性を左右するのかについて，「労働者が受ける不利益の程度」，「使用者がなした配慮・程度」という点に着目をしながら検討してみたい。

(2) 労働者が受ける不利益の程度

まず，転居を伴う配置転換命令が出された場合，労働者が受ける不利益の程度について，裁判所はどのような基準を用いて判断しているのだろうか。

上記①判決では，配転命令時，精神病に罹患していた妻を「肉体的，精神的に支え，病状の改善のために務めるのは，配偶者として，当然の義務というべきである。原告……の家族の年齢や状況，（妻）と家族との人間関係に照らせば，実母は（妻）の援助を行う者として適任であるとはいえず，長女及び次女に，原告……の代わりを務めさせることは，若年で中学・高校の生徒という点を考えれば困難なことである」とした。また，⑤・⑥判決では，脳梗塞後遺症やパーキンソン症候群を患っている実父を自宅に引き取り介護をしており，さらに脳梗塞後遺症や認知症の症状が出た実母を実母宅にて介護する必要性があり，ほかに実父母の介護に当たることができる家族がいないケースおよび肺がんの摘出後1年4ヵ月で再発の恐れもある妻の介護を必要とする労働者のケー

---

[5] 東亜ペイント事件最高裁判決（最2判昭和61年7月14日集民148号281頁）参照。

スについて，配転されることにより当該労働者が被る不利益の程度は著しく大きいものとされている。

また，上記①判決では，介護を代替できるほかの親族の存在等が判断に及ぼす影響についても言及している。すなわち，親族以外の介護サービス事業者による介護を受けることができる場合，それを受けなかったことが当該労働者の介護の必要性の有無を左右するかについて，「原告……が行っている（実母）の介護を，ヘルパーや福祉施設を利用して代替することは，第三者がそのように強いることができる問題ではないし，施設の利用形態及び経済的負担からも困難であるというべきである」とし[6]，また，「（実母）の介護を行いうるのは，原告……及びその妻しかいないと認められるところ，……原告…の妻一人で介護を行うことははなはだ困難である。また，たとえ妻一人でできたとしても，妻にすべて任せていいという問題でもない」とし，労働者の手による介護への期待・依存度が高い場合，親族そのほかの者からの介護を受けられるからといって，労働者自身の介護責任が消失するわけではないとしている。

さらに，労働者の担う「介護」の内容について，上記⑥判決では，「同居・別居の老親の介護は，身体的に介助することに尽きるものではなく，親族が身近にいて精神的な支えになったり，緊急の場合の対応ができる状態にあることが重要である」としており，実質的な介護行為そのものだけを対象に判断するのではなく，要介護者にとっての労働者の存在意義や精神的サポートとしての役割が介護行為に準ずる行為として高く評価されている点が注目される。この点は，後の⑧判決でも指摘されており，要介護者の精神的安定を図ることが状態の悪化の予防につながる，という近年の介護実践から得られた成果が法的な評価に値することを，裁判所が前向きに捉えていることを示している。

一方，家族の介護を担っている場合であっても，要介護度があまり高くない場合やほかの家族が主として介護にあたっており，当該労働者の果たすべき介護の程度があまり大きくないまたは不明な場合などにおいては，その不利益は

---

[6] 同事件控訴審判決（②判決）においても，「配転命令のもたらす不利益の程度の判断において，要介護者が常に最大限介護保険等による公的サービスを受けていることを前提として判断すべきものとはいえない」とし，公的サービスの利用が少ないからといって介護の必要性が低いと判断すべきでないことに言及している。

通常甘受すべき程度と判断される傾向が強いようである。

　これらのことから，裁判所は，当該労働者と要介護家族との身分関係や情愛の程度，要介護度の高さ・緊急度や家族内で期待される役割の大きさに着目しており，使用者の配転命令権を制約する重要なファクターと位置づけていることがうかがえる。要介護者と同居または近居している場合は，実質的な介護を行うことが期待される場面が多く，そこで果たすべき労働者の役割は必然的に大きくなるし，ほかの家族等による介護が期待できず労働者自身の手による具体的な介護の必要性が高いほど，異動の障害となる事由として認められる傾向が強い[7]。また，この傾向は要介護者との関係が配偶者関係や実親子関係である場合には，さらに強まることになろう。

(3)　育児・介護休業法 26 条に基づく配慮と適正手続

　裁判例の中には，育介法 26 条自体の配転命令の有効性に対する直接的効力を否定しつつも，同条の趣旨に反した使用者の行為を配転命令の権利濫用性判断に際しての重要な要素として位置づけていると思われるものが見受けられる。例えば，上記②判決では，同条によって事業主に求められる配慮について，「必ずしも配置の変更をしないことまで求めるものではないし，介護等の負担を軽減するための積極的な措置を講ずることを事業主に求めるものでもない」としながらも，「法が，事業主に対し，配慮をしなければならないと規定する以上，事業主が全くなにもしないことは許されることではない。具体的な内容は，事業主に委ねられるが，その就業の場所の変更により就業しつつ……家族の介護を行うことが困難となることとなる労働者に対しては，これを避けることができるのであれば避け，避けられない場合には，より負担が軽減される措置をするように求めるものである。そのような配慮をしなかったからといって，それだけで配転命令が直ちに違法となるというものではないが，その配慮の有無程度は，配転命令を受けた労働者の不利益が，通常甘受すべき程度を著しく超えるか否か，配転命令権の行使が権利の濫用となるかどうかの判断に影響を

---

7)　例えば，上記⑦判決では，同居をしていなかった 80 歳を超える実母（認知症の症状あり）の実質的な介護は実父・実兄があたり，妻がこれを支援・補助しているケースにおいて，原告自身が実母の介護にあたらなければならない具体的な必要性が存しないとしている。

与える」としている。その上で,「本件配転命令による原告らの不利益を軽減するために採り得る代替策の検討として,工場内配転の可能性を探るのは当然」とし,それを怠ったことを権利濫用判断の要素として加味している。また,使用者が行った配慮の内容について,「被告は,……主として経済的側面からは相当程度の援助を尽くしているということができる。しかし,原告らの受ける不利益は,金銭的なもののみではなく,……妻や母親に対する援助や介護が困難となるという肉体的又は精神的な不利益も含み,むしろ,後者が多大であるというべきである。これらは,金銭的な援助では填補し得ない」として,経済的な援助のみでは労働者の被る不利益をカバーしきれず不十分だと判示している。

すなわち,上記判決は,明示はしていないものの,「代替策の検討」を行うこと＝「肉体的・精神的不利益」を回避すべく行った配慮とみなし,「金銭的援助を尽くした遠隔地配転」よりも「肉体的又は精神的不利益を回避する代替案の検討（実施）」の方を重視しているといえよう。しかし,上記判決は,使用者が「肉体的又は精神的不利益を回避する代替案の検討」を行った上でもなお遠隔地配転が必要であるという結論に達した場合,「より負担が軽減される措置」としてどのような配慮をすればよいのかについて,明言していない。この点が労使双方にとって非常に重要な部分であり,今後の精緻化が望まれる。

ところで,業務上の必要性が認められる場合であっても,配置転換,とりわけ転居を伴う配転等を行うに際しては,一般に,使用者は労働者の受ける不利益について一定程度考慮すべきであり,誠実に対応すべきであるといえる。特に,育介法26条に基づき,育児・介護を担う労働者に対する配転に際しては,一定の配慮が要請されよう。このことは,上記裁判例でも言及されており,同条に基づく使用者の配慮の存否・程度を判断するにあたって,使用者が配転命令を発する前段階において,配転対象労働者に事前打診等の適正な手続を行ったか否かが,一要素として加えられているものも存在する。例えば,⑥判決では,「使用者が職種の転換や遠隔地配転を命じようとする場合には,それを避けるべき労働者個人の事情の有無について,事前に,労働者個人から事情を聴取することを含めて（ただし,それに限るものではなく,それを必須とするものでもないというべきである。）,情報を収集すべき義務がある」とし,また,①判決で

は，労働者から要介護者の存在や介護の必要性についての申述があったにもかかわらず，その実情を聴取・調査することなく配転命令に従うことを求めたり，命令を維持したりしたことをもって，同条に規定する配慮としては不十分であったと判断している。すなわち，一般に，使用者は職種の転換や遠隔地配転などを行うに際しては，労働者個人の事情の有無について情報を収集した上で検討・決定することが求められており，特に同条の適用が考えられる労働者に対しては，その実情をより詳細に調査する必要性があることを示唆しているといえよう。

## 5 仕事と介護の両立のための努力と「多様な形態による正社員」制度の可能性

以上，労働者が介護と仕事を両立させるために必要と考えられる仕組みや運用方法等に関して概観してきたが，両立にとって重要なことは，やはり労働者にとって時間をいかに融通しやすくするか，またそれに対する労使の心理的抵抗をいかに軽減するかであることがわかる。労使双方の介護を理由とする休暇・休業に対する心理的抵抗を軽くすることは容易ではないが，今後の生産人口の減少を見据え，業務に精通した即戦力としての労働者を長期にわたり確保する必要性を認識すること，その方策を労使双方が協力して発見し実行すること，それをより良い形へ変化・発展させる努力をすることなど，時間をかけて地道に考え努力を続けていくべきであろう[8]。一方，時間の融通性という点では，法定の介護休暇・休業制度のみならず，年次有給休暇の利用方法等も含めた独自の法定外休暇・休業や短時間勤務やフレックスタイムなどの融通性の高

---

[8] 厚生労働省が実施している「平成25年度 特に配慮を必要とする労働者に対する休暇制度に関する意識調査報告書」によれば，特別な休暇の取得を促進するために効果的なこととして，企業調査結果では「職場の雰囲気，上司・同僚の理解」(30.7%)，「休暇中の業務代替処理が可能な人事的余裕」(29.0%)，「経営陣による休暇取得の勧奨」(15.1%)がほかの項目と比較して割合が高く，経営層，上司，同僚等の周りの理解と協力が必要と考えられている。また，労働者調査結果では「職場の雰囲気，上司・同僚の理解」が66.5%で最も割合が高く，以下「休暇中の業務代替処理が可能な人事的余裕」(52.2%)，「経営陣による休暇取得の勧奨」(43.5%)と続き，周りからの理解や支援が必要だと考えられている。

い労働時間の整備が進められることが望ましい。

　ところで，近年，短時間労働者等の非正規労働者の増加と彼らの正規労働者との処遇格差問題にどう対応するのか，そして，正規労働者のワーク・ライフ・バランスの実現をどう図っていくのかという課題に対応する形で，厚生労働省内で「多様な形態による正社員」（以下，「限定正社員」と呼ぶ）制度の検討が進められており，当該制度が介護を担う労働者の一助となりうるかが注目されている。限定正社員制度とは，いわゆる正社員と処遇面での均等・均衡が図られることを前提に，職種・勤務地・労働時間等が限定されている正社員のことをいう。

　確かに，正社員と非正社員の二極化問題が指摘される中，限定正社員制度の導入は，これを解消し，両者の橋渡し的役割を果たす可能性があることは否定できない。正社員への転換を望む非正社員にとっては，正社員にステップアップする手段になりうるし，ワーク・ライフ・バランスの観点などから多様な働き方を望む正社員にとっては，安定した雇用を維持しながら，自らの希望に応じた柔軟な働き方を可能とする手段になりうる。その意味では，育児や介護などの家族責任を担う労働者が，仕事との両立を図りながら，自己実現を果たす一助になるだろう。

　しかし，職務限定正社員の場合，その職務で要求される能力に達しない労働者を，また，勤務地限定正社員の場合，事業の都合で当該事業所を閉鎖するなどすれば，当該事業所限定労働者を，比較的容易に解雇することができてしまう可能性がある。すなわち，解雇規制の緩和がより一層進行するという見方も多く示されている。また，限定正社員制度は，非正社員を限定正社員化するという「上昇ベクトル」のみならず，正社員を限定正社員化する「下降ベクトル」としても用いられることから，制度の利用の仕方如何では，多くの社員を限定正社員化してしまう事業所が現れる危険性も指摘されている[9]。

　紙幅の関係上，当該制度について詳細に触れることはできないが（本書第5章参照)，限定正社員制度の範疇に含まれる各種制度は，一定規模以上の企業等においてすでに導入されており，また，限定正社員制度自体を法制化するに

---

9) 大内伸哉「(時の問題) 限定正社員」法学教室398号 (2013年) 45頁。

は克服すべき課題も多く残されており，その実現には困難を伴うものとなろう。したがって，近年行われている限定正社員制度に関する一連の議論は，これらの多様な働き方を実現する取組みを世に知らしめ，労働者自身が自分にとって望ましい働き方とはどういうものかについて再考を促すきっかけとしての意義を有しているといえよう。その際，育介法26条に規定される使用者の配慮義務との関連で，今後限定正社員制度の活用が検討されるケースも増加するものと考えられ，当該制度に対する上記懸念にどう対応していくのかという点も含めて，その今後の展開を注視しておく必要があろう。

## 第3節　家族介護労働者に対する経済的支援

　労働者が働きながら家族の介護を継続していくには，前節でみたような広い意味での労働条件の整備も必要であるが，介護に伴う様々な経済的負担を軽減する仕組みの導入も不可欠である。本節では，まず，介護に伴って発生する積極損害たる介護費用を補填するための支援策について概観した上で，次に，消極損害としての所得の減少・喪失への対応のあり方を，最後に，介護保険内における金銭給付導入の議論について概観・検討する。

### 1　介護に伴う費用負担の補填

　介護に伴って通常以上に経済的負担が増加することはやむを得ないが，その費用は原則的には，要介護者本人の所有財産から支出されるべきである。したがって，家族が要介護状態になる前の段階で，各自の預貯金や各種保険などの存在・程度についてある程度家族間の認識を一致させておく必要がある。しかしながら，そもそも要介護者自身の財産がほとんど存在しないこともありうるし，家族といえども各自の預貯金等の資産を明らかにする（明らかにしてもらう）ことに対する抵抗感は根強いと思われ，とりわけ要介護者と別居している場合には，要介護者の資産に手を付けること自体への躊躇もあるだろう。そういった場合，多くは要介護者ではなく介護者自身の資産から費用を捻出することになる。

　介護に伴う出費としては，様々なものがありうるが，①オムツやガーゼなど

の衛生用品等，ベッドカバーやタオルなどのリネン類といった日常生活用品購入費，②介護保険利用時の一部負担金や限度額を超える利用料，③別居の場合の交通費，などが主たるものとして考えられる。

①の日常生活用品購入費については，介護保険における市町村特別給付として（介保62条），条例で定められている自治体もある。また，保健福祉事業の一環としてオムツ等の現物給付や補助金支給などを実施しているところも少なくない。しかし，いずれも市民への情報周知が十分でないことも多く，また，財源にも限界があり，支給対象者や支給額を限定していることもある。さらに，これらの給付等は，要介護者本人に対する給付として位置づけられているため，介護者に対する直接的な経済的負担軽減策とはなっていない。

②の一部負担金については，本来的には，要介護者本人の資産から支出されるべきものである。しかし，本人に十分な支払能力がない場合，同一世帯の家族が負担せざるを得なくなる。介護保険を利用している場合には，介護保険給付として高額介護サービス費（高額介護予防サービス費）および高額医療合算介護サービス費（高額医療合算介護予防サービス費）の支給を受けることができるが，これらについてもその支給対象や支給額に制限が設けられており，同一世帯員に市区町村民税が課される者がいるような場合には，負担軽減効果はほとんど見込めない[10]。もちろん，限度額を超えた部分の利用料はあくまで任意の全額自己負担であり，これに対する何らかの負担軽減策を用意することは難しい。また，これらの給付も①同様，要介護者自身を対象としたものであり，一部負担金等を実質的に家族が負担していたとしても，それを補填する機能は果たしえない。

---

*10)* 介護保険制度は，あらかじめ被保険者自身が保険料を負担しており，かつ，要介護認定を受けた上で受給限度額が決まる方式となっているにもかかわらず，モラルハザードへの対処として一部負担金を組み込むことの必要性について，再考する必要があろう（受給権保障の観点から利用者負担に対する批判を展開するものとして，本沢巳代子「介護保障法の体系と構造——権利論の視点から」日本社会保障法学会編『講座社会保障法 第4巻 医療保障法・介護保障法』（法律文化社，2001年）143頁参照）。また，一部負担金の限度額の設定について，要介護者本人の所得のみならず，同一世帯員の課税状況に左右されるということも，個人単位で設計されたはずの介護保険制度の考え方から外れるというほかない。

さらに、特に遠距離介護を担っている場合、③の交通費等の負担が労働者に重くのしかかることになる。しかし、介護を理由に帰省等した場合の交通費に対して、医療費控除等の税制上の優遇措置を受けることは現在予定されておらず、自治体等からの補助も期待できない。したがって、多くの遠距離介護者は、各公共交通機関によって異なる割引制度等を活用して、少しでも安価で往復できるよう工夫するしかない状況である[11]。

## 2 所得の減少・喪失に対する補償

労働者が仕事と介護を両立しようとすれば、通院・通所の付添い、要介護認定時の同伴、ケアプランの確認などの半日〜数日程度の休暇の取得から、実際の介護を行うための一定程度まとまった期間の休業の取得まで、一時的に労働義務を免除してもらう必要がある。そのような場合、労務の提供がない以上、事業主側に、その間の賃金等の支払義務は発生しないことになるが、上述したように、介護に伴う金銭的負担は決して小さくない上に、その間の所得喪失に対して何らの補塡がなければ、最低限必要な休暇・休業を取得することさえ躊躇させてしまう可能性がある。

育介法は、第2節でみたような要介護家族を抱える労働者に対する就労免除等による両立支援については規定しているが、その間の所得の補塡に関する定めを置いていない。法定外の休暇・休業制度を設けている場合でも、その間の所得については無給とするケースが多いと思われる。このことも、上述した年次有給休暇等の「有給休暇」の優先利用という労働者の傾向を強める要素となっているのであろう。公的給付として用意されているものとしては、雇用保険からの介護休業給付が挙げられる。同給付は、法定の介護休業を取得した雇用保険の一般被保険者である労働者を対象としたもので、介護休業開始日前2年間に被保険者期間が12ヵ月以上あること（賃金支払基礎日数が11日以上ある月を

---

[11] 航空会社の中には、介護のために帰省する際に利用できる特別な割引制度を用意しているものがある（ANAの「介護割引」やJALの「介護帰省割引」など）。JRには介護を理由とした特別な割引制度は用意されていないので、一般的な早割や金券ショップ等を利用することで費用を抑えることができるだけである。いずれも、個人で情報を集め積極的な制度利用をしない限り、その恩恵を受けることはできない。

1ヵ月とする）が必要である（雇保61条の6第1項）。支給対象となるのは，家族の同一要介護につき1回の介護休業期間（介護休業開始日から最長3ヵ月間）に限られている。同給付金は，介護休業開始日から起算して1ヵ月ごとの期間を支給単位期間とし，各期間の支給額は，原則として，休業開始時賃金日額に支給日数を乗じた額の40％相当額である。しかし，事業主が休業期間中に休業前賃金の80％相当額以上の賃金を支払った場合には同給付金は支給されず，「賃金＋給付金＜休業前賃金×80％」の範囲内での支給にとどまっている（雇保61条の6第5項）。

同給付金の存在は，「法定介護休業取得期間中」の所得の減少・喪失分について，一定程度補塡するもので，労働者が法定介護休業を取得する動機づけの1つとして機能する。しかし，支給率の低さや「法定」介護休業中であることが前提であることなどの制度設計上の問題を抱えており，労働者の休業時所得保障としては不十分といわざるを得ない。

## 3 介護保険制度内での金銭給付導入をめぐって

わが国の介護保険制度は，法的構成としては要介護者への金銭給付という体裁を取りつつも実際は事実上の現物給付としての保険給付を中心としている。介護保障の形態は国により様々に異なるが，わが国と同じ社会保険方式を採用しているドイツやオランダなどの国々でも，要介護者に対する現物でのサービスの提供のみならず，現金給付の仕組みが導入されており，また，オーストリアやフランスのように，現金給付を行うことを通じて介護保障を実現しようとする国も少なくない[12]。わが国でも介護保険制度創設にあたっての議論以来，すでに介護のための現金給付の導入の是非について何度も議論がなされてきたものの，その都度導入が見送られてきた[13]。

---

[12] 各国の介護保障制度の概要については，増田雅暢編『世界の介護保障』（法律文化社，2008年）参照。また，オーストリアの介護手当制度については，松本勝明「オーストリアの介護手当——介護保障における現金給付の役割」社会政策1巻2号（2009年）77頁参照。

[13] わが国における介護保険制度の検討過程における介護手当に関する議論については，増田雅暢『介護保険見直しの争点——政策過程からみえる今後の課題』（法律文化社，2003年）所収「第6章 家族介護の評価と介護保険」参照。

現金給付の導入は，介護を担う家族の経済的負担を軽減する効果を発揮するとともに，家族の肉体的・精神的負担に対する慰労金的位置づけを与えることにもなりうるため，介護者に対する経済的・肉体的・精神的支援策として歓迎する考え方がある。他方で，現金の支給が要介護者の介護に与える影響が不明であることや，家族介護，とりわけこれまで主に女性に負わされてきた家族による介護を固定化するとの懸念から，慎重論も根強い。現金を支給する制度の導入に際しては，それが誰のため・何のための給付であるのかについて，どのように位置づけるかによって，ほかの介護に関する諸施策との関係，財源構成や支給要件などを左右することになる。わが国の介護保険制度は，要介護になることを社会的リスクと捉え，社会として対応することを目的として，世論上大きな期待を背負って創設されたにもかかわらず，受給するには要介護認定を受けなければならず，決定された要介護度に応じた利用限度額が設定されるなど，要介護者に必要な介護を量的に十分に保障するものにはならなかった。結果として，家族を中心とするインフォーマルな介護の存在を所与の前提とした，部分的な保障のための保険制度としてのみ機能している。現金の支給制度の導入に際しては，わが国の介護保障における介護保険制度の位置づけについて，再検討する必要があろう。その前提として，そもそも家族介護と社会的介護のいずれを優先するのか，社会的介護の対象は高齢者・要介護者自身の経済力の有無・程度に左右されるべきかなどに関する議論を尽くした後に，何を基本に据え，どういった補充システムを構築するかを検討する中で，要介護者に対する保障と介護者たる家族に対する保障のあり方を検討すべきであろう。

## 第4節　家族の肉体的・精神的負担軽減のための支援策

人が生きていく上で要介護状態になることは避けがたく，わが国は，これを社会的リスクと捉え，介護保険制度を創設した。これにより，十分とはいえないまでも，一応要介護リスクの発生した者に対する支援体制が整えられたといえる。しかし，介護の現場・実態からすれば，リスクの発生した者に対する支援だけでは十分とはいえない側面があることも事実である。特に，同居・別居を問わず在宅で介護を行っている場合，家族にかかる肉体的・精神的負担は計

り知れない。また，彼らの肉体的・精神的疲労は，その支援を受けながら生活している要介護者本人の生活の質に直接影響を与えることとなりうる。

　家族介護を担う労働者の肉体的・精神的負担を軽減するもっとも直接的な手段は，介護保険等を利用した外部介護サービスを多く利用することである。ところが，介護保険は，要介護度に応じた利用限度額内で，必要なサービスを要介護者自身の状態や家族の状況等に応じて自由に組み合わせて利用できるものの，十分なサービス供給体制が整っていないなどの理由で制度を活用できない場合も多い。また，保険給付だけでは十分な介護が受けられないなど，外部サービスの力を借りずに（または一部借りつつ）家族内で介護を継続している人々も少なくない。さらに，介護保険を利用していても，様々な制約により有効かつ適切なサービスを受けることができないケースも存在する。介護を担う労働者にとって，介護保険利用による介護サービスが十分かつ適切に提供されることは，その負担を軽減するのに効果的に作用する。その意味でも，サービス提供体制の確保や給付限度額の引き上げが望ましいのはいうまでもない。

　介護保険法は，地域支援事業（115条の45第3項）および保健福祉事業（115条の48）として，市町村が被保険者・要介護者・要介護者を現に介護している者等を対象に，必要なサービスを提供することができる仕組みを導入している。しかし，同事業は，もともと介護保険導入以前から各市町村で独自に行われていたサービスで，介護保険の法定給付に含まれなかったものを中心に再構成したものである。そのため，やはり発想が「要介護者視点」に傾斜してしまい，要介護者自身の状態の維持・改善に資するサービスが中心となってしまっている[14]。

　そして，ここで確認しておかなければならないのは，介護保険は要介護者や要支援者本人の支援を目的としているのであり，決して家族介護の負担を軽減するため，あるいは家族介護へ報いるための制度ではない，という点である。介護保険の存在によって家族の負担が軽減されるのだとすれば，それは，要介

---

[14] 例えば，適切な介護知識・技術の習得や，外部サービスの適切な利用方法等の取得などを内容とする講習会を実施することや，介護者の疾病予防・病気の早期発見のためのヘルスチェックや健康相談の実施などである。しかし，いずれも「要介護者に対する家族による適切な介護の確保」という視点に基づいている。

護者が自らに必要な制度を利用したことによってもたらされた間接的恩恵にすぎない。したがって，介護者の観点から介護保険制度を見た場合，介護者に対する支援が考慮されていないと評されるのは至極当然のことといえる。

　ところで，介護を担う家族の肉体的・精神的負担を軽減するために導入を検討されるべきものとして，介護者を要介護者の介護から一時的に離れることを可能にするレスパイト（休息）制度が挙げられよう。レスパイトのあり方には異なる2つのベクトルが存在する。1つは，要介護者に給付される介護保険の保険給付としてのショートステイ等を利用することによって，介護者に一時的な休息を与えるという方向である。そして，もう1つは，介護保険とは別の仕組みに基づく，介護者に対する直接的支援としてのリフレッシュ制度等の利用による休息という方向である。介護保険は，要介護者に対する直接的支援により彼らの権利擁護を図ることが目的であること，ショートステイ等の利用はほかの在宅サービスの利用量の減少をもたらすため，結果的には介護者の負担軽減にはつながらないことなどから，介護保険とは別建ての仕組みを利用する後者のベクトルが追求されるべきである。しかし，その実現には介護保険と切り離した別の財政措置が不可欠であり，現在の国や自治体の財政状況からすると克服すべき課題は多い。したがって，現状では，一部の自治体で現在行われている地域支援事業または保健福祉事業における家族介護支援事業の積極的活用とその拡充に向けた地道な努力が望まれる[15]。

　肉体的負担と精神的負担は相互に密接に関連しており，肉体的負担の軽減が精神的負担の一部について軽減効果をもたらすこともあるものの，介護のもつ不可逆性から，介護者には強い精神的負担がのしかかることが多い。例えば，

---

[15]　「地域支援事業の実施について」（平成24年4月6日老発0406第2号）に基づく「地域支援事業実施要綱」によれば，任意事業として位置づけられる家族介護支援事業として想定されているサービスに，在宅の要介護者の一時的預かりサービスなどの直接的な肉体的負担軽減策は含まれていない。なお，当該要綱では，家族介護継続支援の視点から，介護者を介護から一時的に開放するための介護者相互の交流会等の開催が例示されているが，これは介護者の精神的ストレスの発散・解消という不満や不安の共有という点では一定の効果が見込めるものの，開催日数・時間の確保，交流会開催中の代替介護の手配とその費用の問題などがあり，多くの介護者の参加を見込めるものにはなっていない。

介護者は，介護を継続する中で相反する感情を抱くことがある。介護は，「愛情」の表現であり，「やりがい」や「満足感」をもたらしてくれるものであると同時に，「過酷」で「いつ終わるかわからない不安感」，「思いどおりにいかない怒り・憤り」，「将来への不安・恐怖・悲嘆」といった感情も引き起こす。また，介護を通じてそれまで築いてきた家族関係・人間関係に変化を与えることがある。それまで上手く築けていなかった関係性が良好なものになることもあれば，逆にそれまでの良い関係が悪化に転じてしまうこともある。介護者は，介護を継続していく中で日々大きく揺れる感情と付き合いながら葛藤するのであり，彼らの精神的ケアが十分になされる必要があろう。介護にまつわる情報の提供にはじまり，介護者自身のカウンセリングやニーズの把握，介護や家事のスキル向上のための講習会など，介護生活の各段階に応じた介護者への直接的支援の整備が急がれなければならない。これに，休息ケアをはじめ，家族の会などの介護者同士の組織化，専門家による側面的支援（介護専門支援員による家族に対するソーシャルワークなど）といった間接的な支援を組み合せることで，介護者が抱く介護や介護生活に対する不安や悩みなどの精神的ストレスの軽減に資することになろう。

　介護保険が家族による介護を前提とした制度設計であるならば，介護者たる家族への支援を放置することは，家族を在宅介護から引き離し，保険財政のさらなる悪化を招くことになろう。それは，介護保険の縮小につながるとともに，介護の社会化を目指した当初の目的と逆行し，介護の再家族化を引き起こすことを意味する。介護保障システムの構築にあたっては，「要介護者自身への直接的支援」たる介護サービスの充実が「要介護者を支える介護者への間接的支援」となり，「要介護者を支える側への直接的支援」の整備が「要介護者への間接的支援」となる，という言わば支援が介護にもたらす上昇的相乗効果にもっと着目すべきであるように思われる。

## 第5節　おわりに

　介護者支援は，単に在宅での介護の継続を目的とした支援のみを行うだけでは不十分である。単に介護者といっても，そこには様々な位相があり，要介護

者との関わり方も様々である。したがって，介護者支援のあり方を検討する際には，介護者自身を要介護者とは別の一個人として正面から捉え，彼らの果たす社会的役割を再確認し，彼らが介護に携わることを原因として社会的に排除され孤立してしまうことを避けるためのものでなければならない。そのためには，社会が，介護者自身を，個人として尊重され，自身の幸福を追求する権利を有する主体として認識し，彼らが介護も含めた自らの生活を自由に選択し設計できるよう支援する必要がある。

　現在，介護者に対する支援は，介護保険法を中心とするわが国の介護保障システムの中で，ほとんど考慮されておらず，要介護者支援の補助的手段としてわずかになされてきたにすぎない。また，就労の場においては，使用者は労働者の私生活を不当に侵害しないよう一定の配慮義務を負うものと考えられてきたものの，その有り様は労使間の私的自治に委ねられ，積極的な法規制の対象とされてこなかった。しかし，人は誰かを支え，誰かに支えられて生きていくのであり，介護者が要介護者を支えることによって社会的に排除されるのであれば，彼らを「社会的に手を差し伸べられるべき」階層と捉え，ほかの人々と同様の生活，皆と同じように労働市場で役割を果たし，皆と同じように余暇や趣味を楽しむことができるよう支援することが，介護者そして家族介護の果たす役割を社会として承認し受容することにつながるものと思われる。その1つの手段として，育児も含めた家庭生活と仕事の相互調整を図る基本法の制定や，イギリスやオーストラリアなどで制定されている介護者を直接対象とした総合的支援に関する法（介護者法）の導入などについて検討すべき時期が来ているように思われる。それらを通じて，「介護をする自由」と「介護をしない自由」が両方保障され，かつ，その程度・頻度も介護者自らが各自の置かれている状況に応じて自由に選択できる，真の意味で介護者を介護の呪縛から解放することにつながっていくことが期待できよう。

# 第8章　ひとり親家庭の所得保障

第1節　はじめに
第2節　ひとり親家庭支援施策の展開
第3節　ひとり親家庭に対する所得保障
第4節　児童扶養手当と公的年金の併給調整の課題
第5節　おわりに——ひとり親家庭支援施策の今後

衣　笠　葉　子

## 第1節　はじめに

　ひとり親家庭に対する経済的支援の中心に位置づけられる児童扶養手当は，2010（平成22）年8月から父子家庭に支給対象を拡大するなど，ひとり親家庭の所得保障としてますます大きな役割を果たすようになっている。他方で，以前から児童扶養手当法における公的年金との併給調整規定については問題点が指摘されていた。
　本章では，ひとり親家庭の現状や支援施策，所得保障制度として児童扶養手当とともに遺族基礎年金について概観した上で，児童扶養手当法における公的年金との併給調整の論点を整理し，2014（平成26）年改正による解決にも触れつつ検討を加えたい。

## 第2節　ひとり親家庭支援施策の展開

### 1　ひとり親家庭の現状

　まずはじめに，厚生労働省の平成23年度全国母子世帯等調査結果（2011（平

成 23）年 11 月 1 日現在）に基づき，ひとり親家庭の現状を確認しておく。

母子，父子ともに死別世帯が減少する一方で生別世帯が増加傾向にあり，推計世帯数は母子世帯 123.8 万世帯，父子世帯 22.3 万世帯となっている。生別世帯は母子世帯では 92.5％，父子世帯では 83.2％ を占めており，そのうち離婚によるものが母子世帯，父子世帯ともに 9 割近くを占める。ひとり親世帯になった時点での末子の平均年齢は，母子世帯では生別世帯で 4.5 歳，死別世帯で 7.0 歳，父子世帯では生別世帯で 6.0 歳，死別世帯で 7.1 歳となっており，年齢階級別にみても生別世帯については就学前の層が目立つ。子の年齢が低いほど仕事と家庭の両立には困難が伴う。

母子世帯の母の約 8 割，父子世帯の父の約 9 割が就業している。母子世帯の母の帰宅時間をみると，午後 6 時以前に帰宅する者が 35.8％，午後 6～8 時が 39.8％ と午後 8 時までの帰宅に集中している。父子世帯でも午後 6～8 時が 47.3％ と最も多い。一般に正規雇用では帰宅時間との兼ね合いで家庭との両立が難しくなりがちであるが，母子世帯のうち生別世帯の母では，母子世帯になる前と比べてむしろ調査時点において正規従業員の割合が目立って高くなっている点に特徴がある（約 3 割→約 4 割）。母子世帯では，ひとり親世帯になったことを契機に転職した者が半数近くもいる。仕事を変えた理由をみると，「収入がよくない」が約 4 割で回答のトップにあがっている。それでも，母子世帯の平均収入（2010（平成 22）年）をみると，パート・アルバイトなどの割合が高いことを反映して，自身の収入は平均 223 万円，そのうち就労収入は平均 181 万円にとどまる（世帯の収入は平均 291 万円）。

他方，父子世帯については，自身の収入が平均 380 万円で，そのうち就労収入は平均 360 万円（世帯の収入は平均 455 万円）と，母子世帯の平均を大きく上回る。もっとも，これらはあくまで「平均」である。父子世帯の父の就労収入をみると 400 万円以上のいわゆる正社員等と考えられる層が最も多いが（生別 35.4％，死別 48.4％），次に 200～300 万円未満の層が多く（生別 22.5％，死別 16.5％），二極化していることが伺える。父子世帯の就業についてみると，ひとり親世帯になったことを契機に転職した者は約 4 分の 1 であり，また，父子世帯になる前と比べて全体としてはそれほど大きな変化はみられない（サンプル数が少ないため傾向がつかみにくいが，調査時点では生別世帯についてパート・アルバイ

トがやや増える)。仕事を変えた理由は,その他(約3割)を除き,「労働時間があわない」がトップで,「収入」とほぼ同じ約2割を占め,母子世帯と多少異なる傾向がみえる。

## 2 ひとり親家庭の支援施策

### (1) ひとり親家庭への支援施策の展開とその背景

戦後の母子家庭政策は 1947 (昭和 22) 年の「寡婦調査」に始まったとされる[1]。母子世帯そのものに関する調査としては,1949 (昭和 24) 年に,現在の全国母子世帯等調査につながる厚生省「全国母子世帯一斉調査」が行われた[2]。この頃,戦争未亡人の運動が始まり年金制度など所得保障をうったえたが,公的扶助の充実,指導の徹底に焦点を当てた方針がとられ,その方針は「母子福祉対策要綱」(昭和 24 年次官会議決定) などに影響を与えたとされる。なお,この未亡人運動がきっかけとなり,1952 (昭和 27) 年には「母子福祉資金の貸付等に関する法律」が成立するに至った[3]。

昭和 30 年代に入ると,子どもの成長とともに戦争未亡人の母子世帯が大幅に減少した。母子 (福祉) 年金,児童扶養手当が導入されたのはこのすぐ後のことであり,また 1964 (昭和 39) 年には母子福祉法が制定されている (同法については,ひとり親支援施策の枠組みとともに後述する)。そして,離婚による母子世帯数が大きな割合を占めていったため,昭和 40 年代に入ると母子世帯の数は減少せず停滞した。離婚が増えて生別世帯が相対的に多くなり,母の年齢も相対的に低下し,その結果,多子家族も減った。母子家庭の母の就労状況も変化し,高度成長期のもとで賃金労働化が目立ったが,パートタイマーなど低賃金,不安定雇用の傾向がみうけられたとされる[4]。その頃すでに今の母子家庭にもみられるリスクが形成されていたわけである。

父子世帯が全国母子世帯等調査の対象として加わったのは,1983 (昭和 58)

---

1) 一番ヶ瀬康子「母子寮問題の展開」吉田久一編『戦後社会福祉の展開』(ドメス出版,1976年) 305~306 頁参照。

2) 同調査 (1949 (昭和 24) 年 8 月 1 日現在) によると,母子世帯数は 61.0 万世帯であったとされる。浦辺史=宍戸健夫=村山祐一編『保育の歴史』(青木書店,1981年) 121 頁および同 139 頁掲載の「母子世帯調査」結果の抜粋資料参照。

3) 一番ヶ瀬・前掲注 1) 306~308 頁参照。

年の調査からである。それまでも，自治体や社会福祉協議会などを中心に父子世帯の調査が実施されていたが，これ以降，様々な調査で母子世帯，父子世帯をともに調査対象とするようになり，平成に入った頃には「ひとり親」の用語が定着していった[5]。

この頃，再び離婚率が高まった。厚生労働省「人口動態統計」によると，1983（昭和58）年（1.51）をピークに低下していた離婚率（人口千対）は1991（平成3）年から再び急増した。その後，離婚率は2002（平成14）年（2.30）をピークに，2003（平成15）年以降は2009（平成21）年を除いて緩やかに低下しているが，高止まりともいえる（2013（平成25）年で1.84）[6]。なお，全離婚のうち「親権を行わなければならない子」がいる離婚の割合は，だいたい6割前後で推移している[7]。

(2) ひとり親家庭支援施策の4本柱

1964（昭和39）年，母子福祉法が，上記の「母子福祉資金の貸付等に関する法律」の内容を承継し充実させるとともに母子家庭の福祉に関する原理を示す基本法として制定された。同法は1981（昭和56）年改正で「母子及び寡婦福祉法」へと改題され，母子家庭の母であった寡婦も対象に加えられた[8]。父子家庭については，従来から保育所への優先入所措置や子育て短期支援事業などの対象にはされていたが，同法に加わったのは2002（平成14）年改正による。さらに，2014（平成26）年改正では，ひとり親家庭への支援体制等を強化すると

---

[4] 一番ヶ瀬・前掲注1) 310～312頁参照。なお，同310頁によると，母子世帯数は，1953（昭和28）年66.9万世帯，1955（昭和30）年48.6万世帯，1960（昭和35）年42.4万世帯，1965（昭和40）年33.5万世帯，1970（昭和45）年36.9万世帯と推移したとされる。

[5] 木下裕美子「『母子世帯』の社会的位置の変遷：1949年～1993年の母子世帯に関する全国調査の定義と調査項目を通して」研究論叢（京都外国語大学）71号（2008年）229～230頁参照。

[6] 厚生労働省「平成25年（2013）人口動態統計（確定数）の概況」（2014（平成26）年9月11日）参照。

[7] 国立社会保障・人口問題研究所「人口統計資料集2014年版」（表6-14 親権を行わなければならない子をもつ夫婦別離婚数：1950～2012年）参照。

[8] 母子福祉法および母子及び寡婦福祉法の制定経緯等の詳細につき，金川めぐみ「母子及び寡婦福祉法成立までの歴史的経緯」経済理論（和歌山大学）370号（2012年）8頁以下参照。

ともに,「父子家庭に対する福祉の措置」の章を創設し,「母子及び父子並びに寡婦福祉法」に改題された。

同法の2002（平成14）年改正は，先にも述べた当時の離婚の急増が背景にあった。この改正により同法11条に基づき,「母子家庭等及び寡婦の生活の安定と向上のための措置に関する基本的な方針」（以下,「基本方針」とする）が定められ，この基本方針に即して都道府県等が「自立促進計画」を策定している（母福12条）。

以上の枠組みのもと，ひとり親の自立・就業に主眼をおき,「子育てと生活支援策」「就業支援策」「養育費の確保策」「経済的支援策」の4本柱によって，ひとり親家庭支援が総合的に展開されている。ひとり親は，本来ならば夫婦二人で支える経済的基盤と子育ても含めた生活基盤を一人で支えることとなる。それまでのキャリアや就労状況などによっては大きな困難を伴うことになり，ひとり親のそのような状況に子は左右される。そこで，ひとり親家庭に対する施策は，養育される子の福祉のため，ひとり親の自立した生活を支援することが最重要となる。

4本柱のうち「子育てと生活支援策」は，ひとり親家庭の子育てと就業・訓練との両立を支援することに重点が置かれている。仕事をしながら子育てをする場合，子どもが幼いうちは保育所を利用することになるが，例えば，待機児童が問題となっている地域などもある。そこで，2002（平成14）年の母子及び寡婦福祉法改正で，保育所の入所選考につき特別の配慮をする地方公共団体の義務が定められた（母福28条1項）。また，従来から基本方針で優先的利用の推進が規定されていた放課後児童クラブについても，同法の2014（平成26）年改正で，市町村が放課後児童健全育成事業を行う際の特別の配慮が法定化された（同2項）（父子家庭については母福31条の8で同28条を準用）。一方で,「就業支援策」については，母子家庭の場合は従来から力を入れて行われているが，父子家庭については，2013（平成25）年に基本方針に初めて「就業面で困難を抱えている者も（いる）」として父子家庭にも就業支援が重要との認識が加わり，2014（平成26）年改正で，雇用促進に関する国，地方公共団体等の措置の努力義務が父子家庭に拡大された（母福31条の9）[9]。

ひとり親家庭の経済基盤にかかわってくる「養育費の確保策」に関しては，

2002（平成14）年の母子及び寡婦福祉法の改正で，児童の親に，「扶養義務の履行」の努力義務および児童を監護しない親からの「扶養義務の履行を確保」する努力義務が新たに課され（母福5条1・2項），改正法の施行に併せて，2003（平成15）年4月から養育費の確保にかかる裁判費用の貸付けが福祉資金から行われている。ほかにも，養育費に関して将来分の債権の差押えや間接強制を可能とする民事執行法の改正など，養育費確保に関する取組みが行われてきた[10]。しかし，全国母子世帯等調査結果をみる限りは，1998（平成10）年，2003（平成15）年，2006（平成18）年，2011（平成23）年のデータを比較しても養育費の受給状況が大きく改善したようにはみえず，実質的に児童扶養手当が私的扶養責任の肩代わりをしている構図は変わっていない。

したがって，ひとり親家庭の経済基盤を直接支援する「経済的支援策」の重要性は相変わらず高いといえる。この柱には福祉資金の貸付け（母福13条。2014（平成26）年改正で父子福祉資金が同31条の6に新設）と児童扶養手当が含まれる。児童扶養手当はとりわけ生別の家庭にとって重要度の高い制度であるが，生別母子家庭の増加を背景に，児童扶養手当法の2002（平成14）年改正で，一定の事由（就業あるいは求職活動等している，一定程度の障害がある，傷病のため就業できない等〔児扶手令8条〕）に該当しない者につき受給開始から5年経過した場合等の手当の一部支給停止措置が導入された（児扶手13条の3。2008（平成20）年度から実施）。同手当はこのように母子家庭の自立支援との兼ね合いで支給が厳格化された一方で，2010（平成22）年8月分からは父子家庭にも支給が拡大されている。

なお，この「経済的支援策」の柱に，死別家庭を対象とする遺族（基礎）年金は含まれていないが，遺族年金も児童扶養手当とともにひとり親家庭の重要な経済的支援である。

---

9) そのほか，2008（平成20）年3月末日をもって失効した「母子家庭の母の就業の支援に関する特別措置法」にかわり，2012（平成24）年に，父子家庭の父を就業支援の対象に加えた「母子家庭の母及び父子家庭の父の就業の支援に関する特別措置法」も制定されている（恒久法化。2013（平成25）年3月1日施行）。

10) 民法も2011（平成23）年改正で，協議離婚で定めるべき「子の監護について必要な事項」の具体例として，「子の監護に要する費用の分担」を条文に明示した（民766条1項）。

## 第3節　ひとり親家庭に対する所得保障

### 1　児童扶養手当・遺族基礎年金の概要

　第2節で確認したように，母子家庭，父子家庭ともに経済的な問題が大きい。そのために必要なのは，まずはひとり親自身の収入を増やすための就労支援であり，それから社会保障制度による金銭給付である。ひとり親自身の自立を考えると，前者の就労支援に力点を置くことは理にかなっている。しかし，基本的に一人で家計を支えると考えると，公的な支援としての金銭給付が多くのひとり親家庭にとって必要なものであることは間違いない。

　以下，ひとり親家庭に対する所得保障の中心となる児童扶養手当と，それと比較しうる遺族基礎年金をとり上げる。

　① 児童扶養手当

　1959（昭和34）年制定の国民年金法により死別母子家庭に対して母子（福祉）年金が支給されることになったこととの均衡上，生別母子家庭に対しても同様の施策を講ずべきであるとの議論を契機として，児童扶養手当法が1961（昭和36）年に制定された。

　1985（昭和60）年改正で，同法の目的が，従前の「父と生計を同じくしていない児童について児童扶養手当を支給する」から，「父と生計を同じくしていない児童が育成される家庭の生活の安定と自立の促進に寄与するため，当該児童について児童扶養手当を支給（する）」へと改正され，児童の健全育成を目的とする福祉制度という位置づけを明確にした[11]。

　この1985（昭和60）年の目的改正に伴い，手当額が所得に応じた2段階となった。さらに2002（平成14）年改正では，所得制限を超えても超えた所得に応

---

　*11)*　もっとも，従来から政府は，児童扶養手当と公的年金は稼得能力の低下に対する所得保障という同一の性格を有する給付であるとの認識を明示しており，この改正で両制度の目的が異なることが示されたわけではないと説明している。第177回国会参議院会議録5号（2011（平成23）年2月16日）31〜32頁参照（2011（平成23）年2月10日内閣総理大臣〔菅直人氏〕答弁書〔内閣参質177第40号〕）。

じて手当額を 10 円刻みで逓減するようにすることで，就労等による収入の増加を生かすようにされた。また，同年の母子及び寡婦福祉法の改正に併せて，先述の手当の一部支給停止制度を導入するとともに，手当を受けるひとり親が，「自ら進んでその自立を図り，家庭の生活の安定と向上に努めなければならない。」という一文も追加された（児扶手 2 条 2 項）。

児童扶養手当の支給にかかる児童（18 歳に達する日以後の最初の 3 月 31 日までの間にある者または 20 歳未満で政令で定める程度の障害の状態にある者〔児扶手 3 条 1 項〕。以下，単に「児童」とする）[12] について，ひとり親家庭である事由（両親が離婚，一人の親が死亡・生死不明の児童〔児扶手 4 条 1 項 1 号イ・ロ・ニ，同 2 号イ・ロ・ニ〕，一人の親が 1 年以上遺棄している・配偶者暴力防止法に基づく保護命令を受けた・1 年以上拘禁されてる児童，母が婚姻によらないで懐胎した児童など〔児扶手令 1 条の 2，1 条の 3〕）と，ひとり親家庭と同視する事由（一人の親が一定程度の障害の状態にある児童〔児扶手 4 条 1 項 1 号ハ，同 2 号ハ〕，監護する親がいない児童〔4 条 1 項 3 号〕）とが定められている。ひとり親が母である場合はそれらの児童を「監護する場合」（児扶手 4 条 1 項 1 号）に手当が支給されるが，父については「監護し，かつ，これと生計を同じくする場合」（同 2 号）と要件が加わる。また，母あるいは父のほか，「養育者」がそれらの児童を養育（「児童と同居して，これを監護し，かつ，その生計を維持すること」同 3 号）している場合には，当該養育者に支給される。

母・父・養育者の支給順位については，母は父や養育者に優先し，養育者は父に優先することが定められている（児扶手 4 条の 2）。ひとり親が母であれば，支給要件を充たして養育者となりうる同居者がほかにいても，子を監護するという要件を充たすだけで手当の支給が受けられるが，父の場合は親であるにもかかわらず，養育者への支給が優先される。この点，父子家庭への支給拡大に際して，母や養育者に手当を支給するというそれまでの母子家庭を中心としていた体系を損なうことなく，父子家庭も手当の支給を受けることができるよう

---

12) 児童の年齢は当初「義務教育終了前」とされていた。1963（昭和 38）年改正で 20 歳未満の障害児も支給対象とし，1976（昭和 51）年改正で義務教育終了前から 18 歳未満に引き上げた（1978（昭和 53）年度完全実施）。現在の「18 歳に達する日以後の最初の 3 月 31 日までの間」となったのは 1994（平成 6）年改正による。

にしたと説明されている13)。つまり，この支給順位の定めは改正前から継続する支給関係を変えてしまわないために発想されたものである。

② 遺族基礎年金

1959（昭和34）年に制定された国民年金法において，拠出制年金ではカバーできない制度発足時にすでに発生していた事故に対応するためのものとして，母子福祉年金が創設された。旧国民年金における拠出制の遺族年金には母子年金，遺児年金等があったが，1985（昭和60）年改正による遺族基礎年金の発足に伴い，それらは母子福祉年金とともに廃止された。

遺族基礎年金の支給対象は，もともと，死亡配偶者によって生計を維持していた，子（18歳に達する日以後の最初の3月31日までの間にある者または20歳未満で障害基礎年金の障害等級1・2級の状態にある者。以下，単に「子」とする。）のいる妻または子に限られていた（国年旧37条の2）。つまり，同じ子を養育する立場でも「夫」が遺族となった場合は遺族基礎年金の支給はなかった。

しかし，遺族年金の父子家庭への支給拡大については従来から制度改善が要望されていたことから，社会保障・税一体改革における年金制度の改正議論の1つとしてとり上げられ，社会保障審議会年金部会で遺族年金の男女差について検討がなされた。結果的に，基本的には遺族年金の男女差を解消する方向で検討が進められることとなり14)，社会保障・税一体改革の中で父子家庭へ遺族基礎年金の支給を行うこととされ，2012（平成24）年8月成立の年金機能強化法（「公的年金制度の財政基盤及び最低保障機能の強化等のための国民年金法等の一部を改正する法律」）にそれまでの「妻」を「配偶者」とする改正内容が盛り込まれた（2014（平成26）年4月1日施行）。

---

*13)* 第174回国会衆議院厚生労働委員会議録20号（2010（平成22）年5月14日）17～18頁（厚生労働大臣政務官〔山井和則氏〕発言）参照。

*14)* 第9回社会保障審議会年金部会（2012（平成24）年1月23日）参考資料1「社会保障審議会年金部会におけるこれまでの議論の整理」24頁参照。なお，最終的に，被用者年金の遺族年金の男女差については今後の課題とされるにとどまった。遺族補償年金につき夫に年齢要件を設けている規定（地公災32条1項ただし書1号，附則7条の2第2項）が憲法14条1項に違反するとした判決（大阪地判平成25年11月25日判時2216号122頁）が出ており，財政の制約を理由にかかる取扱いをすることを強く批判する意見（菊池馨実「遺族年金の男女格差は解消を」週刊社会保障2766号（2014年）33頁参照）もある。

なお，遺族基礎年金の支給対象となる遺族についての「生計維持」の要件は，「死亡の当時その者と生計を同じくしていた者であつて厚生労働大臣の定める金額以上の収入を将来にわたつて有すると認められる者以外のもの」(国年令6条の4) とされ (収入要件の基準は年収850万円以上等[15])，従来から男性の第3号被保険者が死亡した場合も支給対象とされていた。この点，遺族基礎年金の支給対象を父子家庭に拡大するに際し，第3号被保険者が死亡した場合の遺族基礎年金の支給をどうするかが議論になった。厚生労働省は，はじめ，施行令 (国年法施行令，厚年法施行令) を改正して死亡した本人が第3号被保険者であるときは遺族基礎年金の支給要件である「生計維持」にあたらない旨を明示する案を提示していた。しかし，その案に従うと，それまで遺族基礎年金が支給され得た男性の第3号被保険者の死亡についても対象外となってしまうことや，たまたま死亡時に第3号被保険者となっていた配偶者が死亡したような場合であっても対象外とするほかなくなってしまうことなどから，施行令の改正による見直しは行われないこととなった[16]。

　遺族基礎年金は，子のいない配偶者は対象外であることから，子の養育に着目した給付といえる。その意味でも，また児童扶養手当の支給が父子家庭に拡大されたことと整合性をとるためにも，父子家庭への支給拡大は必要な改正であった。第3号被保険者が死亡したケースを引き続き支給対象とすることについては，死亡前の生計維持の関係性や保険料拠出の点でやや違和感はあるものの，遺族の所得保障という視点からは従来どおり遺族となった者の収入で判断することで差し支えないと考える。ただ，これまでも指摘されているように年収850万円という基準については別途検討の必要があろう[17]。

---

15) 遺族基礎年金をはじめ各種年金・加算にかかる生計維持・生計同一関係の詳細は，「生計維持関係等の認定基準及び認定の取扱いについて」(平成23年3月23日年発0323001号) 参照。

16) 厚生労働省パブリックコメント結果概要「国民年金法施行令等の一部を改正する政令案について寄せられた御意見について」(2014 (平成26) 年1月10日) 参照。

## 2 問題の所在

### (1) 給付水準

児童扶養手当はもともと母子福祉年金の補完という趣旨でスタートした。しかし，遺族基礎年金に比べると児童扶養手当の支給額は低い。1985（昭和60）年の国民年金法改正まで，児童扶養手当は手当額など多くの面で母子福祉年金と同様に設定され，連動して改正されていた。しかし，母子福祉年金は遺族基礎年金になって増額されたのに対し，児童扶養手当は離婚の急増を背景に，先述のとおり手当額を2段階にするとともに水準が抑制されてきた[18]。また，児童扶養手当は基本的に受給期間が5年を超える場合には，一定の理由がない限りその一部が支給停止される。

社会手当，社会保険といった制度の違いはあるが，両給付とも子どもが育って「児童」あるいは「子」でなくなるまでのひとり親による養育を支援する給付である。児童扶養手当が，「離婚」によるひとり親家庭だけでなく，親の死亡，障害，生死不明など遺族年金の保険事故とも一部重なるような幅広い事由をその対象に含むこと，先に述べたように，離婚の場合でも実質的に私的扶養に代わる役割を担っていることなどを考えると，両者の水準の差はあまり大きくあるべきではない。

### (2) 併給調整規定

次に，児童扶養手当と年金給付との併給調整の論点についてとり上げる。な

---

*17)* 基礎年金導入にあたって設定された遺族年金の生計維持要件は，法律上の権利発生要件とされていることから，社会通念上著しく高額の収入があるもの，すなわち被用者年金の上限10%に当たる年収を基準として採用した，とされている。第6回社会保障審議会年金部会（2011（平成23）年11月11日）資料3「委員から要望のあった資料」25頁参照。なお，1994（平成6）年にそれまでの600万円から850万円に改定された根拠は，1991（平成3）年度の厚生年金の標準報酬月額の上位10%に当たる者の平均年収が803万円で，それを1994（平成6）年度まで延ばしたものをもとに設定したと説明されている。第131回国会衆議院厚生委員会議録5号（1994（平成6）年10月21日）51頁〔厚生省年金局長〔近藤純五郎氏〕発言〕参照。

*18)* 児童扶養手当の創設趣旨，改正経緯，手当額の推移，1985（昭和60）年改正につき，福田素生「児童扶養手当の現状と課題」日本社会保障法学会編『講座社会保障法 第2巻 所得保障法』（法律文化社，2001年）314～320頁参照。

お後で詳しく述べるが，児童扶養手当法の2014（平成26）年改正で併給調整については一定の解決が図られている。ここではその論点を整理しておきたい。

　児童扶養手当法における公的年金給付との併給調整規定は伝統的には堀木訴訟で議論を巻き起こした。児童扶養手当は，はじめ母子福祉年金の補完的制度と位置づけられていたため公的年金との併給は認められていなかったが，1973（昭和48）年改正で同年10月から，障害や老齢の状態にありながら児童を養育している者の負担軽減を図るため，それらの者が障害福祉年金あるいは老齢福祉年金を受給する場合の併給が認められるようになった。後に障害福祉年金は子の加算が認められる障害基礎年金に裁定替えになったことから，併給が認められるのは老齢福祉年金のみとなった（児扶手4条3項旧2号）。

　児童扶養手当法4条2項では，児童が該当する場合に手当を不支給とする事項を掲げている。そのうち，遺族年金に関しては，児童が「父又は母の死亡について支給される公的年金給付を受けることができるとき。ただし，その全額につきその支給が停止されているときを除く。」（旧2号）と規定していた。

　他方で国民年金法では，41条2項で，「子に対する遺族基礎年金は，配偶者が遺族基礎年金の受給権を有するとき……，又は生計を同じくするその子の父若しくは母があるときは，その間，その支給を停止する。」と定められている。つまり，死別のひとり親が子の加算を含んだ遺族基礎年金を受給する場合は前段によって，離婚後の元配偶者が死亡してその死亡した本人と生計維持関係[19]があった子に受給権が発生するような場合は後段によって，ひとり親家庭の子に対する遺族基礎年金の支給が停止される。

　この点いくつか場合分けする。まず，子の親である死亡した（元）配偶者が厚生年金等の被用者年金（以下，「厚生年金」として進めていくこととする）の加入者ではなかった場合について考える。死別のひとり親家庭については，そのひとり親が遺族基礎年金の支給を受けるため，児童扶養手当法4条3項旧2号に

---

[19]　「生計維持関係等の認定基準及び認定の取扱いについて」（平成23年3月23日年発0323001号）に列挙されている認定要件によると，認定対象者が配偶者または子である場合は，たとえ住所が異なっていて別に暮らしていても「生活費，療養費等の経済的な援助が行われていること」あるいは「定期的に音信，訪問が行われていること」といった事実が認められることでも生計同一と認められる。

基づくと児童扶養手当を受け取る余地はなくなる。この場合、遺族基礎年金の水準は児童扶養手当の水準を上回ることは明らかであるため、手当が支給停止となることに実質的に問題はない。ちなみに、同じ死別のひとり親家庭でも父子家庭では、遺族基礎年金が「夫」に支給拡大される前は、子の遺族基礎年金は国民年金法41条2項後段に基づき支給停止となるため、児童扶養手当のみの支給となり、上記の支給水準の格差の問題が生じていた（もっとも、児童扶養手当が父子家庭に支給されるようになる前は、同手当の支給さえなかった）。他方、離婚後に元配偶者が死亡したときは、子が死亡した親との生計維持要件を充たしていても、国民年金法41条2項後段に基づき子の遺族基礎年金は支給停止となるため、当該ひとり親家庭に支給されるのは児童扶養手当のみとなり、遺族基礎年金が「夫」に支給拡大される前の死別の父子家庭のケースと実質的に同じ状況となる。

次に、死亡した配偶者が厚生年金の被保険者であった場合を考える。死別のときは、遺族となった配偶者が遺族基礎年金および遺族厚生年金[20]の支給対象となる（ただし、遺族となった夫が55歳未満の場合は遺族厚生年金は子に支給）。このとき児童扶養手当法4条3項2号に基づくと児童扶養手当は支給されないが、この場合も遺族年金額が児童扶養手当額を上回るため問題はない。ちなみに、遺族基礎年金が「夫」に支給拡大される前は、子あるいは子の父の年齢によっては当該父に遺族厚生年金が支給されるのみで、たとえそれが低額であっても、児童扶養手当は支給されなくなってしまうという問題が生じていた[21]。他方、離婚後に元配偶者である厚生年金保険の被保険者が死亡した場合だと、そのようなひとり親家庭における遺族年金の受給権者は子のみとなる。子の遺族基礎年金の支給は上記のとおり停止されてしまう上、児童扶養手当法4条2項旧2号に基づくと、遺族厚生年金の受給権を子が取得する時点で児童扶養手当は支給されなくなり、遺族基礎年金が支給拡大される前の死別の父子家庭のケースと実質的に同じ状況が発生する[22]。

---

[20] 配偶者が受給権を有する期間、子に対する遺族厚生年金の支給は停止される（厚年66条1項）。

[21] 「遺族年金と児童扶養手当の併給制限の見直しについて（通知）」（平成24年2月28日総評相43号）にかかる行政相談の例など。

遺族基礎年金の支給が受けられるのであれば，たとえ児童扶養手当が不支給となっても同手当の水準以上の年金給付が保障されるし，離婚後の元配偶者の死亡であっても，死亡した配偶者が厚生年金の被保険者でなければ，少なくとも児童扶養手当は支給されることになる。問題は，その支給されることになる遺族厚生年金の金額にかかわらず，児童扶養手当が支給停止されることになっていた点である。

なお，ほかにも同様の問題として，児童扶養手当法4条3項旧2号に基づく，母あるいは父が監護しない児童を祖父母が養育する際の老齢年金等との併給調整のケース[23]や，子の加算がある障害基礎年金に相当しない障害厚生年金3級を受給することによる併給調整といったケースもあり，根本的に併給調整について考え直す必要が生じていた。

## 第4節　児童扶養手当と公的年金の併給調整の課題

### 1　併給調整問題の検討

子自身が遺族基礎年金の受給権を得られる場合でも，繰り返し述べているように，生計同一のひとり親がいることで国民年金法41条2項後段に基づき支給停止される。このとき，（ほかに公的年金の支給がなければひとり親は児童扶養手当が受給できるものの）親の経済力を問わず「生計同一」であることを理由に，子自身の権利としての遺族基礎年金の支給が停止されることについてどう考えるべきだろうか。遺族基礎年金が発生するケースで実際にその支給が受けられれば，児童扶養手当よりも支給額が高いこともあり多くの問題を解決できるは

---

[22]　このようなケースで児童扶養手当の不支給処分について争われた事例として，金併給調整訴訟（金沢地判平成23年4月22日賃社1560号55頁）がある。子らに遺族厚生年金の受給権が発生したことによる児童扶養手当資格喪失処分が憲法25条等に違反すると主張して，ひとり親家庭の母が当該処分の取消し等を求めた事案であるが，判決は，併給調整条項（児扶手4条2項旧2号）は「著しく合理性を欠き明らかに立法府の裁量を逸脱・濫用したものであるとはいえない」として原告の請求を棄却した。

[23]　「児童扶養手当における公的年金との併給制限の見直し等（あっせん）」（平成13年8月3日総評相84号）にかかる行政相談の例など。

ずである。

　なお，少額の遺族厚生年金等が支給されることで児童扶養手当が併給調整されてしまっていたような先に挙げた例に関して，児童扶養手当法4条2項旧2号および同3項旧2号のただし書（「ただし，その全額につきその支給が停止されているときを除く。」なお，児扶手13条の2第1項1号ただし書，同2項1号ただし書参照）に着目してそれらの年金給付を支給停止することによって児童扶養手当の併給調整を回避できたのかというと，受給権者が支給停止を選択しても併給調整等は避けられないこととされている。すなわち，受給権者の申出による年金給付の支給停止の制度が設けられているが（国年20条の2，厚年38条の2），「政令で定める法令の規定の適用については，その支給を停止されていないものとみなす。」（国年20条の2第4項，厚年38条の2第4項）として，児童扶養手当法がその1つとして挙げられている（国年令4条の4の2第5号，厚年令3条の3第2号）。確かに，拠出制の年金給付の支給が児童扶養手当より優先されるのは当然のことである。

　いずれにせよ解釈で対処するのは難しく，立法による解決が必要な問題である。2014（平成26）年改正については後で述べるとして，以下，解決方法として考えられるものをいくつか挙げてみる。

　第1に，国民年金法を改正し，子が遺族基礎年金の受給権をもつとき，親と生計同一であっても支給停止しないようにする。遺族年金は社会保障的性格が強く，どのように制度設計するか自由度が比較的高いが，形式的な生計同一を要件とし実際に子を養育する経済力があるかを問わない点では，そのような場合に子の遺族基礎年金を支給停止とする国民年金法41条2項後段にあまり合理性が感じられない。しかし，児童扶養手当制度のためだけに年金の制度体系に変更を加えるのは望ましくなく，あまり現実的ではない。

　児童扶養手当法に公的年金との併給調整規定がある限り，第1のように考えたとしても，遺族基礎年金が登場しない他の公的年金との併給調整のケースは解決できない。そこで第2に，児童扶養手当法のほうを改正し（国年41条2項後段はそのままで），共通の趣旨をもつ「遺族基礎年金」や障害基礎年金等の「子の加算」を受けることができるときのみ手当を不支給とすること，あるいは児童扶養手当の支給額を調整するかたちで公的年金との併給を認めること，

などが考えられる。

　遺族基礎年金が支給されるときに児童扶養手当を不支給とすることは最もシンプルな手法である。両給付とも児童を養育するひとり親の負担をカバーするものであり，また遺族基礎年金は常に児童扶養手当の水準を上回る。遺族基礎年金以外では，子の加算についても児童扶養手当とカバーするニーズが重なるため何らかの調整が必要となる。それらを除く公的年金との関係では児童扶養手当をただちに不支給とする必要はないと考えられる。

　児童扶養手当と公的年金の併給を可能とした上で金額を調整する方法としては，年金の支給を基本とし，児童扶養手当がその金額を下回るようなら支給せず，年金額を上回るようならその差額を支給する方法や，さらに，単なる差額支給にとどまらず，児童養育と年金支給にかかる老齢・障害等の両方のニーズを生かす上乗せも考えられる。

　ところで，子の加算に関しては，障害基礎年金の子の加算と配偶者へ支給される児童扶養手当の高い方を選択できるようにした例がある。児童扶養手当法4条2項旧5，10号で，母または父に対する手当について，児童が父または母に支給される「公的年金給付の額の加算対象になっているとき」も併給調整される旨が規定されていた。ちなみに，子の加算（加給）があるのは障害基礎年金と老齢厚生年金であり，仮にそれらを併給するときは障害基礎年金の加算が優先される。2010（平成22）年の国民年金法改正（障害年金加算改善法。2011（平成23）年4月施行）によって，障害基礎年金の受給権発生後に子を有するに至ったときにも子の加算を行うものとされたことに伴い，それまで児童扶養手当が支給されていた障害者世帯に同手当が支給されなくなることを避けるため，手当額が子の加算額を上回る場合は，「当該子は児童扶養手当が支給される母又は父によって生計を維持されており，当該子と障害基礎年金の受給権者である父又は母との間には生計維持関係はないものと取り扱って差し支えないこと」とされた[24]。具体的には，当該児童ごとに比較し，加算額より児童扶養手当額のほうが高いときは，遺族基礎年金を受給する親との生計維持関係がないものとして，児童扶養手当の支給が実現された（例えば，子の加算の第1子の額より児童扶養手当の本体額が高いときは児童一人目にはその本体額を適用し，二，三人目の児童に子の加算額の第1，2子の額を適用する）。

## 2 法改正による解決と残された課題

　2010（平成22）年の児童扶養手当法の一部改正法の審議過程で，児童扶養手当と公的年金の併給調整に関して言及されたことなどから，公的年金等の受給者に対する児童扶養手当の支給制限のあり方を検討する旨が附帯決議された（衆議院厚生労働委員会平成22年5月19日，参議院厚生労働委員会平成22年5月25日）。そこで，改正法附則5条に検討規定が設けられ，施行後3年を目途として検討し，必要な措置を講ずることとされた。

　その一方で，総務省行政評価局からも同様の問題意識が提示されていた。低額の遺族厚生年金を受給する父子家庭における児童扶養手当の併給制限に関する行政相談の諮問に対して，行政苦情救済推進会議が「公的年金給付を受けることができる場合には二重の所得保障であるとして児童扶養手当を支給しない現行制度では，所得保障における結果の平等が確保されていないと考えられることから，上記の一部改正法の施行後3年（平成25年）を目途として引き続き検討を求める旨，厚生労働省に申し入れることが適当である」と結論づけたため，同局がこの問題意識を厚生労働省に通知していた（平成24年2月28日総評相43号[25]）。

　それらを受けて，社会保障審議会児童部会の「ひとり親家庭への支援施策の在り方に関する専門委員会」で検討が行われ，その中間まとめで，「児童扶養手当よりも少額の公的年金を受給する場合に児童扶養手当が支給されないことについては，必要な所得保障がなされないことが想定されるため，児童扶養手当と公的年金との差額について児童扶養手当を支給するなどの方法により，児童扶養手当の水準の所得を保障することについて検討が必要である。」[26]とし

---

[24] 「『国民年金法等の一部を改正する法律』及び『国民年金法等の一部を改正する法律の施行に伴う関係政令の整備及び経過措置に関する政令』の公布について」（平成22年9月14日年発0914001号），また，「児童扶養手当の支給対象となる場合における障害基礎年金の子の加算の支給事務の取扱いについて」（平成23年1月26日年管管発0126002号）参照。

[25] 前掲注 21 参照。

[26] ひとり親家庭への支援施策の在り方に関する専門委員会「ひとり親家庭への支援施策の在り方について（中間まとめ）」（2013（平成25）年8月）21頁。

て，公的年金との差額分の支給という解決の方向性が示された。

　そして，次世代育成支援対策推進法の改正との一括法（「次代の社会を担う子どもの健全な育成を図るための次世代育成支援対策推進法等の一部を改正する法律」）に盛り込むかたちで改正法案が第186回国会に提出され，2014（平成26）年4月16日に成立した。当該一括法により，前記の母子及び寡婦福祉法の一部改正（同年10月1日施行），児童扶養手当法の一部改正として公的年金等との併給制限の見直し（同年12月1日施行。2015（平成27）年4月から支払）などが行われた。具体的に，児童扶養手当と公的年金等との調整に関しては，公的年金および遺族補償等との併給調整規定（児扶手4条2項旧2・3・5・8・9・10・13号，3項旧2号）をすべて削除し，その上で，併給調整されていたそれらの事由につき，13条の2を新設して「政令で定めるところにより，その全部又は一部を支給しない。」として，「支給の制限」というかたちがとられることになった（児扶手13条の2第1・2項）。この改正によって，児童や父・母・養育者が低額の年金しか受け取っていないような場合の併給調整の弊害はおおむね解消されたといえる。

　母子福祉年金を補完する制度として設けられた児童扶養手当と公的年金との併給調整については伝統的に，「同一人に同一の性格を有する二以上の公的年金が支給されることとなるべき，いわゆる複数事故において，……事故が二以上重なったからといつて稼得能力の喪失又は低下の程度が必ずしも事故の数に比例して増加するといえない」（堀木訴訟・最大判昭和57年7月7日民集36巻7号1235頁）との見解が定着し，現在でも児童扶養手当も公的年金も「稼得能力の低下」に対する所得保障という同一の性格を有する給付であると説明されている[27]。だからこそ差額支給という解決手法が選択された。しかし，子の加算

---

27) 前掲注11)参照。また，ひとり親家庭への支援施策の在り方に関する専門委員会の検討過程でも，児童扶養手当と年金の併給の論点として，①稼得能力の低下に伴う所得保障の給付を二重に行うこととなること，②他の所得保障制度における併給調整の取扱いに与える影響を考慮する必要があること，が示された。なお，併給調整している他の制度の例としては，「雇用保険（失業給付）と老齢厚生年金」「労働基準法による遺族補償と遺族基礎年金」「障害基礎年金と遺族基礎年金」が挙げられた。第1回ひとり親家庭への支援施策の在り方に関する専門委員会（2013（平成25）年5月29日）資料5「ひとり親家庭の現状と支援施策の課題について」169頁参照。

がない老齢年金・障害年金を受けている者が児童扶養手当の受給資格者となる場合，老齢や障害による所得保障のニーズとは別に児童養育に伴う経済的ニーズを抱えることになるはずである（児童手当も存在するが，後者のニーズをカバーしきれるものではないだろう）。

上記の児童扶養手当法 13 条の 2 第 1, 2 項を受けて，児童扶養手当法施行令に 6 条の 3 と 6 条の 4 が加えられ，年金額が児童扶養手当額を上回るときは手当額の全部を支給せず，下回るときは年金額に相当する部分を支給しない旨が定められた。その差額の計算方法については全国児童福祉主管課長会議（2014（平成 26）年 2 月 26 日）の説明資料[28]がわかりやすい。まず児童の年金額を児童扶養手当額から差し引き，それでも差額が出る場合に手当受給資格者本人の年金額を差し引くという手順で，最終的な支給手当額が決定される。ここでのポイントは，児童自身の年金額を児童扶養手当額から差し引く際に，児童が複数いる場合には，手当額の高い額（本体額，5 千円，3 千円の順）を年金額の低い児童から順に対応させて差額を計算するところにある。そうすることで，なるべく多くの手当額が残るように工夫されている。なお，上で触れた障害基礎年金の子の加算の運用についても，今回の改正で他の公的年金給付と同様，子の加算を支給した上で手当の差額分が計算されるようになるが，この計算方法に従うと従前の運用時と同じ額になるのでこの点は問題はない。

問題となるのは，繰り返し述べているように，手当の受給資格者が子の養育分の加算が行われない老齢年金を受給する祖父母などの場合である。祖父母等の養育者については親族里親制度の活用も示唆されているが，児童扶養手当額が上限となる差額支給だけでなく，児童の養育のニーズに対して実質的な保障となるような制度設計が望まれる。

## 第 5 節　おわりに——ひとり親家庭支援施策の今後

ひとり親家庭支援施策は，2002（平成 14）年の母子及び寡婦福祉法や児童扶

---

[28]　全国児童福祉主管課長会議説明資料（2014（平成 26）年 2 月 26 日）254～257 頁参照。

養手当法の改正により,「児童扶養手当中心の経済的支援」から「就業・自立に向けた総合的な支援」へと転換し,それ以来,ひとり親家庭の経済的な自立を図る上で就業支援策が特に重要なものと位置づけられている。

　ひとり親自身の自立のためにも就業支援に力を入れることには合理性がある。子どもが育ってやがて「ひとり親」でなくなるときがくる。前節でとりあげた「ひとり親家庭への支援施策の在り方に関する専門委員会」の中間まとめにおいても,「子どもが心身ともに健やかに成長し,その将来に良い影響を与えるという観点や,ひとり親自身が寡婦(夫)となった後の生計維持の観点からも望ましいことから,できる限り就業による自立を目指すべきである。」として,就業支援と就業のために不可欠な子育て・生活支援の一層の充実という方向性が示された[29]。

　他方で,「子どもの貧困」の問題が大きくとり上げられているように,親の経済力に左右されることのないよう,子ども本人にとっては,確かな経済的支援の存在意義がむしろ高まっているといえる。

　今回の児童扶養手当法の改正によって,かねてから議論されていた児童扶養手当法における公的年金との併給調整規定が廃止されたことは大きな進展である。しかし,児童扶養手当をひとり親等の手当受給者の「稼得能力の低下に対する所得保障」とする位置づけがそのまま維持され,公的年金額が児童扶養手当額を下回るときにその差額について同手当を支給するという解決にとどまったなど,まだ課題を残している。

　ともあれ,ひとり親家庭に対する支援は,父子家庭に対する支援の拡充も含め,着実に前進している。家族のあり方が多様化する中,今後より柔軟な視点で,ひとり親家庭に対する支援施策・制度の改革が行われていくことを期待したい。

---

[29]　ひとり親家庭への支援施策の在り方に関する専門委員会・前掲注 26) 4 頁参照。

第 3 部

# 労働能力の減退と支援

# 第9章　高年齢の労働者に関する雇用政策・年金政策

第1節　本章の目的
第2節　雇用と所得の保障に関わる法制度
第3節　法解釈上の課題――継続雇用制度
第4節　法政策上の課題――雇用と年金の接続
第5節　今後の課題

坂　井　岳　夫

## 第1節　本章の目的

　高年齢の労働者は，引退過程にある労働者として位置づけられ，雇用政策および年金政策の双方と関わりをもつ。もっとも，高年齢の労働者をめぐる雇用政策および年金政策の関係は様々である。すなわち，雇用政策により雇用の確保が目指される期間と，年金政策により年金の支給が予定される期間とが乖離する可能性が生じると，雇用と年金の接続が重要な課題となる。他方で，雇用政策により雇用の確保が目指される期間と，年金政策により年金の支給が予定される期間とが重複する場合には，賃金と年金の調整に関心が向けられる。

　現在，わが国においては，厚生年金の報酬比例部分の支給開始年齢（以下「年金支給開始年齢」とする）の引上げが行われている。従来60歳であった年金支給開始年齢は，2013（平成25）年度に61歳に引き上げられ（その後は3年に1歳のペースで引き上げられる），2025年度には65歳となる。その結果，わが国においてひろく普及している定年年齢である60歳（これは，法律上の定年の最低年齢でもある。高年8条）から年金支給開始年齢までの雇用確保が喫緊の課題となり，高年齢者雇用安定法の2012（平成24）年改正へとつながった[1]。

　他方，わが国においては，少子高齢化などを背景とする労働力人口の減少へ

の対処という意味においても，高年齢の労働者の就労促進が目指されている。このような政策目的との関連では，60歳から年金支給開始年齢までの労働者に限られない，より広範な高年齢の労働者についての就労促進が求められ，そのさいには，労働者の就業意欲に影響を及ぼす年金制度のあり方も課題となる。

　本章は，以上のような問題状況のもとで，高年齢の労働者に対する雇用の確保と促進をめぐる法律問題について検討を行うものである。検討の順序は，つぎのとおりである。まず，第2節において，高年齢の労働者に対する雇用と所得の保障に関わる法制度について概観した上で，本章における具体的な検討課題を指摘する。つづいて，第3節においては，法解釈上の課題として，第2節において指摘する問題関心に即して，高年齢者雇用安定法における継続雇用制度について検討する。そして，第4節においては，法政策上の課題として，やはり第2節において指摘する問題関心に即して，雇用と年金の接続に関わる問題について検討する。

## 第2節　雇用と所得の保障に関わる法制度

### 1　60歳以上・年金支給開始年齢未満の労働者

　60歳以上・年金支給開始年齢未満の労働者については，当該労働者を雇用する使用者に対して，高年齢者雇用確保措置が義務づけられている。高年齢者雇用確保措置とは，①定年の引上げ，②継続雇用制度の導入，③定年の定めの廃止をいう（高年9条1項）。このうち，継続雇用制度とは，雇用している労働者が希望するときは当該労働者をその定年後も引き続いて雇用する制度である（高年9条1項2号。詳細については，第3節1・2(1)参照)。なお，高年齢者雇用確保措置による雇用確保について，行政解釈は，かならずしも労働者の希望に合致した職種や労働条件による必要はなく，65歳までの安定した雇用の確保という趣旨を踏まえたものであれば，短時間勤務，隔日勤務等の雇用形態も含

---

*1)* 同改正については，厚生労働省職業安定局高齢者雇用対策課「高年齢者雇用安定法改正の概要」ジュリスト1454号（2013年）32頁参照。

むと解している[2]。

　また、これらの労働者については、賃金額が60歳に達した日の賃金額の75％を下回った場合に、雇用保険における高年齢雇用継続基本給付金が支給される[3]。その支給額は、賃金額が60歳に達した日の賃金額の61％未満である場合には、賃金額の15％であり、賃金額がそれ以上の場合には、賃金額に対する支給率が逓減していく[4]。当該給付を含む雇用保険における高年齢雇用継続給付は、定年後に働き続ける意欲をもつ労働者が賃金水準の低下のために雇用の継続を選択しないという状況に鑑み、労働者の働く意欲と能力にこたえて、65歳までの雇用の継続を援助・促進することを目的とするものである[5]。

　なお、60歳以上・年金支給開始年齢未満の労働者については、老齢基礎年金および本来支給の老齢厚生年金の繰上げ支給の仕組みが用意されている[6]。繰上げは60歳から請求することができ、1ヵ月の繰上げにつき0.5％の減額率が適用される。

## 2　年金支給開始年齢以上・65歳未満の労働者

　年金支給開始年齢以上・65歳未満の労働者についても、当該労働者を雇用する使用者に対して、高年齢者雇用確保措置が義務づけられている。ただし、これらの労働者との関係では、各企業における実情に応じた柔軟な対応を許容するために[7]、一定の要件のもとで継続雇用制度の対象者を限定することが許容されている（詳細については、第3節2（1）参照）。また、これらの労働者についても、賃金の低下に対して高年齢雇用継続基本給付金が支給される（本節1参照）。

---

　2）　平成16年11月4日職高発第1104001号第1の2（1）。
　3）　支給要件の詳細については、雇保法61条1項参照。
　4）　支給額の詳細については、雇保法61条5項、雇保則101条の4第1項参照。
　5）　奈尾基弘「雇用保険に『雇用継続給付』を創設、高齢者と女性の雇用継続を支援」時の法令1497号（1995年）11頁。なお、当該給付は、雇用の継続の困難を、これを放置すると「失業」に結び付きかねないという意味において、「失業」に準じた雇用保険の保険事故として取り扱い、これに対して保険給付を支給するものと位置づけられている（同10頁）。
　6）　繰上げの要件の詳細については、国年法附則9条の2、厚年法附則7条の3・13条の4参照。

つぎに、年金支給開始年齢以上・65歳未満の労働者については、特別支給の老齢厚生年金が支給される[8]。なお、特別支給の老齢厚生年金の定額部分についての支給開始年齢の引上げは終了しており、報酬比例部分についての支給開始年齢の引上げが実施されているところであるため、現在は、特別支給の老齢厚生年金として、報酬比例部分のみが支給されることになる。また、特別支給の老齢厚生年金の受給権者が厚生年金の被保険者であり、賃金（総報酬月額相当額）と年金（基本月額）の合計額が28万円（支給停止調整開始月額）を超える場合には、老齢厚生年金の一部または全部が支給停止される。例えば、賃金（総報酬月額相当額）が46万円以下であり、年金（基本月額）が28万円以下である場合には、賃金と年金の合計額のうち28万円を超える金額の2分の1が支給停止される[9]。

なお、老齢基礎年金の支給開始年齢は65歳であるため、年金支給開始年齢以上・65歳未満である労働者については、老齢基礎年金の繰上げ支給の仕組みが用意されている（本節1参照）。

## 3　65歳以上の労働者

65歳以上の労働者については、使用者による雇用の継続などの仕組みは用意されていない。また、これらの労働者については、雇用保険における高年齢雇用継続基本給付金も支給されない。

つぎに、65歳以上の労働者については、老齢基礎年金および本来支給の老齢厚生年金が支給される[10]。本来支給の老齢厚生年金の受給権者が厚生年金の被保険者であるか、または、70歳以上であって適用事業に使用される者であり、賃金（総報酬月額相当額）と年金（基本月額）の合計額が48万円（支給停止調整開始月額）を超える場合には、老齢厚生年金の一部または全部が支給停止される。具体的には、賃金と年金の合計額のうち48万円を超える金額の2

---

7) 松本圭＝鈴木馨祐＝坂井儀行「高年齢者等の雇用の一層の促進」時の法令1727号（2004年）11頁。
8) 支給要件の詳細については、厚年法附則8条・8条の2参照。
9) 支給停止額の詳細については、厚年法附則11条参照。
10) 支給要件の詳細については、国年法26条、厚年法42条参照。

分の1が支給停止される[11]。

また，これらの労働者については，老齢基礎年金および本来給付の老齢厚生年金の繰下げ支給の仕組みが用意されている[12]。繰下げの限度は5年であり，1ヵ月の繰下げにつき0.7%の増額率が適用される。

## 4 雇用と所得の保障をめぐる法的課題

以上の概観から，高年齢の労働者に対する雇用と所得の保障をめぐる法的課題として，つぎのような問題を指摘することができる。

まず，法解釈上の課題として，継続雇用制度の法的意義を明らかにする必要がある。高年齢者雇用確保措置の中でも，継続雇用制度はその設計に関して使用者に広範な裁量を与えているため（本節1参照），個々の制度の内容は極めて多様になることが推測される。この場合には，そのような多様な法制度を理解するための基礎的な作業として，当該制度をめぐる当事者の法律関係または法的責任に関する基本的な考え方を検討しておくことに，大きな意義が認められると考える。以下では，このような認識を前提として，継続雇用制度に関して生じうる多様な法律問題[13]の中でも，特に当事者の法律関係または法的責任に焦点を当てて考察することとする。

つぎに，法政策上の課題として，雇用と年金の接続をめぐる議論状況を分析することが有用である。雇用と年金の接続に関しては，上記のとおり多様な措置を用いて，政策目的の実現が目指されている（本節1～3参照）。これらの措置は，いずれも政策目的の実現に寄与する側面をもち，また，制度の改正を経てその内容を改善してきた。ただし，現行の法制度にも，いまだ改善の必要または議論の余地のある措置が存在すると考えられる。以下では，このような認識を前提として，この問題領域における中長期的な政策課題の中でも，現在の法政策の方向性を基礎としつつ，その改善について論じる余地のある問題を選択して検討することとする。

---

*11)* 支給停止額の詳細については，厚年法46条参照。
*12)* 繰下げの要件の詳細については，国年法28条，厚年法44条の3参照。
*13)* 継続雇用制度に関する法律問題についての検討として，柳澤武「新しい継続雇用制度」労働法律旬報1788号（2013年）6頁。

## 第3節　法解釈上の課題——継続雇用制度

### 1　継続雇用制度の法的意義

　継続雇用制度は，勤務延長制度と再雇用制度とに区別することができ，これら2つの類型は，その法的意義においても差異があると解されている。すなわち，勤務延長制度とは，定年の存在を前提にして，定年年齢に到達した労働者を退職させることなく引き続き雇用する制度をいう。これに対して，再雇用制度とは，定年によりいったん退職した労働者をふたたび新たに雇用する制度をいう[14]。この差異は，継続雇用の拒否をめぐる法律問題，および，継続雇用後の賃金をめぐる法律問題との関係でも意義をもつ。

### 2　継続雇用の拒否

#### (1)　継続雇用拒否の法的救済

　高年齢者雇用確保措置として実施される継続雇用制度は，希望者全員を対象とするものでなければならない（高年9条1項2号，「高年齢者雇用確保措置の実施及び運用に関する指針」〔平24厚労告560号。以下「指針」とする〕第2の2）。ただし，年金支給開始年齢以上・65歳未満である労働者については，2012（平成24）年改正法の施行時（2013（平成25）年4月1日）において使用者が労使協定により継続雇用制度の対象となる労働者に係る基準（以下「対象基準」とする）を定めている場合には，当該基準を用いて対象者を限定することが許容されている（高年2012年改正附則3項）。また，継続雇用を希望する労働者について就業規則に定める解雇事由または退職事由（以下「拒否事由」とする）が存在する場合には，継続雇用しないことができる（高年9条3項，指針第2の2）。

　このように，継続雇用制度のもとでは，対象基準に該当しないこと，または，拒否事由が存在することを理由として，使用者が継続雇用を拒否する余地があ

---

　[14]　以上につき，西村健一郎「65歳現役社会と定年制の課題」日本労働研究雑誌456号（1998年）7頁，同「少子高齢社会と高齢被用者の雇用」季刊労働法206号（2004年）125～126頁。

る。これらの継続雇用拒否が違法である場合の法的救済（継続雇用された法的地位の確認）に関しては，①使用者による継続雇用制度に関する就業規則の周知を申込みと位置づけ，労働者による継続雇用の希望の申出を承諾と位置づけ，申込みと承諾の合致により労働契約が成立すると解する見解[15]，②労働者が継続雇用を希望して対象基準を充たせば継続雇用されることが労働契約の内容になっていると構成して，当該契約に基づいて継続雇用に関する労働契約が成立しうると解する見解[16]，および，③雇用の継続に関する期待の合理性を肯定して，解雇権濫用法理の類推適用により労働契約が成立すると解する見解[17]がある。

　これらの法律構成について検討すると，①の見解については，就業規則の周知をもって労働契約の申込みとみることの当否が問題となるが，契約の相手方を具体的に想定せず行われた就業規則の周知は，法律行為の内容の確定性[18]を欠いており有効な申込みであると解するのは困難である。つぎに，②の見解については，勤務延長制度では，対象となる労働者について定年後も労働契約を終了させない（雇用を継続する）との契約内容が認定できる場合には，それに基づいて従前の（定年前の）労働契約を存続させることに支障はないと考えられる。他方，再雇用制度では，対象となる労働者について定年後に再雇用契約を締結するとの契約内容が認定できる場合でも，対象基準の充足および労働者

---

15)　櫻庭涼子「高年齢者の雇用確保措置」労働法律旬報 1641 号（2007 年）53 頁，川口美貴「判批」法律時報 84 巻 5 号（2012 年）185 頁，山川和義「高年齢者雇用安定法の改正」法学教室 388 号（2013 年）52 頁。裁判例として，津田電気計器事件・大阪地判平成 22 年 9 月 30 日労判 1019 号 49 頁。

16)　水町勇一郎「判批」ジュリスト 1438 号（2012 年）113 頁。

17)　櫻庭・前掲注 15）54 頁（対象基準に関する労使協定が締結されたが，継続雇用制度に関する就業規則の規定が存在しない場合についての解釈），原昌登「高年法に基づく継続雇用制度をめぐる判例の整理とその課題」季刊労働法 236 号（2012 年）113 頁・120～121 頁。裁判例として，エフプロダクト事件・京都地判平成 22 年 11 月 26 日労働判例 1022 号 35 頁（ただし，再雇用制度のもとで締結された有期労働契約の雇止めに関する事例），フジタ事件・大阪地判平成 23 年 8 月 12 日労経速 2121 号 3 頁。

18)　法律行為の内容の確定性については，四宮和夫＝能見善久『民法総則（第 8 版）』（弘文堂，2010 年）259 頁，山本敬三『民法講義 I 総則（第 3 版）』（有斐閣，2011 年）251～252 頁。

の申出をもって，使用者の承諾を問題とすることなく，別途の労働契約である再雇用契約の成立を肯定するという構成は，労働契約の成立局面における当事者の地位を不安定にするものであり，妥当とは思われない。

以上のように解すると，勤務延長制度のもとで継続雇用が違法に拒否された場合には，定年前の労働契約に基づいて，定年後も労働契約が存続するとの構成が可能である。他方，再雇用制度のもとで継続雇用が違法に拒否された場合には，契約法理に忠実な①および②の見解に依拠して法的救済（継続雇用された法的地位の確認）を行うことはできない。この場合には，③の見解による再雇用契約の根拠づけの当否が問題となるが，解雇権濫用法理の類推適用という法創造的な法律構成の可否，および，それを肯定するならば，具体的な要件について，慎重な検討が必要となる。そこで，以下では，特に再雇用制度における違法な継続雇用拒否の法的救済について考察を行う。

(2) **再雇用制度における継続雇用拒否**

(a) 考察の視点　再雇用制度のもとでの継続雇用拒否に関しては，下級審裁判例において，解雇権濫用法理の類推適用という法律構成を採用する裁判例が存在していた[19]。また，このような法律構成を採用するにあたり，雇用の継続に関する期待の合理性に言及する裁判例もみられた[20]。

このような状況において，津田電気計器事件の最高裁判決[21]は，対象基準への非該当を理由として継続雇用が拒否された事例について，①ⓐ労働者は対象基準に該当していたから，労働者が継続雇用を期待することには合理的理由があり，ⓑ雇用の終了をやむを得ないとする特段の事情がない以上，使用者が雇用の終了を主張することには客観的合理的理由および社会的相当性がないとして，②ⓐ労働者・使用者間に継続雇用規程に基づき再雇用されたのと同様の雇用関係が存続し，ⓑその期限，賃金・労働時間等の労働条件は当該規程の定めに従うと判断した。同判決は，再雇用制度のもとで，労働契約の締結に関す

---

[19] 東京大学出版会事件・東京地判平成22年8月26日労判1013号15頁，津田電気計器事件・大阪高判平成23年3月25日労判1026号49頁。

[20] エフプロダクト事件・京都地判平成22年11月26日労判1022号35頁（ただし，再雇用制度のもとで締結された有期労働契約の雇止めに関する事例），フジタ事件・大阪地判平成23年8月12日労経速2121号3頁。

[21] 最1判平成24年11月29日労判1064号13頁。

る意思の合致を前提とせずに再雇用契約の成立を肯定するものであり，その判断にあたっては，高年齢者雇用安定法の趣旨に言及するとともに，雇止め法理に関する最高裁判決[22]を参照している。

同判決は事例判断の形式であり，その具体的判断の前提となる判断枠組み（一般的な法理）は明らかでない。また，同判決は，典型的な定年後の再雇用とは異なる事例（60歳での定年後，1年間の嘱託を経て，再雇用制度が適用されている）のもとでの判断である。さらに，同判決は，その効果に関する判示において，再雇用後の労働条件は継続雇用規程に従うとしているため（②ⓑ参照），同判決の射程は，継続雇用規程の（補充的解約を含めた）解釈および適用により再雇用後の労働条件を特定できない場合には及ばないものと解されている[23]。そうすると，同判決は対象基準に関する紛争ではあるものの，対象基準に基づく継続雇用拒否の取扱いについて，同判決により判例の一般的な立場が確立されたとはいいがたい。

ここで，同判決が参照する雇止め法理（特に継続雇用拒否との関係で重要な期待保護タイプ）は，労働者において雇用の継続を期待することに合理性がある場合に，当該期待に対して法的保護を及ぼすものである。ここにいう期待の合理性の意義ついては議論があるが[24]，本章においては，第1に，当該期待が労働者の要保護性を基礎づける水準に達していること，第2に，当該期待が使用者の契約責任を正当化する内容であることが重要であると理解している。そこで，つづいては，これら2つの観点から，継続雇用拒否に対して雇止め法理に類似する法的保護を行うという法律構成について考察を行う。

(b) 労働者の要保護性　　継続雇用制度のもとで，対象基準に該当する労

---

[22] 東芝柳町工場事件・最1判昭和49年7月22日民集28巻5号927頁，日立メディコ事件・最1判昭和61年12月4日判時1221号134頁。

[23] 富永晃一「判批」日本労働法学会誌122号（2013年）184頁。池田悠「判批」法律時報86巻3号（2014年）126頁も参照。

[24] 大内伸哉「雇用強制についての法理論的検討」荒木尚志＝岩村正彦＝山川隆一編『労働法学の展望（菅野和夫先生古稀記念論集）』（有斐閣，2013年）102～104頁，篠原信貴「有期労働契約の中途解約と雇止めをめぐる一考察」季刊労働法212号（2006年）162～163頁参照。大内・前掲（103頁）は，雇用の継続に関する合理的な期待について，「労働者の主観的な期待だけでは不十分で，それが労働者と使用者の契約内容に影響することを正当化できるような使用者の関与も必要」であるとしている。

働者に，雇用の継続に関する期待が生じることは容易に想像できる。津田電気計器事件の最高裁判決も，雇用の継続に関する期待の合理性を肯定するにあたり，労働者が対象基準に該当していたことを指摘している。もっとも，対象基準への該当により形成される労働者の期待のみで，雇止め法理の適用場面に類似するだけの労働者の要保護性が基礎づけられるかに関しては，検討の余地がある。より具体的には，再雇用制度のもとでは再雇用後の労働条件が再雇用契約により新たに決定されるため，労働条件が未確定であるという事情が再雇用契約の成否に関していかなる影響を及ぼすかが問題となる。

下級審裁判例には，期待の合理性に関する判断ではないものの，再雇用後の賃金が労働者の能力・担当職務・勤務形態等をもとに個々に決定されていた場合に，仮に再雇用拒否が違法であるとしても，再雇用契約における賃金額が不明である以上，再雇用契約の成立を肯定することはできないとするものがある[25]。また，学説には，継続雇用制度のうち再雇用制度における継続雇用拒否について，①契約内容継続に関する合理的期待の不存在を理由として雇止め法理に類似する保護を否定する見解[26]，②契約内容への合理的期待が確定困難であると指摘した上で，特に合理的解釈によっても労働条件が認定できない場合には，期待権侵害の不法行為として処理する見解[27]がある。

他方，下級審裁判例において，フジタ事件[28]が，再雇用後の労働条件に関する協議が整わなかった場合（同事件では，再雇用後における個々の労働者の労働条件について，使用者と労働組合が協議することとされていた）に，継続雇用拒否と雇止めとの類似性を指摘して，解雇権濫用法理を類推適用していることが注目される（結論としては，継続雇用拒否には合理性・相当性があるとして，地位確認請求を棄却している）。比較的詳細な論拠を提示して雇止めとの類似性を指摘していること，および，判決の展開の中で労働条件に関する協議が決裂した事実が意識されていると思われること[29]に鑑みると，同判決は，労働条件が未確定の

---

[25] 日本ニューホランド事件・札幌地判平成 22 年 3 月 30 日労判 1007 号 26 頁。
[26] 中山慈夫「高年法と再雇用制度における労働契約の成否」菅野和夫＝中嶋士元也＝野川忍＝山川隆一編『労働法が目指すべきもの（渡辺章先生古稀記念）』（信山社，2011 年）65～68 頁。
[27] 富永・前掲注 23）「判批」184 頁。
[28] 大阪地判平成 23 年 8 月 12 日労経速 2121 号 3 頁。

場合にも，労働者の要保護性を肯定しうるとの立場であると理解する余地がある[30]。

　以上の議論状況をもとに検討すると，継続雇用制度のもとで労働者がもつ雇用の継続に関する期待にもかなりの水準の違いがあり，当該制度の適用により特定の労働条件（期間，担当職務，勤務日数，勤務時間，賃金額等）による再雇用契約の成立を期待できる場合もあれば，それらの労働条件が個別の交渉により決定されるなどの事情により，特定の労働条件による再雇用契約の成立までは期待できない場合もあるものと考えられる。そして，とりわけ有期労働契約の反復更新により形成される雇用の継続に関する期待との対比を考慮するならば，再雇用契約の締結により，一定の期間の雇用が確保され，一定の賃金が支払われることに関する期待が客観的に形成されたとみることができない場合には，雇用の継続に関する期待が労働者の要保護性を基礎づける水準に達していると評価できないと解すべきである。より具体的には，継続雇用制度の合理的運用，当事者意思の補充的解釈などをとおして，契約期間や賃金額を確定できる場合には[31]，雇用の継続に関する期待が労働者の要保護性を基礎づける水準に達していると評価できるが[32]，これらの方法により契約期間や賃金額を確定できない場合には，雇用の継続に関する期待が労働者の要保護性を基礎づける水

---

[29] 同判決は，「原告らが定年後継続雇用を希望し，具体的客観的に定められた要件を充足するにもかかわらず，被告がこれを拒否あるいはそれまでの労働条件（雇用期間を含む。）と異なる条件を提示した点（以下，被告の同対応について「本件雇い止め等」という。）については，客観的に合理的な理由があり，本件雇い止め等が社会通念上相当であると認められるか否かという観点から判断するのが相当である」（強調点筆者）という判断枠組みを提示しているが，強調点箇所は労働条件に関する協議が決裂した事実を意識していると考えられる。

[30] もっとも，同事件では，労働組合が期間1年（更新あり），賃金28万円の労働条件を提示し，これに対して，使用者が期間6ヵ月（更新なし），賃金20万円（後に25万円を提示）の労働条件を提示していたという事実がある。この事実をもとに，例えば，使用者が提示する労働条件を下限として当事者の意思を補充しうる事例であったとみるか，（特に契約期間に関して）当事者の提案は乖離しており，当事者の意思を補充する余地のない事例であったとみるかは，評価が分かれるところであると思われる。

[31] 原・前掲注 17）121～122頁は，同時期に継続雇用されたほかの労働者の賃金額，従来の継続雇用における労働条件などをもとに，補充的意思解釈により賃金額を確定できるとする。

準に達しているとは評価できないものと解される。

　(c)　使用者の契約責任　　上記のとおり，津田電気計器事件の最高裁判決は，労働者が対象基準に該当していたことを指摘して，雇用の継続に関する期待の合理性を肯定している。ここでは，直接的には，使用者の契約責任に関する評価は行われていない。

　これに対して，下級審裁判例には，つぎのように判断するものがある。まず，フジタ事件[33]は，①使用者が，再雇用に関する就業規則および労使協定により，対象基準を充足する労働者について継続雇用することを容認しており，②当該継続雇用制度のもとでは，定年退職した労働者には，対象基準を充たせば継続雇用されるという合理的な期待があったとして，雇止めとの類似性を指摘している。また，エフプロダクト事件（継続雇用制度のもとでの再雇用契約の更新拒否に関する事案）[34]は，①就業規則において，対象基準を充たす労働者を再雇用して，同じ基準により反復更新する旨を規定して，労使協定においても，就業規則の内容を踏襲しており，②当該労働者が，対象基準を充たす者として再雇用されているとして，雇用の継続に関する合理的期待を肯定している。

　これらの裁判例は，使用者が，継続雇用制度の導入により，対象基準に該当する労働者の継続雇用を引き受けた事実を指摘するものである。この判断は，期待の合理性を肯定するさいに，上記の事実を使用者の契約責任を正当化する重要な事情として考慮するものと位置づけることができる。継続雇用制度の導入は，対象基準に該当する労働者との関係では，雇用の継続を期待させる積極的な行為であり，使用者の契約責任を正当化する重要な事情と評価されるべきである[35]。

---

　*32)*　なお，契約期間，賃金額等について最低水準のみを特定できる場合には，当該水準が当事者（とりわけ労働者）の意思から乖離した内容でないときにのみ，当該最低水準による雇用の継続に関する期待を肯定すべきと考える。労働者の意思から乖離した低い労働条件により雇用を継続させる場合には，（とりわけそれが有期労働契約であるときには）労働者に意図しない労働条件による契約上の拘束をもたらすからである。

　*33)*　大阪地判平成 23 年 8 月 12 日労経速 2121 号 3 頁。

　*34)*　京都地判平成 22 年 11 月 26 日労判 1022 号 35 頁。

　*35)*　濱口桂一郎「判批」ジュリスト 1443 号（2012 年）116～117 頁，原・前掲注 *17*）120～121 頁。

(d) 期待の合理性に関する判断　以上に検討してきたとおり，再雇用制度のもとで違法な継続雇用拒否がなされた場合における法的救済（継続雇用された法的地位の確認）は，雇用の継続に関する期待が，雇止め法理に類似する法的保護を適用すべき程度に達していることを前提に，雇用の終了をやむを得ないとする特段の事情がない場合に，肯定すべきと解される。そして，当該保護を基礎づける期待の合理性は，労働者の要保護性および使用者の契約責任という2つの側面から評価されるべきである。

　ここで，労働者の要保護性について判断するには，まず，当該労働者が再雇用制度の適用対象であること（60歳以上・年金支給開始年齢未満の労働者については，対象基準のある再雇用制度においては，当該基準に該当すること）が確認されるべきである。また，当該労働者が再雇用された場合における重要な労働条件（契約期間，賃金額等）が，合理的または補充的な契約解釈などの手法をも用いて，当事者の意思から乖離することなく確定できることが必要であると解すべきである。つぎに，使用者の契約責任について判断するには，再雇用制度の導入により，使用者自身が当該制度の適用対象となる労働者の再雇用を引き受けていることが重視されるべきである。これらの考慮要素に照らして，雇用の継続に関する期待に合理性がある場合には，再雇用制度のもとでの継続雇用拒否について，雇止め法理に類似する法的保護が及ぶと解される[36)][37)]。

(e) 継続雇用拒否の適法性に関する判断　雇用の継続に関する期待の合理性が肯定される場合には，雇止め法理に類似する法的保護が及び，雇用の終了をやむを得ないとする特段の事情がない限り，使用者は継続雇用を拒否することができない。これに関連して，指針第2の2は，心身の故障のため業務に

---

[36)] 対象基準が違法である場合（男女差別，組合員差別等）には，労働者の要保護性に関していかなる判断がなされるべきかが問題になる（櫻庭・前掲注 15) 54～55頁，山下昇「継続雇用制度とその対象となる高年齢者に係る基準をめぐる法的問題」日本労働法学会誌114号（2009年）30～31頁も参照。なお，これらの見解は，本章とは異なり，申込みと承諾による再雇用契約の成立（本節2 (1) における①の構成）に関する考察である）。期待の合理性に関する判断について，本章のように理解するならば，労働者の期待が個々の再雇用制度の内容に即して発生するものである以上，たとえ違法な対象基準が用いられていても，当該基準に該当しない場合には期待の合理性を肯定することは困難である。この場合には，人格権侵害の不法行為（民709条）として，損害賠償（慰謝料）による法的救済がなされるべきである。

堪えられない，勤務状況が著しく不良で引き続き従業員としての職責を果たしえないなど，就業規則所定の解雇事由または退職事由に該当する場合には，使用者が継続雇用を拒否しうるとしている。このほか，経営上の理由により雇用の継続が困難である場合にも，継続雇用を拒否しうると解される[38]。

　なお，津田電気計器事件の最高裁判決は，上記の雇用の終了をやむを得ないとする特段の事情の審査に関して，解雇権濫用法理の類推適用という表現を用いていない。しかし，同判決が参照する雇止め法理が，解雇権濫用法理におけるのと同様の観点から雇止めの適法性を審査していることに鑑みると，同判決に依拠する場合にも，拒否事由の存在を理由とする再雇用拒否に関しては，解雇権濫用法理と同様の観点から審査がなされるものと解される。

(3) 特殊関係事業主との関係での継続雇用拒否

　継続雇用制度は，使用者が労働者を定年後も雇用する制度のほか，使用者が，所定の要件（高年則4条の3）を充たす使用者の子会社，親会社，関連会社等（以下「特殊関係事業主」とする）との間で当該特殊関係事業主が当該使用者の労働者を定年後も雇用することを約する契約を締結して，当該労働者の雇用を確保する制度も含んでいる（高年9条2項）。後者の類型の継続雇用制度のもとで違法に継続雇用が拒否された場合における法的救済についても問題となるが，特殊関係事業主と労働者との間には直接的な法律関係は存在せず，雇止めとの類似性を肯定する余地はないため，これまで検討してきた法律構成（本節2(2) 参照）では保護できない。これに対して，学説の中には，使用者・特殊関

---

[37]　60歳以上・年金支給開始年齢未満である労働者との関係では，雇止め法理に類似する法的保護が及ぶかを判断するさいに，継続雇用制度に関して希望者全員を対象とすることを要求する2012年改正法の趣旨・内容を考慮すべきかが問題となる（水町勇一郎「判批」ジュリスト1451号（2013年）115頁，森戸英幸「高年齢者雇用安定法」日本労働研究雑誌642号（2014年）11頁も参照）。期待の合理性に関する判断について，本章のように理解するならば，改正法の趣旨・内容それ自体は救済の可否を判断するさいには考慮されず，適用対象が限定されている事例，対象基準が設定されている事例などでは，この対象や基準に該当しない労働者についての雇止め法理に類似する法的保護は否定されることになる。これらの違反行為に対しては，高年法上の履行確保措置（高年10条）が活用されるべきである。

[38]　フジタ事件・大阪地判平成23年8月12日労経速2121号3頁（2012年高年法改正前の事例）参照。

係事業主間において締結される契約を一種の事業譲渡契約と位置づけ，当該事業譲渡契約に基づいて，労働者・特殊関係事業主間における再雇用契約の成立を肯定する見解がある[39]。

確かに，使用者・特殊関係事業主間に債権譲渡（労働契約上の権利の譲渡）に関する合意を認定できる場合には，労働者による継続雇用の申出を当該譲渡に対する承諾（民625条1項）と構成して，特殊関係事業主と当該労働者との間において労働契約が成立したとみることは可能である。しかし，使用者・特殊関係事業主間の契約が，継続雇用の枠組みを規定するにとどまり，個々の労働者の受入れには労働者と特殊関係事業主との間での労働契約の締結を予定している場合[40]には，使用者・特殊関係事業主間に上記のような債権譲渡に関する合意を認定することはできない。

むしろ，雇用の継続に関する期待に合理性がある限りで（本節2（2）（b）～（d）参照），期待権侵害の不法行為（民709条）として構成して，財産的損害（一定期間の逸失賃金）の賠償により，労働者に法的救済を与えることにより，妥当な範囲の救済を実現すべきである。この場合の賠償義務者は，継続雇用拒否の態様に即して確定されるべきであり，例えば，①使用者の選考行為が原因であれば使用者が，②特殊関係事業主の受入れ拒否が原因であれば特殊関係事業主が，③使用者と特殊関係事業主の間に共謀があれば両者が，それぞれ責任を負うと解すべきである。

## 3　継続雇用後の賃金

継続雇用制度のもとで勤務延長または再雇用された労働者の賃金に関しては，特別の法規制は用意されていない。ただし，高年齢の労働者が短時間労働者として勤務している場合には，通常の労働者との関係において，差別的取扱いの禁止などに関する法規制（短時労8条）が及ぶと解され，高年齢の労働者が有

---

[39]　山川・前掲注 *15*）52頁。このほか，特殊関係事業主により労働者の再雇用がなされなかった場合には，当該労働者の使用者であった事業主が依然として高年齢者雇用確保措置を講じる義務を負うとする見解がある（柳澤・前掲注 *13*）12頁）。

[40]　「高年齢者雇用安定法　Q&A」(http://www.mhlw.go.jp/general/seido/anteikyoku/kourei2/qa/index.html) のA5-2に掲載されている契約書例が，このような内容である。

期労働契約を締結して勤務している場合には，無期労働契約を締結している労働者との関係で，不合理な労働条件の禁止に関する法規制（労契20条）が及ぶと解される[41]。

また，継続雇用制度における賃金水準に関しては，それが就業規則により規定されている場合には，就業規則の合理性審査をめぐって議論がある。学説の中には，新たな労働契約の締結がなされる再雇用型であっても，労働条件が就業規則において規定される場合には，就業規則の不利益変更法理（労契10条）が適用されると解するものがある[42]。

ここでの合理性審査をめぐる議論における関心は，継続雇用後における賃金水準の適法性を判断するための考慮要素をどこに求めるかにあるものと思われる。確かに，就業規則の不利益変更法理を援用する場合には，継続雇用前の賃金水準，賃金決定に至る労使交渉の経緯などをも考慮して，詳細な事実に配慮する余地がうまれる。しかし，わが国における一般的な賃金制度を前提とする場合には，継続雇用前（定年直前）の賃金額は，その時点での労働者の生産性を上回る水準にある可能性が高いと指摘されている[43]。この指摘が妥当する場合には，継続雇用前の賃金と継続雇用後の賃金との比較は，継続雇用後の賃金水準の適法性を判断する要素として適切とはいいがたい。このように考えると，継続雇用後の賃金水準に関して，従前の労働条件との比較を重要な要素とする就業規則の不利益変更法理を援用するとの解釈は支持できない。この場合には，新たな労働条件の設定として，労働契約法7条の合理性審査によるべきである。

---

[41] さらに，継続雇用制度のもとで労働者が有期労働契約を締結して勤務している場合には，定年前の当該労働者との対比で，不合理な労働条件の禁止に関する法規制（労契20条）が及ぶとする見解もある（森戸英幸ほか「高年齢者雇用安定法改正の評価と高年齢者雇用のこれから」ジュリスト1454号（2013年）20～21頁〔水町勇一郎発言〕）。

[42] 山川・前掲注15）53頁。なお，同論文は，合理性が否定された場合には，当事者の合理的意思解釈を通じて賃金額の推定を行うとしている。

[43] 水町勇一郎『労働法（第5版）』（有斐閣，2014年）35～38頁，森戸英幸＝川口大司「高齢者雇用」荒木尚志ほか編『雇用社会の法と経済』（有斐閣，2008年）56～61頁，大内伸哉＝川口大司『法と経済で読みとく雇用の世界（新版）』（有斐閣，2014年）269～272頁・278～282頁。

ところで，高年齢の労働者の雇用確保という政策目的との関連でとりわけ重要なのは，継続雇用後における労働条件が労働者の就業意欲を維持させるに足りる内容であるかという問題であろう。もっとも，このような政策目的との適合性については，それが職務内容，賃金水準などの労働契約におけるもっとも基本的な労働条件をめぐる問題であることに鑑みると，就業規則法理（契約法理）により規制をすることは困難なだけでなく，適切でもない。このような意義における労働条件の妥当性は，公的な助成，および，労使間の交渉によって促進されるべきである（第4節1参照）。

## 第4節　法政策上の課題——雇用と年金の接続

### 1　年金支給開始年齢までの雇用確保

#### （1）　継続雇用制度の規律

年金支給開始年齢までの雇用の確保のためには，継続雇用制度の適正な運用が重要な意義をもつ。この点について，継続雇用制度は，原則として希望者全員の継続雇用を要求する制度であり（年金支給開始年齢以上・65歳未満の労働者については，一定の場合に，労使協定により対象基準を用いることが認められている。第2節2(1)参照），それゆえ，すくなくとも法律上は，雇用と年金との接続が果たされたとの評価がなされている[44]。

これに対して，人的資源管理論の観点から，一定の場合には，就労意欲をもつ労働者であっても，継続雇用制度のもとで雇用の継続に関する申出を差し控える可能性があるとの指摘がなされている[45]。具体的には，わが国の企業では，労働者は，日々の人事管理を通じて，自己に対する使用者の評価をしばしば把握しており，このような状況では，当該労働者は，使用者が積極的に自己を継続雇用したくはないであろうと察知した場合には，就業意欲があっても継続雇用の希望を申し出ない傾向があると説明されている。そして，この見解は，

---

[44]　厚生労働省職業安定局高齢者雇用対策課・前掲注1）32〜33頁。
[45]　高木朋代「高年齢者雇用安定法の改正と逆理的帰結」ジュリスト1454号（2013年）43〜47頁。

このような（労働者自身による）選抜の圧力を除去するためには，高年齢の労働者を受け入れる職場環境，能力や仕事に応じた処遇，本人の希望を反映した勤務形態などが必要だと指摘している[46]。

立法政策という側面からこの指摘を受け止めると，これらの個々の企業の特性に即した職場環境および労働条件の整備のためには，労使交渉の促進という観点が有効である[47]。この点，2012（平成24）年改正前の継続雇用制度は，労使協定を締結した企業に対して対象基準の設定という例外を許容することで，労使交渉を促進する機能をもちうるものであった。しかし，労使交渉の対象が継続雇用の対象者という限られた範囲であったため，職場環境や労働条件の全般に関わる労使交渉まで促進するものではなかった。

これに対して，労使交渉をより積極的に促進するためには，現行法における高年齢者雇用確保措置のうち，もっとも柔軟な制度設計が可能な継続雇用制度の導入について，労使協定の締結を要求するという方法が考えられる。すなわち，現行の高年齢者雇用確保措置を一定期間運用して，定年年齢の引上げが相当程度進展した時期における立法提案という留保のもとではあるが，高年齢者雇用確保措置の内容は，原則として定年年齢の65歳への引上げによることとし，ただし，例外として労使協定の締結を要件としつつ，継続雇用制度の存続を許容するという仕組みである。この場合における協定事項は，基本的な労働条件の決定方法（契約期間，職務内容，勤務日数，勤務時間，賃金等の決定に関する客観的な枠組み）のほか，高年齢の労働者の能力開発に関する事項なども要求することで，高年齢者の雇用の安定に寄与しうる労使の交渉を促進すべきである。

(2) 賃金補助・助成金の活用

他方で，人的資源管理論の観点からは，高年齢者雇用安定法の2006（平成18）年改正後における高年齢の労働者をめぐる雇用の状況について，①継続雇

---

[46] 高木・前掲注 *45*) 43～47頁。
[47] 労使交渉に関しては，原昌登「高齢者雇用」季刊労働法213号（2006年）34頁が，高年齢の労働者には非組合員が多いことを指摘して，過半数組合等との労使協定に代わる方法として，高年齢の労働者との関係での意見聴取や労使交渉について提案している。

用制度のもとでは，職務の変更，賃金の減額などにより労働者のモチベーションが低下していた，②そのような問題を回避するには定年の引上げという選択肢もあったが，そのコストを負担できる企業は限られていたという指摘がある[48]。

立法政策という側面からこの指摘を受け止めると，継続雇用制度の設計における制約要因である使用者のコスト負担を除去または軽減するために，労働者に対する賃金補助または使用者に対する助成金の活用について検討する余地がでてくる。この点について，現在は，高年齢雇用継続給付（第2節1・2参照）のほか，使用者に対する助成金も整備されている[49]。そして，これらの賃金補助または助成金については，①高年齢の労働者の雇用を増加させる効果をもつとともに，②高年齢の労働者と代替的な関係にある労働者（短時間労働者等）の雇用を抑制する効果[50]，および，③高年齢の労働者の賃金を低下させて当該労働者層を一般労働者から分離させる効果[51]などを伴うことが指摘されている。

これらのうち，②の指摘は，いかなる労働者層に対する就労促進を重視するかという問題を提起するものと捉えることができるが，雇用と年金の接続をめぐる法制度の現状，高年齢の労働者の雇用情勢をめぐる労働市場の現状などに鑑みると，高年齢の労働者に焦点を当てた就労促進のための施策として，肯定的に評価することができる。

また，③の指摘は，現在および将来における雇用政策において高年齢の労働者をいかに位置づけるべきかという問題を提起するものと捉えることができる。この点に関しては，現在の政策目的（第1節参照）が引退過程に関わる従来の雇用慣行の修正を要請するものである以上，すくなくとも過渡的な政策手段として用いる限りでは，使用者・労働者の双方に対して雇用を増加させる誘因を

---

[48] 守島基博＝大内伸哉『人事と法の対話』（有斐閣，2013年）220〜222頁。
[49] 山口大輔「少子高齢化に伴う高年齢者の雇用に向けた国会論議」立法と調査334号（2012年）37頁。
[50] 八代尚宏「高齢者就業と雇用保険制度の役割」日本労働研究雑誌456号（1998年）25〜28頁。
[51] 岩村正彦「変貌する引退過程」岩村正彦＝菅野和夫編『職業生活と法』（岩波書店，1998年）335頁。

与える施策として，肯定的に評価することができる[52]。

## 2 賃金と年金の調整

### (1) 在職老齢年金の課題

賃金と年金の調整に関する法制度のあり方は，高年齢の労働者の就労促進との関係でも重要な意義をもつ。この調整のための仕組みを提供するのが，在職老齢年金であり，現行の法制度においては，年金支給開始年齢以上の幅広い年齢の労働者を対象とする制度となっている。

この点，労働経済学の観点からは，在職老齢年金（在職支給停止）の存在が，高年齢の労働者の就労意欲を阻害していると指摘されている[53]。もっとも，この主張には反論もあり[54]，在職老齢年金の仕組みが労働者の就労や賃金に与える影響については，評価が分かれている。

他方で，在職老齢年金に関しては，法律学の観点から，公的年金の趣旨や性質に着目して，問題提起がなされ，または，議論が行われている[55]。上記のように在職老齢年金の実態的な影響について評価が分かれている議論状況に鑑み，かつ，高年齢の労働者の就労実態のさらなる多様化を見据えるならば，賃金と年金の調整について論じるには，一方では，厚生年金に加入する労働者（被用者）全般との関係において，年金制度に対する理解を得ることが必要であるし，他方では，調整の対象となる労働者自身との関係において，調整方法に対する納得を得ることも重要である。在職老齢年金に関する規範的な視点から

---

[52] 岩村・前掲注 51) 335～336 頁は，高年齢雇用継続給付が 60 歳代前半層の雇用創出に果たす役割を評価しつつも，当該給付はあくまで当面の措置として，60 歳代前半の労働者についても 60 歳前の労働者と同様の雇用に就くという方向で施策を立案すべきであると指摘している。

[53] 清家篤『労働経済』（東洋経済新報社，2002 年）266～268 頁，小塩隆士『社会保障の経済学（第 4 版）』（日本評論社，2013 年）120～123 頁。

[54] 堀勝洋『年金保険法（第 3 版）』（法律文化社，2013 年）387～388 頁，堀勝洋「在職老齢年金はどうあるべきか」週刊社会保障 2718 号（2013 年）44～46 頁。

[55] 嵩さやか「所得比例年金の課題」日本社会保障法学会編『これからの医療と年金』（法律文化社，2012 年）225 頁は，在職老齢年金について議論するさいには，老齢厚生年金における保険事故（退職または老齢）を明らかにし，在職老齢年金制度の位置づけに遡って検討する必要があると問題提起している。

の議論は，これらの理解や納得を確保するために，重要な視角を提供するものと考えられる。

(2) 年金制度の類型

年金制度（特に老後に支払われる給付に関わる制度）は，老齢年金と退職年金に区別される。老齢年金は，高齢になると就労が困難になることに着目して，一定年齢への到達を支給事由として支払われる。他方，退職年金は，退職すると賃金が得られなくなることに着目して，退職を支給事由として支払われる[56]。年金制度を老齢年金として構成する場合には，在職中でも一定年齢への到達により年金給付が支払われることが原則となるため[57]，在職支給停止の実施は例外的な措置と位置づけられる。これに対して，年金制度を退職年金として構成する場合には，退職により年金給付が支払われることが原則となるため[58]，在職老齢年金の支給は例外的な措置と位置づけられる。

この点，わが国の公的年金制度（国民年金制度および厚生年金制度）は，一定年齢への到達を，年金給付の支給事由としており，老齢年金として構成されている。なお，厚生年金制度は，かつては一定年齢到達後における被保険者の資格の喪失（退職）を支給事由としていたが，この取扱いによれば，高齢になった場合や，賃金が低下した場合にも，被保険者である限りは年金給付が支払われず厳しすぎるとして，一定年齢への到達を支給事由とする仕組みに改正されている[59]。これらの制度改正の理由は，現在においても妥当し，とりわけ，①年金支給開始年齢以上・65歳未満の労働者について，雇用と年金を併用した生計の維持を推進し，また，②高年齢の労働者の就労それ自体（そこには，当然，賃金水準が低下した状態での就労も含まれる）をも促進するという立法政策のもとでは，賃金が低下した高年齢の労働者に年金給付を支払う必要性はさらに高まっている。したがって，一定年齢への到達を年金給付の支給開始年齢とする現行の公的年金制度の基本構造は妥当なものである。

---

56) 以上につき，堀・前掲書注54) 11〜12頁。
57) 堀・前掲注54) 43頁。
58) 堀・前掲注54) 43頁。
59) 有泉亨＝中野徹雄編『厚生年金保険法』（日本評論社，1982年）107頁〔喜多村悦史〕。

## (3) 調整の妥当性

　そこで，一定年齢への到達を支給事由とする老齢年金において，例外的な措置として賃金と年金の調整を行うことの妥当性が問題となる。この問題に関して，社会保険における保険給付の支給内容については，受給者の必要（ニーズ）をも考慮して決定される（必要給付原則）と説明されることがある[60]。このような理解を前提とし，また，公的年金の制度趣旨を所得の低下・喪失に直面した高齢者等に対する生活保障だと捉えると，就労して賃金を得ている高齢者に対しては，低賃金である場合を除いて，年金給付を支給停止することが妥当という見解が成り立ちうる[61]。しかし同時に，社会保険における保険給付については，拠出と給付の対価関係を基礎として，所定の支給事由が充足された場合に，定型的な支給内容を保障するとことに特徴があるとも指摘されている[62]。このような観点からは，労働者の賃金額に応じた在職支給停止は，年金支給に所得要件を課したと評価される余地があるし[63]，また，自助努力の否定であるとの批判もなされうる[64]。

　以上をもとに検討すると，わが国における厚生年金制度は，一定年齢への到達を支給事由としているものの，他方では，年金支給開始年齢への到達後にも，70歳未満の者を，適用事業所に使用されている場合には被保険者として扱っている（厚年9条）。ここからは，わが国の年金制度が，年金支給開始年齢に到達した者を，年金支給との関係では引退世代として擬制しつつも，一定年齢ま

---

[60] 堀勝洋『社会保険法総論（第2版）』（東京大学出版会，2004年）40～43頁。

[61] 堀・前掲注54）46～47頁。

[62] 西村健一郎『社会保障法（追補版）』（有斐閣，2006年）28頁，岩村正彦『社会保障法Ⅰ』（弘文堂，2001年）43～44頁，加藤智章ほか『社会保障法（第5版）』（有斐閣，2013年）24頁。

[63] 岩村正彦「2004年公的年金改革」ジュリスト1282号（2005年）48頁は，特に70歳以上の労働者に対する在職支給停止について，年金受給に所得要件を課したという意味は否定できないとする。これに対して，堀・前掲注54）46頁は，在職して賃金を得ている者に対して年金を支給停止するものであり，所得制限とは異なるとする。

[64] 江口隆裕「在職老齢年金再考」週刊社会保障2710号（2013年）36～37頁。なお，同論文は，在職老齢年金を廃止して，健康な高齢者の就労を促進することは，当該就労から得られた所得に基づく医療保険料，所得税等の支払により，高齢世代内における所得再分配を促進するものであると主張している。

での在職者についていまだ現役世代としての位置づけをも与えているとみることができる[65]。

　この点に着目すると，在職老齢年金のうち，①特別支給の老齢厚生年金に関する在職支給停止（低所得者在職老齢年金），および，②本来支給の老齢厚生年金に関する在職支給停止（高年齢者在職老齢年金）であって，ⓐ70歳未満の者（被保険者）を対象とするものについては，これらの被保険者について現役世代としての側面があることに鑑みて，賃金と年金の調整をも正当化しうるものと考える。

　これに対して，②本来支給の老齢厚生年金に関する在職支給停止（高年齢者在職老齢年金）であって，ⓑ70歳以上の者（適用事業所に使用される者）を対象とするものについては，これらの70歳以上の者について厚生年金制度の中で現役世代としての位置づけが与えられていない以上，賃金と年金の調整を正当化することは困難であると考える。

　このように，在職老齢年金に関しては，被保険者の資格と関連づけた取扱いにより，賃金と年金の調整に関する理解を深め，または，納得を高めるべきである。

## 第5節　今後の課題

　本章においては，法解釈上の課題として，継続雇用制度のもとでの当事者の法律関係または法的責任に関する問題について検討し，また，法政策上の課題として，年金支給開始年齢までの雇用の確保，および，賃金と年金の調整に関する問題について取り上げてきた。もっとも，とりわけ法政策上の課題については，現在採用されている法政策の方向性を基礎としながら，現行の法制度の評価および改善についての検討を行うにとどまっている。

　周知のとおり，高年齢の労働者に関する雇用政策をめぐっては，年齢差別の禁止を含めた，より抜本的な問題提起もなされているところである。また，今後の年金政策をめぐっては，さらなる年金支給開始年齢の引上げなど，制度の

---

65)　小野寺史朗「安心と信頼の年金制度へ」時の法令1627号（2000年）16頁も参照。

根本に関わる議論も行われている。そして，高年齢の労働者に関する問題が，わが国における雇用慣行とも密接に関わる課題であり，それゆえ法政策の展開には特に長い時間を要することに鑑みると，中長期的な政策課題について積極的に取り組むことの意義も，けっして小さくないものと思われる。このような問題への取組みについては，今後の課題としたい。

＊本稿脱稿後に，森戸英幸「高齢化社会における雇用と引退」荒木尚志責任編集『社会変化と法』（岩波書店，2014年）所収に接した。

# 第10章　障害者雇用・就労の展望
## ——障害者施設物品調達推進法を中心に

　　第1節　はじめに
　　第2節　現行法の特徴——障害者雇用促進法と障害者総合支援法
　　第3節　新たなアプローチの必要性
　　第4節　障害者就労の展望

小　畑　史　子

## 第1節　はじめに

　本書は，「労働者像の多様化」と「労働法と社会保障法の交錯」をキーワードとし，「重要ではありながら，従来あまり検討されてこなかったもの」について研究するという目的を掲げている。それを踏まえれば，「障害を抱える労働者」がテーマである本章で論ずべき内容は，障害者の通常の労働市場における就労と福祉的就労の両者に関係する障害者施設物品調達推進法が候補となろう。立法されてから日が浅く，研究もあまりなされていないこの法律は，労働者をめぐるほかの法律にはあまり見られない特徴を有している。

　近年，障害者雇用促進法の改正をはじめ，障害を有する労働者に関する法政策の変化は目覚ましいものがある。それらの法政策の変化の1つであるこの法律を，ほかの法政策の変化とともに検討することにより，障害を抱える労働者をめぐる雇用社会のあり方を展望しよう。

## 第2節　現行法の特徴——障害者雇用促進法と障害者総合支援法

　まず障害者の就労をめぐる現行法を確認する。通常の労働市場における就労

（一般就労）については，障害者雇用促進法が，福祉的就労については障害者総合支援法が定めをおいている。

## 1　障害者雇用促進法

障害者雇用促進法は，職業リハビリテーションの推進（第2章）と身体障害者又は知的障害者の雇用義務等に基づく雇用の促進等（第3章）を柱とする法律である[1]。

### (1)　障害者雇用率と給付金

同法は，第3章において，「事業主……は，厚生労働省令で定める雇用関係の変動がある場合には，その雇用する身体障害者又は知的障害者である労働者の数が，その雇用する労働者の数に障害者雇用率を乗じて得た数（……）以上であるようにしなければならない。」（43条1項），「前項の障害者雇用率は，労働者……の総数に対する身体障害者又は知的障害者である労働者……の総数の割合を基準として設定するものとし，少なくとも5年ごとに，当該割合の推移を勘案して政令で定める。」（同2項）と規定する。常用雇用者数が一定以上の事業主は，一定の雇用率に達する人数の身体障害者または知的障害者の雇用を義務づけられているのである[2]。

雇用率未達成の事業主からは障害者雇用納付金が徴収される（同法53条）。その額は，月額5万円（同法施行令17条）である。

同法は，「事業主……は，毎年1回，……身体障害者又は知的障害者である労働者の雇用に関する状況を厚生労働大臣に報告しなければならない。」（43条7項），「厚生労働大臣は，……その雇用する身体障害者又は知的障害者である労働者の数が法定雇用障害者数未満である事業主（……）に対して，身体障害

---

[1]　障害者雇用促進法については，改正を契機に多くの特集が組まれ，論考が発表されている。「特集1・障害者権利条約の批准と国内法の課題」論究ジュリスト8号（2014年）2頁以下，「特集・障害者雇用法制の新展開」季刊労働法243号（2013年）2頁以下，「特集・障害者権利条約と障害者雇用」労働法律旬報1794号（2013年）6頁以下等。障害者雇用政策の沿革については，手塚直樹『日本の障害者雇用――その歴史・現状・課題』（光生館，2000年），永野仁美「障害者雇用政策の動向と課題」日本労働研究雑誌646号（2014年）4頁等。なお，「障がい者」の表記につき法律名にならい本章では「障害者」を用いる。

者又は知的障害者である労働者の数がその法定雇用障害者数以上となるようにするため，……身体障害者又は知的障害者の雇入れに関する計画の作成を命ずることができる。」(46条1項)，「厚生労働大臣は，第1項の計画が著しく不適当であると認めるときは，当該計画を作成した事業主に対してその変更を勧告することができる。」(同条5項)，「厚生労働大臣は，特に必要があると認めるときは，第1項の計画を作成した事業主に対して，その適正な実施に関し，勧告をすることができる。」(同条6項)，「厚生労働大臣は，前条第1項の計画を作成した事業主が，正当な理由がなく，同条第5項又は第6項の勧告に従わないときは，その旨を公表することができる。」(同法47条)としている。

また同法は「厚生労働大臣は，在宅就業障害者の就業機会の確保を支援するため，事業主で次項の規定に該当するものに対して，同項の在宅就業障害者特例調整金を支給する業務を行うことができる。」(74条の2第1項)，「厚生労働大臣は，……各年度ごとに，在宅就業障害者との間で書面により在宅就業契約を締結した事業主……であつて，在宅就業障害者に在宅就業契約に基づく業務の対価を支払つたものに対して，調整額に，当該年度に支払つた当該対価の総額(……)を評価額で除して得た数(……)を乗じて得た額に相当する金額を，当該年度分の在宅就業障害者特例調整金として支給する。」(同条2項)と定め，附則は「厚生労働大臣は，当分の間，その雇用する労働者の数が常時200人以下である事業主に対して次項の報奨金及び第4項の在宅就業障害者特例報奨金(……)を支給する業務を行うことができる。」(4条2項)，「厚生労働大臣は，

---

2) 2013年4月1日現在民間企業は2.0%，国・地方公共団体・独立行政法人等は2.3%，都道府県等の教育委員会は2.2%である。民間企業での障害者の雇用者数は，2012年6月1日現在38万2千人(前年比4.4%増)で，9年連続で過去最高を更新するなど，一層の進展がみられる。また，従業員56人以上の民間企業で働く障害者の割合(実雇用率)は1.69%(前年同期1.65%)であるが，1,000人以上規模の大企業では1.90%と法定雇用率(1.8%。2013年4月1日以降は，民間企業の法定雇用率は2.0%に引き上げられている。)を上回っている。『平成25年度版 厚生労働白書』219頁。雇用率制度の詳細については，長谷川珠子「障害者の福祉と雇用と『福祉的就労』」濱口桂一郎編『福祉と労働・雇用』(ミネルヴァ書房，2013年) 71頁以下参照。雇用率制度の対象となる障害者に精神障害者も含める改正につき永野・前掲注1) 7頁，倉知延章「精神障害者の雇用・就業をめぐる現状と展望」日本労働研究雑誌646号(2014年) 34頁。

当分の間，厚生労働省令で定めるところにより，各年度ごとに，在宅就業障害者との間で書面により在宅就業契約を締結した対象事業主（……）であつて，在宅就業障害者に在宅就業契約に基づく業務の対価を支払つたものに対して，報奨額に，対象額を評価額で除して得た数（……）を乗じて得た額に相当する金額を，当該年度分の在宅就業障害者特例報奨金として支給する。」（同条4項）と定める。

同法は，「厚生労働大臣は，身体障害者又は知的障害者の雇用に伴う経済的負担の調整並びにその雇用の促進及び継続を図るため，次に掲げる業務（…）を行う。」（49条1項）とし，雇入れまたは雇用の継続のために必要となる施設または設備の設置または整備に要する費用に充てるための助成金等，様々な助成金を規定している。

通常の労働市場で働く障害者には，当然，労働法の適用がある。したがって，原則として，障害者にも最低賃金が適用され，結果として，通常の労働市場で働いている障害者については，一定の所得水準を得ていることが確認されている[3]。しかしながら，最低賃金法（7条1号参照）は，一定の場合に最低賃金を減額することを認めている（減額特例）。

(2) 職業リハビリテーション

同法のもう1つの柱である「職業リハビリテーション」は，「障害者に対して職業指導，職業訓練，職業紹介その他この法律に定める措置を講じ，その職業生活における自立を図ることをいう」（2条7号）。職業リハビリテーションの措置は，「障害者各人の障害の種類及び程度並びに希望，適性，職業経験等の条件に応じ，総合的かつ効果的に実施されなければなら」ず（8条1項），「必要に応じ，医学的リハビリテーション及び社会的リハビリテーションの措置との適切な連携の下に実施される」（同条2項）。

職業リハビリテーションの実施機関としては，公共職業安定所（ハローワーク。9〜18条），障害者職業センター（19〜26条），および，障害者就業・生活支援センター（27〜33条）が存在している[4]。

---

[3] 永野仁美『障害者の雇用と所得保障』（信山社，2013年）72頁，長谷川・前掲注2) 82頁。

### (3) 小　括

　以上のように，障害者雇用促進法は職業リハビリテーションに関する規定とともに雇用率制度，納付金制度，調整金制度，助成金等の規定をおき，それらの施策により，一定以上の障害者が通常の労働市場で就労しており，その数は増加している。しかし，納付金の額が5万円にとどまり，雇入れ計画実施に関する行政の勧告に従わない企業があってもその旨を公表されるにとどまり罰則はないこと等もあり，障害者の雇用に消極的な事業主も存在する[5]。

## 2　障害者総合支援法

　障害者が通常の労働市場以外で就労するいわゆる福祉的就労については，障害者総合支援法が定めをおいている。

　福祉的就労に関する自立支援給付の中の「訓練等給付」には，①就労移行支援，②就労継続支援（A型），③就労継続支援（B型）がある。

### (1)　就労移行支援

　就労移行支援は，就労を希望する障害者につき，厚生労働省令で定める期間にわたり，生産活動その他の活動の機会の提供を通じて，就労に必要な知識および能力の向上のために必要な訓練その他の厚生労働省令で定める便宜を供与することをいう（5条13項）。

　就労移行支援の利用者は，24ヵ月以内を標準期間として，就労に必要な知識および能力の向上のために必要な訓練を受けることができる[6]。

　就労移行支援を展開する事業には，介護給付費等単位数表で定められた報酬単価に応じて，報酬が支払われる。報酬単価は，利用定員数により異なるが，

---

　[4]　職業能力開発支援の現状については，『平成25年度版 厚生労働白書』222頁。同書219頁によれば，ハローワークを通じた障害者の就職件数は，2012年度は過去最高の68,321件（前年度比15.1％増）で，障害種別で見ると，精神障害者の伸びが著しく，前年度と比較し，26.6％増であった。大曽根寛「生活支援と職業支援」社会保障法25号（2010年）38頁以下。歴史につき伊藤修毅『障害者の就労と福祉的支援』（かもがわ出版，2013年）58頁以下。

　[5]　『平成25年度版厚生労働白書』220頁によれば，2012（平成24）年3月には3社の企業名を公表したが，2013（平成25）年3月には11年ぶりに公表企業数が0社となった。長谷川・前掲注2）85頁，伊藤・前掲注4）69頁以下。

　[6]　永野・前掲注3）68頁，長谷川・前掲注2）79頁。

例えば、定員が21人以上40人以下の場合の標準単価は、742単位である（2012年4月施行版）。地域により1単位の単価は異なるが、おおむね10を掛ければ1日の報酬となる[7]。就労移行支援については、一般就労へ移行した後の定着率に応じて報酬の評価上乗せがある。なお、就労移行支援の利用者は、原則として、上記報酬単価の1割を自己負担する（就労継続支援［A・B型］も同じ）[8]。

(2) 就労継続支援（A型）

就労継続支援とは、通常の事業所に雇用されることが困難な障害者につき、就労の機会を提供するとともに、生産活動その他の活動の機会の提供を通じて、その知識および能力の向上のために必要な訓練その他の厚生労働省令で定める便宜を供与することをいう（5条14項）。就労継続支援にはA型とB型がある。A型は一般に雇用型、B型は非雇用型と呼ばれる。

就労継続支援A型は、通常の事業所に雇用されることが困難であって、雇用契約に基づく就労が可能である者に対して行う雇用契約の締結等による就労の機会の提供および生産活動の機会の提供その他の就労に必要な知識および能力の向上のために必要な訓練その他の必要な支援である（障害者の日常生活及び社会生活を総合的に支援するための法律施行規則（平成18年2月28日）（厚生労働省令第19号）6条の10第1号）。

A型事業所では、原則として、通所によって、労働契約に基づく就労の機会の提供、および、一般就労に必要な知識や能力が高まった者に対する支援が行われる。A型事業所そのものが、雇用の場となる点に特徴がある[9]。

A型事業所で労働契約に基づいて働いている者には、労働基準法や最低賃金法等の労働法の適用がある[10]。しかし、賃金については、最低賃金法7条において「精神又は身体の障害により著しく労働能力の低い者」には最低賃金の減額が認められているため、最低賃金に満たない額で働く障害者も存在する。

---

[7] 永野・前掲注3）68頁。
[8] 永野・前掲注3）69頁。長谷川・前掲注2）78頁も参照。
[9] 永野・前掲注3）70頁。A型固有の機能と実態につき伊藤・前掲注4）122頁以下。長谷川・前掲注2）80頁も参照。
[10] 永野・前掲注3）70頁、長谷川・前掲注2）82頁以下、小西啓文「障害者雇用と就労支援」日本社会保障法学会編『地域生活を支える社会福祉』（法律文化社、2012年）216頁。賃金の実態につき伊藤・前掲注4）126頁。

労働契約に基づくものであることから、労働契約に基づかないB型よりも高い水準の賃金が支払われている。

A型の報酬単価は、例えば、利用者に対する人員の配置が7.5：1以上で、利用定員が21人以上40人以下の場合については、522単位と設定されている（2012（平成24）年4月施行版）[11]。また一級の障害基礎年金を受給している利用者を一定割合以上受け入れている場合には、加算もある。なお、A型事業所は、障害者雇用納付金制度に基づく報奨金等の受理が可能とされている[12]。

(3) 就労継続支援（B型）

就労継続支援B型は、通常の事業所に雇用されることが困難であって、雇用契約に基づく就労が困難である者に対して行う就労の機会の提供および生産活動の機会の提供その他の就労に必要な知識および能力の向上のために必要な訓練その他の必要な支援である（同施行規則6条の10第2号）。

雇用契約を締結していないことから、B型で就労する障害者には、労働法の適用はなく、労基法の意味での賃金の支払はないが、工賃の支払がある。

B型の報酬単価は、例えば、利用者に対する人員の配置が7.5：1以上で、定員が21人以上40人以下の場合については、522単位となっている（2012（平成24）年4月施行版）[13]。就労継続支援B型では、目標工賃水準を達成した場合に、報酬の上乗せがなされることになっており、これが、工賃引き上げのためのインセンティブを与えている。また、A型と同様、一級の障害基礎年金を受給している利用者を一定割合以上受け入れている場合には、加算が認められる[14]。

労働法の適用がある就労継続支援A型事業所および福祉工場で働く障害者の賃金の水準は、月額平均10万円を超えているが、労働法の適用のない就労継続支援B型および授産施設では、障害者に支払われる工賃は、月額平均1万2000円と非常に低い数値となっている[15]。

---

[11] 永野・前掲注3) 70頁。
[12] 永野・前掲注3) 70頁。
[13] 永野・前掲注3) 71頁。
[14] 永野・前掲注3) 71頁。
[15] 永野・前掲注3) 75頁、長谷川・前掲注2) 82頁。

2007年以降,「工賃倍増五カ年計画」が実施され,福祉的就労の底上げが目指された。この工賃倍増計画では,民間企業等の技術やノウハウ等を活用し,官民一体となって,非雇用の形態で働く障害者の工賃(賃金)を引き上げる取組みが推進されている[16]。

(4) 小　括

福祉的就労の場は,通常の労働市場での就労が困難な障害者にとって,日中活動の場,仕事仲間との交流の場として,また,心身機能の低下の防止,一般雇用へ向けた職業訓練の場として,重要な意味をもっている[17]。しかし,通常の労働市場への移行が十分に行われておらず,工賃が低い等の問題点もあった。

## 3　障害者雇用促進法をめぐる新たな動き
―― 差別禁止と合理的配慮提供義務

次に,2013(平成25)年の障害者雇用促進法改正で新たに登場した,差別禁止と合理的配慮提供義務につき検討しよう。これらの規定が追加されたことは,雇用率を中心とした従来の障害者雇用促進法の性格を大きく変化させる。

(1) 対象たる障害者

障害者雇用促進法の対象となる障害者は,「身体障害,知的障害,精神障害(発達障害を含む。……)その他の心身の機能の障害……があるため,長期にわたり,職業生活に相当の制限を受け,又は職業生活を営むことが著しく困難な者」とされる(2条1号)。これには,身体,知的,精神の障害者手帳の所持者だけでなく,精神障害者保健福祉手帳を所持しない統合失調症,躁鬱病またはてんかんに罹患する者(同法施行規則1条の4)と,手帳を所持しない発達障害者や難病患者等で,長期にわたる職業生活上の相当の制限を受ける者も含まれる。差別禁止の対象は,この範囲と同じであり,雇用率制度の対象よりも広

---

[16] 『平成25年度版 厚生労働白書』223頁。
http://www.mhlw.go.jp/bunya/shougaihoken/service/shurou.html
伊藤・前掲注4)17頁,米澤旦「障害者と一般就労者が共に働く『社会的事業所』の意義と課題」日本労働研究雑誌646号(2014年)66頁も参照。

[17] 永野・前掲注3)67頁,長谷川・前掲注2)78頁以下。

い[18]。

### (2) 差別禁止と合理的配慮

事業主は，労働者を募集・採用するにあたり「障害者に対して，障害者でない者と均等な機会を与えなければなら」ず（34条），採用後において「賃金の決定，教育訓練の実施，福利厚生施設の利用その他の待遇について，労働者が障害者であることを理由として，障害者でない者と不当な差別的取扱いをしてはならない」（35条）。

事業主は，労働者を募集・採用するにあたり，障害者と障害者でない者との均等な機会の確保の支障となっている事情を改善するため，障害者からの申出により合理的配慮を講じなければならない（36条の2）。採用後において，事業主は，障害者でない労働者との均等な待遇の確保または障害者の有する能力の有効な発揮の支障となっている事情を改善するため，合理的配慮を提供する義務を負う（36条の3）。「合理的配慮」とは，障害特性に配慮した必要な措置や，職務の円滑な遂行に必要な施設の整備，援助を行う者の配置等をいう。合理的配慮を講じることにより事業主に過重な負担を及ぼす場合には，事業主は提供義務を免れる（36条の2但書，36条の3但書）。合理的配慮を講じる際，事業主は障害者の意向を尊重しなければならず（36条の4第1項），障害者からの相談に応じるための体制整備を行わなければならない（同条2項）。

差別および合理的配慮に関する指針が2015年を目処に定められることになっている（36条，36条の5）。事業主が，差別禁止および合理的配慮の規定に反した場合には，厚生労働大臣が事業主に対して，助言，指導または勧告をすることができる。

### (3) 実効性確保

障害者である労働者からの，募集・採用を除く差別や合理的配慮に関する苦情については，事業主は，事業主代表者と労働者代表者を構成員とする苦情処

---

*18)* 長谷川珠子「障害者雇用の法政策」土田道夫＝山川隆一編『労働法の争点』（有斐閣，2014年）35頁，長谷川・前掲注*2)* 86頁，長谷川珠子「日本における『合理的配慮』の位置づけ」日本労働研究雑誌646号（2014年）16頁，永野・前掲注*1)* 6, 8頁も参照。発達障害者の就労につき向後礼子「発達障がいのある人の学校から就労への移行支援並びに就労後の職場適応支援の課題」日本労働研究雑誌646号（2014年）76頁。

理機関を設け，自主的な解決を図るよう努めなければならない（74条の4）。

採用後だけでなく募集・採用時の紛争の当事者の双方または一方から都道府県労働局長に援助を求めることができ，都道府県労働局長は必要な助言・指導・勧告をする（74条の5, 74条の6第1項）。都道府県労働局長の指導等の対象になる紛争（募集・採用を除く）につき，当事者の双方または一方から申請があれば，都道府県労働局長は，個別紛争解決促進法に基づく紛争調整委員会に調停を行わせることができる（74条の7第1項）。事業主は，障害者が援助や調停を求めたことを理由として不利益な取扱いをしてはならない（74条の6第2項，74条の7第2項）。

(4) 私法的効力

差別禁止や合理的配慮義務の規定から，直接私法上の効果が生じるわけではない。公序良俗，不法行為または信義則等を介して，間接的に効果が生じる[19]。

(5) 改正の影響

何の配慮もしない状態では雇用しても十分な労働を提供できるはずのない障害者は，従来は雇用されず福祉的就労に甘んじるよりほかなかった。しかし，今回の改正で合理的配慮の提供義務が規定されたことにより，合理的配慮を受けた上であれば十分な労働を提供できる障害者が，一般就労の対象になりうることとなった。同じ障害の状況でありながら，合理的配慮の提供義務が明記されたために，福祉的就労ではなく，一般就労の範囲に包含されるという変化が起こる。使用者に過重な負担を強いるものであれば使用者はそれを講じる義務はないが，そうでない限り，合理的配慮をした上であれば十分労働できる障害者は，一般就労の対象へと移行されうる。

障害者を雇用する以上合理的配慮が必要となるという同法の改正は，事業主の負担感を増大させるおそれがあり，それゆえに同時に経済的アプローチによるフォローをすることは重要である[20]。

---

*19)* 長谷川・前掲注 *18)* 労働法の争点35頁，岩村正彦＝菊池馨実＝川島聡＝長谷川珠子「座談会・障害者権利条約の批准と国内法の新たな展開——障害者に対する差別の解消を中心に」論究ジュリスト8号（2014年）23～25頁（長谷川発言），水町勇一郎『労働法（第5版）』（有斐閣，2014年）223頁，永野・前掲注 *1)* 11頁等。

## 第3節　新たなアプローチの必要性

### 1　現行法の課題

　以上のように，わが国では，障害者の労働・就労をめぐり，障害者雇用促進法のもと，様々な重要な法政策がとられている。

　しかし，雇用率未達成企業が雇い入れ計画についての勧告に従わないことに対する制裁は企業名公表にとどまり，納付金は障害者一人につき月額5万円にとどまる。これらの施策を講じても，十分な抑止力にならない場合もありえよう。雇用調整金の額も障害者一人につき27,000円であり，この額が十分かは議論があろう。

　また，障害者が就労により得る賃金や工賃は，現在のところ，就労継続支援A型事業所および福祉工場で働く場合は月額平均10万円を超えているが，就労継続支援B型および授産施設では工賃は月額平均1万2,000円である。この金額についてもあまりにも低額であるとの声が多く，倍増計画が策定されている。

　そして，障害者雇用促進法改正により差別禁止・合理的配慮義務が規定されたことから，雇入れた場合のコスト増を危惧する事業主もおり，その負担感を減らす必要もある。

　従来の施策を維持・発展させるためにも，また障害者の労働に関する様々な関係者の行動を変化させるためにも，従来の規制的手法中心のアプローチに加え，さらなる経済的手法の導入・推進を検討するのは価値がある。

　その重要な一歩として注目されるのが，障害者就労施設物品調達推進法である。

### 2　障害者施設物品調達法立法以前の状況

　障害者が地域で自立した生活を送るためには，就労によって経済的な基盤を

---

20)　永野・前掲注1) 10頁。

確立することが重要であり，そのためには，障害者就労施設，在宅就業障害者および在宅就業支援団体においても仕事を確保し，経営基盤を強化する取組みが求められている。このような観点から，これまでも障害者就労施設等へ仕事の発注を促進するために様々な配慮がなされてきた。すなわち，国は公共調達における競争性および公正性の確保に留意しつつ，福祉施設等の受注機会の増大に努めるとともに，地方公共団体等に対し，国の取組みを踏まえた福祉施設等の受注機会の増大の推進を要請することとされていたことから，これを踏まえ，官公需（官公庁の契約）を積極的に進めるため，各府省の福祉施設受注促進担当者会議を開催し，さらなる官公需の促進を依頼するなどの取組みを行うとともに，2008（平成 20）年に地方自治法施行令を改正し，地方公共団体の契約について随意契約によることができる場合として，地方公共団体が障害者支援施設等から，クリーニングや発送作業などの役務の提供を受ける契約を追加する措置を講じた[21]。

また，2008（平成 20）年度より障害者の「働く場」に対する発注促進税制を創設し，企業に対して当該税制の活用を促すことなどにより，障害者の仕事の確保に向けた取組みを推進していた。すなわち，5 年間の時限的措置として，障害者の働く場に対する発注額を前年度より増加させた企業および個人事業主に対し，一定の条件のもとで，減価償却資産の割増償却を認め，結果として，法人税や所得税を軽減するのである。これをきっかけとして，企業から就労継続支援事業所等の福祉的就労の場への発注が増えること，および，発注の増大が工賃や賃金水準の改善につながることが期待されている。加えて，2013（平成 25）年度の「障害者優先調達推進法」の施行に併せて，「予算決算及び会計令」を改正し，随意契約によることができる場合として，「慈善のため設立した救済施設から役務の提供を受けるとき」を追加する措置を講じた[22]。

2013（平成 25）年 4 月からは，「国等による障害者就労施設等からの物品等

---

[21] 『平成 25 年度版 障害者白書』105 頁。
　　http://www8.cao.go.jp/shougai/whitepaper/h25hakusho/zenbun/pdf/h2_03_02_02_2.pdf
[22] 『平成 25 年度版 障害者白書』105 頁。
　　http://www8.cao.go.jp/shougai/whitepaper/h25hakusho/zenbun/pdf/h2_03_02_02_2.pdf

の調達の推進等に関する法律（平成24年法律第50号。障害者優先調達推進法）」が施行され，障害者就労施設で就労する障害のある人や在宅で就業する障害のある人の自立の促進に資するため，国や地方公共団体などの公的機関が物品やサービスを調達する際，障害者就労施設等から優先的に購入することを進めるために，必要な措置を講じることとなった[23]。

## 3　障害者施設物品調達推進法の評価

　障害者施設物品調達法は，障害者施設等が供給する物品および役務に対する需要の増進を図るための法律である。物品・役務の需要の増進により，障害者就労施設等の収益が上がり（障害者の賃金・工賃も増加し），生産活動を継続的・安定的に行うことができるという市場メカニズムに着目している。ここにいう「障害者施設等」には，障害者を就労させている企業および福祉施設が含まれ[24]，通常の労働市場で働く障害者と福祉的就労を行う障害者の両者に関連していることから，障害者施設物品調達推進法は，労働法（障害者雇用促進法）と社会保障法（障害者総合支援法）の両方に直接関連するといえる。

　ところで，経済的手法は，環境法の分野で以前から用いられてきたが，労働法の分野ではあまり用いられてこなかった。その理由を確認し，それにもかかわらずこの度障害者施設物品調達推進法が立法されたことをどう評価するかにつき検討しよう。

### （1）　規制的手法と障害者の就労

　国家による法政策は，自由主義国家においては，国民の自由を尊重しつつ，予測可能性の保障と罪刑法定主義に配慮して，要規制事項を正確に特定して禁

---

　　*23)*　http://www.mhlw.go.jp/wp/hakusyo/kousei/13/dl/2-02.pdf
　　『平成25年度版　厚生労働白書』224頁。
　　*24)*　国等による障害者就労施設等からの物品等の調達の推進等に関する法律施行令［平成25年1月30日］［政令第22号］1条によれば，障害者雇用促進法44条1項の認定に係る子会社の事業所，身体障害者，知的障害者または精神障害者である労働者の数を合計した数（以下「障害者数」）が5人以上であり，労働者の数を合計した数のうちに障害者数の占める割合が100分の20以上であり，障害者数のうちに重度身体障害者，知的障害者または精神障害者である労働者の数を合計した数の占める割合が100分の30以上である事業所が含まれる。

止・制限等を行い，その履行を確保するために必要に応じて罰則を設けるという「規制」が，伝統的かつ一般的である。しかし，環境の法政策は，このような伝統的かつ一般的な方法以外の方法が多用されるという際だった特徴をもっている。その理由は，環境の問題がほかの問題と異なる性質を有しているからである[25]。

環境の問題は，①公害のように，原因が限定されており，対策が急務であるようなものもあるが，②問題の因果関係が複雑で原因が限定できないため，予防的な処置が必要なものも増加している。そして③問題の原因者が多岐にわたり，解決に向けて多くの主体の行動を変化させる必要があるものも，国の取り組むべき課題と認識されている。

①のタイプについては，具体的行為の禁止・義務づけ等の直接規制的手法が有効である。しかし，②，③については，自主行動計画や自主協定等を活用した自主的手法（当事者を自主的な行動へと誘導することを国の政策と捉えている）をとらざるを得ない面がある。また，情報開示や環境会計，環境報告書，環境ラベリング等の情報的手法が有効である。さらに，排出権取引や税制優遇措置，グリーン購入［環境物品調達推進法］，補助金等，市場メカニズムを利用しながら行う経済的手法も採用される。環境影響評価制度，戦略的環境アセスメント，環境マネジメントシステム等の手続的手法も，自主的手法とともに活用される[26]。

環境の問題の解決に向けた国の方針としては，これらの手法を駆使することにより，環境に関する権利利益への直接的で明白な侵害を取り締まるだけでなく，経済偏重から環境と経済の両立，環境調和型技術開発等の価値観とそれに基づく行動を引き出そうという意図がある[27]。

以上のような環境の問題に対し，労働問題は，たいてい因果関係が明確であり，法政策も直接規制的手法が中心である。その周囲に行政指導や計画を用いた誘導的手法や補助金や負担金を用いた経済的手法が存在し，また労働組合と

---

[25] 小畑史子「環境 CSR と労働 CSR」稲上毅＝連合総合生活開発研究所編『労働 CSR』（NTT 出版，2007 年）108 頁。
[26] 詳細については小畑・前掲注 25) 109 頁。
[27] 小畑・前掲注 25) 109 頁。

使用者との自主的な交渉による組合員の労働条件の決定という重要なシステムを労働組合法が支えている。環境の問題に関する規制とは大いに異なっている[28]。

しかし,労働法の中で,障害者雇用の問題は公益的色彩の強い事項として位置づけられる。ここでいう公益的性格とは,当該事項の取扱いが,労働関係の当事者に留まらずに,一般市民や社会全体などに影響をもたらすという意味である[29]。公益的色彩の強い障害者雇用につき,公益目的の実現のための環境に関する規制と同様の規制が採用され,多くの関係者の行動を変化させるための経済的手法の活用が試みられることは有益である。

(2) 環境物品調達推進法と障害者施設物品調達推進法

環境法の分野にはすでに,立法目的を達するために調達のプロセスに法が介入するという障害者施設物品調達推進法のモデルとなる環境物品調達推進法という法律が存在している。平成12年に立法され,10年以上の歴史がある。

ここで環境物品調達推進法を紹介し,障害者施設物品調達推進法との比較を行おう。

はじめに,環境物品調達推進法の立法を促すこととなった問題意識を,環境物品等の調達の推進に関する基本方針[30]の中に確認しよう。

環境問題の解決のためには,経済社会のあり方そのものを環境負荷の少ない持続的発展が可能なものに変革していくことが不可欠である。それには国民の生活や経済活動を支える物品および役務（物品等）に伴う環境負荷を低減し,環境物品等への需要の転換を促進していかなければならない。その転換のためには,環境物品等の供給を促進するための施策とともに,環境物品等の優先的購入を促進することによる需要面からの取組みを併せて講じることが重要である。環境物品等の優先的購入は,これらの物品等の市場の形成,開発の促進に寄与し,それがさらなる環境物品等の購入を促進するという,継続的改善を伴った波及効果を市場にもたらすものである。また,環境物品等の優先的購入は

---

28) 小畑・前掲注25) 114頁。

29) 山川隆一「CSRと労働法・労使関係」稲上＝連合総研編・前掲注25) 131頁。

30) 環境物品等の調達の推進に関する基本方針〔平成13年03月09日環境省告示11号

誰もが身近な課題として積極的に取り組む必要があるものであり、調達主体がより広範な環境保全活動を行う第一歩となるものである。このような環境物品等の優先的購入と普及による波及効果を市場にもたらす上で、通常の経済活動の主体として国民経済に大きな位置を占め、かつ、ほかの主体にも大きな影響力を有する国および独立行政法人等が果たす役割は極めて大きい。すなわち、国等が自ら率先して環境物品等の計画的調達を推進し、これを呼び水とすることにより、地方公共団体や民間部門へも取組みの輪を広げ、わが国全体の環境物品等への需要の転換を促進することが重要である。以上が、環境物品調達推進法の立法を促した問題意識である。

環境物品調達推進法の目的は、「この法律は、国、独立行政法人等、地方公共団体及び地方独立行政法人による環境物品等の調達の推進、環境物品等に関する情報の提供その他の環境物品等への需要の転換を促進するために必要な事項を定めることにより、環境への負荷の少ない持続的発展が可能な社会の構築を図り、もって現在及び将来の国民の健康で文化的な生活の確保に寄与することを目的とする。」(1条) と規定されている。

それに対して障害者物品調達推進法の目的は、「この法律は、国、独立行政法人等、地方公共団体及び地方独立行政法人による障害者就労施設等からの物品及び役務の調達の推進等に関し、国等の責務を明らかにするとともに、基本方針及び調達方針の策定その他障害者就労施設等の受注の機会を確保するために必要な事項等を定めることにより、障害者就労施設等が供給する物品及び役務に対する需要の増進等を図り、もって障害者就労施設で就労する障害者、在宅就業障害者等の自立の促進に資することを目的とする。」(1条) と規定されている。

前者が「需要の転換を促進する」ことにより「環境への負荷の少ない持続的発展が可能な社会の構築を図」ることを目的としているのに対し、後者は「受注の機会を確保する」ことによる「障害者就労施設等が供給する物品及び役務に対する需要の増進」を目的としている。

国および独立行政法人等の責務については、環境物品調達推進法は「国及び独立行政法人等は、物品及び役務（……）の調達に当たっては、……予算の適正な使用に留意しつつ、環境物品等を選択するよう努めなければならない」(3

条1項）と規定し，障害者施設物品調達推進法は，「国及び独立行政法人等は，物品及び役務（……）の調達に当たっては，障害者就労施設等の受注の機会の増大を図るため，予算の適正な使用に留意しつつ，優先的に障害者就労施設等から物品等を調達するよう努めなければならない。」(3条）と規定し，両者は類似している。しかし，環境物品調達推進法3条2項の「国は，教育活動，広報活動等を通じて，環境物品等への需要の転換を促進する意義に関する事業者及び国民の理解を深めるとともに，国，地方公共団体，事業者及び国民が相互に連携して環境物品等への需要の転換を図る活動を促進するため必要な措置を講ずるよう努めなければならない。」という規定に当たるものは，障害者施設物品調達推進法には見られない。

地方公共団体および地方独立行政法人の責務については，環境物品調達推進法が「地方公共団体は，その区域の自然的社会的条件に応じて，環境物品等への需要の転換を図るための措置を講ずるよう努めるものとする。」(4条1項），「地方独立行政法人は，当該地方独立行政法人の事務及び事業に関し，環境物品等への需要の転換を図るための措置を講ずるよう努めるものとする。」（同2項）と規定し，障害者施設物品調達推進法が「地方公共団体は，その区域の障害者就労施設における障害者の就労又は在宅就業障害者の就業の実態に応じて，障害者就労施設等の受注の機会の増大を図るための措置を講ずるよう努めなければならない。」(4条1項），「地方独立行政法人は，当該地方独立行政法人の事務及び事業に関し，障害者就労施設等の受注の機会の増大を図るための措置を講ずるよう努めなければならない。」（同2項）と規定し，両者は類似している。

環境物品調達推進法5条の「事業者及び国民は，物品を購入し，若しくは借り受け，又は役務の提供を受ける場合には，できる限り環境物品等を選択するよう努めるものとする。」に当たる規定は，障害者施設物品調達推進法には存在しない。

物品等の調達の基本方針（環境物品調達推進法6条と障害者施設物品調達推進法5条），物品等の調達方針（環境物品調達推進法7条と障害者施設物品調達推進法6条），調達実績の概要の公表等（環境物品調達推進法8条と障害者施設物品調達推進法7条），大臣の要請（環境物品調達推進法9条と障害者施設物品調達推進法8条）につ

いては，どちらにも類似の規定が置かれている。

### (3) 障害者施設物品調達推進法の評価と課題

このように，国，地方公共団体，独立行政法人等は環境物品の選択，障害者就労施設等の受注拡大に努めなければならないと規定し，物品調達の基本方針の作成，実績の概要の公表，大臣の要請等の仕組みを構築する手法は，環境物品調達推進法と障害者施設物品調達推進法とに共通している。環境物品調達推進の基本方針に示されていたように，このような物品等の優先的購入と普及による波及効果を市場にもたらす上で，通常の経済活動の主体として国民経済に大きな位置を占め，かつ，ほかの主体にも大きな影響力を有する国および独立行政法人等が果たす役割は極めて大きい。国等が自ら率先して環境物品等の計画的調達を推進し，これを呼び水とすることにより，地方公共団体や民間部門へも取組みの輪を広げ，国全体の姿勢の転換を促進することが重要である。この方針のもと10年以上用いられてきた環境物品調達推進法の手法の意義が確認されたからこそ，障害者施設物品調達推進法にも同様の手法が採用されたといえる。障害者施設物品調達推進法も，環境物品調達推進法と同様に普及すれば，そうした物品等の優先的購入が，障害者を多く雇用する事業所や施設の経済的基盤を強くし，障害者を雇用して生産活動等を行う施設等が経済的に成り立っていく方向に進み，それに続こうとするほかの事業所や施設による障害者の雇用を促進するという，継続的改善を伴った波及効果をもたらす，環境物品調達推進法と同様の効果が期待できる。

ただ，重要な相違は，障害者施設物品調達推進法が，環境物品調達推進法とは異なり，国民や企業の行動に言及していないことである。環境物品調達推進法5条の「事業者及び国民は，物品を購入し，若しくは借り受け，又は役務の提供を受ける場合には，できる限り環境物品等を選択するよう努めるものとする。」に当たる規定および3条2項の「国は，教育活動，広報活動等を通じて，環境物品等への需要の転換を促進する意義に関する事業者及び国民の理解を深めるとともに，国，地方公共団体，事業者及び国民が相互に連携して環境物品等への需要の転換を図る活動を促進するため必要な措置を講ずるよう努めなければならない。」に当たる規定を設ける必要はないのであろうか。

## 第4節　障害者就労の展望

　その問いに答えを出すためには、改めて環境と労働の違いについて検討する必要がある。

　環境を改善する取組みを国民や企業が行うことの直接的受益者は、国民を含めすべてのステークホルダーでありうる。それでは、障害者の就労についての取組みはどうであろうか。

　一般に、環境に関して企業や国民が法規制を遵守して行動することにより利益を得るのは、すべてのステークホルダーであることが多く、各ステークホルダーは自分自身の問題として規定を遵守しようとする[31]。環境物品調達推進の基本方針も、「環境物品等の優先的購入は誰もが身近な課題として積極的に取り組む必要があるもの」としていた。それに対して労働に関して企業や国民が法規制を遵守することの受益者は、大部分の項目については当該企業の労働者とその家族である[32]。

　しかし、障害者の就労をめぐる問題は、労働関係の当事者に留まらずに一般市民や社会全体等に影響を与える[33]。公益実現の観点から、自分自身が直接の受益者でないとしても、公益実現に向けた法規制を導入する方向性をとることもありうる。環境物品等と同様、障害者施設等の物品等についても「優先的購入は誰もが身近な課題として積極的に取り組む必要があるもの」という考えに多くの国民が同意するのであれば、法が整えられ、環境物品調達推進法5条・3条2項に相当する規定が障害者施設物品調達推進法に設けられることとなろう。障害者施設物品を国民が購入するようになれば、雇用の場のみでなく消費活動を通しても障害者が身近な存在となり、障害者とともにあることが普通の社会を実現する1つの方法となる。

　以上の方向性とは逆に、障害者の就労をめぐる問題は、環境保持増進の問題とは異なると整理し、国民や企業に抜本的に行動様式を変化させる規定を設け

---

[31]　小畑・前掲注25) 107頁。
[32]　小畑・前掲注25) 108頁。
[33]　山川・前掲注29) 131頁。

ないとする選択もありうる。そもそも，経済活動は純粋に，同じ水準の製品・生産品をより安価で提供する方が選ばれるという明確な基準によるべきであり，それ以外の要素を加味することは恣意的な判断の余地を生じさせる有害な行為であるという考え方もあろう。また，公的な存在である国や地方公共団体が公益を考慮して経済活動を行うのは合理性があるが，私人や私的団体にまでそれを及ぼす必要はないとの考え方もありうる。

　国民がどのような社会を望むかの議論を深め，多様な行政手法を組み合わせてその理想の社会を実現していく必要がある。その際には，広い視野から，例えば環境保持増進のための物品調達と，障害者の就労を円滑にするための物品調達とのどちらを優先するかといった問題に対しても，対応可能な，広がりのある議論をしていく必要があろう。

　最後に，障害者施設物品調達法の効果を確認し発展の方向性を探る際に留意すべきこととして，障害者が「雇用される（就労する）」ことのみに関心が集中し，雇用あるいは就労の実質に対し無関心であってはならないという点を強調したい。すでに別稿で述べたところであるが，雇用率達成という明確な目標を掲げてきたわが国の障害者雇用の法政策は，障害者が雇われることに重点を置き，雇用された後にどのような職業生活を送るかについては必ずしも十分な注意が払われてこなかった。障害者一人一人の能力を最大限に発揮できるよう，教育訓練計画を細やかに作成し，それを実行に移してスキルを高め，昇給につなげること，同時に障害者が労働災害に被災することのないよう安全衛生に留意すること等の視点が弱かったことは否めない[34]。障害者施設物品調達法が雇用されているまたは就労している障害者の人数・割合を基準に「障害者施設等」を決定しているため，雇用率達成重視の弊害がこの法政策についても生じることが懸念される。

　このたび，障害者雇用促進法改正により合理的配慮の条文が加わり，雇用さ

---

[34] 小畑史子「障害を持ちながら働く労働者の能力開発」菅野和夫＝中嶋士元也＝野川忍＝山川隆一編『労働法が目指すべきもの（渡辺章先生古稀記念）』（信山社，2011年）227頁，小畑史子「障害者の労働安全衛生と労災補償」荒木尚志＝岩村正彦＝山川隆一編『労働法学の展望（菅野和夫先生古稀記念）』（有斐閣，2013年）376頁。同旨，厚生労働省「労働・雇用分野における障害者権利条約への対応の在り方に関する研究会報告書」（2012年8月3日）

れた後の対応に急速に関心が高まっている。望ましい変化であるが，これにつき1つ懸念されるのは，合理的配慮の典型が行政通知等により示されることで，企業等が，障害者一人一人への個別の対応を取りやめて，機械的で一律な対応に切り替えてしまうことである[35]。「障害者の意向を十分に尊重しなければならない」（36条の4第1項）という条文の文言もあるが，それぞれの異なる個性を理解し，あるべき対応を個別に見極め，確実に実行することが肝要である。

---

[35] 小畑・前掲注 *34*) 渡辺古稀236頁，小畑・前掲注 *34*) 菅野古稀392頁。なお，「合理的配慮」に関しては，小畑・前掲注 *34*) 菅野古稀390頁参照。

# 第 *11* 章　私傷病労働者に対する保障と課題

　　第1節　問題の所在
　　第2節　私傷病労働者に対する所得保障
　　第3節　私傷病労働者の身分保障
　　第4節　今後の課題

水　島　郁　子

## 第1節　問題の所在

　本章は，私傷病（労働者の負傷・疾病のうち，業務災害，通勤災害によるものを除く）を抱える労働者に対する労働法・社会保障法上の保障と課題を検討するものである。

　私傷病労働者をめぐる法的紛争は目新しいものではないが，本章でこの問題を検討するのは，今後，私傷病労働者が増加することが予想されるためであり，これからの社会や労働関係では私傷病労働者に対する保障がより重要な課題となると考えるからである。

　私傷病労働者が増加すると予想する理由は，第1に，少子化の影響を受け若年者の雇用が増大しない一方で，高年齢者雇用施策の展開により高年齢労働力の増加が見込まれることにある。高年齢者の雇用が増え，労働力年齢が徐々に高年齢化するとともに，健康リスクを抱える労働者も総体として増えることが予想される。

　第2に，疾病の変化や，医療技術や医療サポート体制の進展といった，医学上の理由がある。がんの5年生存率が改善傾向を示している等，かつては不治の病とされた疾病であっても，現在では高い確率で治癒や寛解が見込まれるものがある。近年では，後遺障害・機能障害を残りにくくするような治療方法が

選択されるほか，生活の質を意識した治療・医療サポートが施されるようになってきている。疾病の種類や程度によっても異なるが，適切な治療とその後の適切なサポートを受けることによって大病に罹患した労働者が職場復帰することが可能になっている。そうなると大病に罹患した労働者には，退職して治療・療養に専念するという選択肢だけでなく，退職することなく休職して治療を受けた後に職場復帰を目指すという選択肢が与えられる。後者を選択した場合には労働者としての身分が保持されるから，身分保障（欠勤保障），休職中の所得保障，職場復帰の保障や職場復帰後の配慮等，労働法上の保障や課題が問題となる場面は多くなる。

メンタルヘルス不調の労働者は増加傾向にあるが，これについては「労働者の心の健康の保持増進のための指針」（2006（平成18）年3月31日健康保持増進のための指針公示第3号）や「心の健康問題により休業した労働者の職場復帰支援の手引き」（2004（平成16）年10月，2012（平成24）年7月最終改定）により，不調の早期発見や職場復帰支援に向けた取組みが行われるようになっている[1]。メンタルヘルスは職場復帰後に再発することも少なくない。医師が就労可能と判断する場合であっても労働者のメンタルヘルス不調の状態が完全に継続的に消滅するわけではなく，不調を抱えたまま働くこともある。

つまり疾病の変化や，医療技術や医療サポート体制の進展により，これからの社会や労働関係では，私傷病を抱えたまま働く労働者や，現在は健康な状態を維持しているが継続的な治療が必要である労働者が，増加していくように思われる。

第3に，社会の変化も指摘できるかもしれない。社会経済の悪化は人々の雇用や生活を不安定にさせ，情報化の進展は人々の生活を利便的にした一方で人々から余裕や休息を奪っている[2]。不安やストレスを感じたり，十分な睡眠や休息を取れなかったり，体調が万全でない状態で働いている労働者は決して

---

[1] メンタルヘルスにかかわって生じる様々な労務管理上の法律問題については，西村健一郎＝朝生万里子『労災補償とメンタルヘルス』（信山社，2014年）を参照。

[2] このような社会の変化・発展は，職場の労働安全や業務災害の問題にも関係するが，本章では取り上げない。水島郁子「職場の変化と法──就業環境と労働者の健康」荒木尚志責任編集『現代法の動態 第3巻 社会変化と法』（岩波書店，2014年）109頁以下を参照。

少なくないであろう³⁾。

さて,「全員参加型社会」の実現のために,若者,女性,高齢者,障害者の就労促進が必要と考えられ⁴⁾,措置が講じられている。労働関係にある私傷病労働者はすでに雇用されている点でこれらの者と同一には論じられないが,少なくとも私傷病労働者を労働関係から排除しようとする考えが「全員参加型社会」の趣旨に反することは明らかである。私傷病労働者は今後増加するであろうが,「全員参加型社会」の実現のためには,私傷病労働者の雇用が維持され,雇用・生活の安定が確保されることが重要である。それゆえ,私傷病労働者に対する労働法・社会保障法上の保障と課題の問題を検討することには意義があると思われる。

以下では,私傷病労働者に対する所得保障(第2節)と身分保障(第3節)について,現行法制度ならびに実態の検討・分析を行った上で,今後の課題を検討する(第4節)。

## 第2節　私傷病労働者に対する所得保障

### 1　労務不能期間中の健康保険法上の保障

私傷病労働者に対する所得保障が特に問題となるのは,労務不能のために労務に服していない期間についてである。

健康保険制度の主目的は,療養の給付等を現物支給することにより被保険者(労働者)の労働力の早期回復を図ることにあるが,その目的のためには療養期

---

3) 労働者の不健康状態を直接示すものではないが,厚生労働省「平成24年労働安全衛生特別調査(労働者健康状況調査)」によれば,会社が実施する定期健康診断の検査結果で「所見ありと通知された」労働者は定期健康診断を受診した者の36.2%であり,そのうち「要再検査又は要治療の指摘があった」者は75.0%である。少なくとも労働者の約2割は健康上のリスクを負っていることが推測できる。また同調査によれば,60.9%の労働者が現在の仕事や職業生活に関することで,強い不安,悩み,ストレスとなっていると感じる事柄があるとする。労働者のストレス要因は仕事に関係するものだけでなく,私生活に関係する悩みや家族の問題でのストレスもあることからすれば,6割を優に超える労働者に精神健康上のリスクがあることが推測できる。

4) 厚生労働省編『平成24年版 厚生労働白書』(日経印刷,2012年) 326頁以下。

間中の収入の喪失・減少をある程度補塡し，生活保障を行うことが必要である[5]。そのために傷病手当金制度が設けられている。

傷病手当金は，健康保険の被保険者が傷病の療養のために労務に服することができず，使用者から賃金を受けられない場合に，労務不能と認められた日の4日目から支給されるものである（健保99条）。傷病手当金の支給額は，1日につき標準報酬日額の3分の2で，支給期間は，同一の傷病につき最長で1年6ヵ月である。傷病手当金は休職中の労働者にとってのセーフティネットとして機能するが，使用者も労働者の復職が期待される場合には賃金支払を免れつつ人材確保が可能である点でメリットがある[6]。

労働者が労務に服することができないといえるかは，基本的に従前の労務に服することができるか否かにより判断される。労働者が他の軽易な労務に服することができるという理由だけで傷病手当金の支給は拒否されない[7]（後述3も参照）。

## 2　労務不能期間中の個々の労働関係における保障の実態

使用者は労務不能期間中の私傷病労働者に対する所得保障を，傷病手当金の支給（社会保障法上の保障）に委ねるのではなく，自ら行うことも可能である（労働法上の保障）。私傷病労働者の療養中，当該労働者はその労働関係において欠勤や休職することになるが，病気休暇や休職は法律に根拠がないため，これらの制度を置くか否かは個々の労働関係に委ねられる（後述第3節3を参照）。休職期間中に賃金が支払われるか否かは，休職を定める就業規則や労働協約によるところが大きいが[8]，休職規定が整備されていない企業において使用者が私傷病労働者の休職を認め任意で休職期間中の所得保障を行うことも考えられる。

独立行政法人労働政策研究・研修機構「メンタルヘルス，私傷病などの治療

---

[5]　『健康保険法の解釈と運用（11版2刷）』（法研，2005年）743頁以下。
[6]　片桐由喜「傷病手当金制度の今日的課題」小宮文人＝島田陽一＝加藤智章＝菊池馨実編『社会法の再構築』（旬報社，2011年）181頁。
[7]　前掲注5）752頁。
[8]　安枝英䢺＝西村健一郎『労働法（第12版）』（有斐閣，2014年）238頁。

と職業生活の両立支援に関する調査」(2012 (平成 24) 年 11 月実施, 有効回収数 5904 件 (社)) によれば, 労働者の病気休職期間中に, (傷病手当金等以外の) 月例賃金を支給する企業は 18.1% である[9]。正社員規模 1000 人以上に限ると 38.3% の企業が支給しており, 規模が大きいほど支給する企業の割合がおおむね高い傾向にある。支給割合は, 病気休職期間中の初めの 3 ヵ月に限ると, 支給するとする企業の約 3 分の 1 (33.8%) が休職前の月例賃金の 100% を保障している。病気休職期間が長くなるほど支給割合は徐々に下がり, 1 年を超えると無給 (支給しない) とする企業が約 3 分の 1 (31.0%) となる。

企業全体で見ると, また中長期の休職にあっては, 個々の労働関係において使用者が休職期間中の賃金を支払う例は多いといえないが, これは休職に関する法規制がなく個々の労働関係や使用者に対応が委ねられることの限界を示すものでもある。それをカバーするのが傷病手当金である。

## 3 労働者が労務に服することができる場合

傷病手当金は, 私傷病労働者が従前の労務とは異なる他の軽易な労務に服することができるという理由で支給を拒否されない (前述 1 参照)。ここで想定される他の軽易な労務とは, 本来の職場における労務に対する代替的性格をもたない副業や内職, 一時的に服する軽微な労務等であり, 私傷病労働者がそれら労務の提供により報酬を得ていることを理由としてただちに労務不能でないとの認定をしないことが求められている (平成 15 年 2 月 25 日保保発第 0225007 号・庁保険発第 4 号)。

もっともこれは私傷病労働者が他の何らかの軽易な労務に服することができる場合に, 保険者が労務不能でないとの認定をただちにしてはならないことを意味するにとどまる。従来から, 労働者が半日勤務や就業時間の短縮なしに従前の労務よりもやや軽い労働に服する場合には, 傷病手当金は支給されない扱いであった (昭和 29 年 12 月 9 日保文発第 14236 号, 昭和 32 年 1 月 19 日保文発第 340 号)。就労可能な程度の他の比較的軽微な労務に服し, これによって相当額の

---

[9] 独立行政法人労働政策研究・研修機構『メンタルヘルス, 私傷病などの治療と職業生活の両立支援に関する調査』(独立行政法人労働政策研究・研修機構, 2013 年) 38 頁以下。

報酬を得ているような場合は労務不能に該当しない（平成15年2月25日保保発第0225007号・庁保険発第4号）。

すなわち，私傷病労働者が従前の労務に服することができないとしても，部分的に労務が可能であり賃金を受けているような場合には，傷病手当金は支給されない。このように労働者が労務に服することができる場合の所得保障は社会保障法上の問題でなく，労働の対償たる賃金請求権が発生するかという労働法上の問題となる。

## 4　労働者が労務に服している場合

労務不能であった私傷病労働者が労務に服することができるようになり，職場復帰して従前の労務に服しているならば，従前の労働契約等に基づいて従前どおりの賃金が支払われることになる。

しかし，職場復帰当初は半日勤務や他の軽い補助的労務への従事が労働者に命じられる等，段階的な職場復帰が行われることも少なくない。半日勤務や就業制限下にある労働者に賃金の全額を支払うべきだとするのは，契約の対価的相互性からみると公平とはいえないが[10]，このような考えが的確に当てはまるのは，労働者の賃金が時間給である場合や職務と完全に連動した賃金制度がとられている場合である。そのような場合，半日勤務や就業制限下の労働者の賃金が，欠勤・休職前の賃金額を当然に下回ることになろうが，それは不当な取扱いではなく，むしろ公平である。このように賃金制度が時間や職務に応じた対価性を備えている場合に，当該労働者に従前どおりの賃金額を支払わないことは，契約の対価的相互性の観点から説明がつく。

しかし他方，時間や職務に応じた対価性の性格をあまり有していない賃金制度も多く存在する。そのような賃金制度のもとで半日勤務や就業制限下にある労働者にいかなる賃金を支払うかは，賃金制度を定めた就業規則等の解釈によることになるが，一般的には当該労働者の従前の通常の賃金が支払われるべきことになろう[11]。労働者の職務が軽減されているからといって，当然に賃金

---

*10)*　鎌田耕一「私傷病休職者の復職と負担軽減措置」山口浩一郎＝菅野和夫＝中嶋士元也＝渡邊岳編『経営と労働法務の理論と実務（安西愈先生古稀記念論文集）』（中央経済社，2009年）107頁。

が減額されることにはならない[12]。

　このような半日勤務や就業制限が，段階的な職場復帰や円滑な職場復帰を目的とした一時的なものであり，一定期間の後に従前と同等の労務に服することができるのであれば，使用者に賃金全額を支払わせることは，契約の対価的相互性を損なわせるほど不公平とはいえない。このような就業制限や勤務配慮は，信義則上あるいは健康配慮義務の一内容として使用者に求められるべきものでもある。

　しかし，私傷病労働者が長期的にあるいは将来的に従前の労務に服することができない場合に，長期にわたって継続的に従前の賃金を労働者に保障すべきであるとするのは公平とはいえない。そのような場合には労働者本人の同意をもって，適正な賃金となるよう労働契約の内容を変更すべきである。ただし，就業規則には最低基準効（労契12条）があるので，就業規則を下回るような労働条件の変更はできない。

## 5　労働者のリハビリ勤務

　休職者が復職可能であるかを判断するために，復職前に通常の労務とは異なるリハビリ勤務が行われることがある。リハビリ勤務は法律上の制度ではないが，休職者がより早い段階で職場復帰の試みを開始できることから，当該休職者の早期の職場復帰に結びつくことが期待される[13]。

　リハビリ勤務が模擬出勤や通勤訓練にとどまる限りそれは労務でなく，従って賃金は支払われない。このようなリハビリ勤務期間中，支給要件を充たすならば傷病手当金が支給される（前述1参照）。あるいは，使用者が就業規則や契約の定めに基づき，当該期間中に（賃金や傷病手当金とは異なる）手当を支給する可能性もある。

　次に，試し出勤のように，職場に試験的に出勤して，そこで何らかの作業を行う場合には，その作業が労務にあたらないかが問題となる。私傷病労働者が純粋にリハビリテーションのために，労務でなく賃金が支払われない作業であ

---

　[11]　鎌田・前掲注[10] 124頁（脚注（18））参照。
　[12]　西村＝朝生・前掲注[1] 262頁。
　[13]　厚生労働省「心の健康問題により休業した労働者の職場復帰支援の手引き」参照。

ることを了解して，事実上作業に従事していたにすぎない場合には，労働契約上の労務提供にあたらないと考える。それは単なる事実行為であり，従って賃金は支払われない。

　しかし，試し出勤中の作業であっても使用者の指揮命令が及んだり，事実上の作業とはいえないほどの量や内容の作業に従事したりしている場合は，その作業は労務と評価されよう。たとえ私傷病労働者と使用者との間で当該作業につき無給の取決めがあったとしても，客観的に労務の提供があったと評価される場合には，労働基準法等が適用されることになる。使用者は当該労働者に少なくとも最低賃金以上の賃金を支払う義務があるし，合理的な処遇を行うべきであるともいえる[14]。

　労働者のリハビリ勤務を受け入れるに際して，使用者は作業を行う機会と場所を提供し，併せてリハビリ勤務中の労働者の安全や健康に配慮しなくてはならない。使用者の負担は小さくないが，労働者にとってリハビリ勤務は職場復帰に向けての絶好の機会となる。リハビリ勤務が使用者の事実上の配慮と捉えられる限りで，無給の取決めも有効と解するべきである。もちろんその場合であっても，実際の作業の過程で使用者の指揮命令が見られ，客観的に労務の提供があったといえる場合には，労務と評価される部分について使用者は賃金を支払う義務を負う。

　学説では，リハビリ勤務における無給の合意について，慎重な立場をとる見解がある。リハビリ勤務，中でも試し出勤の目的が復職可否の判断にあると捉え，試し出勤中の作業が外形的には労務と区別しにくいことに鑑み，試し出勤の目的が主観的事情と客観的事情から基礎づけられることを求める見解がある[15]。この見解は，主観的事情（労働者の認識）として，使用者が復職可能性の判断という目的を明らかにしていること，使用者が活動の時間・内容，健康配慮の内容等を説明することで目的の徹底を図っていることが，客観的事情（活動の内容）として，活動が内容，期間等の点において復職可能性の評価に必要な範囲にとどまっており，労働者の健康状態への配慮がなされていることが，

---

14) 前掲注13) 参照。
15) 坂井岳夫「メンタルヘルス不調者の処遇をめぐる法律問題」日本労働法学会誌122号（2013年）36頁以下。

求められるべきであるとする。また別の見解は，休職者と使用者との間に労働関係が存続している以上，軽作業であってもそれは業務であると述べ，休職者が使用者の指示に従って作業をすれば原則として労働契約に基づく労務遂行に当たるとした上で，労務遂行にあたらないというためには，休職者の作業が，「使用者との使用従属関係にないところで，純粋に任意になされているという必要がある」とする[16]。この見解は，休職者はリハビリ勤務に応じなければ復職判断において不利益に扱われると考え，事実上休職者がリハビリ勤務に応じざるを得ない状況にあることを指摘し，純粋に任意で従事したといえる場面を限定的に理解する立場をとる[17]。

## 6 使用者が労務の受領を拒否した場合

私傷病労働者が従前の労務に服することができない場合や服することが適当でない場合であっても，例えば半日勤務であったり就業制限をしたりすれば支障なく労務に服することが可能であるならば，使用者は就業を認め労働者の労務を受領することもある。その場合，労働者には賃金が支払われる（前述4参照）。

しかし，労働契約上使用者が従前の労務（使用者が指揮命令により特定した労務）の履行を求めることは当然ともいえるし，また使用者が安全配慮義務違反リスクを懸念する等して，私傷病労働者の就業を認めないこともある。このような使用者の対応は，使用者の復職拒否（休職命令の継続）や自宅治療命令（自宅待機命令）の形で現れる。ここでは所得保障の観点から問題を検討する。

使用者が労働者に現実の労働を付与すべき義務を負うのは，そのような特約がある場合や労働者が特別の技能者であることその他特別の事情が認められる場合に限られる[18]。使用者が賃金を支払っている限りで，労働者は使用者に

---

[16] 島田裕子「リハビリ勤務の法的性質」民商法雑誌144巻3号（2011年）407頁以下。

[17] 島田准教授は，リハビリ勤務における無給の合意が許されるのは，業務に関わらない福利厚生としてのリハビリ，業務をしない単なる職場における滞在，指示に応じなくても復職の判断において不利益を受けないことが保障された上での自発的な作業，に限られるとする（前掲注 **16**））。

[18] 安枝＝西村・前掲注**8**）87頁。

就労請求権を主張し労務を受領するよう求めることはできないと考えられるが，特に私傷病労働者の労務の受領を使用者が拒否することには，労働者が従前の労務を行えない，労働者の健康を悪化させないといった理由が考えられるため，使用者による労務の受領拒否が不当であるとはいえないし，私傷病労働者は就業できないとしても賃金の支払を受けられるのであれば，所得保障の観点からも問題はない。

しかし仮に，使用者が賃金を支払うことなく労務の受領を拒否するとすれば，例えば使用者が私傷病労働者に無給の自宅治療命令を発した場合には，労働者に賃金喪失という不利益を生じさせるので，当該命令の有効性と労働者の賃金請求権の存否が問題になる。賃金請求権の存否は民法の危険負担の問題として捉えられる。労務の履行不能が，使用者が自宅治療命令を発した（労務の受領を拒否した）ことによる，すなわち使用者の責めに帰すべきであるときには，労働者の賃金請求権は失われない（民536条2項参照）。その前提として，労働者の労務の提供が債務の本旨に従ったものであることが必要となる。最高裁判所は片山組事件（最1判平成10年4月9日判時1639号130頁）において，「労働者が職種や業務内容を特定せずに労働契約を締結した場合においては，現に就業を命じられた特定の業務について労務の提供が十全にはできないとしても，その能力，経験，地位，当該企業の規模，業種，当該企業における労働者の配置・異動の実情及び難易等に照らして当該労働者が配置される現実的可能性があると認められる他の業務について労務の提供をすることができ，かつ，その提供を申し出ているならば，なお債務の本旨に従った履行の提供があると解するのが相当である」とする判断枠組みを示した。

私傷病労働者が現に就業を命じられた業務とは異なる業務についてその提供を申し出ることも，債務の本旨に従った履行の提供であるとする，最高裁判所の判断枠組みは些か無理があるとも思われるが，最高裁判所はその根拠を明示しているとはいえない。学説は最高裁判所のこの判断枠組みを，配慮義務的な色彩があるとするもの[19]，使用者の広範な人事・業務命令権との均衡を踏ま

---

*19)* 山川隆一＝荒木尚志「〔ディアローグ〕労働判例この1年の争点」日本労働研究雑誌461号（1998年）36頁以下。

え，労働者の不利益を軽減すべく信義則により使用者が配慮すべきであるとするもの[20]，労務の内容を詳細にあらかじめ特定して合意することが困難であるという労働契約の不完全性ゆえに労務の具体的内容は使用者の労務指揮権の行使によって柔軟に決定される実態にあるという労働契約の特質を踏まえた客観的な意思解釈の結果と評価するもの[21]等の理解により，最高裁判所の判断の根拠づけを見出そうとする。労働者が使用者に履行すべき債務は，具体的には使用者の指揮命令によって決定・特定されると考えるが，私傷病労働者に対して労働契約上ないし信義則上求められる使用者の配慮や，労働契約の特殊性を考慮することによって，債務の内容を幅広く柔軟に捉えるべきことになる。

これに対して，賃金請求の領域で債務の特定を論じる意味は労務を受領しなかったことの危険を使用者が負担すべきか否かにあるとして，使用者が就業を命じた業務の遂行可能性を危険負担の基準とすることは公平といえず，使用者の指揮命令によって債務の特定がなされたとみることには疑問があるとする見解がある[22]。

最高裁判所片山組事件判決は，労働者の職種や業務内容が労働契約上特定されていない場合には，労働者が使用者に命じられた労務を十全にできないとしても，使用者はそのことをもって労務の受領を拒否できず，労働者が提供可能な他の労務の提供を申し出ている以上，使用者は当該労働者の現実的配置可能性を探るか，あるいは使用者の危険負担により労務の受領を拒否する（賃金全額を支払う）ことになることを示した。労働者が提供を申し出ている他の労務も十全にできない場合や，その労務に当該労働者を配置する現実的可能性が認められない場合には，使用者の受領拒否は正当であり労働者の賃金請求権は失われる。このような場合に労働者は労務に服することができない健康状態であることが予想されることから，他の支給要件を充たすとの前提であるが，労務に服することができない期間につき傷病手当金を請求できると解される（前述

---

20) 三井正信「私傷病と労務受領拒否——片山組事件」菅野和夫＝西谷敏＝荒木尚志編『労働判例百選（第7版）』（有斐閣，2002年）39頁。
21) 青野覚「私傷病と労務受領拒否——片山組事件」村中孝史＝荒木尚志編『労働判例百選（第8版）』（有斐閣，2009年）55頁。
22) 鎌田・前掲注10) 104頁以下。

1 参照)。

## 7　労働者の治療のための欠勤

　私傷病労働者が治療を受けるのは，労務不能の場合に限られない。労務に服することができるとしても，また職場に復帰した後にも，通院治療や療養が必要な場合がある。回復ないし寛解しているが経過観察や継続的な治療・投薬が必要である場合，あるいは良性の腫瘍等労務に支障がなく必ずしも即時の治療が必要でないが治療が望ましい場合も，考えられる。このような場合，すなわち労働者が労務に服することができるが，治療の目的で一時的に欠勤した場合には，傷病手当金の支給要件を充たさないことになろうし，就業規則等に治療時の欠勤を有給とする（治療休暇を認める）定めがない限り賃金も支払われない。労働者が所得を確保するには，年次有給休暇の取得で対応するほかないように思われる。年次有給休暇の利用目的には制限がないので，労働者が治療や療養のために年次有給休暇をとることは差支えないし，それにより自ら所得保障を図ることが可能ではある。

　治療時の所得保障をめぐる問題は，現在のところその必要性の認識や検討，対応が十分であるとはいいがたい。労働法・社会保障法上求められるべき保障であるのか，あるいは民間保険に加入する等して個人で備えるべきものなのかを含めて，今後の検討が必要である。

## 8　小　　括

　私傷病を理由とする労務不能期間につき，個々の労働関係において使用者が休業期間中の賃金を支払う例も少なからず見られる。とはいえ，健康保険法上の傷病手当金は期間の点でも一応の水準が保障されている点でも，その役割は大きい。このように私傷病労働者の労務不能期間中は，労働法（ただし法律上の保障ではなく労働関係における保障にとどまる）・社会保障法双方による保障により，一定の所得保障が図られている。

　労働者が労務に服することができる場合には，基本的に労働法上の問題となり賃金請求権の存否の問題となる。就業規則等の賃金規定に従って賃金が支払われることになるが，私傷病労働者は従前の労務を十全に行えない場合がある

ので，賃金請求権が発生するかや，どのような内容の賃金請求権であるか（履行できる職務に応じた賃金減額が許されるか）といった問題が生じる。最高裁判所が示した判断枠組みは参考になるが，具体的労働関係における就業規則や労働契約の解釈，私傷病労働者の履行可能な労務の内容や程度，私傷病労働者の私傷病ないし健康の状態やそれらが悪化する可能性の程度，労使双方の就業・休業に対する考え方等，様々な要素が実際には問題になる。

　労働者の治療のための欠勤の際の所得保障については，特段の対応が図られているわけではない。治療と職業生活の両立は，近年注目されるテーマの1つであるが，所得保障の観点からの考察や法学的検討は十分になされていない。

## 第3節　私傷病労働者の身分保障

### 1　私傷病労働者に対する解雇制限規定の不存在

　労働者が労務に服することができないとは，法的には労働契約を履行できないことであるから，使用者がその労働契約を解約すること，すなわち解雇が問題となる。解雇がなされれば私傷病労働者の労働者としての身分が失われ，それは将来の所得の喪失にもつながる。労働者の傷病が業務上のものであれば，労働者はその療養のため休業する期間およびその後の30日間，使用者から解雇されないが（労基19条1項），私傷病労働者にこのような特別の解雇制限（身分保障）規定はない。

　もちろん特別な解雇制限規定がないからといって，労働者が私傷病に罹患し，労務に服することができないというだけで，使用者がいつでも労働者を解雇できるわけではない[23]。

　使用者による解雇は，それが客観的に合理的な理由を欠き，社会通念上相当であると認められない場合には，権利を濫用したものとして無効となる（労契16条）。就業規則の作成義務がある事業場では就業規則が作成され，それには解雇理由が規定されるが（労基89条3号参照），私傷病労働者が労務に服するこ

---

[23]　西村＝朝生・前掲注1）39頁。

とができなくなった場合を想定して,「心身の故障のため職務の遂行に支障があり,又はこれに堪えないとき。」等という解雇理由が,多くの就業規則に置かれている。このような規定は一般的に合理性が認められる。なぜなら,労働者が労務に服することは労働契約の基本的内容であり,労働能力が著しく低下もしくは喪失すると,労働契約の基本的内容である労務の履行が著しく困難または不可能となるからである。もっとも,私傷病労働者の私傷病それ自体が解雇理由となるわけではないし,労働者の労働能力喪失が一時的・短期的なものにとどまるのであれば,労働契約を解約することは合理的でないとも解される。仮にこれらを解雇理由として就業規則に規定したならば,当該規定の合理性は否定されることにもなろう。

私傷病労働者が傷病のために労務の遂行に支障があるとしても,軽易な業務や制限業務であれば労務に服することができる場合や,近い将来の回復が見込める場合等に解雇することは,使用者による解雇権の濫用と判断される可能性がある(後述6も参照)。

私傷病労働者に対する特別な解雇制限規定はないが,解雇権の濫用を許さない法規定(労契16条)によって,また後述2のとおり私傷病を理由とする労働者の欠勤・休職等は法律上の権利ではないものの個々の労働関係において,労働契約上もしくは事実上,一定の範囲で認められている。このことは身分保障の一内容として欠勤保障(私傷病を理由に欠勤してもそのことだけで労働契約を解約されない)が機能していることを意味する。裁判例を見ても,私傷病労働者が私傷病に罹患し労働不能となったタイミングで使用者が労働者を即座に解雇するケースは,それほど多くない。紛争の多くは,欠勤・休職期間を経てからの解雇(復職拒否)の形で表れる。

## 2 私傷病の場合の欠勤保障

欠勤保障という一般的に使用されない語を用いるのは,以下の理由による。

ドイツやオーストリアには,労働者が傷病を理由に労働不能となり欠勤した場合に,一定期間賃金が継続支払いされる制度が法定されている(ドイツ賃金継続支払法,オーストリア賃金継続支払法等)。この制度は労働者の労務不能期間中の所得保障としての意義があるが,加えて,労働者が傷病を理由に欠勤する

ことを保障するものといえる。

　日本では傷病を理由とする欠勤の際の賃金継続支払や病気休暇は法定されておらず，ドイツやオーストリアのような法律上の欠勤保障を欠く。もちろん日本においても，労働者が高熱や激しい頭痛のために欠勤することはある。そのような労働者を使用者が無理に働かせることもできないから，事実上欠勤することは可能である。しかし，それが法律上保障されているわけではない。そうなると，軽度の風邪や腹痛には市販薬の服薬や職場近くの診療所への通院等で対処して，欠勤しない労働者は少なくないと思われる。また，先天性の疾患や慢性疾患を抱える労働者は，継続的・断続的な通院治療や投薬治療を受けながら，働くことになる。このように，健康状態が万全ではないがなんとか働いている者，欠勤して治療を受け療養することが望ましいが無理をして働いている者等，私傷病を抱えながら休まずに働く労働者が少なからずいるのではないかと考える。健康上の観点からは，無理をせずに休んで健康状態を早期に回復することや数日間欠勤してでも十分な治療が受けられることが望ましく，それはおそらく労務効率の面でも適切であると思われる。しかし，なかなか休めない，休ませられないというのが実態ではないだろうか。私傷病労働者が適時に適切な治療が受けられ，欠勤できることは重要である。そして欠勤保障が事実上のものではなく，労働契約上保障されているならば，欠勤は労働義務に違反する労務不履行とは評価されず，欠勤したことをもって解雇されないという意味で，身分保障の機能を果たす。

## 3　欠勤保障の実態

　法律上の欠勤保障がないが，それではどのようにして私傷病労働者は欠勤しているのであろうか。

　私傷病労働者は年次有給休暇を取得して，療養・回復につとめることが少なくない。独立行政法人労働政策研究・研修機構「年次有給休暇の取得に関する調査」(2010（平成22）年10月実施，有効回収数正社員2071票，非正社員1832票)の正社員調査によれば，年次有給休暇の用途は，「旅行・レジャー等の外出」(69.9%) に次いで，「病気・けがの療養」(43.8%) が多い[20]。さらに，休暇を取り残す理由は「病気や急な用事のために残しておく必要があるから」(64.6

％）がもっとも多い[25]。このことは私傷病労働者が年次有給休暇権を行使することによって，自ら欠勤期間中の身分保障（と同時に所得保障）を図っているともいえる。後述のように病気休暇がある企業も見られるところ，病気休暇の制度がない場合と比べて，病気休暇の制度がある場合に病気目的の年次有給休暇取得が少ないという調査結果は出ていない[26]。病気休暇の制度があってその利用経験もありとする者で病気目的の年次有給休暇が0日の者は35.6％ にとどまった。同調査は，病気休暇があれば本来，年次有給休暇を病気目的で利用しなくてもよいように思えるが，実際には病気休暇を使いつつ年次有給休暇も使っているようであると分析する。また，病気休暇の制度があるが利用経験なしとする者の32.5％ が病気目的の年次有給休暇を取得しており，本来，病気休暇を使用することもできるはずの者が，年次有給休暇で病気に対応していたようであることを指摘する。なお，病気休暇の制度がない者の病気目的の年次有給休暇取得率は31.3％ である。

　私傷病労働者が年次有給休暇をすべて消化した場合や年次有給休暇を使用しない場合等で，企業に病気休暇制度がある場合には，労働者は病気休暇を取得することになろう。厚生労働省の「平成25年就労条件総合調査」（2013（平成25）年1月の状況調査，有効回答数4211）によれば，病気休暇制度がある企業は22.4％ である。別の調査（独立行政法人労働政策研究・研修機構による前述の2012（平成24）年調査）によれば，47.6％ の企業で病気休暇制度がある[27]。調査によれば，病気休暇を取得する際には診断書を必要とする企業が約8割であるが，休暇取得日数が少ない場合には診断書を求めない場合がある。病気休暇とは別に，失効した年次有給休暇の利用を認めることで対応する企業もある。

　私傷病労働者が年次有給休暇や病気休暇を取得することによっても労務不能の状態から回復できていない場合，使用者は休職命令を発する。独立行政法人労働政策研究・研修機構の前述の2012（平成24）年調査では，病気休職制度

---

[24] 独立行政法人労働政策研究・研修機構『年次有給休暇の取得に関する調査』（独立行政法人労働政策研究・研修機構，2011年）26頁以下。
[25] 独立行政法人労働政策研究・研修機構・前掲注[24]　31頁。
[26] 独立行政法人労働政策研究・研修機構・前掲注[24]　35頁以下。
[27] 独立行政法人労働政策研究・研修機構・前掲注[9]　26頁以下。

(連続して1ヵ月以上，従業員が私傷病時に利用できる休暇・休職・休業する制度で慣行を含む）があるのは91.9％に達し，そのうち77.7％は就業規則等に規定を有している（いいかえれば慣行としての病気休職制度は多くない)[28]。病気休暇も病気休職も法定の制度ではないが，これらによってほとんどの企業で私傷病労働者に対する欠勤保障が図られている[29]。このような欠勤保障は勤続年数によって区分されることがある[30]。企業が欠勤保障を行うのは，私傷病労働者がその企業に勤務し貢献したからであることを[31] 考慮すれば，勤続年数によって欠勤保障の期間の長さを変えるのは合理的である。その長さは様々であるが，1年前後とする企業が相対的に多い。欠勤保障中，原則的に私傷病労働者の身分保障が図られ，それは解雇猶予として機能する。このような保障は，私傷病労働者が離職して失業する場合に比べると，所得保障の点で有利である上，職業生活への復帰も容易であると考えられ，身分保障としての意義がある[32]。

## 4 欠勤保障の成果としての雇用の継続とその実態

欠勤保障の第1次的な目的は解雇猶予にあるが，雇用の継続・職場復帰を最終目的としていると理解される（身分保障）。それでは，私傷病労働者の雇用は，本当に継続しているのであろうか。

独立行政法人労働政策研究・研修機構の前述2012（平成24）年調査によれば，過去3年間における病気休職制度の新規利用者人数に占める復職者人数の比率

---

28) 独立行政法人労働政策研究・研修機構・前掲注9) 31頁以下。
29) 産労総合研究所「私傷病保障制度と復職支援等に関する調査」(2011（平成23）年11月実施，回答数140社）によれば，病気欠勤，病気休暇，病気休職等何らかの私傷病休業に対する身分保障制度がある企業は98.6％である。従業員規模300人以上（81社）では，100％である。
30) 独立行政法人労働政策研究・研修機構・前掲注9) 34頁。また，産労総合研究所による前掲29) 調査によれば，身分保障期間（欠勤が保障され，雇用が保障されている期間）の平均月数は，一般疾病の場合，勤続1年で14.5ヵ月，勤続5年で19.4ヵ月，勤続20年で24.5ヵ月である（結核性疾患については別規定とすることが少なくない，結核性疾患は一般疾病の場合に比べ6ヵ月程度身分保障期間が長い）。
31) 西村＝朝生・前掲注1) 39頁。
32) 水島郁子「傷病を理由とする労働生活の中断と社会保障法」社会保障法27号（2012年）126頁は，労働関係が存続した状態での労働生活の中断が，失業という形での労働生活の中断よりも望ましいことを述べる。

は 51.9% である[33]。疾病別で復職率が高いのは「その他の身体疾患」,「心疾患」,「糖尿病・高血圧等の生活習慣病」であり,「メンタルヘルス」と「がん」は他の疾病と比べて復職率が低く退職率が高い。

　私傷病労働者が職場に復帰しない(復職できない)理由として,当該労働者が労務に服することができるほどに傷病が回復していないことが考えられる。また,疾病別で復職率の差が見られることからすれば,疾病自体に職場復帰を困難にさせる理由があるとも考えられる。

　復職率が低い疾病のうち,がんに着目すると,独立行政法人労働者健康福祉機構の 13 分野研究として行われている「がん罹患勤労者の就労と治療の両立支援に関する研究」の担当医師による患者背景調査によれば,罹患時年齢が 20 歳から 70 歳まででがん診断時に就労していた大腸がん患者の手術例 164 例中,実際に仕事に復帰したのは 115 例 (70.1%) であった[34]。なおこの調査では就労・仕事復帰例に主婦が含まれている。明らかな専業主婦を除いた症例数は 134 例で,その仕事復帰は 85 例 (63.4%) であった。

　同調査は,仕事復帰と病気の進行度や根治度の間に一定の相関関係があることを示している。病気の進行度がステージⅠである 19 例のうち,15 例 (78.9%) が仕事復帰しているのに対して,ステージⅣになると仕事復帰は 27 例中 12 例 (44.4%) にとどまる。根治度も,根治度 A の 98 例のうち 68 例 (69.4%) が仕事復帰しているのに対し,根治度 C の仕事復帰は 17 例中 6 例 (35.3%) となる。仕事復帰が困難になる理由として,進行度が進むと術後の化学療法等の補助療法も必要となり,通勤を含めた時間的要因・身体の制限が大きな要因として考えられるとされる[35]。同調査でもう 1 点注目されるのは人工肛門増設の有無が就労状況に強く影響しているとの指摘である[36]。「人工肛門あり」の復職率が 37% であるのに対し,「人工肛門なし」では 57% である。患者アンケートによれば,その要因として「肉体的負担が大きい」,「周囲から理解され

---

[33] 独立行政法人労働政策研究・研修機構・前掲注 9) 81 頁。
[34] 尾崎正彦「患者背景因子からみた大腸がん患者の就労状況」日本職業・災害医学会会誌 61 巻 6 号 (2013 年) 372 頁以下。
[35] 尾崎・前掲注 34) 374 頁。
[36] 尾崎・前掲注 34) 375 頁。

ない」,「職種が制限される」等の回答が得られている。

　この調査からは，手術を受けた大腸がん患者の職場復帰は可能であるし，欠勤や休職からの復職率も6割を超えることがわかる。職場に復帰しなかった者の中には，病気の進行が進んでいることや，根治度が低いことから，労務に服することができる程度の回復に至らなかった者もいるであろう。しかし他方で，病気の進行度が低い者であっても職場復帰が果たせていなかったり，治療継続による時間的要因が職場復帰を困難にさせたり，あるいは人工肛門が周囲に理解されなかったりといったように，身体的な回復や健康状態以外にも，職場復帰の妨げとなる事情がある。これらを理由に労働者の職場復帰の申出を使用者が拒否したということであれば法的紛争になりうるが，労働者が無理をしてまで復職をすることを望まず職場や同僚への遠慮から退職を選択すると，法的問題として顕在化しない。

　病気休暇や病気休職の本来の目的は，私傷病労働者の解雇猶予（労務不能期間・欠勤中の身分保障）にあるのではなく，雇用の継続・職場復帰（将来に向けての身分保障）にあると考えるが，その前提に立てば，職場復帰の妨げとなる事情を可能な限り解消していくことが望まれる。使用者としては，このような労働者が継続的に治療が受けられるよう配慮することや，短時間勤務や勤務制限といった措置をとることが考えられる。労働者の側も，医師等医療従事者との間で職場復帰を念頭に置いた治療方法や療養計画を選択し，その情報を会社の産業医に提供するような対応が求められる。

## 5　休職命令

　休職は法律上の制度でなく，休職制度を置くか否かは個々の労働関係に委ねられ，その内容は就業規則や労働協約によって定められるのが一般的である。休職は通常，休職事由が生じたことにより自動的に成立するわけではなく，使用者による休職命令あるいは労働者の休職したい旨の申請に対する承認によって成立する[37]。

---

[37]　西村健一郎「企業における多様な休暇制度」日本労働法学会編『健康・安全と家庭生活（講座21世紀の労働法　第7巻）』（有斐閣，2000年）176頁。

使用者による休職命令は，就業規則に根拠を有することが多い。私傷病労働者に対する休職命令は，傷病を理由に労務に服することができない労働者に発せられる限り，無給であるとしても労働者としての身分が保障される（解雇が猶予される）点で労働者に利益がある。また無理に働かせられることによる健康増悪を回避できる[38]。したがって休職命令を根拠づける就業規則の規定には，一般的に合理性が認められる。無給の休職命令が長期に及ぶ場合，所得保障の点で労働者に著しい不利益を及ぼすともいえるが，病気休職にあっては労働者が労務に服することができない健康状態であれば休職（欠勤）は免れず，労務に服していない以上賃金が支払われないことはやむを得ないことから，無給の長期休職を想定する規定であっても不合理とはいえない。もちろん，労働者が相当程度の労務を履行できるにもかかわらず発せられた休職命令については，休職期間の長さ，傷病手当金等を含む所得保障の有無，その他の処遇を考慮等して，休職命令権の濫用にあたらないかを判断する必要がある。

就業規則等に定められた病気休職の要件を充たす私傷病労働者は，所定の期間解雇を猶予されるという利益を有するともいいうるが，その利益を合理的理由なく奪うことは許されず，したがって休職命令を発せずに直ちになされた解雇は無効であるとする見解がある[39]。個々の労働関係における就業規則等には，このような労働者の利益を肯定できるものや労働者の休職の権利を規定しているものもあるかもしれないが，病気休職は法定の制度ではないので，どのような目的で病気休職制度を設けるかはそれが合理的なものである限り，任意である。私傷病労働者の職場復帰を目的とする病気休職制度を設けることも可能であり，少なくともその目的が明示されている場合には職場復帰の見込みがない者に対して，使用者は休職命令を発する義務を負わないと考える。とはいえ，使用者が休職命令を発することなく私傷病労働者を解雇する場合には，本当に職場復帰の見込みが立たないような回復不能な傷病であったかが，解雇権

---

[38] 鎌田・前掲注 10) 108 頁以下は，健康増悪防止の目的を使用者の健康配慮義務に関係づけ，使用者の健康配慮義務に休職命令の理論的根拠を見出す。

[39] 西村・前掲注 37) 177 頁。反対の立場として，加藤智章「メンタル不調者をめぐる復職配慮義務の一考察」小宮文人＝島田陽一＝加藤智章＝菊池馨実編・前掲注 6) 162 頁は，使用者に休職命令権の裁量を認める。

濫用の判断において厳しく判断されることになろう。

## 6 復職命令

　私傷病労働者が労務に服することが可能なまでに回復すれば，休職事由が無くなり使用者は休職命令を解除すべき（復職命令を発すべき）ことになる。その際，労働者の職場復帰が可能であるかを誰がどのような基準で判断するかが問題になるが，休職命令および復職命令を発するのは使用者であるから，職場復帰が可能であるかの判断も，使用者が行うことになる。その際，主治医および産業医の医学的な判断を踏まえて判断しなくてはならない。使用者が合理的な理由なく，主治医の診断書や意見を斟酌せずに判断した場合には，休職命令の継続や復職命令が権利濫用と判断される可能性がある。

　問題となりやすいのは，労働者やその主治医が職場復帰可能であるとし，使用者や産業医が労働者の職場復帰に躊躇する場合である。使用者が労働者の職場復帰に躊躇するのは，労働者が完全に回復しないまま労務の履行を求めると，労働者の健康状態の悪化や再発の危険が高まり，ひいては使用者の安全配慮義務違反が問われるからである。

　使用者の復職命令については2つの場面に分けてその当否を判断すべきであると考える。まず，休職可能期間を残して労働者が復職を希望した場合には，休職命令の継続が労働者に必ずしも不利益をもたらすわけではないので，合理的な範囲で使用者に裁量が認められると考える。すなわち，現在は従前の労務を十全に行えないが休職を継続すれば労働能力のさらなる回復が望める場合や，即時に適切な職場を準備できない場合等には，復職命令を遅らせることが可能と考える。もっとも，労働者が従前の労務を行えるまでに回復しているにもかかわらず復職命令を合理的な理由なく遅らせることは許されないし，休職命令が継続する期間中の当該労働者の所得保障の程度も考慮に入れるべきであろう。

　それに対して，休職期間満了時には使用者が復職を認めないと当該労働者は退職もしくは解雇と取り扱われるため，労働者としての身分を失うことになり，その不利益は大きい。休職期間満了時に復職を認めなかったケースで裁判所は，従前の労務に服することができない場合であっても，近い将来にその労務に服することができる程度に回復する見込みがある場合には，解雇や退職扱いは相

当でないとする判断を従来から示してきた。最高裁判所が，前掲片山組事件判決を示して以降，最高裁判所の判断枠組みを復職や解雇・退職の判断の事案に用いて使用者に配慮を求める傾向が強まっている。

## 7 復職配慮義務と復職後の労働配置・勤務配慮

前述 6 の配慮を復職配慮義務として措定する見解がある。使用者は労働者が復職を申し出た場合，労働者が現状において，傷病を発症する以前の職務遂行能力を完全に回復していなくても，復職を可能とする一定の配慮をして復職させる義務（復職配慮義務）を負う，と説明される[40]。復職配慮義務は傷病による解雇・退職を使用者が一定期間猶予する信義則上の義務である。もっとも想定されているのは短期間の配慮であり，短期間であるからこそ解雇猶予措置のリスクやコストは使用者にとって不当な負担でないと理解されている。

この点，最高裁判所片山組事件判決の射程が問題となる。同事件は賃金請求の領域の事件であったが，後の裁判例はこれを解雇の領域に転用している。裁判所が短期間の配慮を想定した判断を下しているのかは，明らかではない。短期的に回復が見込まれる傷病のケースで，使用者が労働者の解雇を回避すべく復職に配慮して短期的なポストを用意するのはそれほどの負担でない。しかし，従前の労務に服することができる見込みが立たない場合でも配置可能なポストがあるならば労働者を復職させ，そこに配置しなければならないのか（解雇は無効となるのか），また，労働者の症状が安定しない場合や職場復帰後も治療が継続するケースでは，中長期間の配慮が必要となる可能性があるが，そのようなケースでも復職配慮義務が職場復帰後の短期間について存在するのか，あるいは使用者に重すぎる負担がかかるとしてそもそも使用者は配慮する必要はないのか等も問題となる。復職命令や解雇権の行使，配転命令等，それぞれの権利行使が妥当であったか，権利濫用にあたらないかを判断する際に，使用者が行うべき配慮が検討されよう。

復職後の労働配置・勤務配慮について，復職した労働者は職場復帰が可能なほどに回復したとはいえ，他の労働者と比べた場合に健康リスクを負っている

---

[40] 鎌田・前掲注 *10*) 119 頁，加藤・前掲注 *39*) 161 頁。

第11章　私傷病労働者に対する保障と課題　　239

と考えられるし，一定期間労務を行っていなかったことも併せ考えれば，使用者には相応の勤務配慮が求められる。その際，例えば短時間勤務を命ずるとか，時間外労働を命じないという対応であれば比較的容易であるが，仮に当該私傷病労働者のみに配慮した労働配置を行った場合，他の労働者の配置転換を余儀なくされたり，他の労働者の当該職務への配置可能性を低めてしまったりする等の問題が生じる[41]。

## 8　小　　括

　私傷病労働者に対する特別な解雇制限規定は無いし，私傷病を理由とする労務不能は労働者の解雇理由となりうる。しかし，労働者が私傷病に罹患し労務不能となったからといって，労働者は即座に解雇のリスクに直面するわけではない。通常は，年次有給休暇，病気欠勤もしくは病気休暇，休職命令を受けての休職の間，労働者は労働者の身分を維持することになる。病気休暇も病気休職も法定の制度ではないが，このような欠勤保障は多くの企業で見られる。
　病気休職等の欠勤保障は解雇猶予の意味があるとされるが，使用者が労働者に対して比較的長期の休職を認めていることからすれば，それは解雇を遅らせるという意味にとどまらず復職を念頭に置いていると考えられる。休職制度は身分保障として重要な役割を有する。
　解雇権濫用規定（労契16条）と最高裁判所が片山組事件で示した判断枠組みは，使用者に私傷病労働者の復職を強く促すものである。休職していた労働者が休職期間満了時点で従前の労務を十全に行えるまでに回復していなかったとしても，使用者には当該労働者の復職を可能とすべく一定の配慮が求められる。

---

[41]　例えば力仕事や外回りの仕事に従事していた労働者を，その健康状態に配慮して内勤に配転させることが考えられる。しかし，今後，私傷病労働者が増加し，勤務配慮が必要な労働者が増えれば，勤務配慮が必要な労働者で内勤ポストが埋まってしまうことも考えられる。ドイツベルリン市清掃局の例であるが，ごみ回収業務に従事していた労働者の健康状態が加齢とともに悪化し，当該業務における特有の負荷が当該労働者の健康状態に悪影響を及ぼしているとの判断から，修繕業務に配転したというケースがある。この配転は労働者の健康状態を改善させた成功例として評価される一方，同様の症状を訴える労働者が多数生じた場合に今後対応できるのかという問題も指摘されている。Giesert/Weißling, Betriebliches Eingliederungsmanagement in Großbetrieben, 2012, S. 14ff.

## 第4節　今後の課題

　労働者が働いているからといってすべての労働者の健康状態が万全であるわけではない。労働者が健康リスクや障害を抱えながら就業するケースは，今後増加するであろう。

　このような変化はすでに個々の労働関係において見られるが，裁判例の蓄積やメンタルヘルス関連の指針や手引きにより，特に大企業では私傷病労働者への対応が進みつつある。私傷病労働者に退職を促すのではなく，その職場復帰（参加）を支援する使用者の姿勢は，「全員参加型社会」の観点からも望ましい。

　私傷病労働者の保障に関し，以下の3点を課題として指摘したい。

　第1に，既存の法制度や就業規則等は主として治癒型の疾病や負傷に対応して設計されており，疾病の変化や医療技術等の進展（前述第1節参照）に対応できていないのではないか，ということである。例えばリハビリ勤務は特にメンタルヘルス事案で積極的に活用され，それゆえリハビリ勤務をめぐる法的問題が顕在化しているのであるが，既存の通達や就業規則等の単純な適用では必ずしも対応できない。私傷病労働者の状況は，当該労働者の年齢，疾病の種類や程度，回復（全快）可能性，治療の内容や期間，頻度など，様々であり，個別性が強い。個別の対応が求められることも問題を難しくさせる。

　第2に，第1の点とも関係するが，既存の就業規則等は私傷病労働者の労働能力が低下した場合の当該労働者の労働関係上の処遇について想定していない可能性がある。私傷病労働者が労働能力の大半を喪失したような場合は，その労働者を解雇することになろうが，労働契約上予定されている労務の一定部分を履行できるような労働不能の場合には労働者を解雇する前に，使用者は当該労働者を現実に配置できるポストがないかを検討し，労働者の職場復帰に配慮することが求められるようになっている。その結果，現実的配置可能性があれば，たとえ労働能力の回復が将来的に認められない場合であっても，使用者が解雇を回避することが考えられる。そのような労働者の雇用を維持する場合には労働契約の見直しが必要と考えるが（前述第2節4，第3節7も参照），既存の就業規則等の規定がそのような処遇変更を困難にさせる場合がある。企業実務

では賞与額を抑える等，労働契約の見直しをしないで対応することもあるというが，このような対症法には限界があろう。労働者の職務や仕事量と処遇の見直しが可能な制度は，私傷病労働者が長期的に働くためにも必要である。労働能力が減退した労働者についてその職務に見合った処遇に変更する仕組みを検討する必要があると考える[42]。

　第3に，治療（機会）の保障についての法的検討が進んでいないことである。治療と職業生活の両立に関する対策は産業保健活動の分野で行われ始めているが[43]，それが労働関係において浸透しているとはいえない。治療が必要な状態は，労務に服することができない労働不能の状態と必ずしもイコールではない。労務に服することができるが継続的な治療が必要な労働者に対する保障や支援は，今後の重要な検討課題である。

---

[42] ドイツの事業所編入マネージメント（ドイツ社会法典第9編84条）が参考になる。前掲注 *41*）の例は事業所編入マネージメントによるものであり，配転によって労働者の収入は低下した。

[43] 「治療と職業生活の両立等の支援に関する検討会報告書」（2012年）。厚生労働科研（働くがん患者と家族に向けた包括的就業支援システムの構築に関する研究）の研究グループが作成した『企業（上司・同僚，人事労務，事業主）のための「がん就労者」支援マニュアル』（2013年）が参考になる。

# 第12章　労災被災者の生活再生への課題

第1節　はじめに
第2節　労災被災者を取り巻く環境の変化
第3節　労働災害の変化と被災者の生活環境の変化
第4節　被災労働者の生活再生を阻む要因
第5節　労災被災者の生活再生と労災保険制度の論点
第6節　労災被災者の生活再生への視点
第7節　おわりに

品　田　充　儀

## 第1節　はじめに

　労働災害および通勤災害の被災者（以下「労災被災者」という）には，労働者災害補償保険法（以下，「労災保険法」という）に定められた各種の保険給付が支給される。まず，被災者が受傷ないし罹患した傷病に対しては，療養〔補償〕給付として治癒（症状固定）に至るまでほぼ自己負担なく治療に要する費用が支給され，場合によっては必要となる移送（通院）費も支給される[1]。当該傷病のために就労できない期間については，従前給与の60％の休業〔補償〕給付が支給され，さらに休業特別支給金という形で同20％の加算金も支給される[2]。傷病が治癒した後に障害が残存する場合には，その程度に応じて障害〔補償〕給付ないし傷病補償年金が支給され，被災者が死亡した場合には，遺

---

[1)] 業務災害の場合には各給付名に「補償」という文言が入り，通勤災害の場合にはこれが除かれているが，本章においては，両者をまとめて表現することとする。また，治癒（症状固定）については，単に「治癒」とのみ記述する。なお，労災保険法の条文表記についても，特に必要と認められる場合を除き省略する。

族に対して遺族〔補償〕年金もしくは一時金のほか，葬儀のために支弁された費用も一定額まで支給される。

かくのごとく，労災被災者およびその家族は，私傷病により就労できなくなった労働者と比較すると有利な環境を与えられることとされており，生活再生への道も険しいものとはならないように思われよう。しかしながら，実際には，労働災害により労働の現場から一時的にでさえ退いてしまうと，労災被災者およびその家族が従前の生活を取り戻すことは容易ではない場合も少なくない。

本章では，労災被災者およびその家族ないし遺族（以下「遺・家族」という）の生活再生において，立ちはだかる課題を検討し，労災保険法および関連法規が担うべき役割について検証する。

## 第2節　労災被災者を取り巻く環境の変化

わが国における労働災害は，高度成長期にその件数および死傷者数ともにピークに達し，労災保険法の主だった改正もこの時期に実現されている[3]。労働集約型の産業が多かったこともあり，この時期の労働災害は大規模な事故に発展することもあったため，企業の安全衛生管理や被災労働者の生活維持に対する社会的な注目度は高かったといえる。しかし，こうした大規模事故は減少し，労働者個人に生じる傷病が問題となることが多くなっていく中，労働災害は企業の働かせ方や労働者の自己管理など，労働者の生活全般における「労働」の位置づけの問題として関心を集めるものとなってきた。もはや労災被災者は，

---

[2]　特別支給金とは，保険給付の受給権者に対して，その者が受ける保険給付に付加して支給されるものであり，その審査は保険給付の審査に準じて行うこととされている。その種類は，①休業特別支給金，②障害特別支給金，③遺族特別支給金，④傷病特別支給金，⑤障害特別支給金，⑥障害特別一時金，⑦障害特別年金，⑧遺族特別一時金，⑨傷病特別年金の9つである。

[3]　1947（昭和22）年に労働基準法と同時に制定された労災保険法は，1960（昭和35）年に障害補償費の一部が年金化された後，1977（昭和52）年までに徐々に年金の範囲が拡張された。適用範囲も，1965（昭和40）年に特別加入制度が創設され，1972（昭和47）年には労働者を使用する事業所のすべてが強制適用事業となった。通勤災害保護制度も1973（昭和48）年に発足しており，制度の基本的な枠組みはこの時期に成立したといってよい。

産業社会の犠牲者として特別視されるものではなくなっているといえそうであるが，こうした認識の背景には，以下のような事情もあるものと思われる。

　第1に，医療保険，年金保険，および雇用保険の一般化，成熟化により，私傷病による療養ないし休業に対しても一定の生活保障が実現されてきたことである。上記のとおり，労災保険による給付と比較すると相対的には低水準であるが，適切な治療を受け，また短期間であれば生活を維持しうる程度の保障は実現されていると評価できるものになっている。とりわけ，健康保険制度に基づく傷病手当金制度は，私傷病者に対しても一定期間生活を保障しようとするものであり，実質的には労災被災者に対する休業〔補償〕給付に近い役割を担うこととなっている。また，雇用保険制度における基本手当も，職場からの離脱を余儀なくされた労働者に対して一時的な生活の保障を行う役割を担っており，労災保険制度における金銭給付に代替する機能を果たす可能性がある。こうした環境の変化は，労働災害と認定されないことが，ただちに被災労働者の生活を困難ならしめるものではなくなってきていることを意味すると考えてよいであろう。

　第2に，企業が労働災害を経営上の重大なリスクとして評価し，事前に対応する例が急速に増加していることである。現在，多くの損害保険会社が，政府管掌の労災保険に上積み補償を行う保険を売り出しているが，大企業を始め，かなりの数の企業がこれを買っているという実態がある。労働基準監督署による労災認定判断を保険給付の支給要件とし，休業補償については従前給与の2割（労災保険の休業〔補償〕給付等で支給されない部分），障害補償や死亡補償については定額もしくは定率で支払うこととされていることが多いようである。企業がこの種の保険に加入している場合，労災被災者は労災保険に上積みされて給付を受けられることとなり，事実上従前給与のすべてを補塡されることとなる[4]。

---

　　4）　東京海上日動火災保険株式会社の場合，労働災害総合保険という名称で，労災事故に係る法定外補償保険と使用者賠償責任保険を売り出している。政府労災保険への加入を条件として，同保険給付が支給された場合にこれに上乗せするものと位置づけられており，通勤災害や待機期間である休業3日目までを補償対象とするオプションも選択することが可能とされている。以上，東京海上日動『労働災害総合保険ハンドブック』（2010年4月）を参照。

第3に，障害者の人権保護に係る法の整備が進み，雇用の分野においても障害者に対する差別禁止ならびに雇用促進政策が図られることとなっていることである。労働災害により障害を負った場合には，社会復帰促進事業の対象となり，リハビリテーションを含めた各種サービスを受けられるほか，労働災害であるか否かにかかわらず，精神障害者については，リワーク支援を受けられるプログラムなども拡充されてきている[5]。さらに，裁判例においては，休業補償給付受給中の労災被災者に対する解雇制限を明言するもの[6]，疾病等による休業から労働者が復職する場合には，職種を限定しない等の相当な配慮を要求するもの[7]など，傷病による休職からの職場復帰については，労働者に有利な判断をする例が相次いでおり，仮に労働災害によって職場から離脱することを余儀なくされたとしても，法的には復職の道が拡張されてきているといえる状況にある。

## 第3節　労働災害の変化と被災者の生活環境の変化

### 1　近年の労働災害の特徴

労働災害の被災者数は，平成期に入り減少傾向にあるものの，近年は下げ止

---

5) 精神障害者に対するリハビリ就労や地域障害者職業センターが行っているリワーク支援などについては，厚生労働省および独立行政法人高齢・障害・求職者雇用支援機構のホームページなどを参照のこと。ただし，これらの支援は，当該疾病に至った理由に関係なく行われるものであり，労災保険法上のシステムではない。

6) 学校法人専修大学事件・東京地判平成24年9月28日労判1062号5頁，東京高判平成25年7月10日労判1076号93頁。

7) 裁判例では，傷病労働者の職場復帰に係る事業主の配慮義務について，雇用契約上の本来業務の遂行の可否をメルクマールとするのか，簡易な業務に就かせることも要求されるのかなど，当該傷病労働者の回復の程度や事業所の規模・職務内容などを勘案した微妙な判断となっている。しかし，職種を特定せずに雇用されている場合には，労働者が配置される現実的な可能性と労働者の申出をもって，債務の本旨に沿った履行の提供があるものと解するとした片山組事件最高裁判決（最1判平成10年4月9日労判736号15頁）の判断基準が，同問題の標準になっていると考えてよいと思われる。この点についての分析は，西村健一郎＝朝生万里子『労災補償とメンタルヘルス』（信山社，2014年）252頁以下を参照のこと。

まりの様相を呈しており，2012（平成24）年度において新たに労災保険の給付を受けた者は前年比2.4％増となっている[8]。製造業や建設業など，事故災害が多かった事業種については，次第に厳格化されてきた労働安全衛生法規の影響もあり，被災者数は年々減少しているものの，その他事業の業種においては増加もしくは小幅な減少に留まるものとなっている[9]。その他，近年の労働災害による被災の特徴として，以下のような点を挙げることができる。

　第1に，高齢労働者および短時間雇用者による補償申請の増加である。いうまでもなく，背景には，定年制度の延長や再雇用制度の一般化により高齢の就労者が増加していること，デフレの進行や産業の空洞化により企業が派遣労働者やパートタイマーなどの短時間就労者を利用する割合が多くなったことがあると考えられる[10]。こうした労働者の場合，不慣れな仕事への従事を余儀なくされることが多いこと，労働条件や就労環境が悪い場合も少なくないこと，新たな環境のもとでの仕事を強いられるため人間関係によるストレスを生じる場合があることなど，業務災害のリスク要因が増大する可能性があることを否定できない。

　第2に，危険有害物質の曝露による各種疾病や事故ないし作業環境に起因する整形外科領域の疾患などについて，MRIやCTなど高度診断機器の急速な進歩もあって，因果関係が認められる可能性が増加していることがある。もちろん，こうした医療機器の進化により，因果関係を否定される結果となる場合も少なくないが，高次脳機能障害や脳脊髄液漏出症など，従来の診断方法では判定が困難な事案において，労災と認められる例が生じてきたことなどは顕著な例である。

---

[8] 2011（平成23）年度に新たに保険給付を受給した者の数は，592,726人で，2012（平成24）年度は606,886人であった。保険料収入と保険支出の関係を見ても，2009（平成21）年度から支出の方が収入を上回る状態となっている。以上，厚生労働省労働基準局『平成24年度労働者災害補償保険事業年報』68，73頁を参照。

[9] 厚生労働省労働基準局・前掲注[8] 65頁参照。

[10] 2003（平成15）年度から2013（平成25）年度までの年齢別被災労働者数の推移をみると，40歳までの労働者の被災件数は明らかに減少しているものの，60歳以上の被災労働者数は大幅に増加している。以上，厚生労働省ホームページ「職場のあんぜんサイト」の統計を参照。なお，雇用形態別の統計は存在しないものの，非典型的労働者の被災件数の増加は，審査請求事件の増大からみても明らかである。

第3に，脳・心臓疾患および精神障害の保険請求件数および労災認定件数の増大である。特に，精神障害の労災認定件数は，認定基準を改定するごとに増加してきており，今後も増加の一途をたどるものと予想される[11]。

## 2　労災被害の変貌と被災者の生活再生への道筋

　労災事故の種類および被災者の年齢・立場の変化は，被災者のその後の生活再生への道筋について，いくつかの考慮すべき問題を提起しているように思われる。

　第1に，脳・心臓疾患や精神疾患など，疾病への罹患を訴えるケースにおいては業務上外の見極めが困難となりがちであるところ，被災労働者自身は労働災害であると確信しているようなケースでは，その思いを断ち切れないといったことから，次なる生活へのステップを踏みにくいという事態が生じうる。中高齢者の場合には，自らの既往症状ないし基礎疾病による症状であるとの認識をもつことが困難な場合があり，また精神障害のケースにおいては当人が有する気質や環境など，業務以外の要因であることを納得しがたいという場合がある。業務によって発症したとする強すぎる思いは，度々新たな環境に身を置くことを躊躇させることがあるように思われる。

　第2に，高齢者が被災した場合や精神障害に罹患した労働者の場合は，当該傷病が治癒した後においても復職することが困難となる場合が少なくないため，生活再生の可能性が低くなると考えられる。特に，臨時的雇用など，非定型的な労働者として雇用されている際に労働災害に遭遇した場合においては，職歴が断絶することから再就職先を見出すことが困難となる場合があり，一方，高学歴で相応の会社に勤務するも精神障害に罹患したという場合には，要求水準に適合する転職先を見つけることが困難となることがある。

　第3に，療養〔補償〕給付や休業〔補償〕給付の受給期間が長期化する傾向

---

11)　精神障害の労災補償状況を見ると，2008（平成20）年において927件であった請求件数は，2012（平成24）年度には1257件と35％強増加しており，業務災害であると認定された件数も2008（平成20）年度の269件（認定率31.2％）から2012（平成24）年度の475件（認定率39％）へと大幅に増加している。以上，厚生労働省ホームページを参照。

が生じることである。一般的に，負傷と比較すると疾病による休業の期間は長期化しやすいといえるが，精神障害の場合には治癒の認定が容易ではなく，再発の可能性も少なくない。また，中高齢者に生じる腰痛等の作業関連疾患は，加齢変化と相まって治癒までの期間が長びくことがある。

## 第4節　被災労働者の生活再生を阻む要因

　労災被災者が，再び職場に戻り，従前の生活水準を取り戻すことができない事情としては，例えば，以下のようなケースが考えられる。
　第1に，労働災害という企業にとって望ましくない事態を会社組織として吸収しえない事情があることから，事業主が被災者の支援に積極的にならないという場合がある[12]。事業主が，業務上の災害であることに疑義があるとして，労災保険の請求書類に署名をしないという例は少なくないが，業務上の事由であるか否かは事実のみに依拠して厳格に審査されるものであり，署名がないこと自体をもって被災労働者が不利に扱われるといったことはない。しかしながら，事業主が労災認定申請への協力を拒むといった場合には，会社と労働者との関係に軋轢が生じ，治癒後の復職に困難が生じるといった事態に陥りやすい。
　第2に，近年，被災労働者やその遺族が，労災保険の請求と同時にもしくはこれに前後して事業主等に対して民事損害賠償訴訟を提起することが多くなっているが，こうした場合にも，被災労働者が当該職場に復帰することは困難となりやすい。仮に被災労働者が勝訴して賠償金を得たとしても，多くの場合，その後の生活のすべてを支えるほどの額とはなりにくく，むしろ当該会社との軋轢が，その後における同社もしくは同種の職種への再就職を困難とする場合があることを否定できない。
　第3に，被災労働者の療養期間が長期に及ぶようなケースでは，当該被災労

---

[12]　最悪のケースがいわゆる「労災隠し」という事態に至る場合であるが，その背景には，労働災害の発生が公になることにより，公共事業からの指名停止処分を受けることや臨検・監督が厳しくなることを事業主が懸念するといったことがある。保険料のメリット制度を強化した場合にも，こうした事態を招来せしめる危険性が生じる。

働者が従事していた職務の内容が変化し，復帰しにくい状況となる場合や，職場の人員構成や業務スキルの問題から，従前の職務に戻ることができないといった事態が生じうる。特に，急速に進化するPCソフト等を利用するSE等の業務，経験や資格を要する職務，さらには人員の異動が激しく成果を求められる仕事など，職務内容や人員構成が頻繁に変化するような業務ないし職場においては，こうした現象が起こりやすいように思われる。そして，こうした状況下においては，度々労働者自身の職場復帰への意欲も減退してしまう可能性がある。身体に生じている何らかの異変ないし違和感，もしくは職業から離れてしまっていることにより生じる孤立感や被害者意識などといった精神的な後退が，職場復帰への意欲をなくさせるといったことは十分に考えられることである。

第4に，労災被災者に残存する障害について，企業が理解できないもしくは的確に対応する術を見出せないことにより，当該被災者の職場復帰に積極的にならないという場合である。特に，一部の頸肩腕症候群や腰痛症など，必ずしも客観的な医証により傷病の状態が把握できないようなケースにおいては，被災労働者の訴えと会社側の主張にかい離が生じやすく，企業が代替業務を見出せないかもしくは見出す努力をしないといった事態に至ることがある。

## 第5節　労災被災者の生活再生と労災保険制度の論点

労災保険法およびその関連法規は，上記のとおり，度重なる改正を経て，すでに相当程度成熟したものとなっていると評価できる。特に，医学および科学の進化や働き方の変化に対応する法の適応は，同法制に対する社会的な期待が大きかった高度成長期と比較しても格段に素早くなっており[13]，また給付内容についても相当程度拡充されてきたといえよう。もっとも，同法制の基本構造自体は法制定以来大きくは変わっておらず，被災労働者およびその家族の

---

[13] 近年においては，業務起因性が疑われる印刷事業場における胆管がんについて労災認定に係る考え方が示されたほか，電離放射線による胃がん，食道がん，および結腸がんについても労災補償の考え方が示されるなど，問題発生から比較的短期間に結論が得られるようになってきているといえそうである。

中には，その本質ともいえる構造に対して不満を抱く例がないわけではない。以下，度々提起される不満の中から，被災労働者の生活再生という視点から見て，検討に値すると考えられる点をいくつか取り出してみる。

## 1 若年時被災における給付基礎日額をめぐる問題

　労災被災者もしくは遺族に対する金銭給付は，労基法12条に則り，平均賃金によって算定するとされており，その額は，事故発生または疾病発生の日以前3ヵ月間における賃金総額をその期間の総日数で除した額（以下，「給付基礎日額」という）を基礎とすることになる。ただし，より正確には，都道府県格差や毎勤調査による変動率によって補正され，さらに年齢別の最高額ないし最低額によって上下の振れ幅が制限されることとなる[14]。この点，賞与等の特別給与の算定についても基本は同じであり，調査により得られた総額に変動率を乗じて，限度額と照らし合わせて決定される。

　給付基礎日額の算定は1円単位まで極めて厳格に行われ，また当該賃金についても，現に事業主により支払われた額に留まらず，未払いの時間外労働手当分を含んで計算するなど，客観的に確定される額とされている。したがって，一般的には問題を生じることはなく，方法そのものは合理的であるといえよう。

　しかしながら，被災事故から3ヵ月間を遡った賃金額を基礎にするとの計算方法は，何らかの理由で被災者の賃金額が際立って低いなどの事情がある場合には，被災者ないし遺族に過酷な結果をもたらすことがある。典型的には，被災事故が会社への入社まもない時期やアルバイトないし嘱託職員など給与額が低い立場において労働に従事していた際に発生した場合などである。労災保険給付は被災者家族を被災前の生活に近づけることを目的とするものであり，その意味では，至極当然の結果であるように考えられよう。しかし，入社まもない若年労働者については，多くの場合その後の給料の引き上げ幅は大きくなる

---

*14)* 給付基礎日額の限度額は，療養開始後1年6ヵ月経過した被災労働者等に支給する休業〔補償〕給付および年金たる保険給付に適用されるものとして，年齢階層別に定められている。2013（平成25）年8月1日から2014（平成26）年7月31日までに適用される最低限度額は65歳以上の3,930円であり，最高限度額は50歳から54歳までの25,371円となっている。ちなみに，20歳から24歳までの最低限度額は5,023円である。

が，労災保険給付においてはそのことは加味されない。前述のごとく，毎勤調査による変動率により修正され，また最低限度額も定められてはいるものの，当初の給付基礎日額が最低限度額に近いような場合においては，休業が長期にわたると，休業〔補償〕給付や遺族〔補償〕年金などの額が相対的に低いと感じられるものとなる可能性がある。特に，経済のデフレ傾向が続くような場合には，同給付額は低位に留まるものとなる。生計の主たる維持者が，若年時に被災した場合を想定したと考えられる労災就学等援護金制度は存在するものの[15]，例えば，自営や遠方での転職など，自力で生活を再生しようとするような場合において，援護を受けられる制度は存在しない。

## 2 割合的な補償を認めない保険制度

被災者の傷病が労働災害であるか否かは，定性的な判断であり，部分的に労働災害であるとの認定は行われない。したがって，労災保険による各種給付も，法定の給付を100％得られるかもしくは全く得られないかの決定となる。この点，そもそも保険制度というものは，保険事故の発生を保険給付の支給要件とするものであり，部分的な事故の発生といった概念を想定することは難しいものであり，労災保険制度も例外ではない。損害保険などにおいては，約定の保険額よりも少ない額が支払われることがあるが，これは当該事故による損害が上限額に達するものではなかったか，もしくは約定に基づき被保険者の過失部分について減額されることを意味するだけであり，当該保険制度が予定した保険事故が発生したことに係る因果関係の程度を問題とするものではない。つまり，保険事故であったか否かは，この場合においても定性的なものである。

このように，保険事故の発生を定性的に捉えるという意味において，労災保険制度もほかの労働・社会保険制度や民間の生命保険ないし損害保険と同じ構造をもつものであり，そこには何らの疑義をはさむ余地もないように思われる。

---

[15] 労災就学等援護金は，年金給付（遺族，障害〔第1級から3級〕，傷病〔第1級から3級の一部〕）の基礎日額が16,000円以下（2013（平成25）年10月段階）である当該年金の受給者または被災労働者の子に対して，学費等の支弁が困難と認められた場合に与えられるものである。その額は，保育園・幼稚園の月額12,000円から大学の月額39,000円までとなっている。

しかしながら，一方において，少なくとも割合的な補償を求めたいとする被災労働者もしくはその遺・家族の意見には，一聴に値する理由があるように思われる。労働者に傷病をもたらした事故が労働災害であるか否かは，簡潔に表現すると，事故発生のプロセスにおいて業務とみなされる部分と私的な問題（恣意的行動，私怨，既往症，習慣など）とを切り分け，業務との関連性が強いと判断しうる場合にのみ業務上との判断をすることとなるのであるが，ほかの保険制度において保険事故であるか否かの判断をする場合と比較しても，業務上外の判断は格段に難しいものとなる。工事現場における重大事故など，明らかな労災事故は減少する一方で，当人の既往症状ないし基礎疾病との見極めが難しい作業関連疾患や過重労働に起因する各種疾病などが増大する中で，同判断の困難性は加速されている。特に，労災被災者の高齢化が進むにつれ，当人が有する既往症状等と業務上の負荷との見極めが困難な症例は増加しており，また精神障害についても被災労働者の脆弱性や性癖と業務による心理的負荷との相対評価は難しい場合が少なくない。上述のとおり，保険という制度の構造上，この問題に対して手当を行う方法は存在しないものの，一部においてでも，業務が当該傷病の発症に寄与したものであるとの判断を求める気持ちは理解できる。業務外の傷病と判断された被災労働者は，労災保険法のもとにおける生活再生の道筋は描けないこととなるが，その差はわずかである場合もあり，ほかの社会保障制度による給付を拡充するなど，私傷病者と労災被災者との間に生じる給付の格差を縮めていくことは必須であろう。

## 3　障害等級の考え方と職場復帰の可能性

　労災保険法上の障害等級は，障害の程度により第1級から第14級までに区分され，第1級から第7級までは年金が支給され，第8級以降は一時金が支給される。障害等級の判断は，医師による診断の結果に基づくこととなるが，障害の部位，不全の種類と程度，労働への影響などが通達等によってかなり細かく規定されており，当該診断結果と照らし合わせて判断されることとなる。同等級の基準は，基本的には労働に対する影響度を想定して策定されており，医学の進歩に追随するために適宜改定されている。傷病ごとの等級表は，軽症者が重度者よりも重い評価を受けることがないよう極めて緻密に策定されており，

個別的には不満が残ることはあるといえようが，制度全体としては，かなり完成されてものであると評価してよいように思われる。

　もっとも，労災保険制度における障害等級の考え方自体について，納得できないとの意見があることも否定できない。典型的には，神経系統の機能または精神に障害を残した場合の判断において，「軽易な労務以外の労務に服することができない」と判断された場合には7級となるが，「服することができる労務が相当な程度に制限される」と判断された場合には9級となるとされている点である。それぞれの判断を行うための基準は別途定められ，医学的に説得力をもつ説明が行われており，同基準自体に疑義をはさむ余地はほとんどないものと思われる。問題は，「服することができる労務が相当な程度に制限される」との診断のもと，第9級との評価を受けるも，当該労働者の職務経験ないしはその専門性から見て，「制限された」心身の状態において，従事することが可能となる仕事を見つけることが困難な場合である。例えば，タクシー等の自動車運転手が障害を負い，運転を行うことはできないもののほかの作業は可能という場合において，当人の経歴から運転以外の仕事を見つけることは困難といった不服がありうる。わが国の場合，障害の程度は医学的な判断だけによることとされていることの帰結であるが，場合によっては不満が残る事態は生じよう。いかなる職業にどのような能力が必要であるかを定型化することは難しく，また，当該能力の不全をいかなる手段によっても補うことができないか否かの確定も困難であることから，同認定基準の制度構造を変更することは容易ではない。さらに，労災被災者について，客観的な平等性を確保するためにはやむを得ない結果であるともいえよう。

　しかしながら，一方において，同じ障害を負っても従前の職業を続けることについて何らの影響も受けない場合と当該職業から退くことを余儀なくされる場合があることも事実であり，平等性の判断基準をどこに置くかという問題であることも念頭に入れておく必要があろう。

## 第6節　労災被災者の生活再生への視点

　労災被災者に対する補償給付は，あくまで当該傷病が治癒するまでに限られ

るものであり，多くの被災者は，再び労働市場に戻り，自らの能力を生かして生きていくこととならざるを得ない。そう考えると，労災被災者の生活再生も，結局は被災者自身の気力と能力に委ねられることになるものであり，労災保険制度はその力を失わせるものであってはならないことはいうまでもない。手厚い〔補償〕給付により生活をしっかりと保障する一方で，生活再生に向けて次なる力を生み出すように運営されていくことが，同法制の本来の姿であるといえよう。もっとも，手厚い〔補償〕給付を与える一方で，自らの生活再生への力を維持ないし醸成してもらうことは難しいものでもある。こうした葛藤を意識した上で，労災被災者の生活再生に向けて，運営および立法政策上留意されるべき点を挙げる。

## 1 治癒認定の適正な執行

労働基準監督署の労災保険に係る実務は，業務上外の判断，給付内容の確定ならびに変更，給付基礎日額の決定，受給権者の確定，治癒・再発の決定，障害等級の判断など，極めて多岐にわたるものとなる。なかでも業務上外の判断と障害等級の判断が，被災者の利害に直接的な影響をもたらすことはいうまでもない。当該傷病が業務上の事由によると認められるか，また自身の障害がどの程度に評価されるかは，その後の生活設計において大きな影響をもたらす可能性がある。

業務上の事由によるとみなされた場合にも，休業〔補償〕給付が支給されるのは，当該傷病が治癒するまでであり，治癒と認定された場合には，当人の請求によりその時点での障害の程度において障害〔補償〕給付の可否および程度の認定を行うこととなる。労災被災者の生活再生の問題は，多くの場合，この治癒認定もしくは障害等級の認定後となろう。治癒とは，当該傷病の完治を意味するものではなく，当該傷病に対して行われる医学上一般に承認された治療方法をもってしても，その効果が期待しえない状態で，かつ，残存する症状が自然経過によって到達すると認められる最終の状態（症状固定）に達したときをいう。治癒の判断は，基本的には主治医等の意見をもって行われることとなるが，労災被災者にとっては納得しがたいという場合が生じうる。治癒の判断が行われることにより，労災被災者は，療養〔補償〕給付および休業〔補償〕

給付を得られる状態から，障害〔補償〕給付に移行するか，もしくは何らの給付も受けられない状態になり，多くの場合，この段階で，労災被災者は再度自らの努力により生活手段を確保するよう求められることとなる。

このように，治癒の判断は被災者の生活再生への第1歩となるものであり，被災者にとっては職場復帰等へのきっかけとなるものであるが，被災者の誰もがこの判断を歓迎するとは限らない。特に，休業期間が長引くと，治癒認定後の職場復帰等のハードルは高くなるようであり，一部には治癒の判断を引き延ばすために自らの病態を深刻に受け止めてくれる医証を取り漁るという事態も生じうる[16]。治癒の判断は，基本的には医証によることとなり，行政による裁量の幅は必ずしも大きくないが，治癒の判断が時機を逸すると被災労働者の社会復帰は困難なものとなりやすいことは意識されるべきであろう。

## 2　労災被災者に対するリハビリテーションと再就労支援の拡大

労災被災者に対しては，療養やリハビリテーションのための施設が設置されているほか，社会復帰を促進するための各種援護金の支給やアフターケアが行われることとされている。同援護は，被災労働者本人に留まらず，一定の条件のもとに遺族に対しても与えられることとされており，少なくとも制度上はかなり充実したものとなっている[17]。もっとも，その内容を精査すると，ほとんどが医療ないし福祉的なケアを目的とするものであり，職業的な訓練もしくは再雇用を目的とするものは少ないといわざるを得ない。この点，上記で述べたように，障害者に対する就職ないし職業能力開発支援は拡充されてきており，特に労災被災者を対象として制度を設ける必要性は低いとの評価もありえよう。しかしながら，労災被災者については，多くの場合，特定の職業もしくは特定の環境下において仕事に従事したことから当該傷病を発症させたという事情が

---

[16]　治癒の判断に疑義がある場合には，鑑定医による判断を求めるなど，その判断は客観的に行われることとされている。

[17]　社会復帰促進等事業の中には，社会復帰指導員の配置や職業回復訓練などの事業があり，社会復帰援護事業の中には，年金担保資金の貸付けの事業があるが，被災労働者の職場復帰に十分な役割を果たしているとはいいがたい。職業安定所との連携強化や事故発生時会社と調整を行う専門家を置くなど，より積極的な対策をとることが望ましい。

あり，労災と認定されている以上は，当人の個人的事情等よりも業務に内在する危険が傷病という結果をもたらしたと考えられるものである。したがって，本来であれば従前の職務に復帰できることが原則とされるべきであり，そのための支援がほかの事由による障害者よりも具体化されてしかるべきではないかとの意見もありえよう。

この点，裁判例においては，労働災害による休業期間中の労働者の雇用上の地位は，より高く保護される傾向にあり，相当であるとはいえるものの，一方において，労災被災者が治癒後被災時の会社に復帰し，従前の仕事に戻る権利が保障されているわけではない。被災労働者の療養の期間が長引く場合には会社側に事情の変更が生じる可能性があることや，残存する障害の種類や程度によっては，当該被災労働者が従前の職務を完遂できるとは限らないことなど，同問題の処理を定型化することが妥当ではないことを踏まえながらも，何らかの積極的な対策は必要であるように思われる。具体的には，労災被災者に対する職業リハビリテーションの拡充，精神的なケア，さらには被災時の会社との職場復帰に向けての調整を行う人員の配置などが考えられる。

## 3　精神障害者に対する発病原因に囚われない支援制度の拡充

精神障害者の増加は，今や社会問題となっている。精神障害の発症が業務上の事由によると判断された場合には，上述のとおり各種の労災保険給付が支給されるものの，その場合にも，被災者家族の生活は厳しいものとなりやすい。理由は，以下のような状況になりやすい点にある。

一般的にいって，業務により精神障害が発症した場合には，休職ないし離職に至り，発病原因たる当該労働への従事がなくなるため，症状は緩和されるものであり，本来何年もの間疾病の状態であり続けることはない。そして，業務に起因する精神障害が治癒したと判断される際には，多くの場合障害が残存するとは考えがたいため，障害〔補償〕給付の対象とはなりにくい。したがって，精神障害を罹患した労災被災者は，通常はほどなく行われる治癒認定により，再び労働に復帰することとなるのであるが，従前の職場において一定の配慮を受けて職務に従事できる場合はともかく，そうでない場合には，再発の危険性に怯えながらの就労となりやすい。異常な業務上の心理的負荷により精神障害

を発病したと判断される労働者においても，当該労働者の性格や特性は同疾病の発症と無縁でないことが多く，結局ストレスを避ける職務を選択するしか方法はなくなるのである。

このように考えると，労災保険による各種給付も，精神障害者には一時的な保護でしかなく，従前の職場への復帰が可能とならない限り，ほかの原因によって精神障害を発病した者と同じく，新しい職を得て，そこに定着することは困難なものとなりやすいといえよう。精神障害者の職場復帰ないし定着については，上記のとおり，一定の公的サポートが実施されているところであるが，発病者の年齢の広がりや増加のスピードが著しいことなどに鑑みると，同支援はより細分化された地域ごとに拡充されていく必要があるように思われる[18]。

## 4　長期療養者の死亡と遺族の生活保障

じん肺患者や脊髄損傷患者の療養期間は，一般的には長期に至ることが多い。これらの症状が業務上の事由によると判断された場合には，当該症状の程度に応じて休業〔補償〕給付もしくは傷病〔補償〕年金が支給され，治癒と認定された場合には一時金もしくは年金の形で障害〔補償〕給付が支給される。こうした傷病による長期療養者の場合には，被災時の給与が低かったため，給付基礎日額自体が低位に留まるといった事態となりがちであるが，それでも通常は被災者当人もしくはその配偶者を含めて一定の生活を支えることができる状態になっているとはいえそうである。問題は，当該被災者が業務上の事由とされたじん肺ないし脊髄損傷とは因果関係をもたない傷病により死亡した場合における遺族（特に配偶者）の生活である[19]。こうした長期療養者の場合，その死

---

[18]　障害者に対して就労支援を行う公的機関は増加してきているものの，当該機関には必ずしも情報が集約されておらず，また就労支援の基盤となる当人が抱える課題を調整できる専門家（例えば，臨床心理士や産業カウンセラーなど）も必置とはされていない。一方，全国各地の産業保健総合支援センターには，労働者の精神疾患に悩む企業からの問い合わせも多く，産業カウンセラー等の派遣により相談に応じることとしているものの，多くの場合，相談に留まるものであり，同労働者の立場に立って就労を継続していくための支援を行うシステムとはなっていない。労働者の精神衛生に係る予防業務と発病後の職場復帰への支援とを有機的に繋ぐシステムの構築が急がれるべきである。

亡原因が業務に起因して生じた当該傷病そのものである場合には、遺族に対して遺族〔補償〕給付が支給されることとなるが、死亡原因が加齢ないしほかの傷病によるものである場合には、同給付は支払われないこととなる。そのため、長期にわたり労災被災者の傷病〔補償〕年金ないし障害〔補償〕年金で生活を維持してきた配偶者等は、当該被災者の死亡により生活の手段を失う可能性が生じる。この点、例えばじん肺患者の例をとると、長期療養期間中に加齢によると考えられるじん肺とは因果関係のない疾病を発症する可能性も高く、死亡そのものがじん肺によるとは認められない例は少なくない。被災労働者のじん肺発症が若年期である場合には、厚生年金等の加入期間も少ないなどの事情から、公的年金を得られないといったことも生じ、結果として突然に生活の手段を失うといった事態になるのである。

　労災保険法のもとでの年金は、被災労働者が死亡するまで支給されることとされているが、上記のような事態を勘案すると、老齢年金との調整方法には再考が必要なのではないかと思われる。

## 第7節　おわりに

　高度成長期における労働災害は、当該職業に内在する危険が現実化するというパターンが多く、被災労働者およびその家族には、一定の覚悟があったといえる場合も少なくなかったものと想像される。ところが、危険有害業務自体の減少、安全衛生に対する意識や制度の向上、さらには定期検診の義務づけなど、労働災害に対する防御が進んできたこともあり、職業に特有の災害は減少し、結果として被災者にとって不意打ちと感じられる保険事故が増えているように思われる。特に、いわゆる過労死や精神障害の発症についてみると、第三次産業に従事している被災者が多いこともあってか、当人もその家族もほとんど予期していなかったという脈絡で発生することが多いようである。今や、労災保

---

19) 遺族補償一時金は、被災労働者死亡時に年金受給権者がいない場合に支払われることとなるが、後順位においては同一生計にない遺族に対しても支払われることとされている。私病により長期療養者が死亡した際に、配偶者が生活に困る事態とのバランスを考えると、こうした補償のあり方にも検討が必要であろう。

険制度は，労働という一定の危険を引き受けることに対する事業主相互の互助という側面を踏み越え，「働く」という人間の基本的な営みに対して，国民全体が特別に扶助を行う制度であると説明する方が合理的であるといえるものとなっている[20]。

　もっとも，労使双方にとって不意打ちであったとしても，当該職場において災害が発生ないしは顕在化したことは事実であり，労災被災者およびその家族の生活再生は，そこから発想を始めることが筋であるように思われる。労災保険ないし民間保険からの補償が支払われることにより，被災労働者には一定の生活が維持されるとの期待があるためか，事故発生時の事業主は，当該労働者の復職に積極的でない例も少なくないように感じられる。労働災害の発生は会社にとっても不幸であるといえようが，被災者にとっては，人生の転換を余儀なくされることも多い極めて大きな負荷となるものである。療養期の生活保障についてみると，労災保険制度はほぼ満足すべき水準を実現してきていると評価できるものの，その後，被災労働者および遺族が生活再生を行おうとする段階においては，十分な支援を与える構造とはなっていない。労災被災者の職場復帰に向けてより積極的な施策を打ち出すことが求められていると思われる。

---

20) 労災保険の保険料は，使用者のみが拠出していることから，使用者の責任保険であるとの意見が根強いが，経済学の観点からは，当該保険料は商品やサービスの価格に転嫁されているものであり，結局は消費者が負担しているとの意見がある。近年の労働災害の被害傾向を勘案すると，国民全体が負担していると考えた方が妥当であるかもしれない。

第 4 部

# 多様な労働者と新たな法的課題

# 第13章　海外勤務労働者と国際労働関係法の課題

第1節　本章の目的
第2節　労働契約の準拠法
第3節　労働法の域外適用
第4節　国際裁判管轄の決定
第5節　海外勤務の法的根拠
第6節　結　語

土田　道夫

## 第1節　本章の目的

　本章は，海外勤務労働者（日本から海外に派遣されて勤務する労働者）をめぐる労働法上の課題について考察することを目的とする。

　社会経済のグローバル化（グローバリゼーション）に伴い，労働契約が国際的に展開するケースが増えている。これにも，①労働契約が日本国内で展開される場合と，②労働契約が日本国外で展開される場合がある。また，①も，① a) 日本人が外国企業に雇用されて日本国内で就労する場合，① b) 外国人が日本企業に雇用される場合，① c) 外国人が外国法人に雇用されて日本国内で就労する場合など多様であるし，②も，② a) 日本企業に雇用された日本人が外国に派遣されて就労する場合，② b) 日本人が外国で外国企業に雇用される場合，② c) 外国人が日本企業に雇用されて外国で就労する場合に分かれる。

　本章では，海外勤務労働者を対象とすることから，専ら② a) について考察する。また，海外勤務の形態も，短期の海外出張，法人格のない海外事業所への長期の配転，外国子会社・関連会社への出向と多様であるが，各形態について検討する。

以下，準拠法の決定，労働法の域外適用，国際裁判管轄の決定という国際労働私法上の論点を中心とするが，関連して，海外勤務の法的根拠という実質法上の論点も取り上げる。このうち，労働法の域外適用および海外勤務の法的根拠は，海外勤務労働者に固有の問題であるが，準拠法や国際裁判管轄の決定についても，日本国内で就労する労働者とは異なる海外勤務労働者固有の問題が生じうる。

## 第2節　労働契約の準拠法

### 1　法の適用に関する通則法

労働契約の準拠法の決定とは，国際的に展開される労働契約に適用される法規を決定することである。換言すれば，上述した各ケースにおいて労働契約紛争が生じた場合に，労働契約を規律するのは日本法か外国法かを決定することを意味する。

ところで，準拠法に関しては，周知のとおり，法例が2006（平成18）年に全部改正され，法の適用に関する通則法（以下「通則法」）が成立した[1]。通則法は，労働契約の準拠法に関して特別の規律を定めている。まず，通則法7条は，「法律行為の成立及び効力は，当事者が当該法律行為の当時に選択した地の法による」と規定し，当事者自治の原則（準拠法選択の自由）を宣言している。したがって，労働契約の準拠法について当事者間に明示の合意（法選択）があれば，それに従うことになる[2]。

実際には，このような明示の法選択が行われないことが多い。この場合，法例7条2項は契約締結地の法を準拠法と定めていたが（行為地法主義），通則法

---

[1]　法の適用に関する通則法に関しては，櫻田嘉章＝道垣内正人編『注釈国際私法　第1巻』（有斐閣，2011年）参照。同法の制定経緯・制定に至る関係資料については，『法の適用に関する通則法関係資料と解説』別冊NBL編集部編（商事法務，2008年）が必読文献である。

[2]　当事者自治の原則に関しては，櫻田＝道垣内編・前掲注1）179頁以下（中西康），木棚照一＝松岡博＝渡辺惺之『国際私法概論（第5版）』（有斐閣，2007年）130頁以下，横山潤『国際私法』（三省堂，2012年）161頁以下など参照。

は，これを改め，労働契約について新たな客観的連結規範を規定した。すなわち，通則法は，準拠法の選択がない場合につき，法律行為の成立・効力は当該法律行為に最も密接な関係がある地の法によるとの規律（最密接関係地法ルール＝8条1項）を規定した上，労働契約の特例として12条3項を設け，労務提供地法（労務を提供すべき地の法）を最密接関係地法と推定し，労務提供地法を特定できない場合は，雇入事業所所在地法（当該労働者を雇い入れた事業所の所在地の法）を最密接関係地法として推定すると規定する[3][4]。

また，通則法12条1項は，当事者が同法7条・9条によって最密接関係地法以外の法を準拠法として選択した場合も，労働者が使用者に対し，最密接関係地法の中の特定の強行規定を適用すべき旨を意思表示した場合は，その強行規定をも適用すると規定し，同条2項は，最密接関係地法として，労務提供地法（労務提供地法を特定できない場合は雇入事業所所在地法）を推定すると規定する。労働契約においては，使用者が交渉力・情報格差を利用して，日本のような保護法制がない国の法を準拠法選択するケースが生じうるため，労働者の意思表示に基づく強行規定の保護を行うこととしたものである[5]。「特定の強行規定」の典型は，当事者の権利義務を規律する私法的強行規定であり，労働契約法の強行規定（解雇権濫用規制［16条］等）や，雇用機会均等法・労働契約承継法の強行規定が代表例である。また，労組法中の労働協約規定や，判例法理中，強行法的性格を有するものも同様である（労基法・労組法については，第3節参照）。

---

3) 通則法8条2項は，最密接関係地法に関する一般的規律として特徴的給付の理論を採用しており，これによれば，労働契約の最密接関係地法は，労務の提供を行う労働者の常居所地法と推定される。しかし，労働契約においては，常居所地法より労務提供地法の方が密接に関連する法といえることから，12条3項において，労務提供地法を最密接関係地法として推定する旨の特則が設けられた。「国際私法の現代化に関する要綱中間試案補足説明」・前掲注 1) 別冊 NBL 編集部編 147 頁, 小出邦夫『逐条解説 法の適用に関する通則法（増補版）』（商事法務，2014 年）157 頁参照。

4) なお，法例7条2項が採用する行為地法主義のもとでも，裁判例・学説は，契約締結地は偶然に左右されることが多く，契約との関連性が弱いことを考慮して，明示の準拠法選択がない場合も，当事者の黙示の意思を探究して準拠法を決定すべきものと解し，その判断要素として労務給付地と事業所所在地を重視してきた（ドイッチェ・ルフトハンザ・ゲゼルシャフト事件・東京地判平成9年10月1日労判726号70頁等。土田道夫『労働契約法』［有斐閣，2008 年］713 頁以下参照）。通則法12条3項は，この準拠法選択ルールをより明確化して立法化したものということもできる。

## 2 国内就労労働者

このような通則法の規律によれば、日本国内で就労する労働者については、基本的に、日本の労働法が適用される[6]。事例に即して考えてみよう。

【事例1】　Aは、日本に住所を有する日本人であり、L社は、ニューヨークに本社を置く米国法人である。L社の日本法人であるM社は、金融アナリストが必要となったため、従来、L社社員として米国で勤務してきたAをスカウトし、雇用契約を締結した。ところが、Aは、期待されたアナリストとしての能力が十分でなく、その後も改善されなかったため、M社がAを解雇したところ、Aは、解雇の無効を主張して地位確認の訴えを提起した。以下の①～③の場合、Aの訴えはいずれの国の法によって判断されるか。
　①　AとM社間の雇用契約中、日本法を準拠法とする合意がある場合。
　②　AとM社間の雇用契約中、準拠法に関する合意がない場合。
　③　AとM社間の雇用契約中、ニューヨーク州法を準拠法とする合意がある場合。

①については、当事者が明示的に日本法を準拠法として選択しているため、通則法7条（当事者自治の原則）によって、日本法が準拠法となり、労働契約法

---

[5] 櫻田＝道垣内編・前掲注1）285頁（高杉直）、村上愛「国際労働関係法の展開と課題——国際私法学の立場から」日本労働法学会誌120号（2012年）84頁参照。法制審議会の議論および国会審議につき、小出・前掲注3）159頁以下参照。通則法12条1項は、消費者契約に関する特則（通則11条1項）の規律に倣ったものである。これに対して、米津教授は、強行規定の適用について契約の一方当事者（労働者）の意思表示を連結点と規定する点に対し、法的正当化は困難との批判を展開している（米津孝司「グローバル化と労働法の抵触ルール——法の適用に関する通則法を中心に」日本労働法学会誌120号（2012年）90頁）。

　なお、労働契約の強行法的規律をめぐる法例時代の議論については、木棚＝松岡＝渡辺・前掲注2）141頁、米津孝司「グローバリゼーションと国際労働法の課題」講座 21世紀の労働法1『21世紀労働法の展望』（有斐閣、2000年）278頁参照。

[6] 土田・前掲注4）715頁以下、土田道夫「雇用関係の国際的展開と法」土田道夫＝豊川義明＝和田肇『ウォッチング労働法（第3版）』（有斐閣、2009年）302頁以下参照。

16条が適用される。

②では、準拠法選択が行われていないため、通則法8条によって最密接関係地法が準拠法となる。そして、同法12条2項・3項により、労務提供地法である日本法が最密接関係地法と推定され、この推定が覆らない限り、Aは、労働契約法16条の適用を主張することができる[7]。

③では、ニューヨーク州法が準拠法として選択されているので、同法が適用されうる。しかし、通則法12条1項によれば、当事者が外国法を準拠法として選択した場合も、労働者は最密接関係地法中の特定の強行規定の適用を主張できるため、労務提供地法である日本法が最密接関係地法と推定される限り（通則12条2項）、Aは、特定の強行規定である労働契約法16条の適用を主張することができる。

このように、日本国内で就労する労働者については、労働者が日本の労働法による保護を求める限り、日本法が適用されることになる[8]。

## 3 海外勤務労働者

### (1) 問題の所在

これに対し、海外勤務労働者については、日本法が準拠法として適用されないケースが増加する可能性がある。以下の事例がこれに当たる。

【事例2】　X（日本に住所地を有する日本人）は、Y社（日本に本社を有する電機メーカー）との間で労働契約を締結し、シリアのZ駐在所に派遣されて就労していた。Xの賃金その他の労働条件は、Y社の海外勤務規程上、労働時間管

---

[7] 労務提供地法（日本法）を最密接関係地法とする推定が例外的に覆る場合については、土田・前掲注4) 715頁、土田・前掲解説注6) 305頁参照。

[8] 通則法施行後の裁判例としては、香港法に準拠して設立された証券会社から関連会社である英国法人の日本支店に出向した英国人従業員の契約期間中途解除（解雇）の効力につき、従業員・出向元が出向時に締結した出向契約において日本法を準拠法として合意したこと、主に日本国内で勤務していた従業員の労働契約との関係では日本法が最密接関係地法といえることの2点を理由に準拠法を日本法と決定し、解雇権濫用法理を適用して判断した例がある（Tulett Prebon [Hong Kong] Limited [Tulett Prebon Europe Limited] 事件・東京地判平成25年12月18日 [LEX/DB25502678]。結論としては、解雇有効と判断）。

理を除いてY社の就業規則によるものと規定されている。Xは，Z駐在所に5年間勤務する間，恒常的長時間労働等の過酷な業務によってうつ病に罹患したため，日本に帰国してY社を退職後，Y社に対して，債務不履行または不法行為に基づく損害賠償請求の訴えを提起した。Xの訴えは，いずれの国の法によって判断されるか。なお，X・Y社間の労働契約中，準拠法に関する明示の合意は存在しない。

【事例3】　G（日本に住所地を有する日本人）は，H社（日本に本社を有する自動車メーカー）との間で労働契約を締結し，研究職として就労していたが，H社がドイツのフランクフルトに設立した子会社Z社に出向し，フランクフルトに住所地を移した。その後，GはH社を退職したが，その際，H社・Z社との間で，「1年間は，H社・Z社と競業関係にある一切の企業に関係しない」との競業避止特約を締結した（代償の支払はない）。しかし，Gは，H社退職半年後に，H社・Z社と競業関係にあるドイツ国内のW社に就職し，Z社在籍時と同一の研究職で就労を開始した。Gは，H社・Z社在籍時に開発した製品をベースに改良を加え，開発したW社の製品はH社・Z社のシェアを奪い，H社は多額の損害を被った。そこで，H社は，Gに対し，競業行為の差止めおよび債務不履行または不法行為に基づく損害賠償を求めて訴えを提起した。H社の訴えは，いずれの国の法によって判断されるか。なお，G・H社間の労働契約においては，日本法を準拠法とする明示の合意が存在する。

　まず，【事例2】の場合，準拠法に関する明示の合意が存在しないことから，準拠法が選択されていないと判断されれば，通則法8条によって最密接関係地法が準拠法となる。そして，同法12条3項によって，X・Y社間の労働契約における労務提供地法であるシリア法が最密接関係地法と推定されれば，同国法が適用され，Xは，日本の安全配慮義務規定である労働契約法5条の適用を主張できない結果が生じうる（Xは，日本に帰国後，Y社を退職しているため，労務提供地法が日本法であるとはいえない）。

　一方，【事例3】では，使用者（H社）が日本法の適用を主張できない可能性がある。すなわち，同事例では，日本法が準拠法として選択されているので，日本法が適用されうる。しかし，通則法12条1項によれば，当事者が日本法

を準拠法として選択した場合も，労働者は最密接関係地法中の特定の強行規定の適用を主張できるところ，GとH社・Z社間の労働契約に関する最密接関係地法は，労務提供地法（W社の所在地法）であるドイツ法と推定される（通則12条2項）ため，Gが退職後の競業避止義務に関するドイツ労働法中の強行規定（商法典〔Handelsgesetzbuch＝HGB〕74条以下）の適用を主張した場合，当該規定が適用されるという結果が生じうる。この点，ドイツ商法典74a条は，退職後の競業避止義務について，補償金の支払を要件と規定しており，これを必須の要件としない日本法（判例法理）より厳格であるため，使用者（H社）は，労働者（G）の責任追及（競業行為の差止めおよび損害賠償請求）に際して，より不利な地位に置かれることになる[9]。なお，本件競業避止特約は，労働契約終了後に関する契約であるから，厳密な意味での労働契約（通則12条1項）ではないが，労働契約と密接に関連することから，通則法12条の適用ないし類推適用が認められるものと解される[10]。

(2) 考　察

(ア)　まず，【事例2】については，黙示の意思による法選択を探求する作業が重要となる。この点，法選択の連結点となる当事者の意思については，法例時代から，①当事者による明示の意思，②明示はしていないものの，当事者が現実に有している黙示の意思および③様々な事情を基礎に，仮に準拠法が問題とされていれば，当事者が選択したであろうと考えられる意思（仮定的意思）の3種類があるとされてきた。このうち，③の仮定的意思が重視されてきた背景には，法例7条2項の行為地法主義の存在があった。すなわち，契約締結地（行為地）の決定は偶然に左右されることが多いなど契約との関連性が弱く，行為地法主義は必ずしも適切な解釈方法とはいえないため，その適用を制限する目的で，仮定的意思を含む黙示の意思による法選択が重視されてきたのである[11]。

---

[9]　競業避止義務に関するドイツ労働法制については，Vgl. Müenchener Handbuch zum Arbeitsrecht, Bd.1, 3. Aufl., 2009 S.1774ff. 石田信平「退職後の競業避止特約——ドイツの立法規制とその規制理念（一）（二）」同志社法学324号99頁，325号305頁（2008年）参照。

[10]　同旨，櫻田＝道垣内編・前掲注1）277頁（高杉直）。

これに対し，通則法制定後は，少なくとも，③の仮定的意思については消極に解する見解が多数説である。すなわち，通則法は，当事者の黙示の意思を否定または消極視する規定を設けていないものの，同法8条が準拠法決定に関する明確な客観的連結規定を整備したことから，当事者の現実の意思ではない仮定的な意思を「黙示の意思」として探求する必要はないと解する見解が多数を占めている[12]。一方，②の意味での黙示の意思については，否定的に解する見解は少ない[13]。

確かに，通則法制定後は，当事者の現実の意思との関連性が薄い仮定的意思を重視することの正当性は後退したものと解される。しかし一方，特に海外勤務労働者のケースでは，準拠法に関する明示の合意がないことを理由に準拠法指定の合意を否定し，直ちに最密接関係地法である労務提供地法（【事例2】ではシリア法）を適用することが労働者保護に反し，結果の妥当性を欠くことは明らかである。理論的に考えても，通則法が準拠法選択に関して当事者自治の原則を採用したことを踏まえれば，当事者意思を明示の意思に限定し，当事者が現実に法選択の意思を有していたものの明示的に表示しなかったにとどまる②の場合まで，法選択がないとして取り扱うことは適切でない[14]。

したがって，この種のケースでは，上記②の黙示の意思の探求が重要となる。この点，抵触法学においては，②の典型例として，契約当事者が用いた標準的契約条件が，特定国の法制度を前提としてその国の官庁の認可を受けているものである場合は，黙示ではあるが現実の準拠法選択があったと解釈すべき旨が説かれている[15]。これを【事例2】について見ると，Y社の海外勤務規程上，「Xの賃金その他の労働条件は，労働時間管理を除いてY社の就業規則による」

---

[11] ③の仮定的意思としては，契約の履行地（労務提供地），事業所所在地，当事者の国籍・住所，使用言語，書式，特定国の労働協約への準拠，裁判管轄の合意等が挙げられる。櫻田＝道垣内編・前掲注1) 191頁以下（中西康），米津孝司『国際労働契約法の研究』（尚学社，1997年）164頁参照。

[12] 櫻田＝道垣内編・前掲注1) 193頁（中西康），小出邦夫ほか「『国際私法の現代化に関する要綱』の解説」・前掲注1) 別冊NBL編集部編52頁など。

[13] 櫻田＝道垣内編・前掲注1) 193頁（中西康），小出・前掲注3) 81頁以下，神前禎『解説 法の適用に関する通則法』（弘文堂，2006年）53頁以下など。

[14] 同旨，小出・前掲注3) 82頁。

[15] 櫻田＝道垣内編・前掲注1) 194頁（中西康）。

とされていることから，Y社が当該就業規則について労基法上の作成義務と行政官庁（労働基準監督署）への届出義務（労基89条）を履行している限り，まさに上記の場合に該当するものと解される。したがって，【事例2】では，通則法7条に基づき，日本法（安全配慮義務〔労契5条〕）の適用が肯定される。

これに対して，②の黙示の意思による準拠法選択を消極に解する立場に立つ場合は，当事者による法選択が否定される結果，通則法12条3項により，労務提供地法が最密接関係地法と推定され，シリア法が準拠法となる可能性がある。しかし，ここでは，12条3項が，労務提供地法を最密接関係地法とする規律を推定規定に位置づけている点に留意すべきである。すなわち，【事例2】では，労務提供地がシリアであるとはいえ，Xの労働条件の決定構造を見れば，契約の展開により密接な関連性を有するのは日本法であるから，Xは，雇入事業所所在地法（日本法）が最密接関係地法であることを立証して上記推定を覆し，日本の労働法（労契5条）の適用を主張できると解すべきである[16]。

では，上記の場合において，X・Y社が労働災害の民事責任について明示的にシリア法を選択した場合はどうか。しかし，この場合は，当事者が最密接関係地法以外の法を準拠法選択した場合に該当することから，労働者は，最密接関係地法である日本法の「特定の強行規定」の適用を主張することができる（通則12条1項・2項）。上記のケースについても，Xは，日本の労働法（労契5条）の適用を主張できるものと解される[17]。

一方，Xの不法行為に基づく損害賠償請求については，通則法17条が不法行為の準拠法を加害行為の結果発生地法と定めていることから，シリア法が準拠法とならざるを得ない。しかし，この場合も，Xは，通則法20条に基づき，日本の不法行為法（民709条）の適用を主張できるものと解される。すなわち，通則法20条は，17条の原則規定の例外として，当事者間の契約に基づく義務

---

[16] 通則法12条2項・3項が推定規定にとどまることにつき，神前・前掲注[13] 109頁，櫻田＝道垣内編・前掲注[1] 289頁（高杉直），村上愛「法の適用に関する通則法12条と労働契約の準拠法」一橋法学7巻2号（2008年）340頁参照。佐野寛「法適用通則法における準拠法の決定」民商法雑誌136巻1号（2007年）17頁も参照（12条2項の推定については，明らかにより密接な関係がある地がほかにある場合以外は覆らないと説く）。法例の解釈として本文と同旨を説くものとして，山川隆一『国際労働関係の法理』（信山社，1999年）153頁。

に違反して不法行為が行われたことに照らして，17条により適用すべき法の属する地よりも明らかに密接な関係があるほかの地の法があるときは，当該地の法による旨を規定している（契約準拠法への附従的連結）。したがって，Xは，Y社の不法行為（過重労働に起因するうつ病の発症）が労働契約に基づく安全配慮義務（労契5条）に違反して行われたことと，日本法が準拠法（通則7条）または最密接関係地法（同12条3項）であること（上述）を立証すれば，日本の不法行為法の適用を主張できるものと解される[18]。

（イ）次に，【事例3】における準拠法決定の帰趨も，GとH社・Z社間の

---

[17] 海外勤務労働者については，多国間を経由して就労する航空乗務員のように，特定の労務提供地が存在しない労働者に関する準拠法の規律をどう解すべきかという問題もある。まず，当事者による法選択の有無（通則7条）が問題となるが，この点については，法例時代の裁判例として，ドイツの航空会社に雇用されて国際線に勤務する日本人客室乗務員の労働条件の不利益変更が争われた事案につき，労働条件の決定がドイツの労働協約に依拠して行われていることや，指揮命令・雇用管理がドイツの事業所で行われていること等から，ドイツ法を準拠法とする黙示の合意を認定した例がある（前掲注4）ドイッチェ・ルフトハンザ・ゲゼルシャフト事件）。通則法のもとでも参考となる判断といえよう。これに対し，法選択がない場合は，最密接関係地法を確定する必要があるが，特定の労務提供地が存在しない労働者については，通則法12条3項に基づき，雇入事業所所在地法が最密接関係地法として推定されるものと解される。さらに，当事者が選択した法と最密接関係地法が異なる場合（上記の例では，ドイツ法の黙示的選択が認定される一方，最密接関係地法が日本法である場合）は，労働者の意思表示によって最密接関係地法中の特定の強行規定が適用されうる（通則12条1項）。

[18] 通則法20条の「契約準拠法への附従的連結」については，櫻田＝道垣内編・前掲注1）507頁（西谷祐子），小出・前掲注3）235頁以下，神前・前掲注13）142頁以下参照。「契約準拠法への附従的連結」は，実質法上，当事者間の契約に基づく義務に違反して行われた行為が債務不履行と同時に，不法行為の成立要件も満たし，請求権競合が生ずるような場合に認められるものである（小出・前掲注3）235頁）ところ，【事例2】で扱った使用者（Y社）の安全配慮義務違反は，まさに請求権競合が生ずる場合に当たると解される（近年の裁判例は，安全配慮義務違反について，債務不履行と同時に不法行為が成立すると判断している［大庄ほか事件・大阪高判平成23・5・17労判1033号24頁等］。土田道夫『労働法概説（第3版）』（弘文堂，2014年）216頁参照）。なお，20条は，当事者が法を同じくする地に常居所を有していた場合も，明らかに密接な関係がある地の法として当該地の法（当事者の常居所地法）の適用を認めるが，【事例2】では，X・Y社の住所地はともに日本であるものの，Xは，シリアのZ駐在所に5年間勤務しており，その常居所地法はシリアと解されるため，日本の不法行為法を当事者の常居所地法として適用することは困難と解される。

労働契約に密接に関連する法が日本法かドイツ法かによって決せられるものと解される。まず，本事例における最密接関係地法がドイツ法と推定される以上，Gが退職後の競業避止義務に関するドイツの強行規定（商法典74条以下）の適用を主張すれば，同規定が適用されるのが原則となる（通則12条1項）。しかし，ここでも，労務提供地法は最密接関係地法の推定にとどまるので（通則12条2項），H社・Z社側で，雇入事業所所在地法（日本法）が最密接関係地法であることを立証すれば，上記推定を覆すことは可能である。そして，この場合，日本法にはドイツ法のような競業避止義務に関する強行規定が存在しないことから，通則法12条1項の適用はなく，当事者が選択した日本法（競業避止義務に関する判例法理）が適用され，それに基づくGの責任追及（競業行為の差止めおよび債務不履行に基づく損害賠償請求）が可能となる[19]。最密接関係地法が労務提供地法（ドイツ法）か雇入事業所所在地法（日本法）かは，Gの出向中の労働条件・人事管理がZ社・H社のいずれにおいて行われ，Gの労働契約がいずれの国の労働法に関連しているかによって決定すべきことになり，この点は，事案に応じた個別的判断とならざるを得ない[20]。

一方，H社の不法行為に基づく損害賠償請求については，【事例2】と同様，加害行為の結果発生地法であるドイツ法が準拠法となる（通則17条）。ただし，ここでも，H社は，通則法20条に基づき，日本の不法行為法（民709条）の適用を主張する余地はあるものと解される。

---

[19] 競業避止義務に関する日本の判例法理については，土田・前掲注4) 618頁以下，同・前掲注18) 281頁以下参照。

[20] なお，競業避止特約の最密接関係地法については，退職後の競業避止義務が労働者の職業選択の自由および国の経済・知的財産政策と密接に関連していること等を理由として競業地法と解する見解も見られる（RYUICHI YAMAKAWA, Transnational Dimension of Japanese Labor and Employment Laws：New Choice of Law Rules and Determination of Geographical Reach, Vol. 31, No. 2, Comparative Labor Law and Policy Journal, 2010, pp 363.）。これによれば，【事例3】における競業避止特約の準拠法は，日本法ではなくドイツ法と解されることになろう。

## 第3節 労働法の域外適用

### 1 問題の所在

準拠法の規律は，専ら当事者間の合意や労働契約法等の私法規範を対象とする規律であり，労基法等の労働保護法（労働条件の最低基準立法）や労組法を含むか否かは必ずしも明らかでない。そこで，これら法規が海外勤務労働者の労働契約にどのように適用されるかが問題となる。講学上，労働法の域外適用（地域的適用範囲）と呼ばれる問題である。

この問題については，従来，絶対的強行法規の域外適用によるアプローチが採用されてきた[21]。絶対的強行法規とは，契約当事者による準拠法選択とは無関係に，その法規が存在する法廷地において当然に適用される法規をいい，当事者の意思にかかわらず適用される。ある法規が絶対的強行法規に該当するか否かは，準拠法選択とは無関係に適用を強行する立法意思を有しているか否かを基準とし，特に，刑罰・行政監督等の国家的・公法的制裁を備えているか否かを重視して判断される[22]。通則法は，絶対的強行法規について明文規定を置くことを見送ったものの，これを肯定する趣旨に立っている[23]。

この結果，労基法等の労働保護法や労組法は，日本の労働政策に基づく立法として絶対的強行法規と解され，日本国内で就労する労働者については当然に適用される[24]。これに対し，絶対的強行法規は，域外適用の場面では，その法的性格ゆえに適用に限界があるという問題点を有している。

---

[21] 山川・前掲注 *16*) 172頁以下，山川隆一『雇用関係法（第4版）』（新世社，2008年）28頁参照。

[22] 櫻田＝道垣内編・前掲注 *1*) 289頁（高杉直），34頁以下（横溝大）。西谷祐子「消費者契約及び労働契約の準拠法と絶対的強行法規の適用問題」国際私法年報9号（2007年）40頁以下，村上愛「法の適用に関する通則法12条と労働法規の抵触法的処理——『法例』から『法の適用に関する通則法』へ」国際私法年報11号（2009年）156頁以下も参照。

[23] 法制審議会「国際私法の現代化に関する要綱中間試案」第4〜6（注），前掲注 *3*)「国際私法の現代化に関する要綱中間試案補足説明」160頁，235頁。西谷・前掲論文注 *22*) 41頁参照。

## 2　労基法・労働保護法

　まず，労基法は，刑罰法規として刑法の属地主義（1条・8条）を適用され，また「事業」を適用単位としているため，その適用対象となる（同法違反が処罰対象となる）のは国内の事業に限られる。また，労基法の私法上の効果（13条）に関しても，同法が労働条件の最低基準を定めて労働者を保護するという日本の労働政策を具体化した基本法であることから，やはり日本国内の「事業」を適用範囲とするものと解される。以上から，海外における労基法の適用は原則として否定される[25]。労働安全衛生法・最低賃金法・労働者災害補償保険法（労災保険法）についても同様に解される。

　そこで，学説では，労基法については，その民事法的側面に関して，絶対的強行法規であることを前提とする実質的域外適用を認める見解が提唱されている。すなわち，この学説は，労災保険法上の海外派遣者特別加入制度（33条7号）を参考に，「海外出張型」の勤務（国内の使用者の指揮命令に従って就労する場合）と，「海外派遣型」（国外の使用者の指揮命令に従って就労する場合）に区分した上，前者については，国内の「事業」の延長として労基法の域外適用を肯定する[26]。また，後者については，海外に独立の「事業」があることから労基法の適用を原則として否定しつつ，人事異動や解雇等の一定の措置について国内の使用者が権限を留保している場合は，その限りで国内の「事業」における使用を認めて労基法の域外適用を肯定する。例えば，海外勤務労働者の解雇に

---

[24]　この点，「特定の強行規定」（通則12条1項）の場合は，労働者による適用の意思表示を要するため，この点が絶対的強行法規との大きな違いとなる。なお，労働契約法・労働契約承継法・雇用機会均等法は，刑罰制裁や行政監督を備えておらず，専ら私法としての性格を有するため，絶対的強行法規には該当しない。

[25]　山川・前掲注 *16* ）180頁。ただし，労働者が国内の「事業」に所属しつつ，一時的に海外で就労する場合は，海外における独立の「事業」とはいえないため，労基法が域外適用される。この場合，労働者が国内の「事業」に所属しているか否かは，「事業」の場所的意義によってではなく，国内の使用者の指揮命令のもとで就労しているか否かによって判断される。

[26]　山川・前掲注 *16* ）184頁以下。具体的には，商談やアフターサービスなどの就労が「海外出張型」とされ，海外駐在や海外子会社への出向が「海外派遣型」とされている。

関する労基法 20 条の適用や，賃金が国内で支払われる場合の同法 24 条の適用が挙げられる[27]。

これに対して，通則法制定後の学説の中には，労基法の民事法的側面に着目して，同法を「特定の強行規定」（通則 12 条 1 項〔第 2 節 1〕）に位置づける見解が見られる。この学説は，通則法制定によって「特定の強行規定」が是認された以上，民事法規としての労基法について，絶対的強行法規構成に拘泥する必要はないと解した上，労基法が日本の事業に対する適用範囲の決定を「最小限」にとどめる趣旨である場合（海外における適用を否定する趣旨でない場合）に，「特定の強行規定」としての域外適用を肯定する[28]。こうして，刑罰法規・行政的取締法規としての労基法は絶対的強行法規に位置づけられる一方，民事法規としての労基法は「特定の強行規定」として適用されることになる。私は，通則法制定後はこの解釈手法を採用する余地は十分あると考えるが，なお検討が必要であろう。

【事例 4】　【事例 2】で，X が Y 社に対し，時間外労働に対する割増賃金（労基 37 条）を請求した場合，認められるか。

絶対的強行法規の域外適用アプローチによれば，【事例 4】は「海外派遣型」であり，また，時間外労働と割増賃金は，国内の使用者が権限を留保している事項ともいえないから（【事例 2】では，X の労働時間管理のみは Y 社の就業規則によらないものとされている），労基法 37 条の適用は否定されるものと解される[29]。これに対し，「特定の強行規定」アプローチによれば，労基法 37 条が「特定の

---

27)　山川・前掲注 16) 188 頁。
28)　村上・前掲論文注 16) 319 頁，村上・前掲論文注 22) 155 頁。米津・前掲論文注 5) 日本労働法学誌 94 頁も，労基法の私法的側面については，準拠法アプローチを適用する余地があると説く。
29)　山川・前掲注 16) 188 頁参照。裁判例では，日本企業から外国企業に派遣されて就労していた労働者が労基法に基づく時間外労働手当を請求した事案につき，域外適用の判断を行わないまま労基法を適用した例があるが（三和プラント工業事件・東京地判平成 2 年 9 月 11 日労判 569 号 33 頁），不十分な判断と批判されている（山川・前掲注 16) 188 頁）。

強行規定」(通則12条1項) として適用され, Xの割増賃金請求が認容される[30]。

## 3 労組法

労組法については, 日本の労使関係政策を具体化した基本法であることから, 同法が対象とするのは日本の労使関係であると解し, 原則としてその域外適用を否定するのが多数説である。紙幅の関係上, ここでは, 不当労働行為制度と労働協約法に限定して検討する。

### (1) 不当労働行為制度

不当労働行為禁止規定 (労組7条) は, 労働委員会による行政救済制度 (同27条) とともに, 日本の労使関係政策に関する基本法として絶対的強行法規に属し, 日本に存在する労使関係に適用されるものと解される。問題は, いかなる場合に「労使関係」が日本に存在するといえるかであるが, 使用者と労働組合がともに日本に存在する場合はこの点が肯定される。この結果, 例えば, 外資系企業が外国人労働者に対して不当労働行為を行った場合は, 使用者と労働組合がともに日本に存在する限り, 労使関係は日本に存在するものとして不当労働行為救済制度が適用される[31]。

これに対して, 海外勤務労働者に典型的なケース, すなわち, 日本企業が日本の労働組合に所属する海外勤務労働者に対して海外において不当労働行為を行った場合は, 労組法の不当労働行為救済制度を適用することは困難と解されている[32]。この場合, 労使関係自体は日本にあるものの, 不当労働行為の行政救済制度は日本独自の法制度であることから, 上記のように解するほかないといえよう。これに対し, 不当労働行為禁止規定 (労組7条) の私法的効果[33]については, 労組法の行政救済制度と無関係となるため,「特定の強行規定」

---

30) 村上・前掲論文注22) 162頁。
31) 山川・前掲注16) 200頁以下参照。命令例として, リーダーズ・ダイジェスト事件・東京都労委平成元年9月5日別冊中労時1080号78頁。
32) 山川・前掲注16) 202頁。また, 海外で発生した労使関係紛争については, 日本の労組法 (不当労働行為救済制度) の適用は否定されざるを得ない (中労委〔T社ほか〕事件・東京高判平成19年12月26日労経速2063号3頁)。この判断を批判する見解として, 米津・前掲論文注5) 日本労働法学会誌99頁。

と解する余地があるが，この点についても，労組法7条を日本の集団的労働法に関する基本規定として絶対的強行法規と解し，上記のケースについて域外適用を否定する見解が有力である[34]。

もっとも，この場合も，労基法の場合と同様，日本の事業所における権限の行使を通して行われた不当労働行為については，国内における行為として，日本の労組法が域外適用される。例えば，組合所属を理由として行われた海外勤務労働者の解雇等の不利益取扱いは，同労働者が所属している国内の事業場における権限の行使として行われるのが通常であるため，労組法の域外適用が認められる[35]。

(2) 労働協約法

労働協約については，契約としての性格を有することを重視して，準拠法選択（通則7条）の対象と解する見解がある[36]。しかし，法例時代には，この見解を批判し，労組法の労働協約法（14条以下）を絶対的強行法規と解して域外適用を肯定する見解が有力であった。同説は，労働協約の法的取扱いは各国の労使関係政策に密接に関連する問題であることに加え，準拠法選択アプローチを採用すると，協約当事者が協約の規範的効力（労組16条）を認めない国の法を選択し，労組法を回避する結果をもたらす可能性があることを指摘し，上記解釈を展開する。その上で，日本の使用者と労働組合が労働協約を締結した場合は，集団的労使関係が国内に存在することから同組合に所属する海外勤務労働者の労働条件についても，労働協約規定を適用すべき旨を説く[37]。

思うに，労働協約については，通則法制定後は，その契約としての性格に鑑み，準拠法選択の対象と解することが適切と考える。ただし，このように解す

---

[33] 具体的には，労組法7条1号（不利益取扱い禁止規定）に違反する法律行為（解雇等）を無効とする効果，同条2号（団交拒否禁止規定）や3号（支配介入禁止規定）に反する行為を違法（民法709条）とする効果が挙げられる。土田・前掲注*18*) 455頁参照。

[34] 山川・前掲注*16*) 200頁，村上・前掲論文注*16*) 326頁。

[35] 山川・前掲注*16*) 202頁。

[36] この点，櫻田＝道垣内編・前掲注*1*) 280頁（高杉直）は，労働協約は労使が対等の立場で締結する協定であるから，特別の保護は不要と述べ，絶対的強行法規性のみならず通則法12条の適用も否定し，一般の契約と同様に7条～9条の準拠法規定によるべきと説く。労働協約の法的性格については，土田・前掲注*4*) 145頁参照。

ると，学説が指摘する問題点が生ずるので，労働協約法（労組14条以下）を通則法12条1項の「特定の強行規定」と解し，海外勤務労働者（組合員）の強行法的保護を図るべきであろう。この点，労働協約法は，専ら労働協約と労働契約の関係を規律する私法的強行規定であるから，「特定の強行規定」に該当することは明らかである（第2節1参照）。問題は，海外勤務労働者（組合員）の労働契約に関する最密接関係地法を日本法（労働協約法）と解しうるかであるが，日本の使用者と労働組合が労働協約を締結した場合は，集団的労使関係が国内に存在し，また，海外勤務労働者の労働契約により密接に関連するのは日本の労働協約であるから，海外勤務労働者は，雇入事業所所在地法である日本法（労働協約法）の適用を主張できると解すべきである[38]。こうして，海外勤務労働者が日本の労働協約より不利益な労働条件に遭遇した場合も，労組法16条を「特定の強行規定」として主張（意思表示）すれば，同条の規範的効力が及び，協約所定の労働条件を適用されることになる。

ところで，以上のように解することは，前記学説が説く絶対的強行法規構成を直ちに妨げるものではない。前記のとおり，通則法は，絶対的強行法規を肯定する趣旨に立っている（本節1）ところ，「特定の強行規定」のうち一定の規定は，絶対的強行法規にも該当すると解されるからである。そして，労働協約法が日本の労使関係政策と密接に関連することを踏まえると，労働協約法を絶対的強行法規と解することに妨げはないであろう。こうして，労働協約法は，「特定の強行規定」であると同時に絶対的強行法規にも該当し，労働者による援用（意思表示）がない場合も域外適用することが可能となる。

(3) 絶対的強行法規と「特定の強行規定」の関係

以上の解釈は，「特定の強行規定」（通則12条1項）と絶対的強行法規が重複しうることを前提とする解釈である。しかし，この点については，抵触法学上議論があり，①上記解釈と同様，両規範が重複することを認める見解[39]と，

---

37) 山川・前掲注 *16*) 205頁以下。ただし，労働協約の債務的効力については，民法の契約法理によって解決すべき領域であると解し，準拠法選択の対象となることを肯定する。

38) 前記のとおり（第2節3(2)(ア)），労務提供地法を最密接関係地法と推定する通則法の規律（12条2項）のもとでも，労働者は，その推定を覆し，雇入事業所所在地法の適用を主張することができる。

②両規範をその趣旨・目的の違いから峻別し，両規範が重複することを否定する見解[40]が対立している。

②説によれば，絶対的強行法規であることに疑いのない労基法等の労働保護法や労組法は「特定の強行規定」であることを否定される一方，労働契約法等の私法的強行規定は「特定の強行規定」としてのみ位置づけられ，絶対的強行法規性を否定される。これに対し，①説によれば，労働契約法等の私法的規定の絶対的強行法規性を否定する点は同じであるが，労基法や労組法のうち私法的効果を有する規定は，同時に「特定の強行規定」に該当することになる。労働協約法の域外適用に関する本章の解釈は，①説に依拠するものであり，同解釈が示すとおり，①説は，海外勤務労働者に対する「特定の強行規定」と絶対的強行法規による二重の保護を可能とするというメリットを有している。ただし，この論点は，抵触法学上の基本論点であるため，その議論に学びつつ，さらに検討していきたい。

## 第4節　国際裁判管轄の決定

### 1　判例法理・改正民事訴訟法

国際裁判管轄の決定の問題とは，国際的労働契約をめぐる紛争が発生し，日本の裁判所に提訴された場合，いかなる要件のもとで日本の裁判所に管轄権を認めるべきかという問題である。この問題について，裁判例は，修正逆推知説を採用し，民事訴訟法上の裁判籍が日本国内にある場合に原則として日本の裁

---

39) 西谷・前掲論文注22) 40頁。「特定の強行規定」は，一国のすべての強行法規を対象とする規定であると解し，絶対的強行法規と重複することを肯定する。前掲注3)「国際私法の現代化に関する要綱中間試案補足説明」153頁も，消費者契約についてであるが，「特定の強行規定」が絶対的強行法規を含む概念であることを明言している。

40) 村上・前掲論文注16) 316頁，村上・前掲論文注22) 156頁以下。「特定の強行規定」が労使（私人）間の利益調整ないし労働者の利益の擁護を目的としているのに対し，絶対的強行法規は，国家の社会・経済政策や労働市場政策の実現を目的とするとして両者を峻別する。野川忍『新訂 労働法』（商事法務，2010年）457頁以下も参照。

判管轄を認めつつ，当事者の公平，裁判の適正・迅速という理念（条理）に反する特段の事情があるときはこれを否定する立場に立ってきた[41]。一方，契約当事者が明示の合意によって外国の裁判所を専属的管轄裁判所として指定すること（専属的管轄合意）については，原則として有効としつつ，「はなはだしく不合理で公序法に違反するとき」にのみ例外的に無効となると解するのが判例であり[42]，労働事件についても，この立場が有力であった[43]。

こうした状況の中で，2011年，民事訴訟法および民事保全法の一部を改正する法律が成立し，労働契約に関する国際裁判管轄規定が設けられた。すなわち，改正民事訴訟法は，個別労働関係民事紛争（労働契約の存否その他の労働関係に関する事項について個々の労働者と事業主との間に生じた民事に関する紛争）について，3条の2・3条の3の管轄原因に加え，①労働者が訴えを提起する場合，労働契約において労務の提供地またはこれが定まっていないときは労働者を雇い入れた事業所所在地が日本国内にあるときは，日本の裁判所に裁判管轄を認める旨を規定する（3条の4第2項）一方，②事業主から労働者に対して訴えを提起する場合については，労働者の住所地においてのみ訴えを提起することができる旨規定する（3条の4第3項）。また，③専属的管轄合意については，当事者自治に委ねてきた従来の態度を改め，a)労働契約終了時の合意であって，契約終了時における労務提供地の裁判所を指定する合意および b)労働者が合意された国の裁判所に訴えを提起し，または，その合意を援用した場合に限り有効とすること（3条の7第6項1号・2号）を規定している。国際裁判管轄につ

---

*41)* 最3判平成9年11月11日民集51巻10号4055頁。労働事件として，前掲注 *4)* ドイッチェ・ルフトハンザ・ゲゼルシャフト事件。

*42)* 最3判昭和50年11月28日民集29巻10号1554頁。

*43)* 裁判例では，米国・イリノイ州裁判所に関する専属的管轄合意につき，労働者（試用期間中の客室乗務員）に一方的に不利益を強いる内容のものではなく，同合意に関する会社の説明も不十分とはいえない等として有効と判断する例がある（ユナイテッド航空事件・東京高判平成12年11月28日判時1743号137頁）。一方，マン島の裁判所に関する専属的管轄合意につき，一労働者（パイロット）がマン島において訴訟を提起・遂行することは大きな負担となる反面，世界規模で展開する被告会社（パイロット等の派遣を目的とする外国会社）が日本において原告の訴えに応訴することは負担とはいえないと判断し，「はなはだしく不合理で公序法に違反する」として無効と判断する例も見られる（スカイマーク事件・東京地判平成24年11月14日労経速2165号3頁）。

いて日本の裁判所の管轄を原則とし，従来は広く肯定されてきた専属的管轄合意の効力を制限するなど，労働者保護の立法政策を採用したものである[44]。

以上の規律によれば，日本国内で就労する労働者については，基本的に，日本の裁判所の管轄権が肯定されることになる。

## 2　海外勤務労働者

これに対し，海外勤務労働者については，国際裁判管轄に関しても独自の問題が生じる。ここでも，事例に即して考えてみよう。

【事例5】　【事例2】で，XがY社に対し，日本の裁判所において損害賠償請求訴訟を提起した場合，日本の裁判所の裁判管轄は認められるか。なお，X・Y社間の労働契約において，裁判管轄に関する合意は存在しないものとする。また，Xは，日本に帰国後，Y社に在職したまま上記訴訟を提起したものとする。

【事例6】　【事例3】で，H社がGに対し，日本の裁判所において損害賠償請求訴訟を提起した場合，日本の裁判所の裁判管轄は認められるか。
① G・H社間の労働契約において，裁判管轄に関する合意が存在しない場合はどうか。
② GがH社間を退職する際に締結した競業避止特約において，日本の裁判所にのみ訴えを提起できる旨の明示の合意が盛り込まれた場合はどうか。
③ GがH社在職中に②の競業避止特約を取り交わした場合はどうか。

### (1)　労働者が原告の場合

【事例5】では，日本の裁判所の裁判管轄が認められるものと解される。すなわち，民訴法3条の4第2項によれば，労働者が原告となる場合，労務提供地（それが定まっていない場合は事業所所在地）のいずれかが日本にあれば，日本

---

[44]　兼子一（原著）　松浦馨＝新堂幸司＝竹下守夫＝高橋宏志＝加藤新太郎＝上原敏夫＝高田裕成『条解民事訴訟法（第2版）』（弘文堂，2011年）61頁（高田裕成），本間靖規＝中野俊一郎＝酒井一『国際民事手続法（第2版）』（有斐閣，2012年）63頁以下，村上・前掲論文注5）76頁以下参照。

の裁判所が管轄権を有するところ,【事例5】では,Xは,日本に帰国後,Y社に在職しながら日本の裁判所に損害賠償請求訴訟を提起しているので,現実の労務提供地である日本の裁判所に裁判管轄が認められる。また,【事例2】と同様,Xが日本に帰国後,Y社を退職した後に訴えを提起した場合も,契約が終了している場合は終了時の労務提供地の裁判所に管轄権が肯定される[45]ことから,やはり日本の裁判所の管轄権が肯定されるものと解される[46]。

一方,XがシリアのZ駐在所在職中,日本の裁判所に損害賠償請求訴訟を提起した場合は,問題は微妙となる。民訴法3条の4第2項所定の「労務の提供の地」とは,契約上定められた労務を提供すべき地ではなく,現実に労務を提供する地をいう[47]ところ,これを厳密に解すると,上記のケースでは,「労務の提供の地」を日本と解する余地はないからである。しかし,この場合も,日本の裁判所の管轄権を肯定することは可能と解される。国際私法学上,労務提供地が時間の経過とともに変更する場合は,訴え提起時のみならず,紛争発生時の労務提供地の裁判所にも管轄権を肯定すべきものと解されているからである[48]。

(2) 事業主が原告の場合

これに対し,【事例6】では,日本の裁判所の管轄権は原則として否定されるものと解される。

まず,本件紛争が「個別労働関係民事紛争」(民訴3条の4第2項)に該当するか否かが問題となる。Gの退職後(労働契約終了後)の競業に関する紛争であることを理由とする否定説もありうるが,「労働関係に関する事項について個々の労働者と事業主との間に生じた民事に関する紛争」として「個別労働関

---

[45] 国際裁判管轄研究会「国際裁判管轄研究会報告書(6)」NBL887号(2008年)118頁参照。

[46] 民訴法3条の9は,日本の裁判所に管轄権を認めた場合に,「当事者間の衡平を害しまたは適切かつ迅速な審理の実現を妨げることとなる特別の事情があると認めるとき」は訴えを却下できる旨規定するが,【事例5】では,そのような事情もうかがわれない。

[47] 兼子一(原著) 松浦=新堂=竹下=高橋=加藤=上原=髙田・前掲注44) 61頁(髙田),横山・前掲注2) 364頁,村上・前掲論文注5) 78頁。

[48] 村上・前掲論文注5) 79頁。

係民事紛争」と解して差し支えないであろう[49]。

次に、①については、民訴法3条の4第3項によれば、事業主が原告となるときは、労働者の住所地が管轄原因となる（民訴3条の2第1項）ので、Gの住所地がドイツにある本事例では、日本の裁判所の管轄権は否定され、ドイツの裁判所の管轄に服することになる（準拠法も、原則としてドイツ法と解される〔第2節3(2)(イ)参照〕）。問題は、②③の専属的管轄合意の効力であるが、③の管轄合意は、同合意が労働契約終了時の合意に限定されることから（3条の7第6項1号）、同号に反して無効と解される。一方、②の管轄合意は、労働契約終了時の合意の要件は充足しているものの、契約終了時における労務提供地の裁判所を指定する合意の要件（3条の7第6項1号）を充足しないため、やはり同号違反として無効と解される。この結果、【事例6】では、専属管轄合意の有無にかかわらず、日本の裁判所の管轄権は否定され、裁判管轄はドイツ裁判所に属することになる。ややバランスを欠く帰結であることは否定できず、立法論上は検討の余地があろう。

なお、解釈論としては、【事例6】【事例3】では、H社がGの競業行為について、債務不履行と併せて不法行為に基づく損害賠償を請求しているので、民訴法3条の6所定の併合管轄規定によって日本の裁判所の管轄を認める余地がある。すなわち、同条によれば、一の訴えにおける数個の請求のうち、日本の裁判所が一の請求について管轄権を有する一方、ほかの請求について有しない場合は、各請求間に密接な関連がある場合に裁判管轄を肯定されるところ、Gに対するH社の債務不履行に基づく損害賠償請求と、不法行為に基づく損害賠償請求の間には密接な関連性が認められる。そして、不法行為に関する訴えについては、不法行為があった地が日本国内にある場合に日本の裁判所の管轄権が肯定される（民訴3条の3第8号）ところ、【事例6】のように、加害者の行為地と結果発生地が異なる隔地的不法行為については、行為地と結果発生地の双方が管轄原因としての不法行為地となると解されている[50]。【事例6】の

---

*49)* これに対し、契約上の競業避止義務違反を超える事案（元労働者による不正競争防止法上の営業秘密の不正使用・開示〔2条1項7号〕を理由とする使用者からの損害賠償請求〔4条〕等）については、不法行為として不法行為管轄規定（民訴3条の3第8号）が適用される。

場合，Gの競業によって日本に所在するH社に損害が発生しており，結果発生地が日本であることから，併合管轄によってH社の訴えに係る日本の裁判所の管轄を肯定できるものと解される[51]。

## 第5節　海外勤務の法的根拠

### 1　概　　説

　労働者の海外勤務に関しては，抵触法上の問題とは別に，海外勤務の法的根拠をどのように解すべきかという実質法上の論点がある。この点，本章冒頭で述べたように，海外勤務の形態は，短期の海外出張，長期の海外配転および現地子会社への出向に分かれるが，海外勤務の法的根拠に関しては，第3節で紹介した「海外派遣型」と「海外出張型」に分けて考えることが適切であろう。

　まず，「海外派遣型」の場合は，原則として本人の同意を要すると解すべきである。「海外派遣型」も，海外事業所への派遣（海外配転・駐在）と，海外の子会社への出向（海外出向）に分かれるが（法的には，前者は配転にあたり，後者は出向に当たる），ともに労働条件や生活環境の激変を伴い，法的側面でも，準拠法や裁判管轄の変更をもたらしうるため，労働者本人の意思を尊重する必要性が高いからである。したがって，労働協約・就業規則上，国内人事異動（配転・出向）に関する規定や「海外勤務を命ずることがある」旨の規定があるにとどまる場合は，海外勤務の義務は発生しないと解すべきである[52]。

　これに対し，海外勤務規程（労働協約・就業規則）において，海外派遣中の労

---

[50]　横山・前掲注2)　338頁，兼子一（原著）　松浦＝新堂＝竹下＝高橋＝加藤＝上原＝高田・前掲注44)　56頁（新堂幸司＝高橋宏志＝高田裕成），本間＝中野＝酒井・前掲注44)　60頁。

[51]　これに対し，村上准教授は，事業主が労働者に対して提起する個別労働関係民事紛争について民訴法3条の6の併合管轄を肯定すると，有効な合意がない限り労働者の住所地以外に管轄権を認めないとする法の趣旨に反しかねないとして否定説を説く（村上・前掲論文注5)　81頁）。しかし，この解釈は，【事例6】のようなケースでは，労働者の過剰保護（使用者の不利益の過小評価）をもたらし，結果の妥当性を欠くものと思われる。

働条件（賃金・海外赴任手当，労働時間・休日・休暇，職務内容等），海外勤務期間，海外転勤に伴う配慮措置（語学研修の機会の付与，健康管理措置，危機管理・安全管理対策，家族帯同の場合の配慮措置〔現地の保育施設・学校の紹介等〕，単身赴任の場合の配慮措置〔定期帰省の配慮，家族訪問の配慮等〕），復帰条件等が労働者の利益に配慮して整備されている場合は，労働者の個別的同意がなくても海外派遣勤務を命じうると考えられる（労契7条，労組16条）[53]。ただし，この場合も，労働者の人選が合理性・相当性を欠く場合や，上記の配慮措置が実際には不十分な場合は，権利濫用が成立しうる（労契3条5項，14条）。

　以上に対し，「海外出張型」（短期の海外出張）の場合は，海外派遣型のような問題が存在しないことから，原則として，一方的な出張命令が可能と解される。

## 2　ハイリスク地域における海外勤務の法的根拠

　もっとも，「海外派遣型」「海外出張型」を問わず，特に危険な地域（ハイリスク地域）における海外勤務については，労働者本人の同意を要するものと解される。

　【事例7】　【事例2】で，そもそもXは，シリアのZ駐在所への駐在命令に応じなければならないのであろうか。なお，Y社就業規則・海外勤務規程において，上述した詳細な海外勤務制度が整備されているものとする。この場合，Xが，「上記の海外勤務規程は，海外勤務一般に関するものである。海外勤務一般ならともかく，シリアのように，内戦状態にあっていつ命を落とすかわか

---

[52] 多数説である。野川忍「国外における国際的労働関係をめぐる法的諸問題」日本労働法学会誌85号（1995年）130頁，山川隆一「国際化する労働関係の法的課題」岩波講座・現代の法12『職業生活と法』（1998年）197頁，土田・前掲注4）725頁など。

[53] 本文のような海外勤務規程を新たに設ける場合は，就業規則による労働条件の不利益変更の問題が生ずる。その場合，変更の合理性（労契10条）を確保するためには，十分な経済的補償（海外赴任手当等）に加えて，本文に述べた労働条件・処遇上の配慮措置の整備が「変更後の就業規則の内容の相当性」として必須となろう。経営法曹会議労働法実務研究会「海外出向，出張に関する労務問題」経営法曹研究会報75号（2013年）6頁参照。

らない危険がある国への派遣については，あくまで本人の同意が必要なはずだ」と主張した場合，Y社は対抗できるか。

　対抗することは困難と解される。ここでは，労働者の生命・身体に特別の危険を及ぼす勤務と労働義務の関係をめぐる議論が参考となろう。この点，判例は，日韓関係が緊迫していた状況のもとで，電電公社職員がだ捕される危険のあった朝鮮海峡における海峡ケーブルの修理作業を拒否した事案につき，この種の危険は，労使双方が万全の配慮をしても避けがたい軍事上のものであり，本来予想される危険の類ではなく，職員の意思に反して義務を強制すべきものではないとして，労働義務を否定している[54]。【事例7】は，この事案に近似しており，Xは，シリアへの駐在命令を拒否できると解される。

　また，このような特別の危険がなく，通常予想される危険を伴うにとどまる地域（日本に比べて治安状況が悪い地域，大型台風の襲来が定型的に予測できる地域等）における勤務についても，権利濫用の規制（労契3条5項，14条）が及ぶことに留意すべきである。すなわち，使用者がこの種の海外勤務について必要な危機管理・安全管理措置を講じなかった場合は，労務指揮権または出向命令権の濫用と評価され，労働者は当該派遣命令を拒否できるものと解される[55]。

## 第6節　結　語

　本章では，海外勤務労働者をめぐる労働法上の課題について，具体的な事例も交えてかなり詳細な検討を行った。その結果，海外勤務労働者については，準拠法の決定，労働法の域外適用，国際裁判管轄のいずれについても固有の法律問題が存在することが明らかになった。その多くは，日本国内で就労する労

---

[54] 電電公社千代田丸事件・最3判昭和43年12月24日民集22巻13号3050頁。
[55] 海外勤務労働者に関する人事管理の実務については，「海外勤務者の労務管理」労務事情1209号（2011年）5頁，木下潮音「海外赴任者の労務管理」会社法務A2Z 2013年5月号20頁を参照。また，海外勤務労働者に関する危機管理・安全管理措置の実務については，前掲同「海外勤務者の労務管理」，青島健二「企業が行うべき海外勤務者への危機管理対策」前掲同会社法務A2Z 8頁，「海外赴任者のメンタルヘルス対策」労政時報3879号（2014年）55頁を参照。

働者に比べ，より困難な法的論点を提起し，解釈論の対応を求めるものである。また，準拠法の決定における黙示の意思の認定方法，通則法下における域外適用アプローチの位置づけ，国際裁判管轄における併合管轄の取扱いのように，より突き詰めた理論的検討を要する課題も多い。

　今後，グローバル化に伴い，海外勤務労働者はますます増加し，労働紛争が増加することが予想される。そうした紛争を適切に解決し，国際社会における労働者・使用者の利益調整を図るためには，上記の法的課題に取り組むことが不可欠である。また，そうした取組みは，国際労働関係法という，労働法と国際私法が交錯する先端的法分野を発展させる上でも不可欠といいうる。今後，国際労働関係法に関する理論的研究が活発に行われ，国際人事・国際法務の適切な指針として機能することを期待したい。本稿の検討がその一助となることがあれば幸いである。

＊本章執筆に際しては，同志社大学法学部高杉直教授から有益なコメントをいただいた。また，【事例】の作成については，同志社大学大学院法学研究科博士前期課程の諸君の助力を得た。記して謝意を表したい。

# 第14章　マルチジョブホルダーの現状と法的課題

第1節　現状と法的課題
第2節　兼業規制
第3節　労働時間管理
第4節　労災保険
第5節　おわりに

上　田　達　子

## 第1節　現状と法的課題

### 1　マルチジョブホルダーの就業状況

　マルチジョブホルダー（マルチプルジョブホルダー，多重就労者）とは，広義には，複数の就業機会から収入を得ている者を意味する。日本において，マルチジョブホルダーの就業状況については，総務省統計局「就業構造基本調査」によって把握できる。同調査では，就業を本業（主な仕事）と副業（主な仕事以外についている仕事）に分けているが，副業の就業形態については雇用だけではなく非雇用（自営業主・家族従業者）も含んでいる[1]。そこで，本章では，本業が雇用者である副業従事者のうち，副業も雇用者の場合，すなわち，複数の事業所と労働契約を結び，一定の期間に2つ以上の就業場所で働く者[2]を検討対象とする。また，以下では，マルチジョブホルダーについては，多重就労者，

---

[1]　佐藤博樹「第Ⅰ部　総論」日本労働研究機構編『資料シリーズ No.55 マルチプルジョブホルダーの就業実態と労働法制上の課題』（日本労働研究機構，1995年）3頁以下参照。

[2]　三菱UFJリサーチ＆コンサルティング『多重就労者に係る労働時間管理の在り方に関する調査研究報告書』（2011年）1頁参照。

複数就業者，兼業者，兼職者，二重雇用者，二重就職者，副業従事者とほぼ同じ意味で用いることとする[3]。

「就業構造基本調査」によれば，本業も副業も雇用者である労働者数について，1987（昭和62）年には55万人（雇用者全体に占める割合は1.2%）であったが，2007（平成19）年に102万9000人（1.8%），2012（平成24）年に105万人（1.8%）となっている。そして，「就業構造基本調査（2012（平成24）年）」をみれば，本業も副業も雇用者である労働者の内訳について，本業の従業上の地位・雇用形態がパートである場合は28万1600人（26.8%），正規の職員・従業員である場合は25万6700人（24.4%），アルバイトである場合は18万9500人（18.0%），会社などの役員である場合は14万5900人（13.9%），契約社員である場合は6万8700人（6.5%），派遣社員である場合は3万4600人（3.3%）となっている。また，同調査によれば，本業の所得階層別でみた雇用者の総数に対する副業従事者の割合については，本業の年間所得が199万円以下の階層と1000万円以上の階層で比較的高くなっている[4]。

以上のことから，①副業従事者（雇用者）の雇用者全体に占める割合は，1987（昭和62）年の2倍の人数に増加しているとはいえ，1.8%にすぎないこと，②本業がパートまたは正規の職員・従業員の副業従事者（雇用者）はいずれも25%程度であること，③本業の所得階層により副業従事者（雇用者）の割合が異なることが特徴として指摘できる。

もっとも，雇用者の副業と法制度的な課題等に関する調査研究[5]によると，雇用者（労働者）の副業に関心が集まる要因として，雇用者側の副業ニーズの高まり（本業の労働時間の短縮（週休2日制の普及など）による副業の可能性の増加（「週末起業」など），本業からの収入の伸びの低下や減少を補填する必要性の高まり，会社への帰属意識の低下や転職志向の強まり）や，副業を可能とする就業機会の増加（都市化を背景とした休日・夜間営業を行うビジネスの拡大，短時間勤務や短日数勤

---

3) 同上。
4) 「就業構造基本調査」の分析については，職業安定分科会雇用保険部会（第90回）平成25年7月30日の資料2「マルチジョブホルダーについて」を参照。
5) 労働政策研究・研修機構『労働政策研究報告書No.41 雇用者の副業に関する調査研究』（2005年）1頁。

務の人材ニーズの増大）が挙げられる。しかし他方で，本業における実労働時間の増大や，1990年代後半の景気低迷による副業を可能とする就業機会の縮小，個人情報保護の観点からの企業内の情報管理の強化等による副業の可能性の縮小傾向が指摘されている。

## 2　企業における多重就労の管理の実態

続いて，多重就労の管理の実態に関する企業へのアンケート調査結果（2009（平成21）年）[6]をみてみよう。

### (1)　兼業の許可状況など

従業員に対する兼業の許可状況について，正社員については，「禁止している」（59.5%）が最も多く，「許可を必要とし，許可の基準はない」（23.0%），「許可を必要とし，許可の基準がある」（7.0%），「届出を必要とし，特に届出内容は限定していない」（3.4%），「届出を必要とし，届出が受理できるかどうかの基準がある」（1.4%）となっており（後4者（合計34.8%）は，許可・届出により制約つきで兼業を認めている），「禁止していない」は5.7%のみである。一方，非正社員に対しては，「禁止していない」（36.4%）が最も多く，「禁止している」（31.0%），「届出・許可により認める」（25.0%）となっている。以上の結果から，正社員よりも非正社員の方が兼業が許容されている企業が多いことがわかる。他方で正社員と非正社員のいずれについても，兼業を認めない企業が増加する傾向にある[7]。

次いで，従業員の兼業に関する企業の把握状況であるが，正社員については，「兼業の有無のみ把握」が4.6%，「兼業の内容まで把握」が5.0%，「兼業での労働時間まで把握」が2.2%となっており，何らかの把握を行っている企業は1割程度である。非正社員についても，何らかの把握を行っている企業は，正社員と同様の1割程度である。このように，ほとんどの企業は従業員の兼業に

---

[6]　厚生労働省労働基準局『多重就労者に関する調査研究報告書』（2010年）10頁以下参照。

[7]　兼業の許可状況については，1990年代以降，禁止する企業が増加する傾向となっているが，近年，業績悪化による一時帰休に伴う措置として，兼業を許容する企業が製造業を中心にみられると指摘される。

ついて正確に把握していない状況となっている[8]。

(2) 労働時間算定（労働基準法38条の通算規定）の実態

ところで，労働基準法（労基法）38条1項は，「労働時間は，事業場を異にする場合においても，労働時間に関する規定の適用については通算する」と規定している。これは，労働時間の通算規定であるが，労働者の生命・健康の保護を図る観点から設けられたものである。問題となるのは，労働時間を通算する際に，同一企業内の事業場についてのみ通算すればよいのか，あるいは他企業の事業場についても通算しなければならないのか。また，後者の場合で，通算した結果，法定時間外労働が生じた場合に，誰に対して割増賃金を請求すればよいのか等である。

その前提として，企業はそもそも労基法38条1項の通算規定を知っているかどうかであるが，「知っている」が66.1％，「知らない」が32.0％である。また，通算した労働時間のうち，法定時間外労働に対して割増賃金の支払義務があることについては，「知っている」が90.6％であり，労基法38条の通算規定を認知している企業のほとんどが，割増賃金の支払についても認知している。しかし，「労働時間の通算はしていない（兼業の労働時間を把握していない）」という企業は22.7％（「兼業社員はいない」という企業（67.1％）を除いて計算すると69.0％）であり，労基法38条の通算規定や割増賃金支払について知っている企業のうち，実際に労働時間を通算し，割増賃金を支払っている企業の割合は非常に少ない。労働時間の通算をしていない理由としては，「自社以外の労働時間の把握が難しいから」（76.0％），「管理の仕組みがないので」（34.9％），「社員のプライバシーにあたるので」（22.5％）といったものが挙げられる。また，「自社で割増賃金を支払う必要はないと考えるので」（19.4％）との回答にみられるように，兼業者の就業先のうち，いずれの事業所が割増賃金の支払義務を負うか明確でない場合，労働時間通算に基づく割増賃金の支払が行われない原因となる可能性があると指摘される[9]。

---

[8] なお，兼業している者に対する採用方針については，正社員，非正社員ともに，約9割の企業が消極的である。兼業者の雇用のメリットについても，「特にメリットはない」の回答が75.6％と最も多く，兼業者の雇用にメリットを感じている企業は少ないと指摘されている。

### (3) 過重労働の実態

兼業者は複数の就労を並行して行うが，主たる仕事の就労と重ならない日時にほかの仕事を行うことになり，夜間や休日の就労も増加すると考えられる。一方，業務の特性上，深夜労働，休日（土・日）労働の労働力確保が必要となっている企業もあるため，兼業者と企業のニーズが一致し，深夜・休日労働型の兼業者が存在する可能性があると指摘されている。しかしながら兼業者の健康管理において配慮していることが「ない」(61.0%) との回答にみられるとおり，健康配慮を実施している企業が非常に少ないことがわかる。

## 3　マルチジョブホルダーの就労に関する法的課題

以上のような企業における多重就労者の労働管理の実態に関する調査（前述2）等を総括して，『多重就労者に関する調査研究報告書（2010 年）』[10]は以下のような問題点を指摘している。①兼業者の増加と企業姿勢とのかい離——兼業者が増加傾向であるのに対して，兼業を禁止する企業が増加しているため（ほとんどの企業では従業員の兼業の実態をつかんでいない），現在正社員でパートなど非正社員の兼業を行っている兼業者の約3分の1は，勤務先に禁止されていながら兼業を行っている。このため，今後，兼業を禁止されながら兼業を行う「隠れ兼業者」が増加する可能性があり，労務管理上のトラブルの原因となる可能性がある。②労働時間の通算規定適用の困難さ——労働時間の通算規定を適用し，割増賃金の支払を行っている企業はわずかであり，他社の労働時間の確認方法も，自己申告によるものがほとんどである。また，労働時間の通算を行っていない理由は，他社の労働時間の確認が困難だからというものが最も多い（労働者のプライバシーの問題などもある）。③兼業者の労働実態——兼業者全体としては，非兼業者より労働の負担が重いとはいえないが，長時間労働者など一部の兼業者では負担度が高くなっていること（長時間労働の兼業女性は仕事の負担が男性以上に重くなっている可能性がある），常時深夜労働や休日労働に従事

---

9) 兼業者の労働時間の把握や割増賃金算出上の問題点として，他社での労働時間の把握が困難，兼業先との連携や責任分担の調整が困難，割増賃金算出・支払が技術的に困難，企業の負担増についての懸念，情報保護の問題が挙げられている。

10) 厚生労働省労働基準局・前掲注 *6*) 165 頁。

する兼業者も存在するなど，一部の兼業者では過重労働になりやすい状況があるが，現在兼業者に対して特に健康配慮をしている企業は少なく，今後留意が必要と考えられること，が指摘されている。

そこで，上記の問題点の指摘[11]を踏まえて，以下では，法的課題として，企業の兼業規制や労働時間管理のあり方，労災保険にかかわる問題について検討していく。

## 第2節　兼業規制[12]

### 1　兼業禁止・許可規定（兼業規制）の有効性

兼業が法令で規制される公務員[13]（国公101・103・104条，地公38条等）とは異なり，民間企業の労働者の兼業を直接規制する法令は存在しないが，就業規則等で，労働者が使用者の許可・承認を得ずに，他企業に就職したり自ら事業を営むことを禁止し，違反に対する制裁として懲戒処分（懲戒解雇）を定めることが一般的である。そもそも兼業は，労働者が労務提供義務を負わない労働時間外に行うものであり，労働者には憲法22条で保障された職業選択の自由があることを考慮すると，職務遂行とは基本的には無関係な職場外での行為である労働時間外の兼業を行うことは原則的には労働者の自由である。他方で，労働者は労働契約の信義則上，使用者の利益を侵害しないよう配慮する義務を負っていると解されるため，使用者が労働時間外の兼業行為に対してそれを使用者の許可によって規制しようとする就業規則条項にも一定の合理性が認めら

---

[11]　厚生労働省労働基準局・前掲注6）報告書は，2008（平成20）年3月4日の国民生活審議会「働く」ワーキンググループ報告や，2008（平成20）年3月12日の民主党労働問題作業チームの問題提起を踏まえ，多重就労者の労働時間の算定や過重労働対策など法的保護のあり方が課題であるとしている。

[12]　第2節に関しては，山本陽大「ドイツにおける兼業規制の法的構造」季刊労働法232号（2011年）182頁以下，河野尚子「兼職をめぐる法律問題に関する一考察──ドイツ法との比較法的研究」同志社法学365号（2013年）245頁以下参照。

[13]　職務専念義務の観点と私企業との癒着防止の観点から，兼業の原則禁止が規定されている。

れる。

　したがって，従来の裁判例においては，兼業を行う労働者の自由を侵害しない限度で，兼業を規制する使用者の業務上の必要に配慮することによって，労働者・使用者間の利益調整を図ることが試みられてきた[14]。代表的なものは，就業規則の兼業禁止・許可条項について，規制対象である兼業の範囲を企業秩序を乱し，または労務提供を不能・困難にするものに限定した上で，兼業の目的，兼業先での地位や労務の性質，継続期間等本来の企業での地位や労務の内容，雇用形態等を考慮して当該兼業が規制されている兼業に該当するかを判断する方法である。例えば，「就業規則において二重就職が禁止されている趣旨は従業員が，二重就職することによって会社の企業秩序を乱し，或は従業員の会社に対する労務提供が不能若しくは困難になることを防止するためにあると解され，したがって右規則にいう二重就職とは……会社の企業秩序に影響せず，会社に対する労務提供に格別の支障を生じせしめない程度のものは含まれないと解するを相当とする」と解釈するものである[15]。これは，兼業によって労働者の労務提供が不能もしくは著しく困難となる場合，就業規則で兼業を禁止することには合理性があるとする判断である[16]。

　こうした裁判所による兼業禁止や兼業許可制に対する限定解釈の判断手法は，学説においても支持を得ているものである。すなわち，労働時間以外の時間をどのように過ごすかは基本的に労働者の自由であるべきこと，職業選択の自由の保障，就業形態の多様化を考慮し，兼業制限を使用者の正当な利益の確保（企業秘密の保持，労働力の確保の必要性）の場合に限定している[17]。

---

[14]　学説としては，下井隆史『労働基準法（第4版）』（有斐閣，2007年）229頁参照。裁判例の分析については，小西國友「兼職・アルバイトの制限・禁止」季刊労働法124号（1982年）86頁，盛誠吾「労働者の兼業制限の合理性とその違反を理由とする解雇」労判406号4頁，浜田冨士郎「二重就職」萩原清彦編『労働判例百選（第5版）』（有斐閣，1989年）76頁，岩村正彦「兼業禁止と競業避止義務」蓼沼謙一＝横井芳弘＝角田邦重編『労働法の争点（新版）』（有斐閣，1990年）186頁，山川隆一「労働者の兼業規制をめぐる裁判例の分析」日本労働研究機構編・前掲注1) 54頁，矢部恒夫「兼職」山口浩一郎＝菅野和夫＝西谷敏編『労働判例百選（第6版）』（有斐閣，1995年）38頁，島田陽一「副業をめぐる法律問題」労働政策研究・研修機構・前掲注5) 119頁等を参照。

[15]　平仙レース事件・浦和地判昭和40年12月16日労民集16巻6号1113頁。

## 2 兼業不許可を理由とする損害賠償請求事案

これまで，兼業禁止・許可条項違反を理由とする解雇または懲戒解雇の有効性が争われる裁判例がほとんどであったが[18]，最近の裁判例として，アルバイト就労（兼業）の許可を求めた労働者が使用者に対して，その申請を不許可としたことは違法であるとして，不法行為に基づき，損害賠償を求めたマンナ運輸事件[19]がある。本判決において，「労働者は，勤務時間以外の時間については，事業場の外で自由に利用することができるのであり，使用者は労働者が他の会社で就労するために当該時間を利用することを，原則として許さなけれ

---

[16) そのほか，例えば，兼業に該当しないとした裁判例として，京急横浜自動車事件・東京高判昭和 44 年 12 月 24 日労民集 20 巻 6 号 1750 頁等，兼業に該当し解雇有効とした裁判例として，橋元運輸事件・名古屋地判昭和 47 年 4 月 28 日労時 680 号 88 頁，昭和室内整備事件・福岡地判昭和 47 年 10 月 20 日労判 164 号 51 頁等があり，営業等への具体的悪影響がない場合や使用者の黙認のもとでの兼業の場合には権利濫用により解雇無効とした裁判例として，国際タクシー事件・福岡地判昭和 59 年 1 月 20 日労判 429 号 64 頁，都タクシー事件・広島地決昭和 59 年 12 月 18 日労民集 35 巻 6 号 644 頁等がある。

そのほかの判断方法として，ほかの企業と継続的な雇用関係に入ることが規制対象となる兼業であるとするもの（永大産業事件・大阪地判昭和 32 年 11 月 13 日労民集 8 巻 6 号 807 頁（解雇有効），京急横浜自動車事件・東京高判昭和 44 年 12 月 24 日労民集 20 巻 6 号 1750 頁（解雇は権利濫用），東版事件・東京地判昭和 59 年 2 月 28 日労経速 1184 号 17 頁（解雇無効）等），就業規則の兼業規制条項の限定解釈はせず，同条項違反を理由とする懲戒（解雇）処分を使用者の黙認等を理由に権利濫用として無効とするもの（定森紙業事件・大阪地決平成元年 6 月 28 日労判 545 号 12 頁，ユニバーサルタクシー事件・神戸地判昭和 45 年 11 月 11 日労民集 21 巻 6 号 1500 頁，大和自動車交通事件・東京地決昭和 25 年 5 月 16 日労民集 1 巻 3 号 457 頁等）がある。

17) 土田道夫『労働契約法』（有斐閣，2008 年）103 頁，下井・前掲注 14) 229 頁，荒木尚志『労働法（第 2 版）』（有斐閣，2013 年）434 頁。

18) 瀬里奈事件・東京地判昭和 49 年 11 月 7 日労時 765 号 107 頁は，「使用者の経営秩序に影響がなく，また労働者の使用者に対する労務の提供にも格別支障がないような場合には，使用者は……兼業許可請求を許可すべき義務を負う」と述べ，就業規則に基づく労働者の兼業許可請求に対し，使用者が許可すべき義務を負うとした珍しい裁判例である。なお，特約や労使慣行がない限り，労働契約上，労働者の兼業許可請求権は認められないとの指摘もある（奥山明良「労働判例研究」ジュリスト 606 号（1976 年）128 頁）。

19) 京都地判平成 24 年 7 月 13 日労判 1058 号 21 頁。本判決の評釈として，濱口桂一郎「労働判例研究」ジュリスト 1458 号（2013 年）99 頁等がある。

ばならない。もっとも，労働者が兼業することによって，労働者の使用者に対する労務の提供が不能又は不完全になるような事態が生じたり，使用者の企業秘密が漏洩するなど経営秩序を乱す事態が生じることもあり得るから，このような場合においてのみ，例外的に就業規則をもって兼業を禁止することが許される。」と述べ，兼業禁止制の例外的有効性について明らかにしている。続いて，「労働者が提供すべき労務の内容や企業秘密の機密性等について熟知する使用者が，労働者が行おうとする兼業によって上記のような事態が生じ得るか否かを判断することには合理性があるから，使用者がその合理性判断を行うために，労働者に事前に兼業の許可を申請させ，その内容を具体的に検討して使用者がその許否を判断するという許可制を就業規則で定めることも，許されるものと解するのが相当である。ただし，兼業を許可するか否かは，上記の兼業も使用者の経営秩序に影響がないような場合には，当然兼業を許可すべき義務を負うものというべきである。」として，兼業許可条項の有効性を認めた上で，一定の場合に，使用者の兼業許可義務を肯定している。さらに，兼業不許可の合理性を認める基準として，「…過労にしても機密漏洩にしても，どの程度の危険性があって不許可としなければならないかは，被告[使用者]の業務内容，兼業許可を申請する労働者の担当職務の種類や内容，兼業として勤務する就業先の業務内容や担当職務等を具体的に検討すべきである」と述べている。本判決は，アルバイト就労時間数により過労を生じさせるか否かが判断されており，使用者の著しく不合理な不許可は不法行為に該当すると判断している点に特徴がある。

## 3　兼業規制の是非

ところで，第1節3において述べたとおり，兼業者が増加傾向である一方で兼業を禁止する企業が増加しているが，ほとんどの企業では従業員の兼業の実態をつかんでいないため，現在正社員でパートなど非正社員の兼業を行っている兼業者の約3分の1は，勤務先に禁止されていながら兼業を行っていると指摘されている。こうした事態に対応するためには，法的にどのように対処すべきであろうか。

この点について，2005（平成17）年9月15日に公表された「今後の労働契

約法制の在り方に関する研究会報告書」[20]（以下，在り方研報告書）では，労働者の付随義務としての兼業避止義務について次のような報告を行っている。まず，「労働時間以外の時間をどのように利用するかは基本的には労働者の自由であり，労働者は職業選択の自由を有すること，近年，多様な働き方の一つとして兼業を行う労働者も増加していることにかんがみ，労働者の兼業を禁止したり許可制とする就業規則の規定や個別合意については，やむを得ない事由がある場合を除き，無効とすることが適当である。」としている。その上で，例外となる「やむを得ない事由としては，兼業が不正な競業にあたる場合，営業秘密の不正な使用・開示を伴う場合，労働者の働き過ぎによって人の生命又は健康を害するおそれがある場合，兼業の態様が使用者の社会的信用を傷つける場合」など挙げている[21]。この提案は，従来の学説・裁判例が兼業規制を有効とした上で限定解釈を行ってきた手法とは異なり，より労働者の兼業の自由（職業選択の自由）を重視して，兼業規制を無効とするものである。他方で，「兼職の一律禁止規定は，職業選択の自由が構成する公序（民90条）違反として無効評価を受ける法的リスクの高い方法であり，企業としては，兼職許可制に移行しつつ，許可事由（または不許可事由）を限定列挙して，兼職避止義務の内容を明確化する必要がある」との考え方も主張されている[22]。

以上の2つの見解については，兼業を禁止する企業が多い現状を踏まえると，後者の方が妥当と解する。その際，労働者の利益（就業時間外の私的活動の自由，職業選択の自由），就業形態の多様化を考慮して，兼業規制を使用者の正当な利益の確保（企業秘密の保護，労働力の確保の必要性）の場合に限定して認めるべきであり，その内容の明確化を図るために，一定の事項（企業秘密の保護，労働力の確保の必要性）に関して，就業規則において規定することが求められよう。なお，兼業許可条項定違反を懲戒事由とするか否か（労働者が兼業したことにより労務提供に支障が出たり，企業秩序に影響が出た場合に，そのことを理由として何ら

---

[20] 労働契約法制研究会最終報告「今後の労働契約法制の在り方に関する研究会報告書」（2005（平成17）年9月15日）。なお，在り方研報告書は，荒木尚志＝菅野和夫＝山川隆一編『詳説　労働契約法（第2版）』（弘文堂，2014年）301頁以下に掲載されている。

[21] 荒木＝菅野＝山川編・前掲注[20] 339頁。

[22] 土田・前掲注[17] 105頁。

かの処分を課せば足りると考えるのか）については，別途，懲戒処分の有効性として検討を要する。

## 第3節　労働時間管理

### 1　労働時間の通算制

　第1節2（2）において述べたとおり，労基法38条は，事業場を異にする場合にも，労働時間に関する規定を適用する際に，労働時間を通算することを規定している。労基法38条の行政解釈では，事業主（使用者）を異にする事業場において労働する場合，すなわち，兼業の場合（複数の使用者のもとで働く場合）にも，労働時間を通算する立場を採用している（昭和23年5月14日基発769号）[23]。

　しかしながら，使用者が異なる事業場における労働時間の通算は現実的ではなく，労基法38条は，同一使用者の二以上の事業場で労働する場合の通算規定であると解すべきとする非通算説も有力になっている[24]。加えて，厚生労働省「今後の労働契約法制の在り方に関する研究会報告書」（2005年）においては，「兼業の制限を原則無効とする場合には，他の企業において労働者が就業することについて使用者の管理が及ばなくなることとの関係から，労基法38条1項については，使用者の命令による複数事業場での労働の場合を除き，複数就業労働者の健康確保に配慮しつつ，これを適用しないこととすることが必要となる」として，「国，使用者の集団が労働者の過重労働を招かないよう配慮し，労働者自身の健康に対する意識も涵養していくことがより妥当ではないか」と提言されている[25]。

---

[23]　厚生労働省労働基準局編『平成22年版 労働基準法 上』（労務行政，2011年）529頁。

[24]　土田・前掲注[17] 277頁は，労働時間の通算制は，企業の行為規範として，企業に無用かつ過度の法的責任を課していることに変わりはなく，労働契約の適正な運営の促進や，企業の労働法コンプライアンス推進の観点から非通算説を採用すべきと主張する。菅野和夫『労働法（第10版）』（弘文堂，2012年）329頁も参照。

[25]　荒木＝菅野＝山川編・前掲注[20] 339～340頁。

## 2 割増賃金支払義務

続いて、現実的に問題となるのが、労基法38条1項について、上記の行政解釈（昭和23年5月14日基発769号）のように、労働者が複数の使用者のもとで就労する場合も通算制を採用した場合であって、法定労働時間を超えた場合に、いずれの使用者が労基法37条に基づき割増賃金支払義務を負うのかである。上記の行政解釈（昭和23年5月14日基発769号）によれば、割増賃金を支払うのは、法定労働時間を超えて労働させた事業主と解されている。一方で、別の厚生労働省労働基準局の解釈によれば、当該労働者と時間的に後で労働契約を締結した事業主（使用者）と解すべきとしており、その理由として、後で契約した使用者は、契約の締結にあたって、その労働者が他の事業場で労働していることを確認した上で契約を締結すべきであることを挙げている[26]。しかしながら、後者の解釈によれば、後で契約した使用者のみが兼業の労働時間の確認を必要とするため、先に契約した使用者に対して、割増賃金支払による長時間労働（時間外・休日労働）の抑制機能が働かないことが問題となる[27]。なお、例外として、他の事業場で特定の時間、労働していることを把握している使用者の場合には、契約締結の時期は関係なく、労働時間を延長する者が割増賃金支払義務を負うとの考え方をとっている[28]。

いずれの解釈を採用するにせよ、使用者は割増賃金を支払うに際し、兼業の労働時間の時間帯や長さ等を事前に把握しておかなければならない。そのためには、ドイツ法にみられるように、労働者に対して、兼業の届出義務（情報提供義務）を課すことが考えられよう[29]。

しかしながら、使用者が異なる事業場における労働時間の通算制の適用については、前述のとおり、実効性を確保することが困難であること[30]、また割増賃金規制については長時間労働の抑止効果としてはそれほど大きくないと指

---

[26] 厚生労働省労働基準局編・前掲注23）530頁。
[27] 河野・前掲注12）256頁。ドイツでは、労働時間の通算制を採用しており、割増賃金の支払義務者に関しては、議論があることが紹介されている（同345～346頁）。
[28] 厚生労働省労働基準局編・前掲注23）530頁。
[29] 河野・前掲注12）346頁参照。

摘されているところである[31]。むしろ，長時間労働による過労対策については，休息時間規制を設けて事実上兼業を抑制する方がより効果的であると思われる[32]。加えて，2014（平成26）年には，使用者に対して労働者のストレスチェックを義務づけるよう労働安全衛生法が改正されたが，面接指導の実施などにより，労働者の健康確保の実効性を図ることが求められる[33]。

## 第4節　労災保険

### 1　通勤災害保護制度と事業場間の移動

　労働者災害補償保険法（労災保険法）は，労働者の通勤による負傷，疾病，障害または死亡（通勤災害）も，業務上の負傷，疾病，障害または死亡（業務災害）とは別に独自の保険事故として給付を行っている（7条）。通勤災害と認められるためには，労働者が被った災害と通勤との間に因果関係が認められることが必要であり，またその前提として，同法に定める「通勤」に該当する行為がなければならない。そして，「通勤」とは，「労働者が，就業に関し，次に掲げる移動を，合理的な経路及び方法により行うことをいい，業務の性質を有するものを除く」と定義され，「住居と就業の場所との間の往復」のほか，2005（平成17）年の労災保険法の改正により，「厚生労働省令で定める就業の場所から他の就業の場所への移動」や，単身赴任者の帰省先住居と赴任先住居間の移動が追加され，通勤災害の範囲が拡大された（7条2項）。本改正は，就業形態の多様化等の進展に伴い，二重就職者や単身赴任者の増加を背景として行われ

---

30) 荒木・前掲注 *17*）171頁によれば，異事業通算制については，「労働者の過労防止の観点からは，かかる規制にも一定の意義があるが，他方，複数使用者のうちの誰が時間外労働をさせたことになるのかの判定の困難，当該使用者のみが三六協定締結や割増賃金支払義務を負うことの合理性，かかる規制の実効性確保の困難」があると指摘している。

31) 例えば，梶川敦子「日本の労働時間規制の課題——長時間労働の原因をめぐる法学的分析」日本労働研究雑誌575号（2008年）22頁。

32) 同23頁。

33) 労働安全衛生法66条の10（2015（平成27）年12月1日施行予定）等。

たものである[34]。

## 2 通勤災害および業務災害の場合の給付基礎日額

問題となるのは，多重就労者の事業場間の移動が通勤と認められた場合であって，移動中の災害（傷病等）について，いずれの事業場の保険関係で処理されるのか，また労災保険の給付額の算定基礎となる給付基礎日額についてである。給付基礎日額は，原則として労基法 12 条が定める平均賃金に相当する額である（労災 8 条）。厚生労働省の「労災保険制度の在り方に関する研究会中間とりまとめ」において，「労災保険制度の目的は，労働者が被災したことにより喪失した稼得能力を補填することにあり，このような目的からは，労災保険給付額の算定は，被災労働者の稼得能力をできる限り給付に的確に反映させることが適当であると考えられることから，二重就職者についての給付基礎日額は，業務災害の場合と通勤災害の場合とを問わず，複数の事業場から支払われていた賃金を合算した額を基礎として定めることが適当である」と提言されたが，現在のところ法改正には至っていない。多重就労者の給付基礎日額は，当該労働者が就業する両方の事業場の賃金の合算ではなく，業務災害が発生した場合は，その発生した事業場の賃金を，また事業場間の移動中の災害の場合は，移動先の事業場での労務の提供に不可欠な移動として移動先の保険関係によって処理され，移動先の事業場で支払われた賃金を，それぞれもとにして算定される[35]。

## 3 兼業の事案で給付基礎日額の算定方法が問題となった裁判例

ところで，兼業の事案で給付基礎日額の算定方法が問題となった裁判例を紹介しよう。本件は，午前中は甲社，午後は乙社で，夜に再び甲社で勤務していた甲社の労働者 A が精神障害を発症し縊死したため（本件災害），A の父親が

---

[34] 厚生労働省「労災保険制度の在り方に関する研究会中間とりまとめ——通勤災害保護制度の見直し等について」(2004 年 7 月) では，「二重就職者の事業場間の移動はある適度不可避的に生ずる社会的な危険であると評価できることからすれば，労働者の私生活上の損失として放置すべきものではない」と述べられ，二重就職者の事業場間の移動も通勤災害の保護対象とすべきであると提言されていた。

[35] 平成 18 年 8 月 31 日基発第 0331042 号参照。

遺族補償給付および葬祭料の支給を求める際に，給付基礎日額（平均賃金）の算定については，甲社だけではなく，Ａが被災当時兼業していた乙社から支払われるべき賃金も合算して算定すべきであると主張したが認められなかったため，行政処分取消訴訟を提起した事案[36]である。

　裁判所は，本件では労災保険法8条1項の給付基礎日額の算定方法が問題となっているが，補償額は，当該労働災害に対して業務起因性のある業務を行った企業体での労基法12条所定の平均賃金を基礎として計算されるとして，乙社での業務が危険を内在し，本件災害がその危険の現実化であると評価できる場合には，乙社の平均賃金を合算して給付基礎日額を算定することになるとの一般論を述べている。本件では，兼業会社である乙社の業務には災害を生じさせるだけの危険が内在していなかったとして，結果的には二社の平均賃金の合算は認められなかったが，理論上，甲社と乙社の平均賃金の通算を認めたことに意義があるといえる。そもそも，二重の雇用関係にある労働者が被災した場合において，給付基礎日額については労基法上の災害補償責任を負う使用者が支払っていた賃金のみを基礎として算定すべきであり，その災害に直接関係がない他の使用者から得ていた賃金については，これを算定基礎には含めないと解されてきた[37]。この点につき，本件のような疾病型の事案においては，2つの雇用関係において，それぞれ業務起因性が認められれば，給付基礎日額の通算が認められるとの判断が示された点に本判決の意義がある。もっとも，ドイツでは，労災保険は被災から1年以内のすべての賃金，報酬が基礎とされることになっており[38]，日本法においても，被災労働者の稼得能力の観点からは，2つの雇用関係で得ている賃金を合算することが望ましい。しかしながら，労基法の個別使用者の補償責任と労災保険制度との関係をどのように解するかが問題となる。すなわち，労災保険制度を個別使用者の責任保険と解するか，集団的な使用者の責任として個別使用者の責任よりも広い補償が認められると解

---

[36] 新宿労働基準監督署長事件・東京地判平成24年1月19日労経速2142号21頁。本判決の評釈として，笠木映里「労働判例研究」ジュリスト1455号（2013年）124頁がある。

[37] 王子労基署長（凸版城北印刷）事件・最3小判昭和61年12月16日労判489号6頁。

[38] 西村健一郎「労災保険の発展と労災補償についての荒木理論」良永彌太郎＝柳澤旭編『労働関係と社会保障法』（法律文化社，2013年）76頁脚注40参照。

するかである．労災保険制度を独自の制度だと考える裁判例[39]がみられるようになっているが，労災保険制度と労基法の補償のあり方を検討する必要があろう．

## 第5節　おわりに

　本章では，マルチジョブホルダー，すなわち，多重就労者の兼業をめぐる法的課題を検討した．第1節では，多重就労者の現状と法的課題を確認した．法的な課題として，まず，第2節で兼業規制について取り上げた．兼業規制については，労働者の利益（就業時間外の私的活動の自由，職業選択の自由），就業形態の多様化を考慮して，兼業規制を使用者の正当な利益の確保（企業秘密の保護，労働力の確保の必要性）の場合に限定して認めるべきであり，その内容の明確化を図るために，一定の事項（企業秘密の保護，労働力の確保の必要性）に関して，就業規則において規定することが必要との結論に至った．

　次に，第3節において，労働時間管理について取り上げた．具体的に問題となるのは，労基法38条の労働時間の通算制の問題であり，事業場を異にする場合においても，労働時間に関する規定の適用については通算することとなっているが，同一の使用者の場合に限定されるのか，それとも異なる使用者（兼業）の場合にも適用されるのかどうかである．過重労働対策として，通算制の実効性については，さらに検討すべきであろう．続いて，労災保険制度に係る問題についても若干考察した．雇用形態・就業形態の多様化に伴い，現時点では，雇用労働者の1.8％と数的には少ないが，多重就労者の増加に対応できるよう，今後さらなる法的検討が求められよう．

---

　[39]　専修大学事件・東京地判平成24年9月28日労経速2163号3頁．

# 第15章　テレワークと労働時間規制・労働者性

第1節　はじめに
第2節　テレワークと労働時間規制
第3節　テレワークと労働者性
第4節　おわりに

岩　永　昌　晃

## 第1節　はじめに

　情報通信技術を活用した時間や場所にとらわれない柔軟な働き方であるテレワークは，近年，ワーク・ライフ・バランス（仕事と生活の調和）の実現という政策課題を解決する有力な手段の1つとして位置づけられてきた[1]。家事・育児や介護，障害等の様々な制約のもとで，働く意思と能力をもちながら，それができない人に対して，個々の生活上の事情と仕事の両立を図り，就労することが可能となる支援が必要とされているところ，テレワークは，働く時間や場所の選択肢を広げるというわけである。また，テレワークは，少子高齢化が進み労働力人口が減少する中で，労働力を確保することに寄与することも期待されている。
　こうしたテレワークには，様々な形態がある[2]。その法的地位の観点からは，

---

[1]　2007年に出された経済財政諮問会議・労働市場改革専門調査会第2次報告では，テレワーク（在宅勤務）の促進のための労働法制の見直しが提言されていた。また，最近のものでは，2013（平成25）年6月14日の閣議決定「日本再興戦略―― JAPAN is BACK」および「世界最先端IT国家創造宣言」が，テレワークの普及を仕事と子育て等を両立できる環境等の整備を実現する手段として位置づける。

[2]　テレワークの類型化については，長坂俊成「情報化に伴うテレワーク・在宅勤務の現状と可能性」日本労働研究雑誌467号（1999年）56頁以下参照。

労働法の適用のある雇用型とそうではない非雇用型に分けることができる。また，就労場所の観点からは，家事や子育ての場である自宅を就労場所とする在宅型や，住宅地に近接した地域にある小規模なオフィス等で業務に従事するサテライト型があり，また，最近では，情報通信技術の発展や通信コストの低下に伴い，場所の選択肢が拡大し，カフェや公園等でネットを介して場所を問わずに働くモバイルワーク型も普及している。さらに，雇用型については，事業場への出社の要否の観点から，就労時間のすべてをテレワークに充てる全部型と，1日または時間単位でテレワークを行うにとどまる部分型に分類することができる。

　ワーク・ライフ・バランスを実現する手段としてのテレワークを考える場合，就労者にできるだけ自律的な働き方を認めるものが，その目的に資するものといえる。また，就労者にとっては，そのような働き方が，解雇保護や労災保険等の労働法の保護のもとに認められるほうが望ましい。このように考えると，多様で柔軟な働き方の選択肢としてのテレワークの理想形態の1つは，労働法の適用のある雇用型であり，全部型あるいは一部型でも終日のテレワークで，かつ仕事と生活時間等の配分が就労者の裁量に委ねられる在宅勤務であるように思われる[3]。

　しかし，このような仕事と生活時間等の配分が就労者の裁量に委ねられた完全在宅勤務のテレワークが，労働法の適用のもとに認められるかは問題である。労基法をはじめとする労働関係諸法令が，その規制対象として想定する労働とは，主として使用者の事業場において，特定の時間帯において，使用者の指揮監督のもとに行われるものである。これに対し，ここで想定するテレワークは，時間的・場所的拘束性や業務遂行中の使用者の指揮監督が希薄な点，勤務時間帯と日常生活時間帯が混在する点において，事業場における労働とは相当に異なる。

　本章では，仕事と生活時間等の配分が就労者の裁量に委ねられた在宅勤務型

---

[3]　もっとも，現状では，このような完全在宅勤務のテレワークに従事する例は，乏しいように思われる。国土交通省都市局都市政策課『平成25年度テレワーク実態調査』によると，現在のところ，週1日以上終日在宅で就業する雇用型在宅型テレワーカーでも，約260万人（全労働者数に占める割合で約4.5％）にとどまる。

テレワークを，労働法においてどのように認めるのか，また，労働法において認められることがどのような意味をもつのかを，労基法上の労働時間規制と労働者性に焦点をあてて検討を行うこととする[4]。なお，以下では，テレワークとは，断りのない限り，在宅型のそれを指すものとする。

## 第2節　テレワークと労働時間規制

### 1　労基法の実労働時間規制

　労基法の労働時間に関する規制は，主として工場労働を前提に，実労働時間の長さの上限を規制するものである。労基法は，実労働時間が法定労働時間（1週40時間，1日8時間）を超えることを禁止し（労基32条），使用者がこの法定労働時間を超えて労働者を労働させるためには，一定の手続を踏まなければならないものとする（労基36条）。また，法定労働時間を超える労働に対しては，使用者に割増賃金の支払を義務づけている（労基37条）。

　テレワークは，このような労基法による実労働時間の長さの規制とは相当に相性が悪いといわざるを得ない。第1に，労基法の労働時間規制は，工場やオフィスなどの事業場内で働く労働者を使用者が直接管理することを前提としている。使用者は，法定労働時間を超える労働を防止するとともに，法定労働時間を超えた労働に対する割増賃金を支払うために，実労働時間を把握・算定しなければならない。そして，この労働時間の管理のために，使用者は，原則として，自ら現認か，タイムカード等の客観的な記録を基礎として確認すること

---

*4)　テレワークを労働法の観点からの検討を行った代表的な先行研究として，諏訪康雄「テレワークの実現と労働法の課題」ジュリスト1117号（1997年）81頁，森戸英幸「わが家が一番？──情報化に伴うテレワーク・在宅就労の法的諸問題」日本労働研究雑誌467号（1999年）46頁，長坂俊成「テレワークの法的性質と法的保護のあり方──労働法理を中心として」季刊労働法193号（2000年）151頁，森戸英幸「What is IT?──労働法の観点から」日本労働研究雑誌498号（2001年）41頁，森戸英幸「テレワーク・家内労働・在宅ワークの法政策」法時75巻5号（2003年）25頁，池添弘邦「在宅勤務への政策的対応──労働法学の視点を中心に」JILPT Discussion paper No. 08-05（2008年），竹内（奥野）寿「在宅勤務とワーク・ライフ・バランス」ジュリスト1383号（2009年）83頁等がある。

が求められる[5]。これに対して、テレワークは、事業場外での労働であるため、使用者による実労働時間の管理が困難である。さらに、テレワークの就労が自宅で行われる場合に使用者による実労働時間の管理を求めると、労働者のプライバシーとの衝突も問題となりうる。

　第2に、労基法の労働時間規制は、労働者が、一定の時間帯に労働することを義務づけられるという働き方を前提とする。労基法89条1号は、始業および終業時刻を就業規則の絶対的記載事項とすることにより、使用者に所定就業時間を特定することを求める。そして、この所定就業時間から同じく絶対的記載事項である休憩時間を差し引いた時間が、労働者が労働を義務づけられる所定労働時間となる。労基法は、就業規則により所定労働時間を設定させ、これを手がかりに監督官庁が、実労働時間規制違反の事前チェックを行うことを予定している。そして、この労働時間規制の構造は、その履行に要した時間が労基法上の労働時間と評価される労働義務の範囲と所定労働時間との一致を要請していると考えられている[6]。また、このような発想は、使用者による実労働時間の適切な管理のあり方にも現れている。すなわち、実労働時間の適正な把握のための使用者の講ずべき措置とは、労働者の労働日ごとの始業・終業時刻を確認し、これを記録することであると考えられている[7]。これに対して、テレワークで想定されているのは、時間にとらわれない働き方、すなわち、労働者が自己の判断で労働時間の配置や時間配分を行う自律的な働き方であり、労働時間と生活時間が混在せざるを得ない。

　確かに、労働態様の変化、産業のサービス化等により労働力人口に占めるホワイトカラー労働者の比率が上昇したことに対応して、労基法上の労働時間規制の柔軟化が図られてきたが、なお、テレワークの働き方に対応できているとはいいがたい。第1に、フレックスタイム制（労基32条の3）による労働時間規制の柔軟化は、なお工場やオフィスなどの事業場内での労働を前提としていると考えられるから、テレワークに適合的ではない。フレックスタイム制にお

---

[5] 平成13年4月6日基発339号（労働時間の適正な把握のために使用者が講ずべき措置に関する基準）。

[6] 荒木尚志『労働時間の法的構造』（有斐閣、1991年）4頁、286頁参照。

[7] 行政通達・前掲注5）参照。

いては、労使協定等で定められたコアタイム、フレキシブルタイム等の一定の枠内で労働者が各日の始業および終業の時刻、ひいては各日の労働時間の長さを自主的に決定して働くことができ、その労働者の選択の結果、ある日の労働時間が8時間を超えたり、あるいは、ある週の労働時間が40時間を超えても、法定時間外労働とはならず、割増賃金の対象とはならない。しかし、この場合においても、使用者は、労働時間の把握義務があり、各労働者の各日の労働時間の把握をきちんと行うべきものとされており、使用者が実労働時間の管理を労働者に委ねることが可能となるわけではない[8]。また、フレックスタイム制は、始業時刻と終業時刻の決定を労働者に委ねるにとどまり、両時刻の間に、労働者が自己の判断で労働時間と生活時間を配分することは想定していないものと考えられる[9]。

　第2に、裁量労働制（労基38条の3，38条の4）の適用は、使用者による労働時間の管理の必要をなくす点で[10]、事業場外で労働者が自己の判断で労働時間の配置や時間配分を行うテレワークに適合的であるが、その利用が限られる。まず、その対象が、専門業務や企画業務に限られるため、これ以外の業務に従事するテレワークには適用できない。また、手続の煩雑さもあってか、利用可能な業務に対してもその利用が一般的に普及しているとはいいがたい[11]。

　第3に、事業場外労働のみなし制（労基38条の2）も、使用者による労働時

---

[8] 昭和63年3月14日基発150号。労働者の自主申告制による労働時間管理も考えうるが、一方では、労基法の労働時間規制を遵守するのに適した実労働時間の把握・管理の手法といえるか疑わしいし、他方で、これによる管理は、とりわけテレワークの場合には、割増賃金の対象となる時間外労働、休日労働、深夜労働の時間の過剰申告の点で、使用者にとってもリスクがあるものと思われる。もっとも、テレワークに対して、フレックスタイム制と事業場外労働のみなし労働時間制を併用することも考えられる。東京大学労働法研究会『注釈労働時間法』（有斐閣、1990年）249頁参照。

[9] ただし、この点については、1日に始業時刻と終業時刻を何度も観念することで、フレックスタイム制の規制の枠にテレワークをとどめることができるかもしれない。

[10] 行政通達（平成13年4月6日基発339号）は、管理監督者およびみなし労働時間制が適用される労働者は、健康確保を図る必要から使用者が適正な時間管理を行う責務があるものの、労働時間規制との関連で労働時間の適正な把握を行うべき対象労働者から除かれるものとする。また、裁量労働制においては、始業・終業時刻の規制をはずすことも可能であると解される。東京大学労働法研究会編『注釈労働基準法（下）』（有斐閣、2003年）663頁以下〔水町勇一郎〕参照。

間の管理の必要をなくす点でテレワークに適合的であるが，その利用は，使用者による現認等の方法による実労働時間の適正な把握・管理ができない場合に限定された，例外的なものと位置づけられている。つまり，事業場外労働のみなし制は，あくまで実労働時間の管理が困難な場合の労働時間の適切な算定のための制度であって，事業場外で労働者が自己の判断で労働時間の配置や時間配分を行うテレワークに適用があるかは定かではない。

　以上のような労基法の労働時間規制に従ったテレワークとは，結局のところ，工場やオフィスなどの事業場内での労働と基本的に変わりがないものとなろう。例えば，現在，すでに企業において導入されているテレワークの典型は，在宅勤務の回数が週に1～2回程度で，それ以外はオフィスでの通常勤務というように在宅勤務と通常勤務の混合形態で，在宅勤務の時間帯は，本人が所属する事業場の勤務時間帯と同じで，その労働時間管理は，始業および終業時刻を当該労働者が上司に電話等で報告するといったものである[12]。このように労基法の建前を前にすると，労働者に働く時間と場所の選択肢を広げるとともに自律的な働き方ができるようにする形でのテレワークをその規制の中で実現することは，容易ではない。

　他方で，事業場外で自己の判断で労働時間の配置や時間配分を行うようなテレワークが，法的に禁止されているわけではない。このようなテレワークを行う者は，労基法の適用対象ではないと位置づけることもできるはずである。すなわち，労基法の適用対象となるか否かは，契約形式ではなく，就労の実態から判断されるところ，労基法の労働時間規制の想定から乖離した，時間的場所的拘束のないテレワークを行う者は，労基法の適用対象としての労働者ではないとも解しうるはずである。

　このような労基法の労働時間規制とテレワークの関係を鑑みるとき，注目されるのが，2008（平成20）年に出された2つの行政通達である。1つは，テレ

---

[11]　平成25年就労条件総合調査結果によれば，常用労働者30人以上の企業にいて，専門業務型裁量労働制の利用は，2.2％，企画業務型裁量労働制の利用は，0.8％にとどまる。

[12]　企業における在宅勤務制度の例については，長坂・前掲注2）58頁以下，佐藤彰男『テレワーク――「未来型労働」の現実』（岩波書店，2008年）30頁以下等参照。

ワークと事業場外労働のみなし制の関係を明らかにし[13]，もう1つは，みなし制の適用のあるテレワークと休日・深夜労働規制との関係を明らかにする[14]。以下では，これらが，どのような論拠に基づき，また，どのような意味をもつのかを検討する。

## 2 テレワークと事業場外労働のみなし制

### (1) テレワークと事業場概念

　事業場外労働のみなし制は，労働者が労働時間の全部または一部について事業場外で業務に従事した場合において，労働時間を算定しがたいときに適用がある（労基38条の2）。テレワークに対して事業場外労働のみなし制の適用があるためには，まず，自宅での就労が，事業場外労働といえなければならない。

　労基法において，事業は，労基署が，使用者に労働基準を遵守させる監督行政上の規制単位である。行政通達は，事業とは，「一定の場所において相関連する組織のもとに業として継続的に行われる作業の一体」をいい，「一の事業であるか否かは主として場所的観念によって決定すべきもの」とする。そして，「場所的に分散しているものは原則として別個の事業」であるが，「場所的に分散しているものであっても，出張所，支所等で，規模が著しく小さく，組織的関連ないし事務能力等を勘案して一の事業という程度の独立性がないものについては，直近上位の機構と一括して一の事業として取り扱う」ものとする[15]。この事業が行われる場所が事業場ということになる。テレワークでは，その就労場所が，独立の事業場か，規模が著しく小さく，独立性のない場合でも直近上位の事業場の一部と捉えうるかが問題となろう。

　以上の行政通達に従えば，テレワークの多くは，事業場外労働と位置づけられることになる[16]。自宅は，通常，「起居寝食など私生活を営む場所」であり，

---

[13]　平成16年3月5日基発0305001号を改正する平成20年7月28日基発0728002号（情報通信機器を活用した在宅勤務に関する労働基準法第38条の2の適用について）。

[14]　平成16年3月5日基発0305003号を改正する平成20年7月28日基発0728001号（情報通信機器を活用した在宅勤務の適切な導入及び実施のためのガイドライン）。

[15]　昭和22年9月13日基発17号，昭和23年3月31日基発511号，昭和33年2月13日基発90号，昭和63年3月14日基発150号，平成11年3月31日基発168号。

「出張所，支所等」とは異なるものであり，「直近上位の機構と一括して一の事業」と判断されることはないといえる[17]。

これに対し，オフィス同様の機器や設備を備えた自宅は，「出張所，支所等」と同視でき，「規模が著しく小さく，組織的関連ないし事務能力等を勘案して一の事業という程度の独立性がないもの」として，「直近上位の機構と一括して一の事業」と判断されうる。しかし，特に自宅を事業場の一部とする解釈に対しては，プライバシー保護の観点から問題があることがすでに指摘されてきた。すなわち，自宅を事業場の一部とすると，安易に立ち入りを認めるべきではない自宅という私生活の領域に，理論的には労働基準監督官が臨検できることとなってしまい適当ではない（労基101条）[18]。

この点で注目されるのは，行政通達が，テレワークへの事業場外労働のみなし制の適用は，「自宅内に仕事を専用とする個室を設けているか否かにかかわらず」に判断されるべきことを明確にしたことである[19]。これは，テレワークを促進するという文脈において，使用者に労働時間算定義務を課すのが適当でない場合には，みなし制を適用することのできる事業場外労働と解すべきという帰結主義的な理由に基づくものと位置づけられる[20]。事業場は，労働基準監督行政上の規制単位であり，使用者が労働基準を遵守する上で適切な場所に範囲が画される必要があるところ，自宅でのテレワークでは，使用者による実労働時間の把握・算定が困難であることが多いのに，事業場外労働のみなし制の適用可能性をなくすわけにはいかないということである。換言すると，こ

---

[16] 東京大学労働法研究会・前掲注8) 543頁は，「いわゆる在宅勤務等を事業場外労働と解することには，ほぼ異論はなかろうかと思われる」とする。カフェや公園，例えば，オフィス等でネットを介して場所を問わずに働くモバイルワークは，就労場所として固定されているわけではないから，事業場外労働といわざるを得ないだろう。

[17] 厚生労働省労働基準局労働条件政策課『在宅勤務での適正な労働時間管理の手引』（平成24年3月）9頁参照。

[18] 森戸・前掲注4)「What is IT?」43頁。同論文は，他方で，自宅での劣悪な職場環境や長時間労働が放置されることは避けるために，テレワークに労働基準監督官の監視を行き届かせるためのシステムを整備すべきことを指摘する。

[19] 行政通達・前掲注13) 参照。

[20] 学説においても，同様の発想を見出すことができる。東京大学労働法研究会・前掲注8) 540頁，東京大学労働法研究会編・前掲注10) 656頁〔和田肇〕参照。

の行政通達は，自宅でのテレワークを，可能な限り労基法の枠内において認めようとするものと位置づけることができよう。

### (2) 労働時間の算定困難性

テレワークが事業場外労働であるとしても，近年の情報通信機器の発達と普及は，テレワークを事業場外労働のみなし制の適用が認められにくいものとしているかもしれない。今や，携帯電話やインターネットの常時接続等により，使用者は，労働者の所在をリアルタイムで把握することが可能であるし，随時労働者に指示をし，報告を求めることができる。それゆえ，事業場外労働であっても，情報通信機器により，使用者が労働時間を把握・算定する義務を果たせ，テレワークは，事業場外労働とはいえ，使用者が「労働時間を算定し難い」ものではないというわけである。まずは，従前の事業場外労働のみなし制における労働時間の算定困難性要件の基本的な考え方を確認する。

労働時間の算定困難性要件は，事業場外労働のみなし制の制度趣旨から，当該労働に対する使用者の具体的な指揮監督と関連づけて理解されている[21]。使用者は，労基法の労働時間規制の遵守のために実労働時間の把握・算定の義務を負っているところ，事業場外労働の場合，この義務を果たすことができるほどには使用者の具体的な指揮監督を及ぼしえないことがある。事業場外労働のみなし制は，このような場合における実労働時間数の適切な算定のために，実際の労働時間数の近似値を労基法上の労働時間規制における実労働時間数として認めるものである。

行政通達は，このような理解のもと，使用者の具体的な指揮監督が及んでいて労働時間の算定困難性の要件を充足しない事業場外労働の例として次の3つの場合を挙げている。第1に，グループで事業場外労働に従事し，メンバーの中に労働時間の管理をする者がいる場合，第2に，無線やポケットベル等によって随時使用者の指示を受けながら労働している場合，第3に，事業場において，訪問先，帰社時刻等当日の業務の具体的指示を受けたのち，事業場外で指示どおりに業務に従事し，その後事業場に戻る場合である[22]。第1と第2の

---

21) 菅野和夫『労働法（第10版）』（弘文堂，2012年）378頁参照。
22) 昭和63年1月1日基発1号。

例は，業務遂行中に使用者の具体的な指揮監督が及んでいるとみることができるもので，第3の例は，業務遂行前の使用者による具体的な指示と業務遂行後の確認により具体的な指揮監督が及んでいるとみるものである。

　裁判例では，時間外労働の割増賃金請求訴訟において，時間外労働時間数の認定をめぐり事業外労働のみなし制の適用が問題となり，労働時間の算定困難性要件の充足性を上記行政通達も参考に判断をしてきた。ここでは，その分析にあたり，事業場内労働における労働時間の管理，すなわち，始業・終業時刻を把握し，そこから休憩時間を除いたものを労働時間として把握する方法からの逸脱の度合の観点から裁判例の事案を2つの類型に分けることとする。

　裁判例の第1の類型は，始業・終業時刻が事業場において把握されている事案，すなわち，直行直帰ではなく，事業場から事業場外労働に出かけたのち，事業場に戻ってくる事案である。この類型の問題の実質は，使用者が事業場外労働の開始と終了の時刻を何らかの形で把握しているところ，その間のすべての時間を実労働時間として算定すべきかという点にあるものと考えられる。換言すると，事業外労働の遂行中に喫茶店や映画にいくなどして労働者が裁量で休憩時間をとる可能性があるが，使用者はこの非労働時間を把握できないことから，事業場外労働のみなし制を適用して，実労働時間の概算を認めるべきかにあると考えられる。この類型の裁判例では，管見の限り，労働時間の算定困難性要件の充足が認められたものはない。すなわち，裁判例は，行政通達の3つの例の1つ，あるいは複数の要素に言及して，事業外労働に具体的な指揮監督が及んでおり，労働時間の算定困難性要件の充足を否定している[23]。これを踏まえると，テレワークでも，事業場内労働と同様の働き方をする場合，すなわち，勤務時間帯が，本人の所属する事業場の勤務時間帯と同じで，始業および終業時刻を当該労働者が上司に電話等で報告するといった場合には，労働時間の算定困難性が認められる可能性は低いであろう。

　裁判例の第2の類型は，直行直帰またはそのどちらかによる事業場外労働の類型である。この類型は，第1の類型と比べると事業場内労働との関連性が薄いあるいは関連性のない事業場外労働であり，労働時間の配分の決定等を労働者の裁量に委ねるテレワークの働き方により近いものといえる。この場合，第1の類型において問題となった点のみならず，使用者による事業場外労働の始

業・終業時刻の把握の可否自体が問題とならざるを得ない。

一方では，こうした事業場外労働であっても，使用者による具体的な指揮監督の存在を認め，労働時間の算定困難性要件の充足を認めない裁判例がある。例えば，近年，旅行ツアーの添乗員業務に従事する労働者への事業場外労働のみなし制の適用が問題となった事件において，地裁レベルで労働時間の算定困難性の要件の充足が認められて注目を集めたが[24]，最高裁は，就労実態等の具体的事情を踏まえ，事前の業務内容の具体的指示，変更を要する場合の業務遂行中の個別の指示，内容の正確性を確認しうる詳細な事後報告の存在を認め，当該労働者の勤務の状況を具体的に把握することが困難であったとは認めがたいとしてこれを否定している[25][26]。

他方で，この類型では，労働時間の算定困難性要件の充足を認める裁判例が存在する[27]。こうした裁判例の提起する問題点の１つは，情報通信機器によ

---

23) 行政通達の第1の例の要素に言及する裁判例として，ほるぷ事件・東京地判平成9年8月1日労民集48巻4号312頁，第2の例の要素に言及する裁判例として，大東建託事件・福井地判平成13年9月10日裁判所ウェブサイト，第2と第3の例の要素に言及する裁判例として，光和商事事件・大阪地判平成14年7月19日労判833号22頁，コミネコミュニケーションズ事件・東京地判平成17年9月30日労経速1916号11頁，インターネットサファリ事件・東京地判平成17年12月9日労経速1925号24頁，レイズ事件・東京地判平成22年10月27日労判1021号39頁等。なお，千里山生活協同組合事件・大阪地判平成11年5月31日労判772号60頁は，労働時間を算定しがたいことの理由として，労働時間がタイムカードによって管理されていることだけしか言及していないが，問題となった配達業務の業務遂行過程の内容が詳細に決まっていたとする事実認定がなされていることからすると行政解釈の第3の例に位置づけられる。

24) 阪急トラベルサポート（派遣添乗員・第2）事件・東京地判平成22年7月2日労判1011号5頁，阪急トラベルサポート（派遣添乗員・第3）事件・東京地判平成22年9月29日労判1015号5頁。

25) 阪急トラベルサポート（派遣添乗員・第2）事件・最2判平成26年1月24日労判1088号5頁。阪急トラベルサポート（派遣添乗員・第3）事件も，2審（東京高判平成24年3月7日労判1048号26頁）において労働時間の算定困難性要件の充足は認められないとし，最高裁でも上告を棄却する決定（最2決平成26年1月24日）が出されている。

26) その他，この類型において，労働時間の算定困難性を否定したものとして，ハイクリップス事件・大阪地判平成20年3月7日労判971号72頁，サンマーク事件・大阪地判平成14年3月29日労判828号86頁，阪急トラベルサポート（派遣添乗員・第1）事件・東京高判平成23年9月14日労判1036号14頁等。

り使用者による実労働時間の把握・管理の可能性が飛躍的に高まっている中で，社会通念上，使用者に合理的に期待できる労働時間の把握・算定の方法とは何かという点である。換言すると，使用者が携帯電話等により実労働時間を管理する可能性はあるが，あえてそれをしなかったときに，労働時間の算定困難性が認められるのかという点である[28]。労働時間の算定困難性の要件は，就労実態等の具体的事情を踏まえ，客観的に判断されなければならないと解される[29]。というのも，事業場外労働のみなし制の適用による反射的効果として，労基法の労働時間規制により課せられた使用者の実労働時間の把握・算定の義務が免除されるからである。労働時間の算定困難性要件が，使用者が，通常合理的に期待できることをやらずに主観的に算定困難と認識し，あるいは労使が算定困難と合意すれば充足されるというのでは，当事者の主観によって労基法の労働時間規制を免れることができてしまう。問題は，使用者が，社会通念上期待される携帯電話等の情報通信機器による実労働時間の把握・算定の方法とは何か，そしてそれを行うことが，当該事案において客観的にみて困難であったかという点にある。

しかし，携帯電話等の情報通信機器による実労働時間の把握・算定を，事業場外労働のみなし労働時間制の労働時間の算定困難性要件との関連でどこまで求めるかについては，今もって見解が分かれ，定説があるとはいいがたい状況にある。一方では，使用者が事業場外で勤務する労働者に対して連絡し，指示しうる可能な手段を有する限り使用者が労働者の行動を自ら把握し，指示するのが算定義務の履行であるという考え方がある[30]。この考え方によれば，使

---

[27] 日本インシュアランスサービス事件（休日手当・第1）事件・東京地判平成21年2月16日労判983号51頁，ヒロセ電機事件・東京地判平成25年5月22日労経速2187号3頁。

[28] ヒロセ電機事件・前掲注[27] では，労働者が携帯電話を所持していたが，「具体的な指示命令を出していた事実もなく，事後的にも，何時から何時までどのような業務を行っていたかについて，具体的な報告をさせているわけでもない」「電話で指示を受けながら業務に従事していたと認めるに足りる証拠はない」として，労働時間の算定困難性が認められている。

[29] 裁判例として，レイズ事件・前掲注[23]，阪急トラベルサポート（派遣添乗員・第1）事件・前掲注[26] 等，学説として，水町勇一郎『労働法（第5版）』（有斐閣，2014年）278頁。

用者は，携帯電話で随時指示を行う，報告させる等により実際に労働者の行動を把握・管理する場合はもちろんのこと，把握・管理する可能性がある場合には，実労働時間の管理・算定義務があり，労働時間の算定困難性は認められないということになろう[31]。例えば，携帯電話を貸与して，所持させている場合はこれに当たると考えられる。他方では，携帯電話等を所持させていても，急用等のときの連絡手段として利用しているにすぎないような場合には，労働時間の算定困難性要件の充足は否定されないとする見解もある[32]。

　この問題は，労働者が自己の判断で労働時間の配置や時間配分を行う自律的な働き方を実現するテレワークに，事業場外のみなし制の適用が認められるかどうかに影響を及ぼす論点である。確かに，労働時間の算定が困難なものとして，事業場外労働のみなし制を適用し，使用者の実労働時間の把握・算定義務がなくなるならば，労働者が労働時間の配置や時間の配分の決定を行う自律的な働き方を認められそうである。換言すると，本来労基法上は，裁量労働のみなし制を通じてしか認められない労働時間の配分の決定を労働者に委ね，使用者が労働時間の管理をしない働き方を，事業場外労働のみなし制を通じて，言わば隠密裏に導入することができそうである。しかし，情報通信機器による実労働時間の把握・管理の可能性が高まり，労働時間の算定困難性が認められにくくなるとすると，このような裏口は閉じられ，労働時間の配分の決定を労働者に委ねるテレワークが事業場外労働のみなし労働時間制を通じて認められることもまた困難となるはずである。

---

　[30]　東京大学労働法研究会・前掲注 8) 547 頁。
　[31]　「携帯電話の普及によって，労働時間の算定が困難になる場合は相当に少なくなった」とする西谷敏『労働法（第 2 版）』（日本評論社，2013 年）309 頁はこの立場に位置づけることができる。和田肇「事業場外労働のみなし労働時間制の適否（判批）」労働法律旬報 1758 号（2011 年）28 頁も，「労働時間の管理が煩瑣であったとしても，何らかの形で算定ができると考えられる場合には，みなし労働時間制は採用できない」とする。
　[32]　安西愈『労働時間・休日・休暇の法律実務（全訂 7 版）』（中央経済社，2010 年）492〜493 頁。裁判例では，阪急トラベルサポート（派遣添乗員・第 3）事件・前掲注 24) が「通信機器を利用するなどして，……動静を 24 時間把握することは客観的には可能であるとはいえ，……業務の内容・性質にかんがみると，このような労働時間管理は煩瑣であり，現実的ではない方法であるといわざるを得ない」とする。

このような観点から注目されるのが、情報通信機器を活用した在宅勤務について、事業場外労働のみなし制が適用される場合を明確にする行政通達である[33]。この行政通達は、労働者が自己の判断で労働時間の配置や時間配分を行う自律的な働き方を実現するテレワークを、事業場外労働のみなし制を通じて認めようとするものである。すなわち、労働者が自宅で情報通信機器を用いて行う勤務形態について、①当該業務が、起居寝食等私生活を営む自宅で行われること、②当該情報通信機器が、労働者が自分の意思で通信可能な状態を切断することが使用者から認められていない状態で、使用者が労働者に対して情報通信機器を用いて電子メール、電子掲示板等により随時具体的指示を行うことが可能であり、かつ、使用者から具体的指示があった場合に労働者がそれに即応しなければならない状態に置くこととはされていないこと、③当該業務の目的、目標、期限等の基本的事項を指示することや、これらの基本的事項について所要の変更の指示をすることはあるが、当該業務が、随時使用者の具体的な指示に基づいて行われることはないこと、以上の三要件を充足するものには、事業場外労働のみなし制の適用があるものとする。いい換えると、労働時間の配分の決定等を労働者の裁量に委ね、使用者が指揮命令をあえてしないという体制を整えたならば、事業場外労働のみなし制の適用により使用者の労働時間の把握・算定義務が免除されることになる。

しかし、この行政通達は、労基法の労働時間規制の構造に照らすと、問題がある。第1に、労基法の労働時間規制によると、労働時間の配分の決定等を労働者の裁量に委ねることは、使用者の労働時間の把握・算定の義務が、みなし制の適用により解除されてはじめて認められるものである。労働時間の配分の決定等を労働者の裁量に委ねる働き方だから、労働時間の算定が困難であり、事業場外労働のみなし制の適用があるというのでは、主客が転倒してしまっている[34]。第2に、事業場外のみなし制の適用がある場合でも、就業規則による所定労働時間規制の適用がある[35]。労働時間の配分の決定等を労働者の裁量に委ねるテレワークでは、就業規則において所定労働時間をどのように定めるのであろうか[36]。

---

33) 行政通達・前掲注13) 参照。

結局のところ，仕事と生活時間の配分の決定等が労働者の裁量に委ねられているテレワークを現行の事業場外労働のみなし制度を通じて認めることは，この社会的に有用な就労形態を促進していくために，緊急避難的に解釈によって労基法の労働時間規制を緩和するものと位置づけられる。しかし，前述の問題点を踏まえると，将来的には，このような仕事と生活時間の配分の決定等が大幅に労働者の裁量に委ねられているテレワークについて，裁量労働のみなし制の1つに入れるなどの立法により認めていくことが望ましいと考える。

## 3　テレワークと休日・深夜労働規制

裁量労働制や事業外労働のみなし制の適用がある場合でも，みなし制は，実労働時間の長さの規制に対する算定上の特則にとどまるから，休日に関する規制（労基35条）や深夜労働の割増賃金の規制（労基37条4項）は依然として及ぶ[37]。したがって，使用者は，みなし制の適用のあるテレワークにおいても，休日労働や深夜労働を把握し，それが行われた場合には，割増賃金を支払わなければならない。

しかし，労働者が自己の判断で労働の配置や時間配分を行うテレワークを社会的に有用なものであり，その利用を推進していくべきとの政策判断を前提と

---

[34]　このような主客の転倒は，裁判例においてもみることができる。日本インシュアランスサービス事件（休日手当・第1）事件・前掲注27）では，「業務執行の態様は，……本質的に原告らの裁量に委ねられたものであ」り「使用者が労働時間を厳密に管理することは不可能であり，むしろ管理することになじみにくいといえる」ことを理由に事業場外労働のみなし労働時間制の適用を認めている。この点に対して，事業場外労働のみなし制の趣旨と裁量労働のみなし制の趣旨の区別を欠いており，適切ではないとの批判がなされている（竹内（奥野）寿「判批」ジュリスト1396号（2010年）178頁）。

[35]　東京大学労働法研究会・前掲注8）554頁。

[36]　「始業時刻5時，終業時刻22時，その間で8時間労働したものとみなす」といった就業規則は許されないし，「始業時刻9時，終業時刻18時，休憩時間1時間，所定労働時間8時間」と就業規則を定めるならば，労働時間の配分の決定等を労働者の裁量に委ね，始業時刻と終業時刻の間において労働時間と生活時間の混在を認めることはできないであろう。

[37]　ことぶき事件・最2判平成21年12月18日労判1000号5頁は，労基法の深夜労働規制は，労働が1日のうちのどのような時間帯に行われるかに着目した規制であり，労働時間に関する労基法中のほかの規定とはその趣旨目的を異にすると判示する。

すると，テレワークに対するこれらの規制は過剰なものとして，その合理性が疑問視される。第1は，使用者の規制の遵守可能性からの疑問である。これらの規制において想定されている典型的な規律対象は，始業・終業時刻と休憩時間により所定労働時間を示すとともに，労働に対する具体的な指揮監督を及ぼし，使用者が労働の時間量や配置の配分を決定する事業場内労働である。これに対し，みなし制の適用があるテレワークの場合，「労働を算定し難い」あるいは「当該業務の遂行の手段及び時間配分の決定等に関し使用者が具体的な指示をすることが困難」であるか「使用者が具体的な指示をしない」業務であり，使用者が事業場外にいる労働者について，ある特定の日につき労働から完全に解放して確実に休日を付与することや深夜時間帯の労働を使用者が管理・把握することは困難といわざるを得ない[38]。結局，使用者が規制を遵守しようとすれば，労働者の協力と自己申告によらざるを得ないが，事後的な割増賃金請求のリスクを鑑みると，労働者により働き方の自由度を認めるテレワークであればあるほどに，使用者はその導入をためらうものとなりかねない。第2は，規制そのものの合理性に対する疑問である。労働者が自己の判断で労働の配置や時間配分を行うことができる場合には，労働者が選択した特定の日や時間帯の労働について使用者に割増賃金の支払を義務づけることの合理性は乏しい[39]。例えば，所定労働日や昼間を家事や子育て等に充てる一方で，週末の休日や深夜に働くといった働き方を自分で決定した者に対して，事業場内で所定労働時間に従って同じ時間分働いた者よりも賃金を多く払うことの合理性はないように思われる。結局のところ，このような特定の日や時間帯の労働を抑制する規制は，かえってテレワークにおける労働者の働き方の自由度を引き下げるものといえる。

　ここでも注目すべきは，2008（平成20）年に出された行政通達である[40]。そこでは，労働者が自己の判断で労働の配置や時間配分を行う働き方を念頭に，休日労働や深夜労働の割増賃金の規制を排除する解釈論が展開されている。すなわち，みなし労働時間制が適用されている労働者が，深夜または休日に労働

---

[38] 森戸・前掲注4)「わが家が一番？」48頁。
[39] 竹内・前掲注4) 88頁。
[40] 行政通達・前掲注14) 参照。

を行っても,一定の場合には,使用者のいかなる関与もなく行われたものと評価できるために,労基法上の労働時間には該当しないという。具体的には,労働者が深夜または休日に業務を行うことにつき事前許可と事後報告を必要とすることを制度化した上で,事前許可や事後報告がなく,かつ,使用者が深夜または休日に労働をせざるを得ないような状況においたわけではない場合がこれに当たるとする[41]。前述の実質的理由に鑑みると,仕事と生活時間の配分等が労働者の裁量に委ねられたテレワークを促進すべきという政策判断のもとに,その障害となりうる労基法の規制を解釈により緩和する行政通達の方向性は支持できる[42]。

　もっとも,仕事と生活時間の配分等が労働者の裁量に委ねられたテレワークについては,この行政通達よりも,より端的に休日労働や深夜労働を労基法の規制の対象から外す解釈が可能なように思われる。深夜労働について,労基法は,それをさせた場合に使用者に割増賃金の支払を義務づけるにとどまり,深夜労働それ自体を防止する作為を使用者に求めているわけではない。仕事と生活時間の配分等が労働者の裁量に委ねられたテレワークにおいて,労働者が自律的に深夜労働を選択した場合には,使用者がさせたわけではない深夜労働として,割増賃金の対象とはならないと解釈する余地もあろう。

　休日労働については,労基法は,使用者に対して,1週に1回または4週に4日以上の休日を労働者に与えることを義務づけているが,その休日の特定を要求しているわけではない[43]。1週に1回または4週に4日以上の休日をとる

---

[41] 行政通達は,次の3つのすべてに該当する場合にのみ,労基法上の労働時間性が否定されるものとする。第1に,深夜または休日に労働することについて,使用者から強制されたり,義務づけられたりした事実がないこと,第2に,当該労働者の当日の業務量が過大である場合や期限の設定が不適切である場合など,深夜または休日に労働せざるを得ないような使用者からの黙示の指揮命令があったと解しうる事情がないこと,第3に,深夜または休日に当該労働者からメールが送信されていたり,深夜または休日に労働しなければ生み出しえないような成果物が提出された等,深夜または休日労働を行ったことが客観的に推測できるような事実がなく,使用者が深夜・休日の労働を知りえなかったことである。

[42] 竹内・前掲注4)88頁も同旨。また,同論文は,行政通達を,長時間労働抑制のための措置を伴っていない点で問題があると指摘し,立論としては,深夜・休日労働を通じた時間配分に対する制約を外すには,労働者の健康を確保する制度設計が併せて行われるべきとする。

ことを労働者に認めて，その特定を労働者に委ねるといった所定休日よりも柔軟な休日の与え方が現行法でも可能なはずである。この場合，使用者に与えられた仕事量により，労働者が休日をとることができないならば，休日を与えていないものとして休日労働を認めるべきであるが，そうでなく労働者が自発的に休日をとらない選択をしたならば[44]，使用者は休日を与えており，使用者が休日に労働をさせたものではないとして，割増賃金の対象とはならないと解釈する余地もあろう[45]。

## 第3節　テレワークと労働者性

　仕事と生活時間の配分等が労働者の裁量に委ねられたテレワークについて，雇用の法形式がとられなかった場合，それでもなお労働法の適用があるのかは，別途問題となるところである。例えば，就業中に負傷したり，長時間の就労が原因で過労死したのであれば，テレワーカーは，労災保険法の適用を求めるかもしれないし，契約を打ち切られた場合には，労働契約法の解雇に関する規定の適用を求めるかもしれない。いわゆるテレワーカーの労働者性の問題である[46]。

　労基法の労働時間規制を緩和して，仕事と生活時間の配分等が労働者の裁量

---

[43]　昭和23年5月5日基発682号，昭和63年3月14日基発150号。ただし，これらの行政通達は，就業規則の中で休日を具体的に特定するように指導されたいとも述べている。

[44]　例えば，1週間のうち，休日をとらずに，1日5時間の労働を毎日行うような労働者の選択が考えられる。

[45]　すでに，石橋洋「労基法上の労働時間の概念と判断基準」日本労働法学会編『講座 21世紀の労働法 第5巻 賃金と労働時間』（有斐閣，2000年）222頁は，「テレワークが……労働者個人の裁量によって行われている場合には，業務に関連する労務の提供とはいいえても，それは指揮命令に服しての現実の労務提供義務の履行，かつそれによる時間的・場所的拘束があるとはいい難く，……実労働時間性は否定されざるをえない」という解釈を提示していた。このように，休日労働や深夜労働のみならず，仕事と生活時間の配分等が労働者の裁量に委ねられたテレワークの労働について一般的に労基法上の労働時間性が否定されるのかは，今後の検討課題としたい。

[46]　テレワーカーの労働者性については，長坂・前掲注4）165頁以下において，テレワーカーの類型ごとに詳細な検討が行われている。

に委ねられたテレワークを，労働法の枠内に位置づけることは，テレワーカーの労働者性の議論にも影響を与えるように思われる。すなわち，こうしたテレワークを労働法において承認することは，同時に，労働法の適用対象を従来よりも広げるもののように考えられる。その検討の前にまず，労基法の労働者性の判断基準について確認しよう。

労基法の適用対象を画する労働者概念は，当初の規制対象の典型であった工場労働の働き方を想定し，使用従属性あるいは従属労働を本質とするものとして彫琢されてきた。例えば，労働省（当時）労働基準局に設置された労働基準法研究会が1985（昭和60）年12月に公表した第1部会報告「労働基準法の『労働者』の判断基準について」は，従前の裁判例，学説を整理・分析し，労働者性の具体的判断基準を提示している[47]。それによると，労働者といえるかどうかは，①指揮監督関係の存在と②報酬の労務対償性という2つの基準の総称である「使用従属性」によって判断され，指揮監督関係の存在の具体的判断要素として，（イ）仕事の依頼，業務従事の指示等に対する諾否自由の有無，（ロ）業務遂行上の指揮監督の有無，（ハ）勤務場所および勤務時間の拘束性の有無，（ニ）労務提供の代替性の有無が挙げられている。他方で，使用従属性の判断が困難な限界事例においては，①②に加えて，③事業者性の有無（機械・器具の負担関係，報酬の性格），④専属性の程度，⑤採用の選考過程，給与所得としての源泉徴収の有無，労働保険の適用，服務規律の適用などをも勘案して，総合的に判断されるべきものとされている。この報告以後の裁判例は，報告書の提示した判断基準と同様のものを一般論として明示するものもあれば，判断基準を明示しないものもあるが，その判断は，おおむねこの報告の判断基準を踏まえた諸要素を考慮して行われてきた[48]。

この労働者概念に照らすと，仕事と生活時間の配分等が大幅に労働者の裁量に委ねられたテレワーカーは，業務遂行上の指揮監督，時間的・場所的拘束性

---

[47] 労働省労働基準局監督課編『今後の労働契約等法制のあり方について』（日本労働研究機構，1993年）50頁以下所収。

[48] 一般論を提示する裁判例として，新宿労基署長（映画撮影技師）事件・東京高判平成14年7月11日労判832号13頁，新国立劇場運営財団事件・東京地判平成18年3月30日労判918号55頁等がある。

の双方の希薄さから労働者性が否定されることもありうるグレーゾーンの働き手という位置づけになる。第1に、労働時間の算定が困難であり、かつ、休日・深夜労働の規制を受けないとするその働き方の特徴である。まず、就労場所は事業場外であると同時に生活上の空間でもあり場所的拘束は希薄か皆無といってよいし、仕事と生活時間の配分等が大幅に労働者の裁量が委ねられ、時間的拘束も希薄か皆無といってよい。また、その休日・深夜の就労は、労基法上の労働時間に当たるような指揮命令下においてなされたものではないとされる。さらに、業務遂行上の指揮監督についても、当該業務の目的、目標、期限等の基本的事項を指示することや、これらの基本的事項について所要の変更の指示をすることはあるが、当該業務が、随時使用者の具体的な指示に基づいて行われることはない。第2に、その業務遂行上の指揮監督、時間的・場所的拘束性の双方の希薄さは、最高裁が労働者性を否定した事案に比肩しうる[49]。最高裁は、事業場外労働という点でテレワーカーと近似する傭車運転手の労働者性を否定した事件において、「業務の性質上当然に必要とされる……指示をしていた以外には、……業務遂行に関し、特段の指揮監督を行っていたとはいえず、時間的、場所的な拘束の程度も、一般の従業員と比較してはるかに緩やかである」点について、「指揮監督の下で労務を提供していたと評価するには足りない」と評価している。

　従来は、工場労働とは異なる特徴をもつ新たに現れた就労形態に労働法を適用するに際して、従属労働と結合した労働者概念が、法的空間を過度に硬直化させてきた。すなわち、労働者概念に含まれるから労働法の適用対象とするという思考様式から、使用従属性基準を演繹的に適用し、その概念の本質から距離の離れた新しい就労形態に対しては決定不能に陥っていた。

　これに対し、現在では、テレワークを推進するという政策判断のもとで、仕事と生活時間の配分等が労働者の裁量に委ねられて、業務遂行上の指揮監督、時間的・場所的拘束性の双方が希薄であるテレワークが労基法の対象であることを前提に、労基法の労働時間規制の検討が行われている。これは、控えめにみても、この就労形態が労基法の適用対象であることを明確化するものである

---

*49)* 横浜南労基署長（旭紙業）事件。最1判平成8年11月28日労判714号14頁。

し，さらには労働者の範囲を広げるものと捉えうる。このことは，非雇用型とされたテレワークでも，仕事と生活時間等の配分を自律的に決定していることは，それ自体では労働者性を否定する要素とはならないものにすると考えられる。むしろ，労働者だから保護に値するとするのではなく，理由と結論を転倒させ，テレワークは社会的に有用な就労形態であり保護すべきだから労働者であるとし，各労働法規制ごとにテレワークに適用すべきかどうかを問い直すことが今後の方向性として考えられよう。

## 第4節 おわりに

　本章では，テレワーク，とりわけ，仕事と生活時間等の配分が就労者の裁量に委ねられた在宅勤務型テレワークを，労働法においてどのように認めるのか，また，労働法において認められることがどのような意味をもつのかについて，若干の検討を行ってきた。そこで看取されたのは，社会的に有用であると評価された就労形態を，その促進のために，一方では，労働法の適用対象とし，他方では，その促進を抑制する規制を緩和するという，望ましい目的のために労働法を手段として主体的に利用する姿勢であった。

　この検討が示唆するのは，労働法における法的アプローチの概念主義から帰結主義への転換であるように思われる。当初に主として想定してきた工場労働とは異なる特徴をもつ新たな就労形態に労働法が対応するに際して，従属労働を中核とした労働法上の概念を彫琢することに，問題を解決するための意義をもはや見出せなくなっている。むしろ，概念は，その認定・不認定が，新しい就労形態にどのような望ましい，あるいは望ましくない事態を発生させるのか，という機能面から道具的に把握されるようになっているのである。テレワークの普及に伴い生起する様々な法的問題も，このような観点からの検討が必要になるが，これらは今後の課題である。

# 第16章　個人請負型就業と労働者性

第1節　個人請負型就業の現状
　　──働き方の多様化と雇用・非雇用の区別の不明確化
第2節　労働基準法上の労働者
第3節　労働組合法上の労働者

吉　田　　　肇

## 第1節　個人請負型就業の現状
　　──働き方の多様化と雇用・非雇用の区別の不明確化

### 1　個人請負型就業の実態

　近時，働き方の多様化に伴い，裁量労働制等，業務遂行上の指揮監督や時間的拘束が緩やかな雇用形態が現れる一方で，個人事業主であっても，特定の企業と専属の業務委託契約や請負契約を締結して就業する就業者といった純然たる労働者と純然たる独立自営業者の中間的な形態で就業する者が増えている[1][2]。
　2010（平成22）年4月厚生労働省政策統括官（労働担当）「個人請負型就業者

---

[1] この後述べる「研究会報告書」によると個人請負型就業者の相当数が1社に専属していると考えられるとしている。

[2] 独立行政法人労働政策研究・研修機構「多様な働き方の実態と課題」（2007年）によると，個人自営業主（個人業務委託の請負人）を125万人と推計している。また，平成20年度厚生労働省委託事業「在宅就業調査報告書」によると，在宅ワーク（情報通信機器を活用して，請負契約に基づき，サービスの提供等を行う在宅形態での就労〔法人形態により行っている場合や他人を使用している場合などを除く〕）に従事する在宅ワーカーは，2008年で123万5000人と推計されている。

に関する研究会 報告書（以下，「研究会報告書」という。）」は，個人請負型就業者（労働者性の有無にかかわらず業務委託・請負といった名称の契約に基づき，人を雇わずに業務を行っている就業者。「研究会報告書」8頁）の求人企業の業種としては，対個人サービス業（エステ，塾等が多い），道路貨物運送業，卸・小売業，飲食業等が多く，職種では，営業・販売，理容・美容，軽貨物運送等が多いとする調査結果を明らかにしている（フランチャイジーや有償ボランティアは調査対象から除かれている）。また，同報告書によれば，個人請負型就業者への個人調査を行った「平成19年調査」によると，上記のほかにシステムエンジニア等の技術者や建設業の一人親方等の働き方も多いとされている。「研究会報告書」の「求人調査」によると，具体的な職種としては，運送員，外交員，技術者といった従来から請負が多いとされてきた職種のほかに，エステティシャン，美容アドバイザー，講師，（宴会等の）配膳，調理補助，受付，ゴルフキャディなど多様な職種で個人請負型就業者の求人が行われているということであり，個人請負型就業者は，高度な専門性や能力を要する職種以外にも広がりを見せている。

　このような個人請負型就業者の広がりの背景には，企業にとって①専門的業務に対応する，②即戦力・能力のある人材を確保するといった要請のほかに，③アウトソーシングによる人件費（福利厚生費を含む）の節約，臨時・季節的業務や仕事の繁閑に対応する，景気変動・経営状況に応じて雇用量を調整することができるといったメリットの存在がある。他方で，就業者の側にも，①仕事の時間帯を自分で決められる，②自己の専門的な知識やスキルを活かすことができる，③自宅など自分が望む場所で仕事ができるといった側面があるとされている[3]。ただし，企業の側では，人件費の節約が重要な動機とされていること，労働者とさほど変わらない就業形態も少なくないことや報酬額に不満をもつ個人請負型就業者が少なくないこと（注6 参照）からもうかがわれるように，

---

[3] 「研究会報告書」13頁参照。また，同報告書によると，60歳以上の業務委託契約従事者を活用している事業所が全体の34.2%あり，高年齢者のニーズに応え，高年齢者雇用に貢献している側面も見受けられる。60歳以上の年齢層が最も多い事業所が約1割（9.2%）あり，職種別では，営業・販売，運送が高年齢者を委託業務契約従事者として活用している。

正社員としての雇用が難しいために不本意ながら個人請負型就業を選択する者も一定数存在すると思われ，広がりを見せる背景は必ずしも単純ではない[4]。

## 2　個人請負型就業者の保護

このような背景の複雑さを反映して，広がりを見せる個人請負型就業者の中には，時間的，場所的拘束の程度，指揮監督の程度や裁量を認める程度に差があり，報酬額も実質的に労働時間に応じて決定されるものも見られる等，実態は労働者と異ならない使用従属性が認められるものがある[5]（個人請負業者の就労実態について注6)参照）。

労働者については，労働時間，賃金，年休，解雇等に関する規制，雇用保険，労災保険，社会保険をはじめ，労働法，社会保障法上，種々の労働者保護のための規制，制度が存在するが，請負，委任等の契約に関しては，そのような規制や制度は存在しない。

---

*4)*　「個人請負就業者の『労働者性』と就業選択」日本労働研究雑誌624号（2012年）55頁は，個人請負の評価について，肯定的なものと否定的なものがあり，肯定的な見方は，高度な専門知識をもち自律性も高く，収入も高い「ポートフォリオ労働者」，インディペンデントコントラクター，あるいは収入の安定性に不満はもつものの，自由度の高さや主体的な能力形成・発揮，仕事と生活の両立，やりがいなどの点でのメリットを認識している就業者として肯定的に評価するが，他方否定的な見方は，個人請負就業者を「周縁化された労働者」として位置づけ，リストラが進む中で常用雇用の機会を得られない者によって不本意に選択されたもので，収入は低く抑えられ，必ずしも高度な資格をもっておらず企業のコスト削減の対象とされている，また女性の昇進機会が少なく，家事や育児の責任を負うために個人請負の働き方を選択せざるを得なかったものと考える。そして，この個人請負就業者のどの層に着目するかによって評価は異なっているとする。なお，受託者本人が十分納得して，時間的にも場所的にも拘束性が弱いことや成果報酬のメリットを重視して，労働者保護法上の保護を放棄して業務委託契約を締結したという者に「労働者」としての保護を及ぼすことは，かえって自営業者としての自由な働き方を制約することになり，これらの者のニーズに反する可能性もあるとする見解として，労働政策研究・研修機構「就業形態の多様化と社会労働政策——個人業務委託とNPO就業を中心として」（2004年）192頁（大内伸哉担当部分）がある。

*5)*　「研究会報告書」では，調査結果から，就業者にできるだけ裁量権を与え，労働者性が強くない活用をしている企業が存在する一方，「求人調査」によれば時間・場所を拘束し，報酬も就業した時間に対して支払を行うといった，雇用に近い形で活用する企業も確認できたとされている（17頁）。

なお,労働契約ではなくとも,家内労働法,労災保険法の特別加入による保護や一定の下請契約,業務委託契約については,下請代金支払遅延等防止法,独占禁止法による保護の対象となる場合がある。また,安全配慮義務が肯定される場合もある（藤島建設事件・浦和地判平成8年3月22日労判696号56頁）。

さらに,継続的契約については,相手方が相当の投資をしている場合は,やむを得ない特段の事情あるいは相手方に著しい不信行為がなければ,相当の予告期間を設けるかまたは相当の損失補償をなさない限り,一方的に取引を中止することは許されないと解するのが公平の原則,信義則に照らして相当として,6ヵ月分あるいは1年分の利益相当額の損害賠償を命じた裁判例（東京地判昭和57年10月19日判時1076号72頁,名古屋地判昭和46年11月11日判タ274号280頁）や,契約を存続させることが当事者にとって酷であり,契約を終了させてもやむを得ないという事情がある場合でなければ更新を拒否できないとする裁判例も出されており（札幌高決昭和62年9月30日判時1258号76頁）,債務不履行による契約解除についても,取引を継続しがたい不信行為の存在等やむを得ない事由を要求する裁判例が出されている（東京高判平成6年9月14日判時1507号43頁）。

ただし,多くの裁判例は契約の解約ができるとしており,「継続性原理」[7]とでも呼ぶべき法理を展開したこれらの裁判例は,代理店契約,特約店契約,

---

[6] 個人請負型就業者の報酬については,労働政策研究・研修機構「日本人の働き方総合調査結果」（2005年）によると,約8割の個人自営業主が500万円未満であり,収入の水準については,不満（家事従業員を含む）が4割を超えている。なお,特定の分野について高い専門性を有するインディペンデントコントラクター（大企業の管理職経験者が多い）は,約25%が年収1000万円〜1499万円で満足度は高い。「研究会報告書」によると,業務中のけがや交通事故に対する補償は,ケースによって会社が対応する（45.2%）,全て個人が対応する（28.9%）であった。就業時間（業務の完成時間）は,業種により差が大きいが,全体では,週20時間以上40時間未満が28.3%で最も多く,40時間以上60時間未満が24.3%,60時間以上は3.1%であった。情報処理技術（ソフトウェア開発等）が長く,5割以上が40時間以上となっている。中途解約については,約3分の1の事業所が中途解約を行ったことがあり,その理由としては,勤務態度に問題があった（77.2%）,知識・能力が十分ではなかった（54.0%）,業務量が減少したため（23.0%）等とされており,仮に労働者性が肯定されれば,中途解約（解雇）は難しい例も多かったのではないかと推測される。

なお,同報告書の事業所アンケート調査によると,業務委託契約従事者を活用している事業所の68%が従業員数30人未満の小規模事業所である。

[7] 内田貴『民法Ⅱ（第3版）』（東京大学出版会,2011年）84頁。

継続的請負契約等の契約を締結して契約の長期継続を見込んだ資本投下を行い継続的取引を行う場合が典型であるので，継続的な個人請負型就業の契約に一般化できるものではない[8]。

## 3　労働法上の労働者概念の捉え方

雇用と非雇用の区別がつきにくい中間的な就業形態が広がりを見せる中で，多様な働き方の意義を認めつつ，同時に労働法の規制の趣旨が没却されることのないよう，契約の形式ではなく，労務提供の実態等を踏まえて労働法上の労働者性を判断する基準を明らかにする必要がある。

その際，労働法上の労働者の概念を統一的に捉えるべきか，それとも個別法・集団法で異なるものとして捉えるべきか，あるいは各法律ごとに捉えるべきかについて見解の相違が存在する。本章では，通説的な見解に従い，個別法と集団法ではその法の目的の違いに応じて異なる労働者概念であると捉える。ただし，個別法の中では統一的に捉えることとして検討を進める[9]。

## 第2節　労働基準法上の労働者

### 1　個別労働関係法上の労働者概念

労基法上の労働者（労基9条）と労契法上の労働者（労契2条1号）の定義は，前者が事業に使用されるという加重（限定）要件を付した点を除けば，基本的には同一と解されており[10]，その労働者の定義に該当するか否かの基準は「使用され」「賃金を支払われている」と評価できるか否かによる。

そして，労働保護法の多く（例えば，最賃2条1号，賃確2条2項，労安衛2条2号等）はその適用対象たる労働者を労基法9条の労働者としており，労災保険

---

[8]　以上につき東京大学労働法研究会編『注釈労働基準法（上巻）』（有斐閣，2003年）[橋本陽子] 139頁以下参照。

[9]　学説の状況については，橋本・前掲注[8] 148頁参照。

[10]　菅野和夫『労働法（第10版）』（弘文堂，2012年）110頁，荒木尚志『労働法（第2版）』（有斐閣，2013年）51頁ほか。

法は特に労働者の定義規定を置いてないが、その制定経緯や法の目的、趣旨から労基法上の労働者と同一と解されている[11]。また、雇用保険法上の労働者（雇保4条1項）についても、労基法9条の労働者と同様の判断基準で判断される（西村・前掲注11）390頁。なお、池袋職安所長（アンカー工業）事件（東京地判平成16年7月15日労判880号100頁）、東京高判昭和59年2月29日判時1113号59頁参照。いずれも労働者性否定）と解される[12]。

したがって、労基法上の労働者概念は、個別労働関係法の適用対象を画する基本概念としての意義を有する。

## 2　行政実務

行政実務は、請負、業務委託等の契約の形式にとらわれず、労務提供の実態等を総合的に考慮して、上記「使用され（指揮監督下の労働）」「賃金を支払われている（報酬の労務対償性）」と評価できるか否かを判断することとし、判断に際しては、1985（昭和60）年の労働基準法研究会報告が挙げる諸要素を検討、評価している。

上記労働基準法研究会報告では、上記①指揮監督下の労働、②報酬の労務対償性の2つの基準を「使用従属性」と呼び、①指揮監督下の労働に関する判断基準として、仕事の依頼、業務従事の指示等に対する諾否の自由の有無、業務遂行上の指揮監督の有無、（時間的・場所的）拘束性の有無、代替性の有無（補強要素）を挙げるが、①、②が明確性を欠き「使用従属性」の有無の判断が困難な限界事例については、事業者性（機械、器具等の負担、報酬額）の有無、専属性の程度、その他の事情（採用過程の正社員との違い、源泉徴収の有無、労働保

---

[11]　西村健一郎『社会保障法』（有斐閣、2007年）329頁、後掲横浜南労基署長（旭紙業）事件・最高裁判決参照。

[12]　福岡高判平成25年2月28日判時2214号111頁は、会社と委任契約を締結し、生命保険等の契約成立または保険金・給付金等の支払に係る確認業務に従事していた専門職スタッフ（健康保険、厚生年金保険および労災保険に加入しており、雇用保険のみ加入していなかった）の雇用保険法上の労働者性につき、労働基準法研究会報告と同様の諸要素を総合考慮するとした上で、雇用保険法の保護を与えるに相当な関係が存すれば足り、同様の業務を担当しながら雇用関係のある業務職員と比較して、時間的・場所的拘束の有無を除き、雇用保険法上の労働者性を判断する上で意味のある相違点は認められないことから雇用保険法上の労働者として保護すべきであるとした。

険の適用の有無,服務規律の適用の有無,退職金・福利厚生の適用の有無等）を「労働者性」を判断する補強要素として勘案し,「労働者性」の有無を総合判断するべきであるとしている。

## 3 裁 判 例

裁判例も,基本的には上記労働基準法研究会報告の挙げる判断要素を総合考慮して「労働者性」を判断しているといってよい。ただし,同じ判断基準を用いながら,審級によって結論を異にする例もある等,基準の具体的適用は一様ではない。以下,職種別に検討する。

### (1) 傭車運転手

横浜南労基署長（旭紙業）事件（最1判平成8年11月28日労判714号14頁）

① 事案の概要・判旨

最高裁は,当該トラックの持込み運転手（傭車運転手）が労基法上の運転手にあたらないとした。

判決は,労働基準法研究会報告の挙げる諸要素を検討し,労務提供者である傭車運転手の事業者性の強さ（業務用機材であるトラックを所有し,ガソリン代,修理費,高速料金を負担するなど自己の危険と計算のもとに運送業務に従事していたこと）が認められる上に,業務の性質上当然に必要とされる運送物品,運送先および納入時刻の指示をしていた以外には,業務の遂行に関し特段の指揮監督を行っていたとはいえないこと,時間的,場所的な拘束の程度も,一般従業員と比較してはるかに緩やかであったこと（始業時刻,終業時刻が定められておらず,当日の運送業務を終えたのちは,翌日の指示を受け荷積みを終えれば帰宅でき,翌日は直接運送先に運送することができたことなど）から指揮監督下の労務提供とは評価するに足りないとした。そして,報酬の支払方法（出来高払制）,公租公課の負担（所得税の源泉徴収,社会保険料,雇用保険料の控除がされておらず,確定申告していたこと）等からも労基法上の労働者とすることが相当とする事情はないとしている。また,このことは,傭車運転手に専属性があり諾否の自由が制約されていること,始業時刻,終了時刻が運送係の指示により事実上決定されること,運賃がトラック協会の運賃表よりも低い金額であることにより左右されないとした。

② 1 審判決との比較——指揮命令，拘束性と業務上必要な指示の関係

本件 1 審判決（横浜地判平成 5 年 6 月 17 日労判 643 号 71 頁）は，労働者性の判断基準は同様の基準を用いているが，業務遂行上の指揮命令に関しては，始業終業時刻は運送係から指示される運送先への納品時刻，運送先までの距離，翌日の運送の指示が行われる時刻等によって自ずから決まること，運送先，運送品の数量，運送距離等の運送業務の内容も運送係の指示によって一方的に決まり運転手がこれを選択する余地もなかったという事実を重視し，報酬額についても運送距離に応じて定めるものであって，多分に運送に要する時間，運転手の労働時間の要素を加味したものであるとして，異なる結論を導いている。

③ 検　　討

このように，業務遂行上の指揮命令，拘束性について両判決は異なる評価をしているが，労働基準法研究会報告も指摘するように，専属下請けのような場合には事実上諾否の自由が制約され，また業務の性質上，事実上時間的拘束が生じることがあるところ，本件も専属下請けである。また，1 審判決は継続的な運送契約が口頭で交わされていたと認定しているが，そのような場合は基本契約に当たる運送委託契約に基づき，個々の運送業務の依頼，指示は担当者から随時行われるのが通常であり，それによって納品時刻，運送先，運送品の数量，運送時間，距離等が決まるのは業務の性質上当然のことといえる。すなわち，そのような指示とそれによる事実上の拘束は，通常の継続的な委託，請負における仕事の指示の範疇に入るのであり，そのことにより直ちに指揮監督下の労働とされるわけではないと考えるべきであろう[13]。

日本通運事件（大阪地判平成 8 年 9 月 20 日労判 707 号 84 頁）は，貨物運送会社の配送，仕分け業務をグループで請負い，自己の所有する軽貨物自動車（事業用ナンバー）を持ち込んで業務を行っている者について，同様に労働者にはあ

---

[13] 西村・前掲注 11) 330 頁は，専属性の度合い，報酬の額・性質といった実質的な事情を重視すれば，結論は異なった可能性があるとしている。なお，水町勇一郎『労働法（第 5 版）』（有斐閣，2014 年）68 頁，橋本・前掲注 8) 146 頁は，公租公課の負担（所得税の源泉徴収，社会保険料，雇用保険料の控除がなされておらず，確定申告していたこと等）を労働者性判断の要素として考慮することについては，当事者（とりわけ使用者）が容易に操作することができる形式的な事情であり，強行的な性格をもつ労基法等の適用範囲を確定する上で重視すべきではないとする。

たらないとした。

(2) 一人親方

藤沢労基署長（大工負傷）事件（最1判平成19年6月28日労判940号11頁）

① 事案の概要・判旨

最高裁は、作業場をもたずに一人で工務店の大工仕事に従事するという形態で稼働していた大工が、労基法上、労災保険法上の労働者に該当しないとした。

判決は、大工が工事に従事するにあたり、工務店等の指揮監督のもとに労務を提供していたものと評価することはできず（具体的な工法や作業手順の指示を受けることはなく自分で選択できた。工期に遅れない限り、休んだり、所定の時刻より遅れたり、早く切り上げることもできた）、報酬も仕事の完成に対して支払われていたものであって、労務提供の対価として支払われたものと評価することは困難であり（報酬は完全な出来高払であり相当高額であった）、自己使用の道具の持込み使用状況（大工道具一式を自ら所有し持ち込んでいた）、専属性の程度等（ほかの工務店の仕事をすることを禁じていたわけではない。就業規則の適用を受けず、社会保険にも加入せず、所得税の源泉徴収もされていなかった）に照らしても労基法上の労働者、労災保険法上の労働者には該当しないとした。

② 元請会社の指示と指揮命令、拘束性

同判決では、元請会社から寸法、仕様等につき、ある程度細かな指示を受けていたものの、具体的な工法や作業手順の指定を受けることはなく自分で選択できたことから元請会社の指揮監督のもとに労務提供しているとは評価できないとされている。元請会社からの上記指示は、業務の性質上当然に必要な指示と考えられ、妥当である。

③ その他の裁判例

日当を会社から受領していた大工について実質的な使用従属関係が認められるとして解雇予告手当の支払を命じた裁判例がある（丸善住研事件〔東京地判平成6年2月25日労判656号84頁〕）。

一人親方の労災保険法上の労働者性については、肯定例（河口宅地造成災害補償請求事件〔最2判昭和41年4月22日民集20巻4号792頁〕、佐伯労基署長事件〔大分地判昭和63年8月29日労判524号6頁〕等）、否定例（相模原労基署長事件〔横浜地判平成7年7月20日労判698号73頁〕等）があるが、橋本・前掲注8）150頁は、

裁判例の傾向は概して否定的とする。否定例は，一人親方の数人が，建前の応援をお互いにしあい，その手間に対しては金銭ではなく応援でお返しするという関係の事例である。

(3) 外務員

労働者性を肯定した泉証券（営業嘱託）事件（大阪地判平成12年6月9日労判791号15頁）は，歩合外務員育成のために設けられた営業職嘱託社員（外務員ではない）について，出社義務，報告義務，一定の時間帯の営業専念義務が課されるとともに，出勤簿の押印や外出・休務届出を指示される等，現実に指揮監督がなされて，報酬も固定給部分が存在していたことから労働者性を肯定した。

また，中部ロワイヤル事件（名古屋地判平成6年6月3日労判680号92頁）は，パン類の訪問販売を行う外交員について，朝礼，ミーティングへの出席状況（その後は個人の自由時間とし，直帰も認めていた）等を管理職に管理させ，顧客と販売区域を指示して週1回の割合で顧客先を回ってパン類の注文を受けて会社から外交員が買い取ったパン類を配達する業務を行っており，所得税を源泉徴収し，歩合手数料（出来高払）や退職慰労金も受けていた事案であり労働者性を肯定した。

国・千葉労基署長（県民共済生協普及員）事件（東京地判平成20年2月28日労判962号25頁）は，共済に関するパンフレットを担当地域の各家庭に配布する普及員について，配布業務の依頼・指示を拒否することは事実上困難であり，指示の内容も事細かに通常注文者が行う程度を超える内容であり，配布する日数，配布時間，地域等が決められて時間的場所的に拘束されていたこと等から労働者性を肯定した。

一方，労働者性を否定した太平洋証券事件（大阪地決平成7年6月19日労判682号72頁）は，証券取引法上の外務員について，時間・場所について制限拘束を受けず，債権者からの指示を受けることもないこと，会社は懲戒権を有しないこと，ほかの会社の役員もしくは使用人となり，自営を行うことも自由であること，報酬も販売実績による出来高制であること等から労働者とはいえないとした。ほかに山崎証券事件（最1判昭和36年5月25日民集15巻5号1322頁）も外務員の労働者性を否定した。

以上のように裁判例は，前記労働基準法研究会報告の諸要素，特に業務遂行

上の指揮命令，時間的・場所的拘束の程度が強い場合に労働者性を肯定している。

(4) 集金人

NHK 西東京営業センター（受信料集金等受託者）事件（東京地八王子支判平成14年11月18日労判868号83頁）は，受信料集金人の労基法上の労働者性を肯定したが，控訴審判決（東京高判平成15年8月27日労判868号75頁）は，業務遂行の時間，場所，具体方法等が受託者の自由裁量に任されていたこと，兼業が自由で再委託が認められるなど代替性が認められること，報酬も出来高方式であること等を認定し，労働者性を否定した。ほかに NHK 盛岡放送局事件（仙台高判平成16年9月29日労判881号15頁），NHK 前橋放送局事件（前橋地判平成25年4月24日労旬1803号50頁）も，同様に受信料集金人の労基法上の労働者性を否定した。

他方，日本瓦斯解雇事件（鹿児島地判昭和48年8月8日労判189号77頁）は，ガス料金の集金業務を委託された集金人の労働者性を肯定したが，集金人は，集金業務の取扱い，および服務について，会社の指示，指揮監督に従うこととされ，一般の休日以外は出社，退社の時刻が定められ，遅刻，早退の扱いがなされており，集金業務を行わないときは休務届の提出することになっていた等，指揮監督を受ける程度，範囲が大きかったことから労働者性が肯定されている。

同じ集金人であっても，業務遂行に関する指揮監督，時間的・場所的拘束の程度等により判断が分かれている。

(5) 芸能関係者

新宿労基署長（映画撮影技師）事件（東京高判平成14年7月11日労判832号13頁）は，映画撮影技師（カメラマン）について，いかに高度な技術と芸術性を評価されていても，映画撮影は監督の指揮監督のもとに行われ映画撮影技師はその指示に従う義務があり，報酬も労務提供期間を基準にして算定して支払われていること，個々の仕事についての諾否の自由が制約され，時間的・場所的拘束性が高いこと，代替性がないこと等から労基法上，労災保険法上の労働者性を肯定した。本件の1審判決（東京地判平成13年1月25日労判802号10頁）は，映画撮影技師には，その高度の技術，芸術性から，撮影業務遂行上，相当程度の裁量があったと認定し，最終的な決定権限が監督にあったことについては監

督と撮影技師の業務・役割分担であり，指揮命令とみるのは相当ではないとして指揮監督関係があったとは認めがたいとしており，その評価の差異が結論を分けている。

一方，チボリ・ジャパン（楽団員）事件（岡山地判平成13年5月16日労判821号54頁）は，テーマパーク専属の楽団員について，指揮監督下に業務を行っており，欠席等には違約金を支払うなど労務提供と報酬には対価性があることなどから労働者性を認めた。

(6) フランチャイズ店の店長

ブレックス・ブレッディ事件（大阪地判平成18年8月31日労判925号67頁）は，フランチャイジーと業務委託契約を締結して就業していた店長の労働者性を否定した。

(7) バイシクルメッセンジャー

ソクハイ事件（東京地判平成25年9月26日労経速2198号3頁）は，自転車等を使用して配送業務を行うバイシクルメッセンジャーについて，労働基準法研究会報告の挙げる使用従属性の判断要素を子細に検討し，メッセンジャーが稼働日・稼働時間を自ら決定することができ（あらかじめ申告し，変更することもできたし，稼働日に中抜け，〔早〕上りもできた），配送依頼を拒否することも妨げられておらず，その自由度は比較的高いこと，被告がメッセンジャーに対し，一定の指示をしていることは認められるが，これらは受託業務の性質によるところが大きく（業務が会社のメッセンジャー即配便事業としての配送業務であることに照らすと，手引を作成し，研修を行うことは業務の性質上当然に必要とされ，次の配送指示を受けるまで待機場所での待機を指示されていた点も，即時性を尊ぶ被告の配送業務の性質上必要性があり，待機中はメッセンジャーは読書・食事等随意の方法により過ごすことができ，そもそも配送依頼を辞退すること自体を妨げられてはいなかった），使用従属関係を肯認する事情として積極的に評価すべきものがあるとはいえないこと，拘束性の程度も強いものとはいえないこと（前記稼働日，稼働時間の自由度の高さ，直行直帰も求められていたこと等）を指摘することができ，メッセンジャーの報酬の労務対償性についても，労働契約関係に特有なほどにこれがあると認めることは困難（出来高制であり，具体的な報酬額は，配送業務の受託回数いかんによって左右される）であるとした。また，メッセンジャーの事業者性，専属

第 *16* 章　個人請負型就業と労働者性　337

性の有無は必ずしも明確とはいえないが，上記のとおり稼働時間を含めてメッセンジャーが比較的自由にこれを決定し，労働力を処分できたと評価しうることに照らせば，労基法上の労働者に該当するとは評価できないとした。ほかにバイシクルメッセンジャーのメッセンジャーとしての労基法上の労働者性を否定しつつ，営業所長としてはこれに該当するとした裁判例として，ソクハイ事件（東京地判平成 22 年 4 月 28 日労判 1010 号 25 頁）がある。

　なお，バイシクルメッセンジャーについては，厚生労働省平成 19 年 9 月 27 日付基発 0927004 は，労基法上の労働者性を肯定していた。しかし，これは，東京労働局長が本件訴訟以前に事実調査を行い，バイシクルメッセンジャーについて，勤務日，勤務時間等を会社が決定し，仕事の依頼，業務従事の指示等についても拒否事例がないとする等判決が認定した事実とは異なる調査結果に基づき照会したことに対し回答したものであり，判断の基礎事実が異なる。

### (8)　専門的職業

　B 社（法律専門職）事件（東京地判平成 21 年 12 月 24 日労判 1007 号 67 頁）は，社内弁護士の労働者性について，一般社員が行う業務とは異なる法律分野に係る専門的業務であって，弁護士の専門的判断に任されて処理されるものであり，一般社員と同様の指揮監督を及ぼすことになじまないとした上で，正社員に適用される諸規則，慣行に従い，会社から与えられる社内法律事務を拒否する自由はなかったこと等から労働者性を肯定した。また，関西医科大学事件（最 2 判平成 17 年 6 月 3 日民集 59 巻 5 号 938 頁）は，研修医が医療行為に従事する場合には，病院の開設者のための労務の遂行という側面を不可避的に有することとなり，病院の開設者の指揮監督のもとにこれを行ったと評価することができる限り，労基法 9 条の労働者に当たるとした[14]。

　従来の指揮監督下の労働に関する基準は，法律上裁量労働制が認められていることも踏まえれば，高度の専門的裁量的労務供給者については，上記のような指揮命令下での労務供給である限り，労働者に該当すると理解すべきであろう。

　なお，朝日新聞社（国際編集部記者）事件（東京高判平成 19 年 11 月 29 日労判 951 号 31 頁）は，勤務時間の制約，職務専念義務のない契約で，英字新聞の翻訳記事の作成，記事の執筆等の高度の専門性を有する業務に就いて原稿料とし

て報酬を受領していた記者と新聞社との契約を雇用契約とは認めなかった。

### (9) 使用人兼務取締役

使用人兼務取締役の労基法上，労災保険法上の労働者性が問題になった事件として大阪中央労基署長（岡崎）事件（大阪地判平成15年10月29日労判866号58頁）がある。同判決は，その労務提供の実態が，使用従属関係下の労働と評価するにふさわしいか否かによりその労働者性を判断すべきであるとし，専務取締役に就任後も担当する業務は営業で特段変化はなく，使用従属関係が消滅したとはいえないとして労働者性を肯定した。使用人兼務取締役の懲戒解雇の有効性が争われた事件としてアンダーソンテクノロジー事件（東京地判平成18年8月30日労判925号80頁）があるが，同判決は，取締役の労働者性判断について，労働基準法研究会の挙げる諸要素を考慮して判断すべきであるとし，代表者から一方的に異動や自宅待機を命じられ，強い指揮監督下にあったことや給与も雇用保険料，社会保険料が控除される等従業員としての性格を色濃く残していること等から労基法上の労働者性を認めた上で懲戒解雇を有効とした。

## 4 検　　討

### (1) 業務遂行上の指揮命令

使用従属性を判断する基本的な要素である業務遂行上の指揮命令，拘束性に関しては，業務の性質上当然に必要とされる指示あるいは拘束と評価すべきか，労働者性を基礎づける業務遂行上の指揮命令権の行使あるいはそれによる拘束であると評価すべきか，事案によっては微妙な判断となる。すでに述べたように，基本的には当該業務の性質から判断すべきである。

---

14) 学説は，菅野・前掲注 10) 116頁は，「医師，弁護士，一級建築士など高度の専門的能力，資格または知識をもつ者が専ら特定事業主のためにその事業組織に組み込まれて，しかし労務の遂行自体については具体的な指揮命令を受けないで独立して労務を供給している場合にも，職務の内容や質量において使用者の基本的な指揮命令の下にあって労務を提供し報酬を得ているという関係にあれば『労働者』といえる」とする。荒木・前掲注 10) 54頁も，「裁量労働者の労働者性を基礎づけているのは，企業組織に組み入れられて，就業規則や企業秩序に服し，企業秩序違反等に対しては懲戒処分等もあり得るという点で，使用者の指揮命令下で就労していると評価できる」としている。

## (2) 当事者の合意と労働者性

また，上記裁判例の中には，当事者の合意，契約書の規定内容（条項の文言）を判断要素として検討するものがあるが（例えば，ソクハイ事件），疑問である。労基法上の「労働者性」は，強行的直律的効力（労基13条）を有する労基法の適用範囲を画する概念であるし，たとえ契約書に基づく合意が存在する場合であっても，特に労働者の側が自己の不利益も理解した上で真意に基づく合意をしたといえるかという問題のある事態も想定され，契約書の内容は使用者が一方的に決定している場合も多いからである（荒木・前掲注10) 55, 56頁，橋本・前掲注8) も同旨）。

なお，労働組合および労働者との協議を経て雇用契約でないことを確認し，業務委託契約を締結したことを根拠の1つにして労働者性を否定した裁判例もあるが[15]，端的に客観的な労務供給の実態によりその労働者性を判断した上で，仮に労働者性が肯定されるのであれば，上記和解書等を交わした経緯を考慮して労契法16条の客観的合理的理由，社会通念上の相当性の有無を判断すれば足りるし，労働者性が否定されるのであれば，後に述べる労契法16条の類推の基礎があるか否かを検討すればよいと考える。

一部に，実態は雇用であるにもかかわらず，「合意」によって業務委託契約の形式をとる例が見受けられるのは，「研究会報告書」の指摘する事情のほかに，企業の側は，労働時間，休日に関する労基法の規制を免れるとともに，税務上も業務委託報酬にかかる消費税の仕入れ控除の制度を利用して企業の消費税負担額を減らし，社会保険料の事業主負担も回避できる「メリット」がある一方で，労働者の側も社会保険料，所得税を源泉徴収されず手取額が増え，消費税も売上が1000万円を超えない限り納付する義務がないといった事情があると思われる。しかし，解約（解雇），労災，社会保険等をめぐる紛争は潜在しているのであり，たとえ労働者と合意したとしても労基法上の労働者とされるべきである[16]。

---

[15] 協和運輸事件（大阪地判平成11年12月17日労判781号65頁）。業務委託契約の終了をめぐり解雇に相当するのか否か問題となった。

## (3) 労基法上の労働者の判断基準について

「研究会報告書」の調査結果および上記裁判例を見てもわかるように，現実の個人請負型就業者（以下，委任，請負の契約形式は問わず，専門性，裁量性の高い職種も含めて論じる）の労務提供には，労働者性が明確なものから独立した自営業者性が明確なものまで様々な態様のものがあり，指揮監督下の労働であることや報酬の労務対償性が明確でないものが少なくない（例えば，前掲 (1)・傭車運転手，前掲 (4) NHK 集金人では 1 審と上級審の判断が分かれ，前掲 (7) バイシクルメッセンジャーでは，行政と裁判所の判断が分かれた）。同種の業務でありながらその指揮監督，拘束性の程度，報酬の労務対償性の程度が微妙に異なる場合もある（例えば，前掲 3 (4) の各種集金業務）。その意味で，労働基準法研究会報告の挙げる様々な判断要素を総合考慮して労働者性を判断することはやむを得ないところであるが，実務上は予測可能性が低くならざるを得ない。

また，その際注意しなければならないのは，判断の軸足を，典型的な労働者との相違が少ないこと（労働者との類似性）に着目するのか，それとも典型的な独立自営業者との相違が少ないこと（独立自営業者との類似性）に着目するのかによって結論は大きく異なる可能性があるということである[17]。

私は，通説的な見解に従い，労基法，労契法，労災保険法など個別労働関係法の内部では，労働者概念は統一的に理解されるべきと解するが，その上で，労基法上の労働者概念は，労基法の労働時間や賃金に関する規制等，違反者には刑罰が科されることもありうること，労働者性の判断は多様な要素を総合的に考慮するため予測可能性が低くならざるを得ないことを考慮すれば，労働者と独立自営業者の間の多様な中間形態に広くこのような規制を加えることは妥

---

16) 国・西脇労基署長（加西市シルバー人材センター）事件（神戸地判平成 22 年 9 月 17 日労判 1015 号 35 頁）は，年金支給額の減額を回避するために労働法の適用を避ける意図で当事者が雇用契約を締結しなかったとしても，労基法上の労働者性はこれにかかわらず判断されるとした。

17) 荒木・前掲注 10) 56 頁参照。なお最高裁の立場につき荒木・前掲注 10) 56 頁は，横浜南労基署長（旭紙業）事件最高裁判決について，純然たる労働者との違いに着目する立場に立った結果と評価している。なお，橋本・前掲注 8) 150 頁は，事例判断にすぎないが，最高裁は事業者性を広く認め，指揮命令拘束性を厳格に解することによって，傭車運転手の労働者性に対して消極的な見解をとっているとする。

当ではないと考える。労基法の刑罰法規としての側面を考慮すれば，その適用対象は，厳格に解さざるを得ない18)。また，このように解することにより多様な意味を有する中間的な就労形態を一律に規制する弊害も避けることができよう。

　そこで，労基法上の労働者性が認められるためには，労働基準法研究会報告の挙げる要素のうち使用従属性の主要な判断要素である諾否の自由，業務遂行上の指揮監督や時間的場所的拘束については，その自由度が低く，拘束性の強いこと，報酬の労務対償性については，それが強いことをいずれも要すると解する（典型的な労働者との相違が少ないことに着目し，相違が少ない場合〔労働者との類似性が強い場合〕に初めて労働者性を肯定する立場である）。ただし，高度の専門性・裁量性を有する労務供給の指揮監督については，すでに述べたような考慮が必要である。

　以上のことが満たされなければ労働者性は認められないこととなるが，個人事業主の労災事故に対しては，労災保険の特別加入制度（労災33条以下）の適切な運用19)が考えられる。また，状況によっては，業種を限定する制限を撤廃し，すべての個人事業主が加入できるようにすることも検討してよいと考える20)。

　また，契約終了，解約については労契法16条以下の類推適用など，労契法を類推適用することにより労務提供契約の実態に応じた妥当な解決を図ることも可能と解する21)。

　このような対処では問題の解決が困難な状況が広範に見られる状況が続くようであれば，諸外国の経験も参考にしながら立法的な解決を視野に入れて検討

---

18)　第一東京弁護士会労働法制委員会編『個人請負の労働者性の問題』(2011年) 22頁〔安西愈〕も，労基法が刑罰法規であることに関心が払われるべきであるとして「労基法上の労働者は，現実に具体的に人事・労務管理上の拘束を受け，その違反に対しては使用者から，懲戒処分を受けたり，企業から排除されるという強い拘束下にある者であ」るとしているが，これでは，純然たる労働者以外には，ほとんど労基法上の労働者を観念することはできず，就業規則は適用されないが強い使用従属性が認められる就業者を労基法の保護の対象外に置くこととなり，狭きに失すると考える。
19)　例えば，一人親方の大工についても特別加入が認められている。
20)　安西・前掲注18)も同旨。なお，大内・前掲注4)も同旨。

する必要があろう[22]。

## 第3節 労働組合法上の労働者

### 1 労組法上の労働者概念

　労働保護法の適用範囲を画する労基法上の労働者性の概念と，団体交渉による問題解決の必要性，適切性を判断するための労組法上の労働者性の概念とは，異なった概念と解される。

　労組法上の労働者概念は，労基法上の概念より広範な概念であるとされるが[23]，その外延を画する基準については，①経済的従属性は考慮せず，労基法上の労働者性判断と同様の使用従属性判断（人的従属性）が法的に，ないし労働契約上要請されていることを基準とする考え方，②使用従属性（人的従属性）判断を排除し，経済的従属性のみによって判断すべきとする考え方，③経済的従属性に，緩和された使用従属性（人的従属性）を加味して判断する考え方の3つの考え方があるとされる[24]。

### 2 判　　例

　労働委員会と下級審裁判所の判断が分かれる中で，最高裁は相次いで3判決[25]を出し，労組法上の労働者性判断の一定の基準を明らかにした。具体的

---

21) 荒木・前掲注 *10*) 57頁は，労契法は，労基法と異なり刑罰法規ではないので，類推適用は禁止されないとして労働者類似の者に同法の保護を類推適用することは十分可能とする。なお，類推適用に際しては，例えば，労契法16条，19条の「客観的合理的理由」「社会通念上の相当性」の判断は，当該労務提供契約の使用従属性の程度により，事案に応じた柔軟な判断をすべきであろう。
22) 諸外国の労働者概念とその拡張については，労働政策研究＝研修機構「『労働者』の法的概念に関する比較法研究」（2006年）参照。
23) 荒木・前掲注 *10*) 533頁。
24) 荒木・前掲注 *10*) 533頁以下参照。
25) 新国立劇場運営財団事件・最3判平成23年4月12日民集65巻3号943頁，INAXメンテナンス事件・最3判平成23年4月12日労判1026号27頁，ビクターサービスエンジニアリング事件・最3判平成24年2月21日民集66巻3号955頁。

には，労組法上の労働者性を肯定するための要素として
① その個人事業主が会社の事業の遂行に不可欠な労働力として組織に組み入れられていたこと
② 契約内容が会社によって一方的，定型的に決定されていたこと
③ 報酬は労務の提供それ自体の対価としての性質を持っていること
④ 具体的な業務を引き受けるか否かについて諾否の自由があったこと
⑤ 広い意味で会社の指揮監督の下に労務の提供を行い，一定の時間的・場所的拘束を受けていたこと
⑥ 設備，機械器具等の所有，他人を使用する等の顕著な事業者性が認められないこと

を挙げた。

①，②は，労組法上の労働者性独自の判断要素であり，団体交渉による解決の適切性（①），必要性（②）を表すものであり，④，⑤は労働者性を判断するための要素であるが「緩和された使用従属性」でよいとされる[26]。③は，労組法3条の文言からくる要素である。⑥は，労働者性を否定する方向の消極的要素となる。①〜③が中心的（基本的）判断要素とされ，④〜⑥が補充的判断要素とされる[27]。

最高裁判決の事案は，いずれも個人事業主（合唱団員，住宅設備機器の修理補修等を業とするカスタマーエンジニア，音響製品等の修理等を行う個人代行店）が，委託者の事業の遂行に不可欠な労働力として，その恒常的な確保のために組織に組み込まれており，実態としては個別の具体的業務の依頼を断ることなく引き受けて，契約内容も一方的に会社によって決められて交渉の余地もなく，時間的・場所的な拘束も一定されていたという事案である。指揮監督は，業務の性質上必要と思われる程度にとどまり（合唱指揮者による指揮，マニュアルの使用，業務報告等），具体的な業務遂行までは及んでおらず，緩やかなものである。

ビクターサービスエンジニアリング事件では，⑥の独立した事業者としての実態を備えていると認めるべき特段の事情があるか否かを審理するため，原判

---

[26] 荒木・前掲注 **10**）535 頁。
[27] 菅野・前掲注 **10**）595 頁，荒木・前掲注 **10**）535 頁，厚労省「労使関係法研究会報告書」（平成 23 年 7 月 25 日）参照。

決を破棄して東京高裁に差し戻したが，差戻審は，特段の事情はないとして労組法上の労働者性を肯定した（東京高判平成25年1月23日労判1070号87頁）。

　上記の最高裁の示した判断基準によれば，労基法上の労働者性は認められなくとも労組法上の労働者性は認められる場合がある。例えば，新国立劇場運営財団事件の合唱団員（東京高判平成19年5月16日労判944号52頁）や前掲バイシクルメッセンジャー事件のメッセンジャー（東京地判平成24年11月15日労判1079号128頁）等は，その例である。

## 3　検　　討

　今後の実務においては，労組法の目的から，経済的従属性と緩和された使用従属性を基準に労組法上の労働者性を判断することが求められようが，その際，ビクターサービスエンジニアリング事件最高裁判決が指摘をした独立した事業者としての実態を備えていると認めるべき特段の事情の有無を慎重に判断する必要があると思われる。なぜなら，独立した事業主であっても，下請けの関係にあれば多かれ少なかれ元請との関係では経済的，人的な従属性があるのであり，それを下請法，独占禁止法等の保護を超えて，不当労働行為制度（労組7条2号）および争議権行使（債務不履行）に対する民事損害賠償責任免責（労組8条）による保護のもとで，団体交渉により経済取引の条件を交渉，決定させることは妥当でないと思われるからである[28]。

　前記個人請負型就業者について，労組法上の労働者としての保護を及ぼすかを判断するに際しては，独立した事業者としての実態を備えていると認めるべき特段の事情の有無を個々の就業の実態に則して検討する必要がある。

---

　*28)*　岡山地労委平成26年3月13日命令は，フランチャイズ契約のフランチャイジー（加盟店）の労組法上の労働者性を認めた。

第 5 部

# 諸外国における近年の状況と法的課題

# 第17章　韓国における労基法上の労働者概念と労組法上の労働者概念の相違

第1節　問題の所在
第2節　労働基準法および労働組合法上の労働者の定義条項
第3節　従来の大法院の労働者性の判断枠組み
第4節　労働基準法および労働組合法上の労働者性に関する学説
第5節　2014年の大法院判決の判断枠組みの検討
第6節　おわりに

鄭　　永　　薫

## 第1節　問題の所在

　韓国において労働基準法または労働組合法上の労働者性の問題[1]が理論上かつ労使関係の実務上の関心を本格的に引き起こしたのは，1990年代の後半に入ってからである。それ以前には，労働者性の問題は，当該労務提供者が労働基準法の保護を受けるか否かまたは労働災害保険法の適用を受けるか否かをめぐる個別労務提供者の紛争の次元に止まっており，あまり注目を集めなかった。だが，この時期からは，労働者性が争われていた幾つかの職種に従事する労務提供者が労働法上の労働者であるか否という議論に発展し，ついにはこのような労務提供者に労働法上の保護を与えるべきかどうかまたはどのような法

---

1)　韓国では，日本の「労働基準法」に当たる法律は，「勤労基準法」であり，「労働組合法」に当たる法律は，「労働組合及び労働関係調整法」であるが，ここでは読者の便宜のために日本の法律名をそのまま使うことにする。また，韓国の法律では，「労働者」という用語は使われておらず，「勤労者」という用語を使っているが，同じ理由で「労働者」という。

第 *17* 章　韓国における労基法上の労働者概念と労組法上の労働者概念の相違　347

的な保護を与えるべきかという労働政策の懸案課題にまで上った。このような変化の背景には，従来進んできた雇用の多様化や流動化がもたらした雇用の不安定と就業条件の劣悪さの問題が，深刻な社会的な問題として認識されつつある中で，これらの労務提供者が労働者であることを自覚して労働組合を結成し，自分の権利と利益を勝ち取るために行った利益闘争や法廷での権利闘争が，韓国の社会において大きな反響を呼び起こしたという事情がある。特に進学塾等の講師，保険募集人，学習誌会社の家庭教師，ゴルフ場のキャディ，持込み（生コンクリート）ミキサートラックの運転士，持込み宅配トラックの運転士，持込みバイク便の運転士は，労働法上の労働者性が最も頻繁に争われた職種である[2]。

　裁判例の労働者性の判断基準をみると，大法院は，すでに1993（平成5）年に労働組合法上の労働者性に関する一般的な判断枠組み[3]を，そして1994（平成6）年には，労働基準法上の労働者性の判断のための1つの枠組み[4]を提示したが，この2つの大法院の判決の示した判断枠組みは，若干の修正・補強を経たものの現在に至るまで裁判例の基本的な判断枠組みとして維持されている。

　ところが，大法院は，労働者性を争う事件が激増し，下級審の判断が混乱していたにもかかわらず，2014（平成26）年2月13日の大法院判決（以下，「2014年の大法院判決」という）が出るまで，労働基準法上の労働者と労働組合法上の労働者とがどのように異なるのかについて明確に判断したことはなかった。これは，従来，両者の問題が1つの事件で争われたケースや同一の当事者が両者の問題を各々の事件で争ったケースがほとんどなかったため，これを真摯に検

---

*2)*　韓国では，このような労務提供者を「特殊形態労務従事者」といい，一定の職種の特殊形態労務従事者については，当該特殊形態労務従事者が適用の免除を申請しない限り，労働災害保険法が適用される（労災125条1項～4項）。韓国における「特殊形態労務従事者」の法的保護をめぐる議論や労働災害保険法上の保護の要件および内容については，鄭永薫「韓国における特殊形態勤労従事者の保護――2007年産業災害補償保険法の改正に至るまでの議論過程と法改正の内容」労働法律旬報1674号（2008年）36頁以下を参照。

*3)*　大法院1993年5月25日宣告90ヌ1731判決（この判決では，ゴルフ場のキャディの労働組合法上の労働者性が争われた）。

*4)*　大法院1994年12月9日宣告94ダ22859判決（この判決では，建設工事における手間請業者の労働基準法上の労働者性が争われた）。

討する機会がなかったことにも一因があるが、最も根本的な原因は、両者の相違に無頓着であったことにあると思われる。この状況のもとで、2014（平成26）年の大法院判決が、両者は明確に区別されるべきであるとした上で、労働組合法上の労働者性に関する新たな判断枠組みを提示したことには大きな意義があるであろう。

　本章の目的は、労働基準法上の労働者概念と労働組合法上の労働者概念との相違に着目して2014（平成26）年の大法院判決の意義を検討することにあるが、その前に韓国の労働基準法および労働組合法上の労働者の定義規定と従来の大法院判決の労働者性の判断基準を確認したい。

## 第2節　労働基準法および労働組合法上の労働者の定義条項

### 1　定義条項の文言上の相違とその意義

　労働基準法2条1号は、「労働者とは、職業の種類を問わず、賃金を目的に事業又は事務所に勤労を提供する者をいう」としている。これに対し、労働組合法2条1号は、「労働者とは、職業の種類を問わず、賃金、給料その他これに準ずる収入によって生活する者」としている。

　両者の定義条項上の文言の相違とその労働者の概念の解釈に対する意義は、以下の3つによるものと思われる。第1は、労働組合法上の定義条項には、「事業又は事務所に勤労を提供する」という文言がないことである。これは、現実に労務を提供しない者も労働組合法では労働者の概念に含まれていると解釈する根拠になる。第2は、「勤労」という文言がないことである。従来、通説および裁判例ではこの「勤労」は、従属労働、特に人的従属（または使用従属）のもとでの労働であり、これによって労働者の保護の必要性が生じ、労働契約は、請負および委任のようなほかの労務提供の法的形式と区別されると理解されてきた。このような「勤労」という文言を使っていないことから、使用従属性というメルクマールを用いて労働組合法上の労働者性を判断してはならないと解釈する可能性が出てくる。第3は、労働組合法上の定義条項では、「その他これに準ずる収入」という文言を使っていることである。労務提供の

対償を「賃金」に限定していないことから，労働基準法上の労働契約以外の契約形態によって労務を提供する者も労働組合法上の労働者の概念に含まれているという解釈の可能性が導き出される[5]。

## 2　労働者概念の定義条項に関する立法者の意図の不明確性

ところが，以上の文言上の相違だけを以って労働組合法上の労働者概念の独自性を論証するのは，それほど簡単ではない。その原因の1つは，労働組合法と労働基準法の制定過程で労働者の概念を別個に定義した立法者の意図や目的が明確に確認できないことにある。労働組合法および労働基準法の立法史をみると，1949（昭和24）年6月に労働組合法の政府案が作成されたが，韓国戦争の勃発により国会への提出は見送られ，結局，戦争中の1951（昭和26）年6月に国会に提出された。国会の常任委員会の審議の中ですでに提出されていた議員発議の法律案との折衝によって，同年11月に常任委員会の法律案として本議会に上程され，1953（昭和28）年1月に可決された。労働者の定義条項の内容は，何れの法律案にも同じであり，これは，現在の労働組合法上の定義条項とも同一であった。他方，労働基準法に関しては，1952（昭和27）年2月に議員発議の法律案が，そして同年7月には政府案がそれぞれ提出されたが，1953（昭和28）年2月に議員発議の法律案が常任委員会の案として本議会に上程され，1953（昭和28）年5月に可決された。労働組合法の場合と同じく，議員発議案と政府案における労働者の定義条項の内容は同一であり，これも，現在の労働基準法上の定義条項とも同一であった。労働組合法の制定作業が労働基準法より先に進められたが，常任委員会または本議会で労働組合法上の労働者の概念や両法の定義条項の相違について議論が行われた痕跡は，一切見あたらない。また，政府案や議員発議案が何を参考にし，さらに何を目的として両法の定義条項を作成したかを知らせる何らの記録も存在しない。

ただ，1948（昭和23）年の制憲憲法案に関する国会の審議の過程で労働3権の主体である労働者の範囲について少し議論があった。農民も労働3権の主体

---

[5]　韓国の労働基準法では，「賃金とは，使用者が勤労の対償として労働者に賃金，俸給その他名称の如何を問わず支給する一切の金品」と定義しているが（労基2条5号），労働組合法では，賃金に関する定義規定は存在しない。

である労働者に当たるかという質問に対し，憲法案の作成を主導した専門委員（兪鎭午博士）は，憲法18条（現行憲法の33条）の労働者という用語は，「主に都会の労働者を対象にしているが，農民といっても農民組合を作ったりする権利は憲法18条により保障される」と説明した[6]。これ以上，この問題に関する討議は行われなかったため，この説明が労働組合法上の労働者概念において何を意味するかは不明確である。もしこの説明が，植民地時代から深刻な社会問題であった小作農と地主との関係や小作争議を念頭においたものであれば，韓国の憲法立案者は，労働組合法上の労働者概念を非常に広く捉えていたといえよう。

このように憲法上の労働者概念を含めて労働組合法上の労働者概念に関してその概念の独自性を根拠づけるような立法者の意図等は見あたらないため，結局，労働組合法上の労働者概念は，労働三権を保障している憲法33条1項に基礎を置いている労働組合法の目的や役割等に鑑みて合目的的に解釈するしかない。

## 第3節　従来の大法院の労働者性の判断枠組み

### 1　労働基準法上の労働者性の判断枠組み

上記で言及した1994（平成6）年の大法院判決は，「労働基準法上の労働者に該当するか否かを判断する際には，その契約の形式が民法上の雇用なのか又は請負契約なのかにかかわらず，その実質において労働者が事業又は事業所に賃金を目的にして従属的な関係のもとで使用者に労務を提供しているか否かによって判断されるべきであり，この従属的な関係があるか否かの判断においては，業務の内容が使用者によって決定され就業規則又は服務（人事）規程などの適用を受けて業務遂行の過程においても使用者から具体的かつ個別的な指揮・監督を受けるか否か，使用者により就労時間と就労場所が指定されこれに拘束さ

---

[6]　国会図書館立法調査局編『憲法制定会議録──憲政史資料第1集』（1967年）143頁。

れるか否か，労働者が自ら第三者を雇用して業務を代行させるなど代替性の有無，備品・資材・作業道具などの所有関係，報酬の性格に労働そのものの対価的性格があるか否かおよび基本給などが決められているか否か，勤労所得税が源泉徴収されるか否か，労務提供関係の継続性および使用者への専属性の有無および程度，社会保障に関する法令その他の法令によって労働者としての地位が認められているか否か，両当事者の経済・社会的条件等を総合的に考慮して判断しなければならない」としている[7]。

　この判断枠組みが適用され，労働者性が肯定された例も少なくないが，上記で言及した進学塾等の講師，学習誌会社の家庭教師，ゴルフ場のキャディ，持込み（生コンクリート）ミキサートラックの運転士，保険募集人等の労働者性が次々と否定されると[8]，この判断枠組みに対する批判論が強まった。紙幅の関係上，これらの批判論を詳細に検討することはできないが，その主な内容は，次の点に要約される[9]。第1に，判断に関する諸要素が単純に列挙されているだけで各々の要素の重要度やその実質的意義が考慮されていない。第2に，使用者の指揮命令は，具体的かつ直接的なものから間接的かつ包括的なものまである。第3に，指揮監督関係の存否に対する判断に偏っており労務提供者の独立事業者性や経済的従属性はまともに考慮されていない。

　このような批判を考慮し大法院は，2006（平成18）年の判決[10]で上記の判断枠組みを修正するようになった[11]。修正した部分を取り上げてみると，第1に，「業務遂行の過程においても使用者から具体的かつ個別的な指揮・監督を

---

[7]　大法院1994年12月9日宣告94ダ22859判決。

[8]　大法院1995年6月30日宣告94누2122判決（持込み（生コンクリート）ミキサートラックの運転士）；1996年4月26日宣告95ダ20348判決（学習誌会社の家庭教師）；1996年7月30日宣告95ヌ13432判決；2000年1月28日宣告98누9219判決（保険募集人）；2003年1月10日宣告2002ダ57959判決（持込み（生コンクリート）ミキサートラックの運転士）。

[9]　金裕盛『労働法Ⅰ』（法文社，2005年）24頁以下，林鍾律『労働法（第5版）』（博英社，2006年）34頁，姜成泰「労働者概念の再認識」李興在ほか編『労働法講義』（法文社，2006年）551頁以下，兪聖在「目的論的概念形成による労働者性の判断」法曹2004年2月号（2004年）47頁以下，朴鍾熹「労働基準法上の労働者概念」労働法学16号（2003年）74頁以下，崔瑛浩「契約労働型労務供給者の労働者性」労働法研究13号（2002年）131頁以下。

[10]　大法院2006年12月7日宣告2004ダ29736判決。

受けているか否か」を「使用者から相当な指揮・監督を受けるか否か」に変え指揮・監督の意味を拡大した。第2に,「労働者が自ら第三者を雇用して業務を代行させるなど代替性の有無,備品・資材・作業道具などの所有関係」の後ろに「独立して自身の計算で事業を営為できるかどうか,労務提供を通じた利潤の創出と損失の招来等の危険を自ら負担しているどうか」を新たに挿入し独立事業者性または経済従属性の要素として加えた。第3に,「基本給等が決められているか否か,勤労所得税が源泉徴収されるか否か,……社会保障に関する法令その他の法令によって労働者としての地位が認められているか否か」の後に,「使用者が経済的に優越的な地位を利用し任意に決めつける余地が大きいため,これらの点が肯定されないことだけを以って容易に労働者性を否定してはならない」という評価を加えた。

## 2 労働組合法上の労働者性の判断枠組み

1993(平成5)年,大法院は,労働組合法による設立申告書を受理した管轄官庁が,のちにゴルフ場のキャディは労働組合法上の労働者ではないことを理由に労働組合の設立申告の受理処分を取り消したため,当該労働組合が,この処分の取消しを求めた事件において,労働組合法上の労働者性を判断する一般的な判断枠組みを示した上で当該ゴルフ場のキャディとゴルフ場の運営者との法律関係等を詳細に検討し,当該事件におけるゴルフ場のキャディの労働者性を認めた[12]。同判決は,「労働組合法上の労働者とは,他人との使用従属関係の下で労務に従事し,その対償として賃金等を受け取り,生活をする者をいい,他人との使用従属関係がある限り,当該労務提供契約の形態が,雇用,請負,委任,無名契約等,如何なる形態を取っていても構わない」とし,使用従属関係の存否を労働組合法上の労働者性の判断のための決定的な要素と位置づけている。そして,使用従属性の存否の判断は,「使用者と労務提供者との間に指揮監督関係の存否,報酬の労務対償性の存否,労務の性質及び内容といったその労務の実質的な関係により決定されるべき」であるとしている。この判断枠

---

*11)* 崔恩培「労働基準法上の労働者性の判断基準」大法院判例解説63号(2007年)554頁以下。

*12)* 大法院1993年5月25日宣告90ヌ1731判決。

第*17*章　韓国における労基法上の労働者概念と労組法上の労働者概念の相違　353

組みでは，使用従属性および指揮監督関係という要素が明確に打ち出されているため，労働基準法上の労働者性の判断枠組みとの本質的な差は読み取れない。ただ，この判決は，キャディが競技の補助という役務を来場客（ゴルファー）に提供しその対償としてゴルフ場の運営者から受け取る金銭（キャディーフィー）の法的性格に関する判断において，すなわち，報酬の労務対償性の判断において，「この金銭の法的性格を労働基準法上の賃金と断定することは難しいが，両者の間で雇用契約類似の約定が締結されていることを合わせて考慮すれば，労働組合法上の『その他これに準じる収入』と見ることができないわけでもない」としその金銭の労務対償性を認めていることを見ると[13]，労働組合法上の労働者性と労働基準法上の労働者性の相違をある程度認識していたのではないかと思われる。しかし，この判決において労働組合法上の労働者性の判断の中心は，あくまでも使用従属性，特に指揮監督関係の存否に置かれているため，両者の相違に関する認識は，不十分かつ不完全なものであったといえよう。

　2000年代に入ってから出された判決の中でも両者の相違に関する積極的な認識が反映されたものは存在しない。例えば，持込み（生コンクリート）ミキサートラックの運転士の労働組合法上の労働者性が争われた事件で大法院は，上記の1993（平成5）年の判決の提示した判断枠組みを引用した上で，生コンクリートの製造・販売会社とミキサートラックの運転士との間においてある程度存在している指揮・監督関係および専属性と許諾の自由の不存在は，生コンクリートの運搬のための通常の請負契約の枠を超えないし，かつ生コンクリートの運搬請負契約の性質上やむを得ないものであるとしながら，同運転士の会社への復帰時間が決まっていないこと，第三者を雇用し運搬契約を履行することもできないわけではないこと，車両の所有権を運転士がもっており，その管

---

　[13]　この判決は，傍論として，「キャディフィーの支払の方法を来場客がキャディに直接支払うことに変更しても，上記で確認したようにキャディフィーの支払の義務を負っていると見られる訴外会社が，訴外会社のゴルフ場でキャディの競技補助を受けて競技に臨むためには何れにせよキャディフィーを支払わなければならない立場にある来場客からキャディフィーを受領したことにし，その代わりに来場客にキャディに対するキャディフィーの支払を委任したと見るべきであるため，キャディフィーの支払方法の変更によってキャディフィーの支払の主体が変わると見ることはできない」としている。

理・補修も運転士の責任で行われていたこと，運転士は事業者登録をし事業所得税および消費税を納付してきたことなどを合わせて総合的に考慮し労働者性を否定している[14]。この判決の判断枠組みは，1993（平成5）年判決の判断基準を引用しているものの，具体的な判断内容は，上記で見た労働基準法上の労働者性の判断と実質的に同一なものであるといえよう。この判断が，原則として労働組合法上の労働者と労働基準法上の労働者性とを同一なものと理解する上での判断であるかどうかは，定かではないが，この判決が出て間もなく，この点をより明確にさせた判決が登場した。この判決も持込み（生コンクリート）ミキサートラックの運転士に関する事件であったが，大法院は「労働組合法又は労働基準法上の労働者とは，他人との使用従属関係の下で労務に従事しその対償として賃金等を受け取り，生活をする者をいい，その使用従属関係は，当該労務提供契約の形態が，雇用，請負，委任，無名契約等，如何なる形態を取っているかにかかわらず，使用者と労務提供者との間に指揮・監督関係の存否，報酬の労務対償性の存否，労務の性質と内容といったその労務の実質的な関係により決定されるべきである（大法院1993年5月25日宣告90ヌ1731判決；2006年5月11日宣告2005ダ20910判決を参照）」としている[15]。

以上のように大法院の傾向は，2014（平成26）年の大法院判決が出る前には，基本的に労働組合法上の労働者概念と労働基準法上の労働者概念とを同一のものと解釈していたと評価できるであろう。

## 3 失業者の労働組合法上の労働者性の問題と大法院の判決

上記で大法院の判断傾向を説明する際に「基本的に」という限定をつけたのは，これらの大法院の判断は，あくまでも「現に就労している者」にかかわる判断であるからである。求職者や失業者の場合には，現に就労している者とは判断の次元が異なるはずである。

求職者や失業者が労働組合法上の労働者に該当するかどうかに関して，韓国労働省は，長らく否定的見解を取ってきた。この行政解釈の根拠として韓国労

---

14) 大法院2006年5月11日宣告2005ダ20910判決。
15) 大法院2006年10月13日宣告2005ダ64385判決。

第 *17* 章　韓国における労基法上の労働者概念と労組法上の労働者概念の相違　355

働省は，労働組合法2条4号但書のニで定められている労働組合の消極的要件を挙げている。労働組合法2条4号但書は，5つの消極的要件を定めており，その中でニは，「労働者ではない者の加入を許容する場合。ただし，解雇された者が労働委員会に不当労働行為の救済を申し立てた場合には，中央労働委員会の再審判定が出るまでは労働者ではない者として解釈してはならない」としている。韓国労働省は，この但書を反対解釈し，解雇された者は原則として労働者ではないが，労働者の保護のために一定の条件付きで労働組合法上の労働者として認めているにすぎないとしている。この行政解釈のもとで韓国労働行政側は，求職者や失業者に労働組合の組合員としての資格を認めている労働組合の設立申告の受理を拒否または設立申告が受理された後にもこのような事実が発見された場合には設立申告の受理処分を取り消してきた。

　この問題は，1997（平成9）年から労働法政策上の重大な議題として政府と労働運動側との間で議論が重ねられてきたが，現在まで法改正に至っていない[16]。こうした状況で，2004（平成16）年に大法院は，この問題について一定の求職者や失業者も労働組合法上の労働者であるとの判決を下した[17]。この判決は，「使用者への従属関係を組合員の資格要件とする企業別組合と異なり，産業別・職種別・地域別労働組合がそもそも一定の使用者への従属関係を組合員の資格要件としないことに鑑みれば，労働組合法2条4号但書のニは，企業

---

*16*)　1997年に起きた経済危機を乗り越えるために，1998年に発足した金大中政権は，社会的対話路線をとりその組織として「労使政委員会」を設置した。1998（平成10）年2月6日に採択された「経済危機の克服のための社会協約」には，企業の経営透明性の確保及び構造調整，物価安定，雇用安定および失業対策，社会保障制度の拡充，賃金安定および労使協力増進をはじめ，労働基本権の保障と労働市場の柔軟性の向上等が含まれており，労働基本権の保障に関しては，教員の団結権の保障のための法律制定，教員以外の公務員の団結権保障の前段階としての「公務員職場協議会」に関する法律制定，選挙法および政治資金管理法の改正による労働組合の政治活動の実質的保障，労働組合の財政的な自立の促進のための税制支援，失業者の組合加入の許容が含まれていた。これらの合意事項は，ほとんど実行されたが，失業者の組合加入の問題に関しては，経済関係省庁および法務省が，労働組合法2条4号但書のニを改正し失業者の組合加入が許容されれば，当該事業場に在籍しない過激な労働運動家が個別企業の労使関係に介入し混乱を起こす恐れがある等の理由で断固拒否したため，法改正には至らなかった。

*17*)　大法院2004年2月27日宣告2001 두8568判決。

別労働組合の組合員が解雇されることによって労働者性が否認される場合に備えて設けられた規定であり，このような場合にのみ限定的に適用され，そもそも一定の使用者への従属関係を要しない産業別・職種別・地域別労働組合にまで適用されるわけではない」とし労働組合が企業単位を超えて組織される場合には，求職者や失業者の労働組合法上の労働者性を認めた。

　この判決の意義は，労働組合法上の労働者の範囲を拡大したことにだけあるのではない[18]。この判決にはもう1つの意義がある。これは，「労働基準法は，現に労務を提供する者に対し国家の管理・監督による直接的な保護を与える必要性があるのかという観点から個別的労使関係を規律する目的で制定されたが，労働組合法は労務提供者の団結権等を保障する必要性があるのかという観点から集団的労使関係を規律する目的で制定されたものであって，その立法の目的に従って労働者の概念を別個に定義している」という説示である。この説示が，求職者や失業者の労働組合法上の労働者性の判断という事例にかかっているものであるとしても，下級審判決を含めて判決としては初めて労働組合法上の労働者概念が労働三権の保障の見地から労働基準法とは別個に定義されたことを

---

[18] 　失業者や求職者の労働組合法の労働者性を認めた大法院の判決以後も，韓国労働行政当局は，この大法院の判決の趣旨を限定的に解釈する立場を取っている。他方，韓国行政法院は，地域別労働組合の性格をもつ労働組合が労働組合の設立を申告したところ，当局が，当該労働組合の組合員の半数が労働者ではない求職者である（組合員の総数は二人で一人は就業者で一人は休職中である）を理由に設立申告書を差し戻したため，その差し戻処分の取消しを求めた事件（いわゆる「青年ユニオン事件」）で休職中の組合員を労働の意思や能力のない事業者や学生等と同じように取り扱って労働組合法上の労働者ではないということはできないとし差し戻処分を取り消すことで大法院の判断に忠実に従った（ソウル行政法院2012年2月9日宣告2011グハ20932判決）。この1審判決は，同年11月に控訴審でも支持されたが，当局が当該判決が確定されるまでは不受理にする方針に固執したため，結局は，幾人かの就業中の組合員を記載した申告書を提出した後，2013年4月30日に申告書は受理された。

　ところが，労働当局は，依然として公務員労働組合および教員労働組合については，公務員の身分や教員の身分をもっていない者は，公務員労働組合法および教員労働組合法と労働組合法上の労働者ではないという解釈をとっている。労働当局は，このような者の加入を許容している公務員労働組合が提出した申告書を差し戻し，すでに設立申告書が受理された教員労働組合に対しては設立申告書の受理を取り消した。前者は，2014年4月に大法院で原告労働組合の敗訴が確定したが，後者は，設立申告書の受理取消処分の効力を停止する仮処分が認められ本案訴訟が進行中である。

明確に認めたことには，大きな意義があると思われる。上記の持込み（生コンクリート）ミキサートラックの運転士の労働組合法上の労働者性に関する2つの大法院判決は，これに関しては何も触れていないが，2014（平成26）年の大法院判決の原審判決[19]，2014年の大法院判決の原告であるキャディらが申し立てた不当労働行為の救済命令の取消しに関する一連の下級審判決[20]，学習誌会社の家庭教師の1審判決[21]においては，両者を別個の概念として理解するための核心的な理論的論拠として上記の説示を引用していることを見ると，今後，この説示は，労働組合法上の労働者性の判断において重要な理論的論拠として活用されると予想される。

## 第4節　労働基準法および労働組合法上の労働者性に関する学説

学説においては，現に就労している者に関して労働組合法上の労働者概念を労働基準法上の労働者概念より広いものとして捉える見解（以下，「二分説」という）と両者を統一的に理解する見解（以下，「統一説」という）とが従来から対立している。

二分説は，両法の目的が異なる以上，労働組合法上の労働者概念における従属性の意味と労働基準法上の労働者概念における従属性の意味も異ならなければならないとする。すなわち，労働基準法は，現在の労務給付過程において典型的に生じる従属性を緩和することに目的があるため，その労働者概念は，人的従属性を中心に理解すべきであるが，労働組合法は，そうではないため，労働組合法上の労働者概念は，人的従属性より経済的従属性を中心に理解すべきであるとしている[22]。労働組合法上の労働者の定義条項に「その他これに準ずる収入によって生活する者」との文言が挿入されていることも，まさしくこのような趣旨を生かすためであるという。

これに対し，統一説は，求職者の場合を除けば，労働組合法と労働基準法は，

---

[19]　ソウル高等法院2011年8月26日宣告2009ナ112116判決。
[20]　ソウル高等法院2011年7月5日宣告2010ヌ22315判決，ソウル高等法院2011年9月2日宣告2010ヌ22308判決。
[21]　ソウル行政法院2012年11月1日宣告2011グハ20239判決。

労務の提供を受ける者に対し従属的関係にある労務提供者，すなわち，雇用契約関係にある者を保護するための方法論の差異にすぎないとし，両法の労働者概念は統一的に理解されるべきであるとする。統一説をとっている学説の中でも従属性をどのように解釈するかによって見解が分かれる。ある説は，経済的従属性は，法学的な方法論ではなく，社会学的方法論で捉えられるべき性質のものであって，法律関係の内容や労務給付義務の対象とは関係のないものであるため，労働者性の判断において考慮してはならないとしているが[23]，ある説は，従来の人的従属性のみならず経済的従属性と組織的従属性をも労働者性の判断において十分に考慮すべきであるとしている[24]。

　労働者か否かよって保護の程度や質が著しく異なる法秩序のもとで，二分説は，社会的な保護の必要性が高い労務提供者を労働組合法上の労働者概念に包摂し社会的要請に応えているため，近年有力になっているが，労働組合法の体系から見ると，不自然に見えるところもある。というのは，このような解釈により包摂される労務提供者の契約の法的な性質が，労働基準法上の労働契約ではないことは明らかであるが，このような契約が，労働組合法で使われている「労働契約」とはどのような関係にあるのかが不明確であるからである。

## 第5節　2014年の大法院判決の判断枠組みの検討

　2014（平成26）年の大法院判決は，ゴルフ場のキャディの労働基準法上の労働者性および労働組合法上の労働者性について判断しているが，この判断は，原審の判断を是認するかたちをとっている。同判決は，まず，1993年の大法院判決の提示した一般的な判断基準をそのまま引用した上で，「原審判決の理

---

[22]　金裕盛「労働組合を結成することができる労働者」法律新聞2240号（1993年8月16日）15頁，林鍾律『労働法（第11版）』（博英社，2013年）31頁，姜成泰「特殊雇用職労働者の労働法的保護——判例において労働者性の判断方法を中心に」労働政策研究7巻3号（2007）115頁以下，河甲來『集団的労働関係法』（中央経済，2011年）86頁。

[23]　姜熙遠＝金永文『労働者の概念と契約の自由』（中央経済，2001年）381頁以下。

[24]　朴鍾熹＝尹ゼファン「判例の法形成的機能と限界」高麗法學70号（2013年）232頁以下。

由を上記の法理と原審の採択した証拠に照らしてみると，たとえ原審が労働者性の判断において人的従属性より『業務の従属性及び独立従属性（経済的従属性）』という評価要素にもっと重点を置いたとしても，原告に対し労働組合法上の労働者性を認めた原審の判断は正当なものとして是認できるし，そこに上告理由で主張されているように労働組合法上の労働者性の判断に関する法理を誤って理解した違法は存在しない」としている。

原審判決[25]は，労働組合法上の労働者の場合には，使用者の指揮・監督の程度および労働者が独立し自身の危険と計算で事業を営為できるかどうかといった「業務の従属性及び独立事業者性」を労働者性の主な判断要素にすべきであるとした上で，① 同事件においてゴルフ場の運営者がキャディの勤務内容，勤務時間および勤務場所に対する相当な程度の指揮・監督をしているとみることができる点，② 当該キャディは競技補助業務の遂行の過程において必要な作業道具をゴルフ場の運営者から提供され使用し自分の労務以外には自分の資本を投下したことはなく，キャディの業務内容は単純な労務の提供の側面が強くゴルフ場の運営者が指定した順番に従って競技補助のための出場の機会を提供されるだけで利用客を任意に選択したりまたは交代を要求することはできず，キャディフィーの額もキャディと利用客との間で任意に決めることもできないため，キャディが労務の提供を通じて利潤の創出と損失の危険を負担する独立事業者と見ることはできない点，③ ゴルフ場のキャディは出場の日数が少なくなく，ゴルフ場の運営者の指定した出場の順番に従って出場するだけで自分の出場の順番がいつ回ってくるかを正確に予測することができないためほかのゴルフ場で競技補助の業務を遂行することは事実上不可能であることからするとキャディはゴルフ場に専属し継続的に競技補助の業務を遂行しているとみなければならない点を根拠に，同事件のキャディは業務従属性が強く独立事業者性のメルクマールが弱いとし，同事件のキャディは，ゴルフ場の運営者との間で労働契約を締結してはいないが，労働組合法2条1項1号にいう「その他これに準ずる収入によって生活する者」に該当すると判断している。おそらくこの判断の①は，業務従属性，すなわち，業務内容の一方的決定性に関するもの

---

[25] ソウル高等法院 2011 年 8 月 26 日宣告 2009 ナ 112116 判決。

であり，②および③は，独立事業者性に関するものであろう。

　2014（平成 26）年の大法院判決は，1993（平成 5）年の大法院判決で提示された一般的な判断枠組みを修正していないし大法院の大法廷判決でもないが，特定事件に関する事例判断でもない。この判決が，労働組合法上の労働者性の一般的な判断枠組みの具体的な内容について明確に「人的従属性より『業務の従属性及び独立従属性（経済的従属性）』」を重視して判断しなければならないことを是認したことは，従来の大法院の判決とは一線を画するものであり，今後の判決にも大きな影響を与えると思われる。特にその意味の曖昧さで議論の的になっていた「経済的従属性」という用語を大胆に使っていることが注目される。

　ただ，2014（平成 26）年の大法院判決にも大きな問題点がある。それは，労働組合法上の労働者性と労働基準法上の労働者性を異なる判断枠組みで判断しなければならないかの理由については全く触れていないことである。この点に関して同判決の原審判決は，かなり詳細にその理由を述べている。これについて原審判決は，「労働基準法の制定の憲法上の根拠条項である 32 条 1 項[26]は，国民の基本権として勤労の権利を宣言し労働者に対する生活保障的立法措置を国家の義務と規定することによって国家が労働者個人の基本的な生活権を個別的に保護するために当該労働者の使用者に対する一定の作為義務と給付義務を賦課する等積極的な制限を課することができるようにしているのに対し，労働組合法の制定の憲法上の根拠条項である 33 条[27]，経済的弱者である労働者が集団的に団結し使用者と対等な立場において労働条件等を交渉することができるように労働者の自由権を拡張するために使用者に協力義務ないし受忍義務を賦課する等消極的な制限を課することができるようにしており，上記の両条項は，憲法的基礎を異にしているため，たとえ『労働者』という用語を同じように使っているとしてもその概念は，それぞれの憲法上の基礎による法律の制定及び解釈を通じて異に規定することができ，現代社会の複雑な労働関係を合

---

26） 憲法 32 条 1 項は，「全ての国民は，勤労の権利を有する。国家は，社会的・経済的な方法で労働者の雇用の増進と適正な賃金の保障のために努力しなければならず，法律の定めるところにより最低賃金制度を施行しなければならない」としている。
27） 憲法 33 条 1 項は，「労働者は，労働条件の向上のために自主的な団結権・団体交渉権及び団体行動権を有する」としている。

理的に規律するためには……労働基準法と労働組合法の各々の制定理由やその法令内容及び効果等に照らして各々の労働者概念を異に判断したほうが合理的である」としている。

　この判旨は，2004（平成16）年の大法院判決の説示を基礎にしながら二分説の諸根拠を受け入れたものであると思われる。特に憲法32条1項に根拠を置いている労働基準法は，使用者に対する積極的な制限を課しているのに対し，憲法33条に根拠を置いている労働組合法は，使用者に対する消極的制限を課しているとの論理は，両法の規律の内容や法的効果の相違に着目しているのであるが，これはすでに二分説でとり上げられている根拠である[28]。2つの法律上の労働者概念を別個の概念として理解しない限り，同事件におけるキャディの労働基準法上の労働者性を否定しながら労働組合法上の労働者性を肯定することは不可能であることから，大法院の判決としての意義や影響を考えると，これに関する理由を明らかに説示したほうが望ましかったとはいえよう。

## 第6節　おわりに

　2014年の大法院判決が，業務内容の一方的決定性と独立事業者性を中心に労働組合法上の労働者性を判断することによって労働組合法上の労働者の概念を広く理解したことは，経済法や社会保険制度上の保護が不十分な状況に置かれている一定の労務提供者のグループの保護に大いに寄与すると思われる。もちろん，2014（平成26）年の大法院判決の提示している独立事業者性，すなわち，経済的従属性の具体的な意味とその存否を判断するための一般的基準を精緻化することは，今後の大きな課題である。

　ところで，労働組合法上の労働者概念の拡大が専ら肯定的な意味合いをもつわけでもない。このような解釈は，かえって裁判所に対し労働基準法上の労働

---

[28]　姜成泰教授は，「従属性の緩和又は克服のために提供される手段もやはり個別的労使関係法では私的自治に対する国家の直接的な介入（内容と結果の規制）であるのに対し，集団的労使関係法では私的自治が実質的になるような集団的自治の助成（機会と手続の規制）にすぎない。このような手段の相違は，個別的労使関係法と集団的労使関係法における権利の主体の相違を正当化することができる」としている（前掲注22）115頁）。

者概念を厳格に解釈する誘因になる可能性がある。すなわち，裁判所にとっては，労働組合法上の労働者性を広く認める代わりに労働基準法上の労働者性の判断を厳格にするような妥協をする可能性も排除できない[29]。従来，労働法上の労働者の概念，特に労働基準法上の労働者概念の拡大を主張した労働運動側にとっては，このように労働者概念の二分論的理解が定着化することは，望ましいことではないであろう。労働運動側は，常に労働基準法上の労働者概念は，経済的従属性の存否により判断すべきであると主張してきており，2000（平成12）年には現行の労働基準法に「雇用契約を締結していない者であっても，特定の使用者の事業に編入されているか又は常時業務のために労務を提供しその使用者又は労務の受領者から対価を受けて生活する者は労働者とみなす」との規定を新設することを提案したこともある[30]。

---

[29] 尹愛林「『労働組合法及び労働関係調整法』の労働者」労働法研究36号（2014年）296頁。

[30] 「非正規労働者の基本権の保障と差別の撤廃のための共同対策委員会」の労働基準法改正案（2000年10月）。

# 第18章　台湾における労働者派遣の実態と法的課題

第1節　はじめに
第2節　労働者派遣の展開とその実態
第3節　労働者派遣をめぐる法解釈の課題とその限界
第4節　労働者派遣をめぐる立法的課題
第5節　おわりに

張　　鑫　　隆

## 第1節　はじめに

　台湾では，近年，労働者派遣法の立法に向けた動きが本格化しつつある[1]。2014（平成26）年3月に，政府の構造改革で，日本のかつての労働省に当たる行政院労工委員会の，労働部への昇格に伴い，労働者保護を目的とする派遣労働者保護法の立法草案を労働部発足後の方針として内閣に提出した。それに対して，多くの労働組合が依然として強硬に反対して派遣法の推進を撤回するようにと要求した。もっとも，政府の調査によっても，派遣労働者が急増している中，貧困と格差が大きな社会問題となっている[2]。
　先進国と比べて労働者派遣に対する台湾の立法規制がかなり遅れているが，既成の労働法令，裁判例および学説による法解釈論の展開が非常に興味深いところである。しかし，なぜ現在，国が労働者派遣法の立法を急いでいるのか，まずその背景を明らかにしたい。

---

[1]　労働者派遣法の立法に向けた動きについての日本語文献としては，王能君「台湾における非正規雇用法制の現状と課題」荒木尚志＝岩村正彦＝山川隆一編『労働法学の展望（菅野和夫先生古稀記念論集）』（有斐閣，2013年）237頁以下を参照。

さて，派遣労働に対する立法化の動きは，ずいぶん前から行われていたが，いずれも労働者派遣の拡大を恐れる労働組合の強い反対で挫折した。今回，労働部への昇格および派遣労働の状況悪化を機に，政府による派遣法案が新たに提出された。それをめぐる労働組合による反発の姿勢は変わらないが，一部の労働組合によって積極的な派遣禁止法の立法論が提唱されており，過渡期としての派遣法案に位置づけられる立法審議に参加する可能性が高くなった[3]。一方，労働法学会では，労働組合の強い反発で立法論の議論がいったん中断していたが，労働者派遣法の新たな動きに向けて 2014（平成 26）年 7 月に学会の統一テーマのもとで労働者派遣についての立法論が提起された[4]。そこで，本章では，台湾で注目を集め始めた派遣法立法論についても，政府案をめぐる主な争点を踏まえた上で学説を含める立法の動向に対する基礎的な考察を提供したい。

## 第 2 節　労働者派遣の展開とその実態

### 1　失業者の受け皿としての労働者派遣政策の展開

台湾の労働者派遣に対する規制が展開し始めたのは，1994（平成 6）年に労働部の前身である行政院労工委員会の行政解釈により労働者派遣と有料職業紹介が区別されたときである。1992（平成 4）年経済の高度成長に伴う労働力不足のため，外国人労働者の受入れと民間職業仲介事業を認める就業服務法が実

---

2) 労働部の統計データによれば，2013（平成 25）年大卒の初任給は，調査開始の 14 年前（1999（平成 11）年）の平均賃金より 2% 強下がっており，さらにこの間に上昇した消費者物価指数（CPI）の 15% を加算すると，14 前の賃金水準よりも低い状況にあると指摘されている（聯合報 2014 年 5 月 31 日）。労働部長潘世偉も労働部昇格の直前にメディアに「労働者派遣は確かに賃金水準を下げる要因だ」と認めた（自由時報 2014 年 2 月 6 日）。

3) 労働者団体によって『労働者派遣禁止法』という対案が提示されている。

4) 台湾労働法学会は，労働部の「派遣労働者保護法案」に対して広く議論を引き起こすために，労働者派遣保護法を 2014 年学会の統一テーマとし，法案に争われている労働者派遣の三角関係，派遣禁止の対象，面接禁止，企業による派遣労働者使用割合の制限，均等待遇原則などのテーマを取り上げられた。

表1　2000年から2013年までの失業率の推移

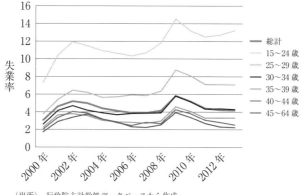

（出所）　行政院主計総処データベースから作成。

施され，職業仲介事業に対する規制が行われた。一方，民間職業仲介事業はそれを回避するためにも労働者派遣を行った[5]。これに対して，行政院労工委員会（当時）は，業者と労働者の間には雇用関係がなければ，労働者派遣に該当せず，職業仲介事業としての規制対象となると解釈している[6]。すなわち，派遣元は，派遣労働者と労働契約を締結する場合には，労働関係に介入するものとはならず，中間搾取には該当しないということになった。事実上労働者派遣が合法化されることになった。

　しかし，労働者派遣が盛んに行われるようになったのは，2004（平成16）年に失業者の受け皿としての人材派遣事業促進政策が導入されてからである。2000（平成12）年政権交替の直後失業率が2.99％から4.57％へ上昇しており，特に15歳から24歳までの若者の失業率は10％台の10.44％を記録し，20代後半の若者層とともに高い失業率が続いている（表1）。民進党政権は，それを解決するために「人力派遣服務業発展綱領及行動方案」により人材派遣事業促進政策を打ち出し，人材派遣事業をはじめとする12のサービス業を促進対象

---

[5]　台湾の有料職業紹介事業と人材派遣事業の発展についての日本語文献として黄義銓「台湾における労働者派遣の発展に関する研究——有料職業紹介との関連性を中心に」大分大学経済論集61巻5号（2010年）56頁以下を参照。

[6]　行政院労工委員会1994年8月29日台83労職業字第58819号函釋を参照。

として挙げ，2千の派遣会社と30万人の派遣労働者へ拡大する目標を設定している[7]。それによって労働者派遣市場が急速に拡大し，人材派遣を主とする職業紹介事業が2001（平成13）年の810社から2006（平成18）年の2,357社へと，目標のとおりに約3倍弱増加した[8]。

政府は，日本の労働者派遣法を範として派遣会社の管理を中心とする派遣法草案を2004（平成16）年に公表したが，労働者派遣の合法化に伴う正社員の非正規化を危惧する労働組合によって強く反対されたため，労働者派遣の法制化を当面断念した[9]。

## 2　労働市場弾力化政策の一環として

2008（平成20）年に再び政権交替が起こった時，リーマン・ショックがきっかけになって，大量の派遣労働者の切り捨てが問題になった[10]。過去の労働者派遣促進政策は，2009（平成21）年のサービス業発展綱領および行動方案の成果報告において密かに姿を消していたから，実質上労働者派遣政策の転換が迫られた。そこで，国民党政権は，2010（平成22）年に労働者派遣政策を「労働市場の弾力化と雇用の安全の両立」と位置づけ，労働者派遣法を取り込んだ労働基準法の改正案を公表した[11]。

---

[7]　行政院労工委員会および行政院経済建設委員会「人力派遣服務業発展綱領及行動方案」93年11月10日第2914次會議通過。

[8]　詳しくは，黄・前掲注5) 61〜62頁を参照。

[9]　労働部2004（平成16）年草案では，日本法を参考にして派遣会社の管理と派遣労働者の保護を定める規定を取り込んだほか，1985（昭和60）年成立した日本派遣法のように一定の業種に限定するポジティブリストか，あるいは1999（平成11）年改正法のように一定の事業を除いて対象業務が原則自由化されるネガティブリストかの2つの立法の選択肢を用意されていた。労働組合側は，派遣労働者を急速に拡大させた日本の歩みを教訓として粘り強く法案関係のシンポジウムや会議などの活動を妨害し続けた。

[10]　有名な事案としては，2008（平成20）年末に3000人の派遣を一挙に切った大手ハイテク企業の奇美電子事件，10年以上雇った清掃員らを解雇して低賃金で派遣会社に雇用させてから使用し続けた国立体育大学事件，2009（平成21）年に新しい派遣会社が同じ職場で働いていた派遣労働者を雇用するかを決めるために妊娠テストの結果報告を彼女たちに提出させた国立美術館事件などが挙げられる（詳細は，林家緯「派遣産業之商業倫理探討」国立中央大学哲学研究所修士論文（2011年）39〜57頁を参照）。

改正案は，まず従来派遣事業にも適用される期限の定めのない契約原則の規制を緩和し，特定期間に完成できる業務と臨時的業務の場合には，それぞれ2年と1年の有期契約を認めた上で，派遣業者と派遣労働者による有期契約の締結も容認された一方，派遣の契約期間満了後も勤務が継続しており，かつ派遣元が直ちに反対の意思を表さない場合には，期限の定めのない契約とみなされるという転換制度を導入しようとした。

しかし，労働部の通達によれば，そもそも労働基準法9条で定められる有期契約の制限によって，継続性のある業務の場合には，期限の定めのない契約で締結されるべきであり，労働者派遣を通常業務としている人材派遣会社は，派遣労働者と有期契約を結ぶことができない[12]。さらに，改正案は，ネガティブリストを採用し，派遣先が使用している派遣労働者数をその全従業員の10％まで，そして労働組合と労働協約で約束される場合には30％までという制限を行おうとしたにもかかわらず，派遣業務を合法化して派遣労働者の拡大を促すイメージを拭えず，再び挫折することになった。

## 3　公務員定員合理化計画としての「業務委託」

労働者派遣を拡大させたもう1つの要因としては，政府の業務委託競争入札によって大量の派遣労働者を受け入れることである。90年代に政府は，公務員の肥大化問題を受けて「政府再造綱領」を発表し，公務員の定数を10年間で22.01％も削減した[13]。しかし，その代わりに政府は「業務委託」として大量の派遣労働者を使っている[14]。台湾の「政府採購法（政府調達法）」2条によれば，業務委託は委任契約または雇用契約で行わなければならないにもかかわらず，政府は業務委託の競争入札を通じて大量の派遣労働者を受け入れ，業務に従事させている。すなわち，委任契約または請負契約で業務委託を行ってい

---

[11]　特別法の代わりに労働基準法で派遣者労働を規制するのは，労働者派遣法で労基法の適用を外されるかという労働組合側の危惧を考慮したからである。

[12]　行政院労工委員函釋 2009年4月14日勞資2字 0980125424 號函。

[13]　審計部『中央政府勞動派遣人力運用及法制推動情形』（2013年2月）14頁。

[14]　行政院人事行政総処の統計によれば，内閣の行政院は，2014年3月現在 10611 人の派遣労働者を受け入れている。（http://www.dgpa.gov.tw/ct.asp?xItem=10763&CtNode=1744&mp=7）。

るにもかかわらず，落札業者は単に労働力の供給を目的としており，実際には落札業者の指揮命令で業務を執行すべき労働者は，派遣労働者として派遣先の政府側に使用されることになった。そうしたことは，政府の明確な違法行為であろうと批判されている[15]。

しかし，行政院は，労働者派遣法成立前の暫定措置として，その所属機関が「政府採購法」による労務委託の際に合理的に派遣労働者を運用し，かつ彼らの権益を保障しようという派遣労働者を受け入れる時の注意事項を公布した。実質上「政府採購法」による労務委託で派遣労働者を受け入れるということは，適法であると解されている[16]ことになろう。

## 4 派遣労働者の現状

正確な派遣労働者数はまだ把握されていないが，1996（平成8）年当時行政院労工委員会「台湾民営事業単位雇用中高齢労工及派遣人力調査」によれば，1995年に民間企業では約6万人の派遣労働者が使用され，2006（平成18）年の同「労働派遣営運概況調査報告」によれば，派遣労働者数は12万9千人に達しており，10年で倍増している。その後，毎年調査を行う台湾行政院主計総処のデータベースによれば，その数は，臨時工または派遣労働者を対象として調査を行い始めた2008（平成20）年の49万8人（全就業者数の4.78％）から2013（平成25）年5月現在の59万人に達しており，全就業者数の5.39％を占めている（表2）[17]。

既述のように労働部の通達によれば，労働基準法の有期契約の制限によって，人材派遣会社は，派遣労働者と有期契約を結ぶことができないにもかかわらず，2013（平成25）年に5000人の派遣労働者を対象として調査したある研究調査

---

*15)* 例えば，鄧學良「論勞務採購與勞動法制之關係」勞動關係論叢12巻第2期（2008年）47頁を参照。ちなみに，最近，労働部潘世偉部長が公的部門による派遣労働者の使用を禁止し，直接雇用を行うべきであると個人的に主張している（聯合報2014年5月30日）。

*16)* 詳しくは，林良榮「我國公部門勞務「外包」之爭議問題研究：以國立體育大學臨時人員（清潔工友）解僱案為引」思與言：人文與社會科學雜誌51巻2期（2013年）59～61頁。

*17)* 行政院主計總処2008～2013年度の『人力運用調査報告』を参照。

表2　臨時工および派遣労働者数の推移

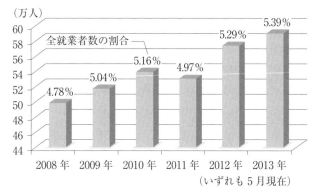

（出所）　台湾行政院主計処『人力運用調査報告』各年度から作成

報告によると，期間の定めのない契約を結んだのは，わずか17.7％にとどまる。有期契約締結者は，3ヵ月以下の契約期間が5.3％，1年単位の契約更新が54.2％を占めている[18]。

## 第3節　労働者派遣をめぐる法解釈の課題とその限界

### 1　中間搾取に該当するか

労働基準法6条は，「何人も，他人の労働契約に介入し，不法的利益を得てはならない」と規定している。労働組合側は，労働者派遣は同条が禁止する中間搾取に該当するものとして，労働者派遣の法制化に粘り強く抵抗してきたのである。

それについて判断した裁判例は，まだ存在していないようである。労働部の通達は，労働者派遣に労働基準法6条の適用があるかどうかの判断を避けて，他人に労働力を提供している業者が当該労働者との間に雇用契約を結んでいな

---

[18]　黃同圳「台灣非典型就業變遷調查——勞動派遣就業長期追蹤調查資料庫建構」行政院國家科學委員會補助專題研究計畫（2003年1月15日）18頁。

い場合には，労働者派遣に該当せず，職業紹介と人力仲介業務を規制する就業服務法の処罰規定を適用すると判断している[19]。いい換えれば，それは，就業服務法の規制から派遣元と労働者の間に契約関係のある労働者派遣を排除することにとどまり，明確に中間搾取禁止規定の適用を排除するものではない。

学者によっては，民間職業仲介事業所の定義として労働者派遣事業も含まれているとするILO1997年の民間職業仲介事業所条約（第181号）を根拠として，労働者派遣が国内法によって合法化されていないからこそ，就業服務法34条の民間職業紹介事業の認可制度に違反し，労働基準法第6条の中間搾取に該当する可能性があるので，その違法性を実質的に判断されるべきであると主張している[20]。

別の学者は，派遣元は，派遣労働者と労働契約を結んでいるゆえに「他人」に該当しないという文理解釈を退け，実質上不法的利益を得る限り，例えば，労働力という商品の提供に対して，社会通念上相当と認められる程度を超えた利益を得た場合には，「不法」の程度に達するであろうと主張している[21]。

## 2　労基法の適用を回避する脱法行為に該当するか

以上述べたように，労働者派遣は，明文で法認されておらず，そして中間搾取禁止規定も適用されうるにもかかわらず，多くの裁判例では，使用者は労働者の承諾を得てから労務請求権を第三者に譲渡することができると定められている民法484条を根拠として，派遣労働者の派遣元との労働契約には，第三者への労務提供の承諾があれば，一応，労働者派遣は適法な労働形態として認められている[22]。

これに対して，学説では，民法による労務請求権を譲渡する場合には，使用者は労働者の承諾を得てから，労務請求権の譲渡によって労働者に対する指揮命令権を失うという点では，労働者派遣の場合に派遣元が依然として派遣労働

---

*19)* 行政院勞工委員會（83）台勞職業字第58819號函1994年8月29日。
*20)* 邱祈豪「派遣機構外派勞工至他人處工作未向勞工明示及徵得其同意之法律效果——評彰勞簡上字90年第1號判決」人文暨社會科學期刊第5卷第1期（2009年）17頁。
*21)* 邱駿彥「勞工派遣法制之研究——以日本勞工派遣法為例」台灣勞動法學會學報第1期（2000年）6頁。
*22)* 臺灣高等法院94年勞上字第7號判決；台中高分院95年重勞上字第3號判決。

者に対する指揮命令権をもっているとはいえないと指摘されている[23]。最近の裁判例では、第三者のためにする契約を定める民法 269 条に基づいて、派遣元と派遣先との間に派遣契約が結ばれると、派遣先は、派遣労働者に対する指揮命令権を取得することが認められている[24]。

労働者派遣の法的地位を認めた判決理由の多くは、国際競争や産業構造変化に伴う労働市場の迅速な構造変化を認識した上で、人材派遣の運用は、大量の専門職の確保やコストダウンを目指すグローバル社会の企業にとって不可欠な方向となっており、台湾は世界各国から孤立して人材派遣制度の必要性を否定してはならないと考えられている[25]。そのような市場至上主義の思想が裁判所にまで浸透しているように思える。

しかし、労働者派遣の合法性を認めた判決理由は、あくまでも、労務請求権の譲渡または第三者のための契約として扱われる契約自由の原則によるものであり、労働保護法の規制を回避するための派遣先の「脱法行為」と認められる例外的な事由がありうる[26]のではないか。

(1) 派遣先の派遣受入期間について

まず、派遣先の派遣受入期間が制限されているかどうか、裁判所で争われていた。台湾電力会社事件では、派遣先で平均十数年も労務を提供し続けている原告の派遣労働者らは、彼らに派遣切りを宣告した派遣先に対して、派遣期間に派遣先が彼らに繰り返して人力供給の競争入札の落札業者と労働契約を結ばせた労働契約は、脱法行為であり無効であると主張した。

1 審[27]は、労働者派遣関係が法認される前、そのような制度は認められる

---

23) 楊通軒『個別勞工法——理論與實務』3 版 (2013 年) 158〜159 頁。
24) 台灣高等法院 99 年勞上字第 28 號判決、台北地方法院 100 年度重勞訴字第 35 號 (2014 年 1 月 27 日)。
25) 例えば、台灣高等法院 99 年勞上字第 28 號判決；台中高分院 95 年重勞上字第 3 號判決；台中地方法院 93 年度重勞訴字第 3 號判決。
26) 裁判例としては、使用者は、退職後の競業禁止の約款に拘束されている労働者を採用し、その約款を回避するために当該労働者を派遣会社と契約させてから派遣労働者として受け入れた事件に対して、最高裁は、その労働者が当該派遣会社に雇用されていた事実はなく、実際の使用者は派遣先であると判断した (最高法院 94 年度台上字 1653 號判決)。
27) 台中地方法院 93 年度重勞訴字第 3 號 (2006 年 1 月 25 日)。

かとの疑問があるにもかかわらず，仮に存在しているとしても，それによる労働基準法の規制回避を防ぐために制限する必要があるとした上，労働者を保護するために，労働者派遣の趣旨，外国法の立法例および政府の派遣法草案を根拠として「派遣期間」と「業務の範囲」を制限すべきであるとし，後述の有期契約を制限する労働基準法9条から臨時性，短期性または季節性のある業務，もしくは一定期間内に完成できる非継続性業務などに限定されるべきであるという見解を導き出した。それに基づいて，本件派遣先が平均十数年も受け入れ続けている派遣労働者らを異なる派遣元との間で繰り返し労働契約を締結させたことは，労働基準法上の使用者責任を回避する脱法行為に該当し無効であるので，派遣労働者らと派遣先の間に労働関係が存在すると認められた。

しかし，2審はその判決を破棄した[28]。判決理由によれば，派遣先の派遣期間は制限されておらず，外国の立法例と草案は，社会経済の状況や国家資源の有効的な分配などを考量する立法政策の問題で立法者の判断によって決められるものであるので，派遣期間の制限も各々の国の事情や経済発展の状況などの条件を考慮してから判断され，必ずしも派遣労働者に不利益を与えるわけではないとされた。しかも派遣先は派遣契約によって派遣元に料金を払う義務があるので，法規を回避する意図があるとはいいがたいとされ，仮脱法行為であるとしても，当該契約の効力の問題にとどまり，契約当事者以外の者と労働契約を成立させてはならないとしている。

(2) 派遣労働者の特定行為について

派遣期間に関する規制がない現状では，派遣元との労働契約が継続している限り，臨時的かつ短期的な派遣に限定するのは難しいが，繰り返して特定の派遣労働者に新しい派遣会社と労働契約を結ばせること，あるいは労働者派遣契約に基づいて派遣労働者を特定するといったいわゆる派遣の特定行為については，学説では，通謀虚偽表示に該当して無効となるかどうかをめぐって議論されている[29]。

派遣元は，雇用しようとする人を実質的に決めることができない場合には，派遣労働者と形式的に労働契約を締結しても，その内部の効果意思と外部の表

---

*28)* 台灣高等法院台中分院95年重勞上字第3號判決（2007年6月20日）。

示行為は，合致しえないという状況になって所期の効力が生じるかどうか疑わざるを得ないとされ，通謀虚偽表示に該当し無効であると指摘されている[30]。

しかし，前述の台湾電力会社事件で，2審判決[31] は，派遣先によって派遣労働者を指定されたり，面接を行われたり，テストされたりしたといっても，派遣元と派遣先の間の派遣契約によってそのような内容が定められた以上，派遣先はそれに基づいて派遣労働者を選任する権限があるとしている。

## 3 長期雇用を原則とする労働基準法の規制を受けるか

以上述べたように，政府のいくつかの派遣法の試案がいずれも挫折したが，労働者派遣が法的規制を受けないわけではない。まず，登録派遣労働または有期契約の派遣労働も労働基準法の適用を受けて事実上禁止されている。労働基準法9条によれば，使用者と労働者の間に労務提供の継続性があれば，有期契約を締結することができない。すなわち，労使間で原則として期間の定めのない労働契約を締結しなければならないが，例外として6ヵ月以内の臨時性または短期性のある業務，または9ヵ月以内の季節性のある業務，もしくは一定期間内に完成できる非継続性作業などが挙げられている[32]。要するに長期雇用を原則とする労働基準法の規制は，派遣労働者にも適用されており，既述の労働部の通達もそれを確認している。

また，労働基準法9条には，私法上の効果が明記されていないが，学説では使用者に対する労働基準法の解雇制限，解雇手当または退職金の支払義務など

---

29) 台湾では，多くの会社はコストダウンのために雇用している労働者を整理解雇し，派遣会社に雇用させてから，派遣労働者として受け入れるという人事管理の手法がよく用いられ，それを「虚擬派遣」または「転掛（偽装転籍）」と名付けている。また，職業紹介を労働者派遣に偽装して派遣先の使用者責任を回避することは「外掛」と称されている（邱駿彦「勞動派遣法律關係若干疑義之考察」臺北大學法學論叢第60期（2006年）60頁，楊・前掲注 23）159頁，林良榮「如何建構一部可期待之『派遣勞工保護法』」台灣法學雜誌243期（2014年）45頁）。

30) 邱・前掲注 29）14頁。しかし，ほかの学者は，その際，当該派遣労働者は，元の使用者である派遣先によって違法解雇されたことを前提としており，派遣先と派遣労働者の間の黙示の雇用契約の成立を否定している（楊・前掲注 23）42頁）。

31) 台灣高等法院台中分院95年重勞上字第3號判決（2007年6月20日）。

32) 詳細は，王・前掲注 1）242〜243頁。

を脱法的に回避されないようにそれを強行規定として解すべきであると主張されている[33]。最高裁判所は，2003（平成15）年の判決では，強行規定としての効力を否定していた[34]が，2010（平成22）年の判決では，労基法9条を労働者を保護する強行規定として，それに違反する期限の労働契約は，無効であると判断した高裁判決の見解[35]を肯定し，実質上立場を変更した。

なお，派遣会社は，派遣先と期間の定めのある派遣契約に基づき，一定期間内に完成できる継続性のない特定業務について派遣労働者と有期契約を結ぶことができるかどうかについて，継続性のある業務を企業の主な経済的活動に生じる業務と解している労働部の通達は，さらに対象を拡大して，派遣業者が労働者を雇用して通常の業務に従事させる場合には，その労働者と有期契約を締結してはならないとしている[36]。すなわち，派遣を通常の業務として経営している派遣会社は，常用派遣を行わなければならないとされている。ところが，それに関しては，裁判所の見解が分かれている[37]。一方では，労働部の見解を支持し，人材派遣を登録している派遣会社の経営事項を，継続性の判断基準として，派遣会社と派遣労働者と間には有期契約を締結してはならないので，内容を問わず，期限の定めのない契約が認定された[38]。他方では，労働部の見解が認められず，継続性のある業務の判断は，会社の通常の主な経済的活動に生じる業務ではなく，当該労働者が従事している業務の内容から判断されるべきであるとされ，労務委託契約で期限を定めているということを理由として締結された派遣会社と派遣労働者の間の有期契約の効力が認められた[39]。

---

33) 林更盛「定期勞動契約實務問題研究」台灣勞動法學會學報第7期（2008年）89頁，王松柏「勞動契約的存續期間」台灣勞動法學會編『勞動基準法釋義』（2003年）76頁；王・前掲注 1) 246頁。
34) 最高法院92年度台上字第2271號判決。
35) 最高法院99年度台上字第553號判決。
36) 行政院労工委員会労資2字第0980125424號函釋（2009年4月14日）。
37) 継続性のある業務に関する議論は王・前掲注 1) 243〜245頁を参照。
38) 例えば，台灣高等法院臺中分院95年度勞上易字第17號判決（2007年5月23日），高雄地方法院96年勞簡上字第1号判決。
39) 例えば，高雄高等行政法院91年度訴字第616號判決，最高法院99年度台上字第1692号決定。

## 4 派遣先に労災責任があるか

既述のように労働者派遣という三面関係では，裁判所は，派遣元と派遣労働者の間に存在している労働契約のみを捉えた一重の労働関係に基づいて労務請求権譲渡契約や第三者のためにする契約などといった解釈をとっている。それによると，派遣先は実際に派遣労働者を使用しているにもかかわらず，労災責任を負わず，派遣元に単独の責任を負わせるという裁判所の結論[40]は，派遣元が労働契約上の使用者であることから，論理的には明解であるが，他方では，派遣先は，自分の職場に派遣させられる労働者を指揮命令しているにもかかわらず，彼の生命，健康を保護する使用者の義務を負わない点が問題となっている。

そこで，従来派遣労働者の労災について派遣先に労災責任を負わせず，民法の不法行為責任のみを負わせる判決の立場は，近時の最高裁の判決によって修正された。すなわち，労働基準法59条の労災補償責任および労働安全衛生法上の使用者責任について，派遣労働者が工事現場の墜落事件で重い脳障害を受けた益盛工務所事件において最高裁は，理由を明らかにせず，派遣先の労働基準法および労働安全衛生法上の使用者責任を肯定した2審判決を認めた[41]。

最高裁判決の狙いは，労働基準法上および労働安全衛生法上の使用者の概念を自分のコントロールできる職場の危険防止義務まで拡大し，被害を受けた派遣労働者の法律上保護される利益として不法行為による損害賠償責任を認めようとする意図にとどまる。したがって，派遣の三面関係を一重の労働関係として捉える従来の下級審の立場を変えようとするものとは思われない。

ところが，最近，下級審判決は，労働者派遣の三面関係を第三者のためにする契約として捉え，一重の労働関係論を支持している。派遣先と派遣労働者は

---

[40] 例えば，台湾高等法院台中分院95年度重勞上字第3號民判決は，派遣会社と派遣労働者の間に労働力使用の指揮命令関係しか存在しておらず，労働契約関係による使用者の義務は派遣会社にあり，派遣先は，派遣会社に対する契約に基づいて派遣費用の給付責任を負うにとどまり，労働契約，解雇，賃金，労災補償等に関して，すべて派遣会社が負うべきであるとしている。

[41] 最高法院99年度台上字第820號判決（2010年5月6日）。類似の判決は，最高法院99年度台上字第1045號（2010年6月3日）を参照。

緊密な社会的関係をもつこと，労働環境および労務給付の可能性に対するリスクのコントロールを行う際に，派遣先自身の雇用している労働者だけでなく，派遣労働者をも対象にする必要があること，そして第三者として労務給付の利益を享受していることなどの理由を挙げ，関係請負人の労働者をも保護対象とする労工安全衛生法 16 条，17 条および 18 条の法益の比較衡量から派遣労働者に対する派遣先の安全配慮義務を導き出した[42]。

## 第 4 節　労働者派遣をめぐる立法的課題

### 1　禁止するか，容認または不問にするか

　前節で労働者派遣をめぐる法解釈の課題をまとめてきたが，労働市場論を前提として派遣労働者を保護しようとする解釈論の限界が見えてきた。派遣労働者の拡大とともに，雇用の不安や労働条件の悪化を起こす社会問題が深刻になっている。行政院労工委員会から労働部への昇格をきっかけに労働部は，新しい労働者派遣法案を再び公表し，社会のコンセンサスを得るよう広く議論を喚起している。しかし，従来反対の立場であった労働組合は，雇用の非正規化につながる可能性を危惧して依然として厳しい態度をとっている。とはいえ，深刻な社会問題をそのまま放置しておけば，立法者と行政の責任も重大であるとの認識が広がっており，立法の動きが強くなっているように思われる。

　しかし，既述のように労働者派遣を原則禁止とするか，または原則自由化するかについての争いがまだ続いていることから，社会的コンセンサスが得られるまで，法案の成立は容易ではないだろう。問題は，労働者派遣法の真の狙いが実際にどこにあるのかである。

　第 2 節で述べたように政府の労働市場論の狙いは，一方では，労働基準法による内部労働市場のコントロールを緩和し，正規労働者の雇用を抑えながら非正規労働者の雇用を促すことによって人事コストを抑え，国際競争力を引き上げようとするものであり，他方では，規制緩和によって非正規労働者の拡大に

---

[42]　台北地方法院 100 年度重勞訴字第 35 號（2014 年 1 月 27 日）。

伴う労働条件の低下および雇用の不安定などの問題について，労働市場原理と労使自治原則を貫いた上で，政府の失業政策，職業訓練および社会保障制度などの外部労働市場政策に委ねるということであると指摘されている[43]。したがって，国民党政権は，こうした背景から労働者派遣を「労働市場の弾力化と雇用の安全の両立」に位置づけて派遣労働者保護法と改称した上で，1条の立法目的において派遣労働者の権益の保護を目的としたほか，派遣労働者の雇用の安定および労働力供給の調和などの3つの目的を挙げている。

しかし，こうした労働市場の弾力化を前提とした草案は，全体として労働市場の「弾力」と「安全」を混同しており，均等待遇原則と労働者権益の保護などを定めると同時に，派遣会社に対する規制をも緩めたという結果によって，「立法衝突」の問題が顕在化してきていると批判されている[44]。例えば，労働力供給の調和を目的とした以上，草案23条が，労働者派遣の対象業務を原則自由化するネガティブリスト規制を採用したのは，当然の帰結であるように思われるが，それによって，禁止対象以外の業務は広く拡大され，派遣労働者の拡大へとつなげることとなったので，結局，立法目的としての雇用の安全は，守られなくなるのである。

これに対して，学説は，法政策としては，労働市場論を排除し，①労働者派遣の拡大を相当程度に抑えること，②派遣労働者を保護すること，および③派遣会社を管理することなどの3つの目的を挙げ，労働者派遣法草案を評価すべきであるとしている[45]。

以下で，こうした目的に基づいて草案に定められている主な点を明らかにした上で検討してみよう。

---

[43] 張鑫隆「勞動市場彈性化與部分工時均等待遇原則」法學新論24期（2010年）80頁を参照。

[44] 李健鴻「彈性與「安全」是兼顧或衝突──《派遣勞工保護法草案》評議」台湾法學雜誌243期（2014年）17頁。

[45] 林佳和「勞動派遣的法律規範嘗試──如何回應勞動貧困化的趨勢」新社會政策第12期（2010年）48〜49頁。

## 2 抑制政策

### (1) 特定禁止

　第3節で述べたように派遣先による派遣労働者の指名，面接，テストなどの特定行為は，派遣元と派遣先の間の派遣契約によるものであれば，別に問題はないと判決は認めている。それゆえ，正社員を非正規化する狙いをもつ派遣先の多くには，それらの特定行為の利用を促すようになったのである。

　草案は，そのような行為を抑えるために，日本法を参考にし，派遣先は，派遣元と結んだ派遣契約によって派遣労働者に対する面接およびほかの特定行為を禁止し，それに違反する場合には，派遣先は，労働者を受け入れた日からその労働者を期限の定めのない契約で直接雇用するものとみなされると規定している。ただし，当該労働者がその事情を知ってから30日以内に，または労務提供してから90日以内に不同意を表明した場合には適用しない。

　本条は，日本法の努力義務にとどまることなく，みなしの効力を与え，肯定的に評価されているが，面接だけでなく，派遣先に履歴書を送付させることについても，特定行為として概念を具体化する日本の厚生労働省の「派遣先が講ずべき措置に関する指針」のように解釈され，この制限を回避するために日本のようないわゆる「偽装請負」を防ぐ立法措置が講じられるべきであるとされている[46]。

### (2) 派遣先の量的制限

　派遣先に派遣労働者を受け入れる量を使用している全労働者の一定の割合までに制限することは，この草案の1つの特徴である。旧バージョンの草案では，すでにこのような量的制限が設けられたが，どのように設定すべきであるかについては争われている。今回の草案は，以前より低い3％に設定している[47]が，労使団体のいずれにも納得されなかった[48]。

---

[46] 林・前掲注29) 46頁。

[47] 3％に設定した理由は，労働部の調査によると，現在派遣労働者は労働力全体の1.79％を占めており，製造業は2.34％，IT産業は4.58％に達している現状を参考にした上でこの上限を設定したのである。

## 3　雇用の安定――直接雇用への転換

　第3節で述べたように，解釈論による派遣期間の制限は裁判所に認められず，脱法行為といっても，ただ当該契約の効力の問題にとどまり，派遣労働者と派遣先の間に労働契約を成立させてはならないとされている。これを受けて，草案の8条は，派遣期間を制限しないが，派遣先への転換制度を創設した。すなわち，派遣労働者が同一の派遣先で1年以上継続して労務を提供した場合には，派遣先に書面で労働契約締結の申込みをすることができ，派遣先がその申込みを受け取ってから10日以内に書面で反対意思を表示しなかった場合に，当該派遣労働者と派遣先との労働契約が成立すると定められている。

　こうした転換制度は，企業が長期の派遣労働者の使用で労働法令の適用を回避することを防ぐために正社員への道を開いたものである。しかし，労働法令の適用を回避したい派遣先には，契約の成立を反対する意思表示権が留保されることから，そのような立法の目的は，実務上相当な困難を抱えているのではないかとされている[49]。結局派遣期間の制限が設けられないこととなり，労働者派遣が固定化する一方，派遣労働者は今以上に不安定な状況に陥ることは否定できないであろう。

## 4　労働条件の確保

### (1)　賃金債務の連帯責任

　派遣会社による賃金不払の際に派遣労働者の賃金債権を確保するために，草案14条は，派遣労働者が派遣会社に賃金を請求しても支払われない場合には，派遣先は，その支払責任を負わなければならないと規定している。

### (2)　労災の連帯責任

　前節で述べたように，最高裁は，派遣労働者の法律上保護される利益として

---

[48]　労働者団体は，制限の実効性に不信感を抱いているのに対して，使用者団体は，生産を海外流出させないように企業生産の増加に応じて20％以上を設定すべきであると主張しており，市場原理主義の立場をとる台北アメリカ商会さえも政府に干渉して派遣労働者の特定と量的制限を反対する立場を示している（台北アメリカ商会『2014台湾白皮書』2014年6月5日）。

[49]　李・前掲注44）18頁。

不法行為による損害賠償責任を認めようとするにとどまり，派遣先に労基法上の使用者責任である労災による補償責任を負わせるわけではない。それゆえ，草案15条は，派遣労働者が労災に見舞われた際は，派遣先も派遣元と連帯して労災の補償責任を負わなければならないと規定している。

(3) 均等待遇原則

台湾には，均等待遇原則については，労働基準法上の男女同一賃金原則を除いて法規定がまだ存在していない。労働者派遣法草案をきっかけに均等待遇原則が初めて法案の形で現れている。草案は，派遣先の賃金，施設の使用，設備，保育措置および雇用機会の情報権まで派遣労働者の均等待遇を派遣先に義務づけている。

まず，同一賃金について草案16条は，派遣元は，派遣労働者が派遣先で受け入れられた期間内に支払われた賃金を，その雇用する派遣労働者の従事する業務と同一業務の性質，内容および職務に従事する派遣先に雇用される労働者の賃金より低くしてはならないが，業績，経験およびほかの派遣労働者の身分によらない正当な理由に基づくものはこの限りでない。

そして，前条に従う賃金を払うために，17条は，派遣元は，派遣先に前条の雇用される労働者の情報提供を要求することができ，派遣先にそれを提供する義務があると規定している。

なお，18条に派遣先では，労働者に提供する施設および設備の利用は，派遣労働者という身分によって差別されてはならないと定められている。

最後に19条において派遣先は，社員を募集する際に，それに関するすべての内容を派遣労働者の職場で掲示しなければならないとされている。

上記の均等待遇原則に関する規定のすべては，過料を設けられているが，派遣労働者は派遣先に雇用されている労働者の賃金情報を独自に得ることができないので，同一賃金原則を定める16条の実効性が疑われている[50]。

---

[50] 派遣元の派遣シート交付義務を定める草案第5条では，中央主管機関による記載事項の追加で派遣先に雇用されている労働者の賃金情報などの記載が可能になるとされる（黄程員「派遣勞工保護法草案中關於同工同酬原則之規定」台灣法學雜誌243期（2014年）27頁。

## 5 派遣会社の登録と管理

　草案は，労働者派遣事業の種類を区別せず，登録制を採用しているが，登録資格と手続については行政規則に委ねる。これに対して学説は，労働者派遣は一種の不安定な労働形態として労働者派遣事業に対する管理が重要であり，その適正な運営を確保するために，許可基準や取消基準などを設ける許可制を採用すべきであるとされている[51]。

　なお，派遣業務の範囲について，草案23条は，ネガティブリストを採用し，派遣先と派遣元は，以下の業種の労働を派遣労働者に従事させてはならないと規定している。
(1) 医療従事者
(2) 警備員
(3) 航空人員
(4) 漁船船員以外の船員，小型船舶運転手
(5) 原動機動小船運転手及び助手
(6) 公共交通機関運転手
(7) 鉱山労働者
(8) 他の中央主管機関の公示による労働者

　すでに述べたように，草案1条は，派遣労働者の保護，派遣労働者の雇用の安定および労働力供給の調和を立法目的としている。しかし，労働側にとってネガティブリスト方式を採用する際の最大の懸念は派遣労働者の拡大にあるにもかかわらず，労働部は，使用者の雇用弾力性を損なわないように，不要な制限を回避することにした。したがって，日本の労働者派遣法を参考にして，派遣対象業務をネガティブリスト化したのである。

## 第5節　お わ り に

　台湾の労働者派遣の法制化は先進各国から大きく遅れており，なお社会的コ

---

[51] 王能君「派遣事業單位之設立及管理」台灣法學雜誌243期（2014年）37頁。

ンセンサスを求める途上である。

　市場至上主義の思想に浸透されつつある台湾の裁判所において，契約原則を厳しく守る解釈論の展開によって派遣労働者を保護するのは，限界があるといわざるを得ない。しかし，長い間立法構想を展開しつつある政府の狙いは，労働市場の弾力化を前提として派遣労働者を固定化するという「非正規的長期雇用」にあるのではないかと思われる。したがって，草案は，労働組合の信頼をうることが難しくなり，長期化する傾向は否めないであろう。

　このような状態が続いているが，もう一度直接雇用と長期雇用を原則とする労働基準法の原点に立ち戻るべきではないか。そして，それらの原則から背離している判決に対して批判的に再検討を行うべきところであるが，それらについては今後の課題としたい。

# 第 19 章　ドイツにおける非典型労働と低賃金労働

第 1 節　はじめに
第 2 節　非典型労働と低賃金労働
第 3 節　最低賃金と最低所得
第 4 節　非典型労働の現状と傾向
第 5 節　非典型労働・低賃金労働をめぐる法政策
第 6 節　結　語

皆　川　宏　之

## 第 1 節　はじめに

　1990 年代末以降，日本では「非正社員」と称される非典型労働者の増加がみられ，その中でも，生計依存型の非典型労働者の数が増していることが指摘されている。非典型雇用の場合，得られる賃金額が「正社員」と比較して低い水準にとどまり，かつ，勤続年数や年齢に応じた賃金上昇の傾向もみられないことが，かねてより明らかになっており，正規雇用と非典型雇用との間の処遇格差が問題となっている。

　もっとも，こうした非典型雇用の増加はヨーロッパ諸国にも共通して存在する現象であり，2008（平成 20）年の金融危機に端を発する経済不況を乗り越え，安定した経済成長をみせているドイツもまた，その例外ではない。そのことの象徴の 1 つを，2010（平成 22）年にベルリンで開催された第 68 回ドイツ法曹大会における労働法・社会法部門のテーマが，『標準労働関係への別れ？　新たな雇用形態の増加と拡大する職業歴の断続に鑑み，望まれる労働法および社会法の規制とは何か』と設定されたことに見て取ることができる。その際，同テーマのもと，ボン大学の R. Waltermann 教授が行った鑑定意見報告[1]は，

同国における非典型労働および低賃金労働の広がりがもつ問題を指摘し，その後の労働法学および社会法学における議論を喚起するところとなった。そうした，この間のドイツでの議論は，2013（平成25）年のドイツ連邦議会総選挙の結果を受けて成立した CDU/CSU と SPD の大連立政権における労働政策にも一定の反映をみせている。そこで，本章では，上記の *Waltermann* 鑑定意見におけるドイツの非典型労働および低賃金労働の分析の検討を中心に，同国におけるその現状と法規制，ならびに将来的な政策の方向性について概観を試みる。

## 第 2 節　非典型労働と低賃金労働

### 1　定義と概況

　最初に，関連する概念について簡単に触れておこう。「標準労働関係（Normalarbeitsverhältnis）」とは，まずは期間の定めのない，労働者と使用者の直接的な労働関係を意味する。これに対置される概念としては，非典型労働関係（atypisches Arbeitsverhältnis）が広く用いられており，ここにはまず，有期労働および派遣労働が含まれる。問題は労働時間の長さである。周知のように，ドイツではパートタイム・有期労働契約法（TzBfG）により，パート労働者に対し，合理的な理由がない場合の時間比例を超えた賃金等の不利益取扱いが禁じられていることもあり（TzBfG4 条 1 項），フルタイム労働と比較して相対的に労働時間がさほど短くない場合や，時間あたりの賃金額が低くない場合など，パートタイム労働であっても，それによって労働者の得る賃金額が相対的に低くない場合には，大きな問題はないともいえる。そのため，フルタイム労働と

---

1)　*Waltermann, Raimund*: Abschied vom Normalarbeitsverhältnis? —Welche arbeits- und sozialrechtlichen Regelungen empfehlen sich im Hinblick auf die Zunahme neuer Beschäftigungsformen und die wachsende Diskontinuität von Erwerbsbiographien? —Gutachten B zum 68. Deutschen Juristentag, in: Verhandlungen des 68. Deutschen Juristentages, 2010. 要約として，*ders*.: Wesentliche Aussagen des Gutachtens zur Abteilung Arbeits- und Sozialrecht des 68. Deutschen Juristentages Berlin 2010, Neue Zeitschrift für Arbeitsrecht（NZA）2010, 860.

比較して単に時間が短いことのみで労働関係の標準性が欠けると評価されるわけではなく，例えば，ドイツの連邦統計局の調査では，通常のフルタイム労働の2分の1以上の労働時間（週20時間を上回る労働時間）が定められる無期・直接の労働関係は，標準労働関係に含められている[2]。

次に，前提となる数字をみておこう。1998（平成10）年には，全就業者3268万人のうち，標準労働関係にある労働者は2371万人（72.6%），非典型労働関係にある労働者は530万人（16.2%）であった。これに対し，10年後の2008（平成20）年には，全就業者3473万人のうち，標準労働関係にある労働者が2293万人（66%），非典型労働関係にある労働者が772万人（22%）となっている[3]。同時にこの間，ドイツの失業者数（失業率）は，1998（平成10）年の428万人（12.3%）から2008（平成20）年には326万人（8.7%），2013（平成25）年には295万人（7.7%）と中期的に減少（低下）傾向にある。すなわち，この15年間に，ドイツの失業者数は大きく減少する一方，総就業者数のうち，標準労働関係にある労働者数は増えることなくやや減少し（1998（平成10）年から2008（平成20）年で約3%の減少），他方で非典型労働者の数および比率は増加していることがわかる。

もっとも，近時，ドイツで特に議論の対象となっているのは，労働関係の非典型性それ自体というよりも，低賃金労働セクターの拡大である。相対的な「低賃金境界」として国際的に用いられる指標である，時間あたり賃金額の中央値の3分の2の数値は，連邦統計局が示す数値では，2006（平成18）年には9.85ユーロであり[4]，全労働者のうち，この境界以下の時間あたり賃金額で就労する労働者の割合は20%，標準労働関係にある労働者では11%，非典型労働者では実に49.2%であった。より具体的にみると，僅少労働者（geringfügig Beschäftigte）では81.2%，派遣労働者（Zeitarbeitnehmer）では67.2%が低賃金境界を下回る一方，有期労働者では36.0%，パートタイム労働者では19.5%となっている[5]。

---

2) Vgl. Statistisches Bundesamt (Hrsg.) : Niedrigeinkommen und Erwerbstätigkeit, 2009, S. 5.
3) Statistisches Bundesamt, 前掲注 2), S. 7 f.
4) Statistisches Bundesamt, 前掲注 2), S. 15.

## 2 低賃金労働の問題

### (1) 現在の課題

ただし，低賃金労働の境界は，その定義からも明らかなように相対的に決まるものである。現在のドイツには，旧東西ドイツで収入の格差がなお存在し，旧東西の諸州で分けて統計を取ると，低賃金境界の額も，低賃金境界以下の時間あたりの賃金額で就労する労働者の比率や数も変化する[6]。加えて，低賃金労働で問題となるのは，低所得により労働者が，充足した生活を送ることが難しくなることであるが，上記の低賃金労働の境界以下の賃金額で就労することが即座に困窮状態にあることを意味するわけではない。現在，ドイツでは，稼得可能で要扶助性の認められる者（求職者），または，高齢もしくは疾病・障害等による完全な稼得減少による要扶助者について，税を財源とする基礎保障が行われる（社会法典（SGB）2編および12編）。基礎保障にあたっては，生活のために必要となる基準必要額に，住居暖房費用の支給が加わる。2014（平成26）年1月以降の基準必要額は，単身生活者の場合，月391ユーロであり，平均的な住居暖房費用は月317ユーロである[7]。仮に時間あたりの賃金額7ユーロで週30時間，就労すれば，月に得られる賃金額は額面で約900ユーロとなり，税および社会保険料等を控除しても，上記の生活のために必要とされる最低限度の金額には到達することになる。

もっとも，生計をともにする家族がいる場合には，生活のためにより多くの

---

[5] Statistisches Bundesamt, 前掲注*2)*, S. 15.

[6] デュイスブルク大学労働資格研究所（Institut Arbeit und Qualifikation: IAQ）による調査研究では，旧東西ドイツで別に低賃金境界を設定しており，2008（平成20）年の統計では旧西ドイツの諸州で9.50ユーロ，旧東で6.87ユーロとなる。全労働者のうち，この低賃金境界以下の時間あたり賃金額を得る労働者の割合（人数）は，旧西で20.8％（552万人），旧東で20.1％（104万人），全ドイツで20.7％（655万人）となっている。一方，この数値を全ドイツで取ると，低賃金境界は9.06ユーロ，この境界以下の賃金額の労働者は旧西で17.9％（475万人），旧東で39.3％（203万人），全ドイツで21.5％（681万人）となる。*Kalina, Thorsten/Weinkopf, Claudia*: Niedriglohn-beschäftigung 2008, IAQ-Report, 2010-06, S. 3.

[7] 住居暖房費用の平均額は，*Waltermann*, 前掲注*1)*, S. B 11 で示された数値による。

額が必要となる。SGB2編による求職者のための基礎保障にあたっては，受給権の認められる要扶助者と必要を共同にする関係（必要共同関係 Bedarfsgemeinschaft）において生活をする者に基礎保障が認められ（SGB 2 編 7 条 2 項, 3 項）[8]，その額を基準とすれば，二人の生活パートナーに二人の子がいる必要共同関係においては，生活に最低限，必要となる額は少なくとも月 1500 ユーロ以上に達する[9]。この額を一人で稼得するには，低賃金労働の場合にはフルタイム労働であっても難しくなる。しかし，このような場合でも，社会保障の上では，税財源による移転給付（Transferleistung, transfer payment）により，困難を抱える者の生活を保障することは可能である。現にドイツでは，稼得可能な要扶助者が一定の就労を行い賃金稼得があっても，それのみでは基準必要額および住居暖房費に足りない場合に，不足分を失業手当Ⅱ（ArbeitslosengeldⅡ）ないし社会手当（Sozialgeld）によって支給する，いわゆるコンビ賃金（Kombilohn）が用いられている。また，親の所得が一定額以上にあって[10]，かつ一定限度を超えない範囲にあり[11]，失業手当Ⅱを受給していない場合には，子のある場合に一般的に支給される児童手当（Kindergeld）に加えて，児童追加手当（Kinderzuschlag）の受給も可能となる（連邦児童手当法（BKGG）6a 条 1 項）。こうした社会保障上の移転支出の手段を用いることで，低賃金労働がもたらす現在の生活の困窮を回避することは可能である。

(2) 将来的な課題

しかしながら，低賃金労働のもつ問題は現在の時点に限られず，将来に負担

---

[8] 2014（平成 26）年 1 月以降，基準必要額は，成人の生活パートナーは月 353 ユーロ，18 歳から 25 歳までの子は月 313 ユーロ，14 歳から 17 歳までの子は月 296 ユーロ，6 歳から 13 歳までの子は月 261 ユーロ，0 歳から 5 歳までの子は月 229 ユーロである。

[9] 成人のパートナー二人に各々 353 ユーロ，6 歳未満の子が二人の場合に各々 229 ユーロ，住宅暖房費用を 400 ユーロと見積もると，合計月 1564 ユーロとなる。

[10] 現在は，両親による養育の場合には月 900 ユーロ，単身養育の場合には月 600 ユーロに達していることが条件とされている（BKGG6a 条 1 項 2 号）。

[11] 親の所得が，失業手当Ⅱにおける親の基準必要額（両親の場合には各々 353 ユーロの計 706 ユーロ）に，住居費用の一定割合（子二人の場合には，家賃額の 71.38％）と，受給しうる児童追加手当（子二人の場合には，各々 140 ユーロの計 280 ユーロ）を合わせた合計額を超えていないことが条件となる（BKGG6a 条 4 項）。

を積み残すことにもなる。ドイツのように，公的年金保険制度の制度設計において賦課方式を取り，被保険者である労働者の得る賃金額の一定割合を保険料として徴収しつつ，労働者が稼得してきた賃金額に応じて受給しうる年金額を算定する制度のもとでは（SGB6編63条1項）[12]，低賃金が将来の年金額に影響し，当該労働者が高齢となったときに，その生活のために必要な金額を年金給付によっては得られない危険性が高まることもまた考慮されなければならない。

2010（平成22）年の *Waltermann* 鑑定意見では，次のような数字が示された。仮に労働者が，45年間，週40時間労働で，1時間あたり7.50ユーロの賃金を得ていたとした場合，月あたりの額面賃金額は約1300ユーロとなり，現在の年金額算定基準によると，得られる年金月額は（2010（平成22）年当時の年金評価額によると）約620ユーロとなる。2010（平成22）年時点で，稼得可能な要扶助者や高齢の要扶助者に支給される基礎保障の額は，単身者の場合，平均的に月676ユーロ（基準必要額359ユーロおよび平均的な住居暖房費用317ユーロ）であった。この676ユーロを年金額として得るには，上記の条件設定によるならば，1時間あたり8.20ユーロの賃金額を得ていなければならない[13]。高齢の場合の基礎保障（社会扶助）は，基本的に自治体（市または郡，地方自治体の広域連合）が税財源によって担うものであり（SGB12編3条），将来，生活のために必要な金額を年金から得ることのできない高齢者が増加することとなれば，社会扶助の拡大により，税財源への負担が増すこととなる。このような認識から，同鑑

---

*12)* 受給できる年金月額は，各人の賃金ポイント（Entgeltpunkte）に，年金種別要素（Rentenartfaktor）と，その時々の年金評価額（aktueller Rentenwert）を乗じて算定される（SGB6編63条6項）。賃金ポイントは，被保険者であった期間の各年の全被保険者の平均賃金と，当該被保険者がその年に得た賃金額の比率によって決定される。例えば，Y社に25年間，雇用され，その間，平均賃金の90％に相当する賃金を得て保険料を納付していた者は，賃金ポイント22.5〔25×0.9〕×年金種別要素1.0〔老齢年金＝1.0〕×年金評価額27.27ユーロ〔2012（平成24）年1月の評価額〕＝618.10ユーロとなる。

*13)* *Waltermann*, 前掲注 *1)*, S. B 11. 2013（平成25）年の時点では，単身生活者の場合の基準必要額は月382ユーロであり，平均的な住居費用支給額を317ユーロとすると合計，月699ユーロとなり，この金額を年金により得るには，週40時間労働，保険料納付期間45年として，1時間あたり約9ユーロの賃金額であることを要する。この点について，*Waltermann, Raimund*: Gesetzliche und tarifvertragliche Gestaltung im Niedriglohnsektor, NZA 2013, 1041, 1042.

定意見は，現在の低賃金労働をそのまま放置することは，問題を将来の税負担に先送りすることを意味する，と指摘する[14]。

## 第3節　最低賃金と最低所得

### 1　最低所得の保障とその問題

*Waltermann* 鑑定意見では，前節で述べたような低賃金労働の拡大がもつ問題点を踏まえ，特に低賃金の傾向にある僅少労働および派遣労働についての法規制のあり方を検討した上で，僅少労働の場合の労働者の社会保険料免除の見直し[15]，派遣労働に関する法規制の見直しなど[16] の提案がなされているが，そうした具体的な提案とともに，関連する問題群を包摂する包括的な提案として，一般的な法定最低賃金（Mindestlohn）制度の導入が推奨されている[17]。

まず，低賃金労働の問題について，法定の最低賃金制度をもって対処すべきとする見解に対し，対抗モデルとなるのは，生活に必要な最低限度の所得を賃金稼得によってはすべて得ることのできない労働者，およびその家族に対し，税財源からの移転給付を行うことで所得を確保する「最低所得（Mindesteinkommen）」のコンセプトである。このコンセプトは，既述のように，現在のドイツにおいてもコンビ賃金によって実施されている。その際，基礎保障給付を受けている者に，就労による所得がある場合には，その所得額が考慮され，失業手当Ⅱの給付額から差し引かれる。このとき，月100ユーロまでの収入はこの差し引きを免れ，（SGB 2編11b条2項），また，月100ユーロを超えて1000ユーロまでの所得は，その額の20%が（SGB 2編11b条3項2文1号），月1000ユーロを超えて1200ユーロまでの所得は，その額の10%が（同2号）差し引き

---

[14]　*Waltermann*, 前掲注 *1)*, NZA 2010, 861; *ders.*, 前掲注 *13)*, NZA 2013, 1042.
[15]　*Waltermann*, 前掲注 *1)*, S. B 40 ff.; *ders.*: Mini-Jobs—ausweiten oder abschaffen?, Neue Juristische Wochenschrift（NJW）2013, 118.
[16]　*Waltermann*, 前掲注 *1)*, S. B 62 ff.; *ders.*: Fehlentwicklung in der Leiharbeit, NZA 2010, 482.
[17]　*Waltermann*, 前掲注 *1)*, S. B 94 ff.; *ders.*: Mindestlohn oder Mindesteinkommen?, NJW 2010, 801.

を免れる[18]。結果，その分の額が稼得可能な要扶助者の手元に残ることとなる[19]。

　こうしたコンビ賃金制度は，賃金所得に基礎保障給付を必要な限りで上乗せすることから，一般に「上積み（Aufstockung）」とも称されるが，これには以下のような問題がある。1つには，この制度のもとでは，基礎保障の給付があることから，就労しつつ受給する者の賃金が低く抑えられる傾向があり[20]，賃金稼得と基礎保障給付の併存状態から，その後，賃金稼得のみの状態に移行する（受給を終了する）確率も低くなっている[21]。制度上も，上記のように，より低い稼得額の方が，差引免除により手元に残る割合が高く，また，僅少労働，すなわち，月あたりの賃金所得が450ユーロ[22]以下（SGB4編8条1項1号）の場合には，労働者の税および社会保険料が免除されうることから[23]，その額までの範囲に賃金額を抑えるよう，労働者と使用者が合意することには双方にとって利点がある。結果，時間あたりの賃金額も低く抑えられることが推察される。このような状況は，要扶助者が稼得する賃金に基礎保障給付を上積みするというよりも，基礎保障給付に低賃金労働による稼得を上積みしているとみることもできよう[24]。

---

[18]　加えて，失業手当Ⅱの受給者が，少なくとも一人の未成年の子と生活している，または一人の子をもつ場合には，就労所得額の10％が差し引きを免れる限度は月1500ユーロまでとなる（SGB2編11b条3項3文）。

[19]　例えば，月400ユーロの就労所得が，失業手当Ⅱの受給権者にある場合，その就労所得の80％，320ユーロまでが失業手当Ⅱの支給額から差し引かれる。仮に，その者に認められる失業手当Ⅱの基準必要額および住居暖房費用が月700ユーロであるとすると，320ユーロが差し引かれた残りの380ユーロが失業手当Ⅱの支給額となり，賃金所得400ユーロと合わせて，その者は合計月780ユーロを得ることができる。

[20]　参照文献として，*Dingeldey, Irene/Sopp, Peter/Wagner, Alexandra*: Governance des Einkommensmix: Geringfügige Beschäftigung im ALG-II-Bezug, WSI-Mitteilungen 2012, 32.

[21]　特に僅少労働者の場合，基礎保障の受給期間が相対的に長期間にわたる傾向があり，ある時点から6ヵ月後になお受給している割合が42％，受給が終了する割合が15％，就労関係が終了する割合は43％となっている。*Waltermann*，前掲注*17)*，NJW 2010, 802 f.

[22]　社会法典の改正により，2013（平成25）年1月1日より，それ以前の月400ユーロから450ユーロに賃金額の下限が変更されている。

## 2 最低賃金の推奨

このように，賃金所得と社会保障法上の移転給付を組み合わせる「最低所得」の保障と，「最低賃金」との相違は，詰まるところ，低賃金労働者が就労により現に得ている賃金額と，想定されうる最低賃金額との差額を誰が負担するか，の違いに帰着する。前者の場合には納税者，後者の場合には使用者ということになる[25]。

それでは，その何れが負担することが望ましいか。ドイツの現行法秩序，とりわけ社会法と私法の基本的なコンセプトからすると，最低賃金の方が適切ということになる。まず，社会法の観点から，ドイツの社会保障制度は，19世紀のビスマルクによる公的社会保険創設以来，労働者の稼得する賃金に基づく保険料を財源として給付を行う社会保険を第1に基盤としている。これに対し，僅少労働の保険料免除制度やコンビ賃金による低賃金労働の拡大は，保険料の減少を招き，社会保険システムの持続性に問題をもたらすとともに，税財源による基礎保障給付の増大を招き，また，その負担は，既述のように，将来的に年金給付では生活に必要な額を得られない高齢者への給付増加へとつながり，さらに税財源からの支出を拡大させるおそれがある[26]。

次に，私法の観点から，一般的な私法秩序において基本的に想定されているのは，第1に，各個人が自らの責任において生存を図ることである。労働者の場合には，通常，適切な労働条件を基盤として，自らの生存を確保することと

---

[23] 加えて，暦年内に最長2ヵ月ないし50労働日までの就労についても労働者の税・社会保険料負担の免除がある（SGB4編8条1項2号）。一方，使用者の負担としては，月450ユーロまでの僅少労働については法定年金保険料15％，法定疾病保険料13％（労働者が私保険に加入している場合などに免除されうる），包括税2％，労働者疾病時の使用者費用調整割当金0.7％（30人までの労働者を雇用する使用者に適用），労働者の妊娠出産時の使用者費用調整割当金0.14％，倒産手当割当金0.15％と，最大で賃金額の30.99％の租税および社会保険料，割当金を納付する義務がある。短期の僅少労働については，年金保険料，疾病保険料について使用者に使用者負担分の納付義務がない一方，包括税は25％が徴収される。私的な世帯の家事労働時に従事する僅少労働については，より低い負担率が適用される。

[24] Waltermann, 前掲注 *17*), NJW 2010, 802.
[25] Waltermann, 前掲注 *17*), NJW 2010, 803.
[26] Waltermann, 前掲注 *1*), S. B 89 ff.; ders., 前掲注 *17*), NJW 2010, 805.

なる。そのために，労働者の自助による持続的な生存確保のための枠組みを保証することが，私法の一分野である労働法の課題ということになる[27]。

概略，以上のような理由から，*Waltermann* 鑑定意見では，一般的な法定最低賃金の導入が推奨されている。なお，この報告が行われた第68回ドイツ法曹大会において実施された参加者の議決において，最低賃金に関連し，「社会法上の移転給付が労働市場における低賃金領域の状況に影響している」点については，賛成191：反対100：無効8，「その状況に対して統一的な一般最低賃金は対抗作用を持ちうる」点については，賛成185：反対104：無効8で，いずれも採択されている[28]。

## 第4節　非典型労働の現状と傾向

もっとも，特に90年代に高い失業率に悩まされたドイツでは，2000年代以降，一連の労働市場政策が大量失業の解消に主眼を置いて実施されてきたことはよく知られており，そのような文脈ないし観点からは，非典型労働ないし低賃金労働であったとしても，長期的に失業状態にあるよりは好ましいとも考えられる。加えて，非典型労働から，より安定した標準労働関係へと移行する傾向がみられるのだとすれば，なお好ましく，その場合には上記の将来的な税財源給付負担の拡大という懸念についても，現在の低賃金労働の問題性は小さくなろう。

この点に関連して，労働市場・職業研究所（Institut für Arbeitsmarkt- und Berufsforschung）の *Hohendanner* と *Walwei* は，非典型労働が労働市場において果たしうると考えられる効果について，①失業状態から就労状態への「架橋効果（Brückeneffekte）」と，②非典型労働ないし低賃金労働から，より安定して相対的に高賃金の標準労働関係に移行させる「スプリングボード効果（Sprungbretteffekte）」とを区別した上で，有期労働，派遣労働，僅少労働について，こうした効果が確認されるか否かを，これまでの調査研究の成果から検証して

---

27)　*Waltermann*，前掲注 *13*），NZA 2013, 1042.
28)　http://www.djt.de/fileadmin/downloads/68/68_djt_beschluesse.pdf

いる[29]。

　まず有期労働関係については，失業者の就業機会を高める架橋効果がみられ，また，全体的にみれば，無期の安定した労働関係に移行するスプリングボード効果も確認されている[30]。もっとも，有期労働者のさらなる就労機会は労働者個人の特性による影響を受け，すなわち，高資格労働者であればその後に安定した標準労働関係に移る可能性が高いものの，低資格労働者の場合はその後に失業するリスクも大きいことが示されている[31]。

　次に派遣労働の場合，長期失業者を就労状態に移行させる架橋効果を肯定する研究結果はみられるものの，派遣労働分野で就労する労働者が，その後にほかの分野での就労へと移行する傾向は，少なくとも経済不況期には弱く[32]，派遣労働から標準労働関係へのスプリングボード効果については，有期労働と比較して明らかに小さい[33]。

　最後に，僅少労働についてみておこう。僅少労働に従事する労働者の数は，連邦雇用庁の統計によると，2014（平成26）年7月の時点で，専ら僅少労働に従事する者の数が約510万人，主な稼得のための労働以外に副業として僅少労働に従事する者の数が約243万人となっている。こうした僅少労働は，非典型労働の諸類型の中でも従事する者の数が多く，また，時間あたりの賃金額が低いことから，ドイツにおける低賃金労働セクター拡大の要因の1つとみられている。もっとも，2003（平成15）年の第2労働市場政策現代化法（ハルツ第Ⅱ法）により，僅少労働の制度が新たに規制されて以降，専ら僅少労働に従事する就

---

[29]　*Hohendanner, Christian/Walwei, Ulrich*: Arbeitsmarkteffekte atypischer Beschäftigung, WSI-Mitteilungen 2013, 239, 240.

[30]　*Hohendanner/Walwei*, 前掲注[29], WSI-Mitteilungen 2013, 240. *Gebel, Michael*: Is a Temporary Job Better Than Unemployment? A Cross-country Comparison Based on British, German, and Swiss Panel Data, SOEPpapers at DIW Berlin, 2013 も参照。

[31]　*Hohendanner/Walwei*, 前掲注[29], WSI-Mitteilungen 2013, 241. すなわち，有期雇用は，高資格労働者については標準労働関係に移行するための試用期間として機能している割合が高いが，低資格労働者については，企業による雇用量の柔軟な調整に利用される割合が高いことが示唆される。

[32]　*Lehmer, Florian*: Dient die Arbeitnehmerüberlassung für Langzeitarbeitslose als Brücke in nachhaltige Beschäftigung?, Sozialer Fortschritt 8/2012, 190.

[33]　*Hohendanner/Walwei*, 前掲注[29], WSI-Mitteilungen 2013, 241.

労者数はほぼ横ばいで推移しており、副業として従事する僅少労働者数は漸増傾向にある[34]。2010（平成22）年に実施されたアンケート調査によると、専ら僅少労働のみに従事している者の内訳は、主婦ないし主夫が35％、年金生活者が22％、生徒・学生が20％、失業者が11％ほどとなっている[35]。こうした事情から、僅少労働は、自らほかに主な収入を得る労働関係にある者や、あるいは、家族のほかの者に世帯の生計を支える稼得のある者が、追加的に従事する傾向の強い労働形態であるとみることができる。こうした就業の傾向からも推測されるように、僅少労働者については、通常の社会保険義務の生ずる標準労働関係への移行はほとんどみられない[36]。

　以上のようなサーベイから、低賃金労働の拡大が含みもつ問題を、概略、次のようにまとめることができる。とりわけ、現在の低賃金労働が、より高い賃金額を安定して得られる労働関係へと移行していかない場合に、将来的に税財源による生存保障の負担増大につながりうると考えられることから、特に問題があるのは、標準労働関係への移行傾向が弱いとみられる、低資格労働者の有期労働、ならびに派遣労働ないし僅少労働における低賃金労働ということになる。低資格労働者の有期労働や派遣労働は、標準労働関係と比較して労働関係存続の安定性にも欠けることから、賃金稼得の期間に断続が生じやすいことも、将来的に最低限の年金額が得られない危険性を高める要因となる。僅少労働については、その労働に従事するのみでは公的年金保険において将来的に十分な年金額を得ることはできない。専ら僅少労働のみに従事する者の場合、例えば、配偶者や生活パートナーの収入により私的な年金保険に加入している場合などには、高齢になった際の生存保障のリスクは小さくなるものの、そのような事情をすべての該当者に期待することはできず、高齢となったときの生存保障に課題は残り、将来的に税財源への負担を拡大する要因となりうる。

　以上の分析を踏まえると、少なくとも上記の非典型労働類型における低賃金

---

34) Körner, Thomas/Meinken, Holger/Puch, Katharina: Wer sind die ausschließlich geringfügig Beschäftigten? Eine Analyse nach sozialer Lebenslage, Statistisches Bundesamt, Wirtschaft und Statistik, Januar 2013, 45.
35) Körner/Holger/Puch, 前掲注 34)、46.
36) Hohendanner/Walwei, 前掲注 29)、WSI-Mitteilungen 2013, 241.

労働は，前述の *Waltermann* 鑑定意見が示すように，社会保障における税財源支出の拡大を招来する可能性が高いといえよう。

## 第5節　非典型労働・低賃金労働をめぐる法政策

### 1　派遣労働の規制

　最後に，ドイツでの非典型労働および低賃金労働に関連する，近時の政策動向を取り上げる。非典型労働とその労働条件規制について，特に問題となっているのは派遣労働の分野である。ドイツにおける派遣労働は，2003（平成15）年1月から施行された第1労働市場政策現代化法（いわゆるハルツ第Ⅰ法）により，派遣される期間と，派遣元と派遣労働者との労働契約の期間設定との同調禁止規制，ならびに派遣可能期間の制限が撤廃されたことなどにより，その規制の方向が大きく転換され，以降，「ブーム」ともいわれる派遣労働ビジネスの展開が後押しされてきた。

　派遣労働者の数は，2003（平成15）年には約282,400人であったが，その後，増加を続け，2008（平成20）年以降の経済危機時には一時減少したものの，再び増加に転じ，2013（平成25）年6月には，約852,000人となっている[37]。その就労の継続性は不安定で，2013（平成25）年前半期に派遣労働から離職した者（約484,000人）の中で，半数が派遣労働での就労期間が3ヵ月未満である[38]。賃金額も相対的に低く，2006（平成18）年の数字では，派遣労働者の時間あたり平均賃金額は9.71ユーロ（全労働者の平均は16.63ユーロ）となっている[39]。

　派遣労働の低賃金労働としての性格を強めることとなった原因として，派遣労働者に関する，派遣先事業所の直用労働者との平等取扱原則が，事実上，骨抜きにされてきたことが大きく，その点に対する批判が強い[40]。一連のハルツ法に先立ち施行されていたいわゆるJob-AQTIV法により，派遣労働者には，

---

[37]　Bundesagentur für Arbeit（Hrsg.）: Arbeitsmarktberichterstattung: Der Arbeitsmarkt in Deutschland−Zeitarbeit−Aktuelle Entwicklungen, 2014, S. 6.
[38]　Bundesagentur für Arbeit, 前掲注 *37*), S. 18.
[39]　Statistisches Bundesamt, 前掲注 *2*), S. 14.

12ヵ月の待機期間により，派遣先の比較可能な労働者との賃金に関する平等取扱請求権が認められていた。これに対し，ハルツ第Ⅰ法による改正後の労働者派遣法（AÜG）では，派遣労働者は，待機期間なしに派遣先の比較可能な労働者の労働条件を求める権利を有することとされたものの（AÜG9条2号，10条4項），しかし，この平等取扱原則には労働協約により異なる定めが可能とされ，加えて，使用者（派遣元）と労働者が労働協約を引用することによっても逸脱が可能とされたことから（AÜG9条2号，平等取扱原則を回避し直用の労働者を下回る賃金額を設定することは容易となった。ドイツ労働組合総同盟（DGB）加盟の労働組合が締結する労働協約においても，派遣労働の賃金額が最低で時間あたり7ユーロ台と低く設定され，派遣労働者の賃金額の改善には至らなかった。

このような事情のもと，2008（平成20）年欧州派遣労働指令（2008/104/EG）の国内法化の要請もあり，2011（平成23）年4月にAÜGが改正され，その中で派遣労働者に対する最低賃金規制が設けられた。この規制は，派遣労働分野にかかわる労働組合および使用者団体が連邦規模で合意した賃金下限を連邦労働社会省（BMAS）に提案し，BMASがこれを受けて法規命令により法的拘束力をもつ形で，この下限を確定しうる，とするものである（AÜG3a条1項，2項）。この規定に基づく手続により，2014（平成26）年現在，旧東の諸州で1時間あたり7.86ユーロ，旧西で8.50ユーロが派遣労働にあたっての賃金下限として法規命令により定められている[41]。

また，2013（平成25）年9月の連邦議会選挙の結果を受け，CDU/CSUとSPDとの間で合意に至った連立協定の中では，派遣労働の利用を一時的なものとするため，派遣可能期間が18ヵ月を超えてはならないものとすることが定められている[42]。さらに，派遣労働者は，遅くとも9ヵ月後に，賃金につ

---

40) 近時のものとして，*Deinert, Olaf*: Kernbelegschaften—Randbelegschaften—Fremdbelegschaften—Herausforderungen für das Arbeitsrecht durch Reduzierung von Stammbelegschaften, Recht der Arbeit (RdA) 2014, 65, 68 ff.

41) BAnz. AT 30. 01. 2014 B1, S. 1 f.

42) Koalitionsvertrag zwischen CDU, CSU und SPD, 2013, S. 49 f. ただし，労働協約または労働協約に基づく事業所協定により，これを延長することは可能とされている。http://www.cdu.de/koalitionsvertrag を参照。

いて派遣先の労働者と等しくされるべきこととされている[43]。

## 2　最低賃金の規制

ドイツでは，伝統的に基本法（GG）9条3項に基づく協約自治を基礎とし，労働者の労働条件の規制を基本的に労働組合と使用者団体の自治的決定に委ねるあり方が尊重されてきた。しかし，近年の協約拘束率の低下と低賃金労働の拡大を受け，労働者送出法（AEntG）の度重なる改正や，既述のAÜG改正による法規命令を通じた法的拘束力のある賃金下限の設定など，賃金の最低基準に関連した法規制が行われるようになった[44]。しかし同時に，最低賃金に関する複数の規制が併存し，現状は「ジャングル」にも喩えられている[45]。

このような状況のもと，近年，政治的にも，一般的な最低賃金規制の可否が盛んに議論されてきたが，2013（平成25）年に成立した大連立政府のもと，協約自治強化法（Gesetz zur Stärkung der Tarifautonomie）の名称で[46]，その一部として最低賃金法（Gesetz zur Regelung eines allgemeinen Mindestlohns: Mindestlohngesetz—MiLoG）が2014（平成26）年8月に連邦議会で可決され，成立するところとなった。

MiLoGでは，2015（平成27）年1月以降，最低賃金額を8.50ユーロとし[47]（1条2項），その後，連邦政府が恒常的に招集する最低賃金委員会[48]が，労働者への適切な最低基準の保護に資し，公正で機能する競争条件を可能とし，雇用を脅かさないために適正な額を総合的に考慮して決定し（9条2項），連邦政

---

[43] Koalitionsvertrag, 前掲注42), S. 50.

[44] 齋藤純子「ドイツの最低賃金規制」レファレンス733号（2012年）27頁以下を参照。

[45] Sittard, Ulrich: Im Dschungel der Mindestlöhne—ein Versuch der Systematisierung, RdA 2013, 301.

[46] 協約自治強化法により，労働協約法（TVG）における協約の一般的拘束力宣言の要件（TVG5条1項）から，協約適用労働者の50％要件が削除された。

[47] 移行措置として，2017（平成29）年12月31日までは，労働協約，ならびに，AEntG11条およびAÜG3a条に基づく法規命令により，これを下回る規制は効力をもつ（24条）。

[48] 労使の上部団体の提案による3名ずつの議決権を有する構成員，および，原則として労使上部団体の共同提案に基づく議長から構成される（5条1項，6条1項）。

府が連邦参議院の同意なしに法規命令により法的拘束力をもってこれを実施しうる（11条1項）こととされている。

こうした一般的な法定最低賃金制度を導入する根拠として，法案に付された立法理由は，次のように述べている。第1に，最低賃金が労働者の保護に必要であり，労働協約による規制が低賃金労働の拡大に対して十分に対応できないことが挙げられ，続いて，生存を保障しない賃金には求職者への基礎保障が「上積み」されるため，最低賃金がないことにより，社会保障制度に負担させることで低賃金化を図る競争が企業間で生ずる可能性があり，また，そうした基礎保障のコストと並んで，社会保険の収入減少と，労働者の高齢時の保障にネガティブな結果が生ずることが言及されている[49]。上記でみた *Waltermann* 鑑定意見で示されたように，基礎保障と低賃金の組み合わせが，社会保障制度全体の財政に対し，現在および将来の両面で負担となりうること，ならびに，そのことへの対応としての一般的な最低賃金の必要性が，今回の立法の根拠の1つに位置づけられていることが窺える。

## 第6節　結　語

以上，概観してきたように，ドイツでは，特に2003（平成15）年以降の一連の労働市場政策の結果，非典型労働および低賃金労働が拡大をみせてきた。これに対し，上述の *Waltermann* 鑑定意見に象徴的にみられるように，低賃金労働の拡大は，賃金によっては自身ないしその家族の生活に必要な額を得ることのできない労働者への現在と将来の基礎保障給付を増加させ，社会保障上の税財源の負担を増し，また，社会保険財源の減少にもつながることで社会保障制度の持続性を損ないうるとの認識が広がり，そのことが低賃金化に歯止めをかけようとする一連の最低賃金政策へと帰結している。このようなドイツでの動向，および，特に生活に困難を抱える者に対する賃金と社会保障給付との組み合わせによる最低所得保障の制度が抱えうる問題の指摘は，日本の同様の問題に対する政策的対応を検討する際に少なからぬ示唆を与えるものと思われる。

---

[49] Entwurf eines Gesetzes zur Stärkung der Tarifautonomie, Begründung zum Mindestlohngesetz, S. 32.

# 第20章　カナダにおける解雇の際の合理的予告期間（Reasonable Notice）

第1節　はじめに
第2節　合理的予告期間（Reasonable Notice）
第3節　違法解雇の際の救済
第4節　結びに代えて

木　南　直　之

## 第1節　はじめに

　安倍晋三内閣のもとに設置された[1]日本経済再生本部[2]において，金銭解雇制度の導入の可否についての検討がなされてきた。金銭解雇制度とは，解雇が仮に違法であった場合にも，その解雇自体を無効，すなわち，労働契約が継続しているものと取り扱い，いわゆるバックペイを支払った上で労働者を職場に復帰させるという従来の手法ではなく，解雇自体は有効とした上で，何らかの金銭の支払を使用者に対して命ずる制度である。

　産業競争力会議中間整理[3]では，「主要先進国において判決による金銭救済

---

[1]　閣議決定「日本経済再生本部の設置について」（2012年12月26日）［http://www.kantei.go.jp/jp/singi/keizaisaisei/konkyo.html］。

[2]　実質的な議論がなされているのは，日本経済再生本部のもとに設置された産業競争力会議においてである（日本経済再生本部「産業競争力会議の開催について」（2013年1月8日）［http://www.kantei.go.jp/jp/singi/keizaisaisei/skkkaigi/konkyo.html］）。

[3]　産業競争力会議「産業競争力会議『雇用・人材分科会』中間整理──『世界でトップレベルの雇用環境・働き方』の実現を目指して」（2013年12月26日）10頁［http://www.kantei.go.jp/jp/singi/keizaisaisei/skkkaigi/dai15/siryou.html］。

ができる仕組みが整備されていることを踏まえ，まずは，諸外国の関係制度・運用の状況について，中小企業で働く労働者の保護や，外国企業による対内直接投資等の観点を踏まえながら研究を進める」とされ，同会議には，諸外国の例などが検討資料として提出され[4]，議論に供されてきた。これによれば，調査対象国 11 か国中，韓国を除く 10 か国（米国，英国，オーストラリア，シンガポール，イタリア，デンマーク，フランス，香港，スペイン，ドイツ）では，使用者に対し，復職ではなく金銭の支払を命じることができる制度があるとされている。こうした例を踏まえ，金銭解雇制度導入の是非について検討が加えられたが，最終的には，今回の答申[5]では，金銭解雇制度の導入については触れられず，検討は持ち越されることとなった。

　ところで，上述の検討では触れられなかったが，カナダにおいては，金銭解雇は可能であろうか。結論を先取りすれば，それは可能である。英米法法域に属するカナダ各州においては，伝統的には，雇用は随意的で，基本的に使用者は何時でも如何なる理由であれ，労働者を解雇することが可能であった。しかしながら，この「何時でも」という部分は修正され，"Reasonable Notice" を経ない解雇は，その期間に相当する金銭を賠償しない限りは無効とする法理が現在では確立している。ここでは，この "Reasonable Notice" を「合理的予告期間」と一応訳すが，逆の見方をすれば，その合理的予告期間に相当する金銭を賠償すれば，解雇自体が無効になることはない。すなわち，この合理的予告期間の長短は，事実上，解雇予告手当の多寡を意味することになる。

　本章では，このカナダにおける合理的予告期間に関する法状況をまず紹介し，その後，それが違法解雇の際にどのように適用されるのかを説明する。

　かかる紹介が，わが国における金銭解雇制度導入の是非を巡る理論的問題，そして，仮にそうした制度を導入するとした場合の，その賠償金の算定，多寡を決定する際の参考に寄与できれば幸いである。

---

4)　岡田和樹「労働紛争解決システムについて」（2014 年 4 月 9 日）[http://www.kantei.go.jp/jp/singi/keizaisaisei/skkkaigi/goudou/dai4/sankou2.pdf]。

5)　経済財政諮問会議・産業競争力会議合同会議「『日本再興戦略』の改訂について（案）」（2014 年 6 月 24 日）[http://www.kantei.go.jp/jp/singi/keizaisaisei/skkkaigi/goudou/dai6/siryou.html]。

## 第2節　合理的予告期間（Reasonable Notice）

### 1　序　説

　カナダにおいて，労働者の解雇の合法性を審査する際に，まず考慮されるのは，その解雇が正当な事由（just cause）を有していたのかどうかである[6]。正当な事由とは，労働者側の非違行為とか能力不足が通常これに当てはまるが，これが認められる場合には，後述する労働基準法上の解雇予告期間も，コモンロー上の合理的予告期間も使用者に義務づけられることはない。つまり，即時解雇が可能である。

　一方，正当な事由を有さない場合でも，それが差別的なものでない限り，解雇そのものが制限されることはない。その意味で，随意的雇用原則はカナダにおいても，存在している。しかしながら，その随意的雇用原則のうち，「何時でも」という部分は，大きく修正されている。それは，制定法である労働基準法によって，解雇予告期間が義務づけられているのみならず，コモンロー上，労働基準法上の解雇予告期間を大幅に上回る解雇予告期間を置くことが義務づけられているからである。

　本節では，この解雇予告期間について，労働基準法上のそれに簡単に触れた後，コモンロー上のそれについて，説明する。ところで，この解雇予告期間を置かないで行われた解雇は違法解雇（wrongful dismissal）ということになる。この違法解雇が行われた際の救済にも，コモンロー上の合理的予告期間は大きく関係する。そこで，次節では，違法解雇の際の救済におけるコモンロー上の合理的予告期間の意味について，論述する。

### 2　労働基準法上の解雇予告期間

　カナダにおいては，各州および連邦においても，制定法である労働基準法上，

---

[6]　GEOFFREY ENGLAND, INDIVIDUAL EMPLOYMENT LAW 283 (2d ed. (2008) IRWIN LAW, pp. 283. 本節および次節の記述は，同書に多くを拠っている。

解雇予告期間が法定されている。使用者は，まず，少なくとも，この労働基準法上の解雇予告期間を遵守しなければならないことになる。

この解雇予告期間は，雇用存続期間に比例して長くなるのが通例である。例えば，Alberta州においては[7]，雇用存続期間が3ヵ月を越え2年未満の場合には1週間，2年以上4年未満の場合には2週間，4年以上6年未満の場合には4週間，6年以上8年未満の場合には5週間，8年以上10年未満の場合には6週間，10年以上の場合には8週間とされている[8]。

なお，わが国と同様に，この解雇予告に代えて，解雇予告期間相当の解雇予告手当（Termination pay）を支払い，あるいは，解雇予告と解雇予告手当を併用して，解雇することが認められ[9]，また，労働者側に非行があるなど正当な理由がある場合などには，解雇予告および解雇予告手当の支払が免除される[10]。当事者の合意によっても，この労働基準法上の最低基準を下回ることができないことも同様である[11]。

一方，日本法と比較し，カナダ法において特徴的なのは，解雇予告後は，労働条件の変更が原則として禁止されている点である[12]。この点，日本法においては規制がないが，カナダ法では労働条件変更の禁止を明確にすることにより，解雇予告後の不当な労務指揮権の行使や，賃金を不当に減額することを防止している。

### 3 コモンロー上の合理的予告期間（Reasonable Notice）

カナダにおいては，コモンロー上，労働契約の当事者は，自由に労働契約を解約することができるが，同時にその際使用者は，労働者が次の職を得られる

---

[7] 以下では，http://wwwqp.alberta.ca/1266.cfm?page=E09_cfm&leg-type=Acts&isbncln=97を参考にチェック。Alberta Employment Standards Code, R. S. A. 2000, c. E-9 s. 56 [*Alta. ESC*]．

[8] なお，事業縮小の場合など集団的解雇を行う場合には，特別法により，通常の場合とは別の解雇予告期間が定められている州も存在する。(England, supra note6 at 297.)

[9] E. g., *Alta. ESC*, s. 57.

[10] E. g., *Alta. ESC*, s. 55 (2).

[11] E. g., *Alta. ESC*, s. 4.

[12] E. g., *Alta. ESC*, s. 61.

よう配慮すべき義務を負う。この1つの表れが，解雇予告期間である。したがって，労働契約上，明示にあるいは黙示に解雇予告期間が規定されている場合には，使用者はこれに従う義務を負うのは当然である。では，こうした解雇予告期間を契約上見出すことができない場合，あるいは，その解雇予告期間が労働者に余りにも不利である場合はどうなるか。かつては，契約当事者の意思を尊重して，そうした場合は解雇予告期間の存在を認めない，あるいは契約どおりの解雇予告期間のみを認定するとの判断[13]もなされていた。しかし，裁判所は次第に，労働契約における交渉力の不均衡および労働者の生活を保障するといった観点から，解雇予告期間は合理的なものでなければならないという部分に，重きを置くようになり，1960年の *Bardal* 事件[14] において，明確な予告期間の算定要素についての判断が示されたこともあり，使用者は「合理的予告期間（Reasonable Notice）」を経なければ，労働者を解雇できないという法理が事実上確立した。つまり，労働契約中に解雇予告期間の定めがない場合は勿論のこと，仮にそうした定めがあったとしても，裁判所は独自の観点から「合理的予告期間」の長さを算定し，その期間を経なければ，使用者は労働者を解雇することができないのである。この合理的予告期間の存在は，カナダ労働法における大きな特徴の1つである。

　それでは，この合理的予告期間とは，どの程度の期間で，どのように算定されるのであろうか。*Bardal* 事件は，以下のように述べる。「事件の類型毎に合理的予告期間を参照できるカタログのようなものは，存在しない。予告期間合理性は，それぞれの事件に即して，その雇用の性格，勤続期間，労働者の年齢，さらには，その労働者の経験，受けた訓練，能力に照らして同様の職を得るための難易度を考慮して判断する他ない[15]」と。

　このうち，合理的予告期間を算定する際に，最も重視されるのは，最後に述べられた被解雇者が次の職を得るまでにどのくらいの期間が必要か，いい換え

---

[13] かつては，「明確で，合理的であり，かつ周知されている」という条件を満たす場合にのみ，解雇予告期間の設定を認めるという判断も出されていた（*Sagar v. H. Ridehalgh & Son Ltd.* (1930), [1931] 1 Ch. 310 (C. A.))。

[14] *Bardal v. The Globe and Mail Ltd.* (1960), 24 D. L. R. (2d) 140 (Ont. H. C. J.).

[15] *Id.* at para. 21.

れば，就職活動をしている間の金銭的損失はどの程度になるのかという観点である。その際には，一般論ではなく，その被解雇者に即して，その経験，専門的技術，能力などを総合考慮し，その期間を算定することになる。ただし，その際には，解雇そのものによる損害，例えば，解雇による精神的な落ち込みからの回復期間などは考慮されない[16]。

なお，高度な職種に就いている労働者については，予告期間は長くなる。さらには，年齢も合理的予告期間を算定する上での重要な要素となる。年長の労働者は年少の労働者よりも職を得ることが現実的に難しいことから，年長であることは，合理的予告期間を延長することの1つの根拠となりうる[17]。

勤続期間については，1年の勤務につき1ヵ月の合理的予告期間が課されるというのが世間の一応の感覚であるが，裁判所は勤務期間だけではなく，そのほかの要素も総合考慮した上で，合理的予告期間を算定している。そのため，必ずしもその感覚が素直に当てはまるものではない[18]。また，長期については，24ヵ月が裁判所における非公式の上限として，運用されている[19]。

## 4 Wallace加算

ところで，1997（平成9）年，カナダ最高裁は，解雇が冷淡または無神経な態様で行われた場合，あるいは害意をもって行われた場合には，合理的予告期間を延長することのできる裁量権を裁判所は有するとの判断を示した[20]。このように解雇の態様により合理的予告期間が延長されることは，事件の名称からWallace加算と呼ばれる。

このWallace加算は，被解雇者の失業期間が現実には伸びなかったとしても，あるいは被解雇者が実際には精神的苦痛を負わなかったとしても，適用可能で

---

[16] England, *supra* note 6, at 311.
[17] *Farmer v. Foxridge Homes Ltd.* (1992), 45 C. C. E. L. 145 (Alta. Q. B.).
[18] England, *supra* note 6, at 308.
[19] 1審の合理的予告期間36ヵ月を24ヵ月に修正したものとして *Lowndes v. Summit Ford Sales Ltd.*, [2006] C. L. L. C. 210-005 (Ont. C. A.), 同様に27ヵ月を24ヵ月に修正したものとして *Gismondi v. City of Toronto* [2003] C. L. L. C. 210-043 (Ont. C. A.).
[20] *Wallace v. United Grain Growers Ltd.*, [1997] 3 S. C. R. 701.

ある。したがって，Wallace 加算は懲罰的な色彩を帯びることとなり，被解雇者の苦痛を慰藉する機能だけでなく，使用者をして社会的に受け入れがたい態様での解雇を抑止させる効果をももたらしている。この Wallace 加算が行われると，その加算は合理的予告期間の 33％ を占める[21]との分析[22]があるように，その実際の影響は大きい。

Wallace 事件に至るまで，カナダ最高裁は，使用者からの仕事に関する再三再四の圧力を受けた末に精神疾病にかかり，その結果解雇されたという事例[23]において，その精神疾病は，解雇の前段階の不法行為あるいは契約違反より生じたものであり，そのことを別訴で追及することは格別，合理的予告期間の瑕疵からの発生でないことは勿論，解雇そのものから発生した損害でもないとして，違法解雇訴訟における合理的予告期間の算定においては考慮されないとの判断を示していた。

それに対し，Wallace 事件では，労働契約における力の不均衡，すなわち労働者の立場が弱いこと，さらには労働者の自己実現のために仕事が重要であること等を背景的な事情として，コモンロー上，使用者は解雇の結果から生じる損害や混乱を軽減すべき信義則上の義務を負うのだとした。その信義則上の義務は，具体的には，解雇の際に，誠実にかつ公正に行動すべき使用者の義務を導きだすのであるから，この違反，すなわち，解雇が冷淡または無神経な態様で行われた場合，あるいは害意をもって行われた場合などには，合理的予告期間を延長することにより，その損害を補塡するよう裁判所は命ずることができるとしたのである。

この判断に対しては，そもそも解雇の際に，誠実にかつ公正に行動すべき使

---

21) Wallace 加算の方法は，州によって異なり，British Columbia と Nova Scotia 州では，Wallace 加算を含む合理的予告期間が一括して示され，その中の Wallace 加算の部分は量的には明示されないのに対して，ほかの州では，Wallace 加算を除いていったん合理的予告期間を算定した後に，Wallace 加算を行う方法で行われる。したがって，ここでの分析に，British Columbia と Nova Scotia 州のものは含まれない。

22) Barry Fisher, *The Wallace Factor: An Analysis of the Effect of the Bad Faith Dismissal Doctrine on Reasonable Notice Periods in Wrongful Dismissal Actions* (1998) http://barryfisher.ca/.

23) *Vorvis v. Insurance Corp. of British Columbia*, [1989] 1 S. C. R. 1085.

用者の義務を見出すことができないとの批判，さらには，Wallace 加算は填補的性格を超えるものであり適切さを欠くとの批判も根強いが[24]，実務上，この判決のインパクトは大きく，Wallace 加算は定着しており[25]，合理的予告期間の算定，特に違法解雇の処理の場面でそれが用いられる場合には，大きな要素となっている。

## 第 3 節　違法解雇の際の救済

### 1　原　　則

前節でみてきたように，カナダにおいては，解雇予告を行う必要がない正当な理由を有する解雇を除き，制定法，すなわち労働基準法上の解雇予告期間に加え，コモンロー上の合理的予告期間を置かなければ，労働者を解雇することができない。この合理的予告期間を置かない解雇は違法解雇となる。

違法解雇がなされた際の救済については，コモンロー上，復職という形の救済は与えられず，損害賠償によってのみ行われる。そして，その損害賠償額は，労働契約を終了させるのに本来であれば必要な期間に得られたであろう利益の範囲に限定される。すなわち，Wallace 加算を含む合理的予告期間相当の賃金相当分にその範囲は限定されることになる。

違法解雇がなされたとしても，コモンロー上，復職という救済が与えられない法理論的な根拠として挙げられるのは，合理的予告期間を置きさえすれば，何時でも労働者を解雇できたということ，いい換えれば，違法解雇は合理的予告期間を置かなかったという手続的瑕疵にすぎないということである[26]。

このように，法理論的には，極めてシンプルに，復職という救済が否定されているのであるが，これを支持する論者は次のように実際上の論拠を補強して

---

24)　Wallace 事件における McLachlin 判事の反対意見。なお，Wallace 事件は，6 対 3 の多数意見により結論が導きだされている。

25)　Nancy M Shapiro & Aaron Hart, *Vorvis, Wallace and Keays –Is Wallace Dead?* (2010) available at http://www.kmlaw.ca/.

26)　*Ridge v. Baldwin*, [1964] A.C. 40 (H.L.).

いる[27]。

　まず,適切な額の損害賠償の支払によって,被解雇者がほかの職を得るまでの間の補償は十分になされているのであるから,復職は不要であるということである。第2に,違法解雇をした使用者に労働者の復職を強制するのであれば,相互性の観点から,違法な辞職をした労働者に対しても復職を強制しなければならず,これは「奴隷的」な取扱いにつながりかねないということ。第3には,労働関係は,労使相互の信頼関係が不可欠であるが,一度解雇された労働者と使用者との間で,これを再構築することは現実には不可能であること。そして,最後に,仮に復職をしたとしても,使用者はその復職した労働者に対し,好意的には接しないであろうから,いずれその労働者は辞職する可能性が高いことが挙げられる。

　しかしながら,こうした主張に対しては,違法解雇に対する救済の選択肢として復職をも検討すべきだとする論者から反論が寄せられている[28]。まず,適切な額の損害賠償の支払で十分に被解雇者を満足させられるとの論拠に対しては,後述するように,そもそも塡補的損害賠償に,名声や名誉などの精神的損害に対する賠償が含まれておらず,この点でもはや十分ではなく,奴隷的拘束を危惧する主張には,その主張は余りに相互性を強調しすぎで適切さを欠いているとする。さらには,第3の主張に対しては,歴史的に振り返れば,古い時代の英国においては違法解雇に対する救済は復職であったし[29],現代においては,適切に配置転換をすることにより,そこでの直接の上司と元被解雇者との間で信頼関係を築くことは,決して不可能ではないとする。そして,復職した労働者が直ぐに辞めてしまうかもしれないというのは,現実的なリスクではないと反論する。

　コモンロー上の救済としての復職は裁判所において否定的に解されているのが現状であるが,その実質的根拠に対しては,説得力のある疑問が呈せられて

---

　　27)　G. de. N. Clark, *Unfair Dismissal and Reinstatement* 32 Mod. L. Rev. 532 (1969).
　　28)　*England, supra* note 6, at 414-415.
　　29)　D. Hay, "*England, 1562-1875: The Law and Its Uses*" in D. Hay & P. Craven, eds., Masters, Servants and Magistrates in Britain and the Empire, 1562-1955 (2004) at 59.

いうのも事実であると評価できる。根本的には，解雇自由の原則があるからこそ，復職を否定することが正当化されているのであり，前者が揺らぎを見せれば，後者の正当性にも当然に疑問が生じてくるであろう。

## 2 塡補的損害賠償

さて，違法解雇に対する損害賠償額は，労働契約を終了させるのに本来であれば必要な期間に得られたであろう利益，すなわち塡補的損害賠償の範囲に基本的には限定されることになるが，ここでは，その具体的な計算について，若干敷衍したい。

労働契約を終了させるために本来であれば必要な期間とは，前述したように，合理的予告期間を意味する。それに伴い，違法解雇の際の塡補的損害賠償の算定としては，違法解雇がなかったら合理的予告期間はどの程度であったのかを計算する作業となる。したがって，合理的予告期間の算定の際に諸要素を総合考慮したように，ここでもそれらを総合考慮した上で，その期間を擬制的ではあるが算定することになる。この際には，解雇の態様によって，場合によっては，合理的予告期間に Wallace 加算がなされ，事実上加重的な賠償となることにも注意が必要である。

この期間は慣行上，24ヵ月が上限として裁判所においては運用されている[30]。これは，先に述べた違法解雇を伴わない本来の合理的予告期間の算定の上限と同一である。

合理的予告期間中の賃金相当額が，塡補的損害賠償の額となる。これは，解雇という事実そのものではなく，解雇に際して合理的予告期間を置かなかったという言わば手続的違反に対する救済だからである。したがって，解雇という事実そのものから生じる損害は，塡補的損害賠償の範囲とはならない。具体的には，解雇そのものから生じる精神的苦痛，それに伴う精神的肉体的疾病に対する補償，解雇がなされたことにより損なわれた名誉であるとか名声に対する補償は，塡補的損害賠償の範囲外である。

また，合理的期間中の賃金相当額とは，契約上その支払が義務づけられてい

---

30) *See, supra* note 18.

る範囲のものに限られる。ここでいう契約上とは，明示的なものだけでなく，黙示のものも含まれることになるが，使用者の好意からの報酬は，塡補的損害賠償の算定の際には考慮されない。

合理的予告期間中の昇給相当額，歩合給，賞与については，それが支払われることが契約上読み取れる場合については，損害賠償の対象となる。逆にいえば，それらの支払が使用者の任意に委ねられており，その決定権が明示もしくは黙示の契約上拘束されていない場合には，賠償の対象とはならない。理論的には以上のとおりであるが，実際には，多くの裁判所では，労働契約中に労働者の労働成果を誠実に評価すべき黙示の義務を見出し，従前の労働成果等から合理的予告期間中の成果を推定し，その評価としての昇給相当額，歩合給，賞与の支払を命ずるのが通例[31]である[32]。

## 3 懲罰的損害賠償

以上説明してきた塡補的損害賠償金に加え，懲罰的損害賠償金の支払が使用者に対して命じられることがある。懲罰的損害賠償が命じられるのは，契約違反の訴訟においては，伝統的に極めてまれであったが，1970年代から80年代にかけて，特に酷い形態の不当解雇の事例において幾つかの下級審で散見されるようになった[33]。懲罰的損害賠償は，Wallace加算も含めた塡補的損害賠償を使用者に命ずるだけでは，使用者に対する懲罰および抑止的効果が十分でないと認められることが，その前提条件である。

1989年に至り，カナダ最高裁も使用者の行為が極めて粗暴で，酷く，非難すべきで，悪意の動機から生じており，それを懲罰する必要があるという例外的な状況において，懲罰的賠償の支払を支持するに至った[34]。

---

[31] 賞与の支払を命じた例として，*Chann v. RBC Dominion Securities Inc.* (2004), 34 C.C.E.L. (3d) 244 (Ont. S.C.J.)。
[32] また，合理的予告期間中に障害を負ったり，死亡したり，あるいは病気になった場合には，使用者のもとでの健康保険の範囲内において，労働者が現実に支出した金額につき，賠償責任が認められる（*Prince v. T. Eaton Co.* (1992), 41 C.C.E.L. 72 (B.C.C.A.)）。
[33] England, *supra* note 6, at 412.
[34] *Vorvis, supra* note 22.

懲罰的損害賠償が認められた具体的な例としては，解雇の根拠とされた労働者の重大な非行が使用者のでっち上げであった場合[35]，故意に人事評価を低く抑えることにより労働者を解雇した場合[36]，解雇に際し制定法上のあるいはコモンロー上の労働者の人権を侵害した場合[37] などが挙げられる。

懲罰的賠償の額としては，5000カナダドル程度であることが大半であるが，場合によっては50000カナダドル程度に至ることもある[38]。上訴によって100000カナダドルに減額され[39]，さらに，懲罰的賠償そのものが最終的に否定された[40] が，解雇に際し極めて長期間にわたる執拗な嫌がらせが行われた事例において500000カナダドルの懲罰的賠償の支払がいったん命じられた事例[41] も存在する。このように，件数的にはいまだ少数であるが，極めて酷い様態の解雇事件においては，懲罰的損害賠償が命じられることにより，同様の事件が繰り返されないよう抑止効果を生み出している。

## 第4節　結びに代えて

### 1　小　括

ここまで説明してきたように，カナダにおいては，労働者の非行など正当な事由がある場合を除いては，制定法上の解雇予告期間に加えて，コモンロー上の合理的予告期間を置いて解雇を行う必要がある。そのコモンロー上の合理的予告期間は，労働者が新しい職を得るためには，どの程度の期間が必要となるかという基準を中核とし，それに職種，年齢，勤続期間を加味して総合的に判断される。一応の，非公式の上限は，24ヵ月である。

---

35) *Fedele v. Windsor Teachers Credit Union Ltd.* (2001), 10 C. C. E. L. (3d) 254 (Ont. C. A.).
36) *Hawley v. GMD Resource Corp* (2002), 16 C. C. E. L. (3d) 248 (B. C. S. C.).
37) *Moffatt v. Canso Pharmacy Ltd.* (1990), 96 N. S. R. (2d) 399 (S. C. T. D.).
38) England, *supra* note 6, at 413.
39) *Keays v. Honda Canada Inc.* (2006), 52 C. C. E. L. (3d) 165 (Ont. C. A.).
40) *Honda Canada Inc. v. Keays*, [2008] 2 S. C. R. 362.
41) *Keays v. Honda Canada Inc.*, (2005), 40 C. C. E. L. (3d) 258 (S. C. J).

さらに，これに加え，解雇の態様により合理的予告期間が延長されることがあり，Wallace 加算と呼ばれる。すなわち，解雇が冷淡または無神経な態様で行われた場合，あるいは害意をもって行われた場合には，合理的予告期間を延長することのできる裁量権を裁判所は有する。Wallace 加算は事実上，塡補的色彩を越えて，懲罰的な色彩をも帯びることとなっている。

こうした合理的予告期間を置かない解雇は，違法解雇となる。違法解雇の際の救済としては，復職は認められず，損害賠償の支払によってのみ行われる。なぜならば，解雇そのものが違法なのではなく，合理的予告期間を置かなかったことが違法なのであって，その違法は解雇の効力に影響を及ぼす性格のものではないからである。

その違法解雇に対する損害賠償額は，合理的予告期間を置かなかったという違法による損害の範囲，つまり，労働契約を終了させるのに本来であれば必要な期間，すなわち合理的予告期間に得られたであろう利益に通常限定される。もちろん，解雇の態様によって，場合によっては，合理的予告期間に Wallace 加算がなされることにも注意が必要である。

また，使用者の行為が極めて粗暴で，酷く，非難すべきで，悪意の動機から生じており，それを懲罰する必要があるという例外的な状況においては，懲罰的賠償の支払が命ぜられる場合がある。

## 2　わが国の制度への示唆

以上がカナダにおける合理的予告期間および違法解雇に対する救済に関する制度の要約であるが，最後に，わが国において，金銭解雇制度の導入が検討されていることに鑑み，カナダの制度とわが国における解雇に関する制度を比較し，若干敷衍しておきたい。

まず，わが国とカナダにおいては，その解雇理由に関する法規制について，出発点が全く異なるということを指摘しておかなければならない。わが国は，判例[42]およびそれが成文化された労働契約法 16 条において，解雇権濫用法理

---

*42)* 日本食塩製造事件・最 2 判昭和 50 年 4 月 25 日民集 29 巻 4 号 456 頁，高知放送事件・最 2 判昭和 52 年 1 月 31 日労判 268 号 17 頁。

が確立され，客観的で合理的で社会通念上相当な理由がなければ，解雇は無効とされ，そもそも解雇をすることができない。一方，カナダにおいては，一応，随意的雇用原則が存在するため，基本的にはどのような理由であろうとも，使用者は労働者を自由に解雇できる。解雇自由が原則の状況において，それを時期的に制限する法理としての，コモンロー上の合理的予告期間，すなわち金銭解雇の制度の導入と，現状において，解雇が濫用法理とはいえ，事実上制限されている状況における金銭解雇の制度の導入とでは，全く出発点が異なる。カナダにおいては，理論的には，時期的な問題のみが瑕疵であり，その時期的な問題は金銭で解決可能であるのに対して，わが国では，時期的な問題ではなく，そもそも解雇そのものが全体として瑕疵を帯びるのである。

　解雇権濫用法理を現状で維持しながら，その上で金銭解雇制度を導入しようとするのであれば，「なぜ法律行為である解雇の無効が，原状回復をもたらさないのか」，「一定の金銭の賠償が課せられるとはいえ，なぜ解雇の効果を維持していくことが可能なのか」，理論的に明確化する必要がある。一方で，解雇権濫用法理による規制を減縮し，解雇の幅を緩めた上で，金銭解雇制度を導入するのであれば，なぜ，現状において解雇権濫用法理の規制を緩和しなければならないのか，その点につき説得力をもって明らかにする必要がある。

　加えて，労働は労働者にとって金銭を得るというだけでなく，時に労働者の人格形成あるいは能力育成にも寄与するものである。カナダ法においてはこうした点は，合理的予告期間を延長する要素にはならないが，仮に，わが国において，金銭解雇制度の導入が検討されるのであれば，この点に対する配慮も忘れてはならない。

　また，わが国とカナダとでは，その労働市場の構造が異なっており，このことは，カナダにおける合理的予告期間の相場観をわが国に単純に当てはめることはできないことを意味する。カナダにおいては，米国などと同様に，企業外の外的労働市場がわが国に比べて活発であり，仮に労働者が解雇されたとしても，従前の条件と遜色ない条件で新たな職を得ることができる潜在的可能性は高い。しかしながら，わが国においては，変化の兆しがあるとはいえ，新卒採用終身雇用制がその基盤を占めており，外的労働市場の規模は限定的である。また，企業の賃金体系も，崩れつつあるとはいえ，年功序列型[43]が主流であ

ることは否定しがたい。そうであるならば，企業を一度解雇という形で放逐された者は，そもそも従前と同様の職を得る可能性は圧倒的に低いし，仮にそうした職を得たとしても，その労働条件までもが従前と異ならないという可能性はさらに低い。

しかしながら，カナダにおいてコモンロー上の合理的解雇予告期間の長短を決める際の判断基準は，仮にわが国において，金銭解雇制度を導入するとした際の大きな参考になるであろう。そもそも労働というものが個別的である以上，その判断も個別的でなければならない。まずは新たな職を得るまでの補償を行うという基本方針は，わが国においても共通するであろう。さらにWallace加算のように，解雇の態様により，金銭を加算するという手法も，一理ある。しかし，繰り返しになるが，カナダとわが国では，解雇に関するそもそものルールおよび雇用慣行が異なるのである。わが国では，現状で解雇が無効になれば，期間の定めのない労働者は，基本的には，定年まで働けるのである。そうしたことを考慮すれば，カナダにおける相場を数倍は上回るような相当高いレベルでの設定をしなければ，現状と釣り合いがとれないであろう。

いずれにしても，金銭解雇制度の導入は，仮に行われれば，わが国の労働法制の歴史的転換となるのは間違いない。労働裁判の迅速化も含め，これに伴う残された課題は多く，現時点では厳に慎重な対応が求められよう。

＊本稿は，「平成24年度新潟大学在外研究制度」による研究における成果の一部である。

---

43) わが国においては，退職金制度が充実していることも，外的労働市場が発達しない一要因として作用しているといえよう。また，塡補的損害賠償を算定する際に，退職金相当額を如何に計算するかという難問も存在する。

## 事項索引

### あ行

安全配慮義務……267
安全配慮義務（台湾）……376
育児休業……95, 107, 113
育児休業給付金……105, 122
遺族基礎年金……156, 158, 160, 163
遺族厚生年金……162
一部負担金……53, 142
違法解雇（カナダ）……400, 406

### か行

解雇……97, 327
解雇回避努力義務……98, 100
介護休暇……130
介護休業……130
介護休業給付……143
解雇権……239
　　──濫用法理……34, 39, 178, 411
解雇制限……229
解雇制限（台湾）……373
介護保険……128, 146
解雇予告期間（カナダ）……401
解雇予告手当（カナダ）……402
管理監督者……83, 93, 132
基礎保障（ドイツ）……386
キャリア教育……6, 11, 19
キャリア権……9, 42
休業〔補償〕給付……242
休業特別支給金……242
休日労働……85, 320
休　職……220, 235
求職者支援制度……5, 11, 15, 75
給付基礎日額……250
教育訓練……10, 14
業務委託（台湾）……367

業務従属性（韓国）……359
協約自治（ドイツ）……397
金銭解雇制度……399, 412
勤務時間短縮措置……109
勤務地限定社員……97
経済的従属性……342
経済的従属性（韓国）……359
継続雇用制度……173, 177, 188
継続性原理……328
兼　業……290, 293
健康管理……292
限定正社員制度……140
権利濫用……285
行為地法主義……263
高額医療合算介護サービス費……142
高額介護サービス費……142
高年齢雇用継続基本給付金……174
高年齢雇用継続給付……190
高年齢者雇用確保措置……173, 176, 189
合理的配慮……204, 215
合理的予告期間（カナダ）……400
国際裁判管轄……279, 281
個人請負型就業者……326
個別労働関係民事紛争……282
雇用保険……15, 75
コンビ賃金（ドイツ）……387

### さ行

再雇用制度……179
在職老齢年金……191
在宅就業障害者……198
最低所得（ドイツ）……389
最低賃金……35, 38, 199
最低賃金（ドイツ）……389
最密接関係地法……264
裁量労働制……308

36協定………85
産前産後休業………95
時間外労働………85, 275
　　──義務………86
　　──の限度に関する基準………82
指揮命令………338
事業場外労働のみなし制………308, 310
事業場間の移動………301
仕事と生活時間等の配分
　→ワーク・ライフ・バランス
時短勤務措置………110
市町村特別給付………142
児　童………157
児童扶養手当………150, 155, 156, 160, 163
就業規則………223, 270, 284
　　──の不利益変更法理………187
就業調整………45
就労移行支援………200
就労継続支援………200
就労自立給付金………76
出　向………284
準拠法………263, 265
障害者………203, 245
障害者雇用納付金………197
障害者雇用率………197
障害等級………252
障害福祉年金………161
使用従属性………322, 327, 330, 338, 342
使用従属性（韓国）………352
傷病手当金………53, 220
職業訓練………29
職業訓練受講給付金………16
職業リハビリテーション………199
女性の活躍推進………43
女性保護規定………114
ジョブ・カード制度………5, 11, 31
ジョブカフェ………5
自　立………65
自立支援プログラム………67

随意的雇用原則（カナダ）………401, 412
SNEP………3
生活困窮者………65, 73
生活保護………65
　　──受給者………64
生活保障法………9
整理解雇………97
絶対的強行法規………273
全員参加型社会………219, 240
専属的管轄合意………280
属地主義………274

た　行

第3号被保険者………36, 49, 55
試し出勤………223
多様な正社員………84, 97, 100
短時間正社員………97, 100
地域支援事業………146
治　癒………254
中間搾取（台湾）………369
懲罰的損害賠償（カナダ）………409
通勤災害………300
通則法………263
テレワーク………304
塡補的損害賠償（カナダ）………408
特殊関係事業主………185
特定求職者………17
特別加入制度………341
特別支給の老齢厚生年金………175
独立事業者性（韓国）………359

な　行

日常生活用品購入費………142
ニート………3, 7
日本の雇用慣行………26, 30
年　休　→年次有給休暇
年金支給開始年齢………172
年次有給休暇（年休）………92, 143, 231, 327

## は 行

配偶者控除………46
配偶者特別控除………46
配置転換（配転）………133
配転命令権………89
配慮義務………90, 134
派遣労働（ドイツ）………384, 395
派遣労働者（台湾）………363, 368
パートタイム労働者………37, 57
パート労働（パートタイム労働）………45
パパ・ママ育休プラス………108, 114, 122
ハローワーク………68
非正規労働者………24
非典型雇用………383
非典型労働関係（ドイツ）………384
ひとり親家庭………151
被扶養者………49, 53
被保護者就労支援事業………76
病気休暇………232
標準労働関係（ドイツ）………384
福祉的就労………200
復　職………248
　──命令………237
父子世帯………151
不当労働行為制度………276
フレックスタイム制………307
併給調整………163, 166
保育所………58
保健福祉事業………146
保険料………54
母子世帯………151
母子福祉年金………158, 160
ホームレス………64, 69
堀木訴訟………160

## ま 行

マザーズハローワーク………60
マルチジョブホルダー………288

## や 行

雇止め法理………34, 39, 180
有期契約………33
有期契約（台湾）………367, 373
有期労働（ドイツ）………384
有期労働契約………101
養育費………154

## ら 行

リハビリ勤務………223
労災補償責任（台湾）………375
労働協約………277, 284
労働組合（韓国）………355
労働災害………242, 245
労働時間………306
　──の通算………291, 292, 298
労働者性………321, 331, 339
労働者性（韓国）………347, 358
労働法の域外適用………273
労務提供地法………264

## わ 行

わかものハローワーク………5, 32
ワーク・ライフ・バランス（仕事と生活の調和）………80, 112, 304
割増賃金………83, 87, 275, 291, 292, 299, 313, 318

## 労働者像の多様化と労働法・社会保障法
Diversification of Workers and Problems of the Labor and the Social Security Law

2015年3月14日 初版第1刷発行

| 編　者 | 村中　孝史 |
| | 水島　郁子 |
| | 髙畠　淳子 |
| | 稲森　公嘉 |
| 発行者 | 江草　貞治 |
| 発行所 | 株式会社　有斐閣 |

郵便番号101-0051
東京都千代田区神田神保町2-17
電話(03) 3264-1314〔編集〕
　　(03) 3265-6811〔営業〕
http://www.yuhikaku.co.jp/

印刷・大日本法令印刷株式会社／製本・牧製本印刷株式会社
ⓒ 2015, Takashi Muranaka, Ikuko Mizushima,
Junko Takahata, Kimiyoshi Inamori. Printed in Japan
落丁・乱丁本はお取替えいたします。
★定価はカバーに表示してあります。

ISBN 978-4-641-14473-6

[JCOPY] 本書の無断複写(コピー)は、著作権法上での例外を除き、禁じられています。複写される場合は、そのつど事前に、(社)出版者著作権管理機構(電話03-3513-6969, FAX03-3513-6979, e-mail:info@jcopy.or.jp)の許諾を得てください。